漫话东坡

漫话东坡

莫砺锋 著

凤凰出版社

图书在版编目（ＣＩＰ）数据

漫话东坡 / 莫砺锋著. -- 南京 ：凤凰出版社，
2023.6（2023.11重印）
ISBN 978-7-5506-3889-1

Ⅰ. ①漫… Ⅱ. ①莫… Ⅲ. ①苏轼（1036-1101）—
人物研究 Ⅳ. ①K825.6

中国国家版本馆CIP数据核字(2023)第098060号

书　　　　名	漫话东坡
著　　　　者	莫砺锋
责 任 编 辑	姜　嵩　张永堃
特 约 编 辑	蔡谷涛
装 帧 设 计	陈贵子
责 任 监 制	程明娇
出 版 发 行	凤凰出版社(原江苏古籍出版社)
	发行部电话025-83223462
出 版 社 地 址	江苏省南京市中央路165号,邮编:210009
照　　　　排	南京新华丰制版有限公司
印　　　　刷	南京爱德印刷有限公司
	江苏省南京市江宁区东善桥秣周中路99号,邮编:211153
开　　　　本	889毫米×1194毫米　1/32
印　　　　张	15
字　　　　数	362千字
版　　　　次	2023年6月第1版
印　　　　次	2023年11月第3次印刷
标 准 书 号	ISBN 978-7-5506-3889-1
定　　　　价	98.00元

(本书凡印装错误可向承印厂调换,电话:025-57928003)

目　次

◆ 楔子一

北宋元丰二年（1079）八月初，一艘官船沿着江南运河从润州（今江苏镇江）驶入长江。船中有一位汉子斜倚着船窗坐着，他身材颀长，两颊清瘦，双目炯炯有神，然而愁云满面。原来他正被一伙凶神恶煞的官兵看管着，将被押送到汴京（今河南开封）的御史台去问罪。几天前在湖州（今浙江湖州）突然被逮捕的经历使他惊魂未定。那是一个多么恐怖的场面啊！他本是湖州的地方长官，到任才三个月，不料突然接到胞弟的密报，说御史台已派人前来逮捕他。他刚把知州的职责暂时委托给通判祖无颇，临时充当御史台差使的太常博士皇甫遵就带着两个兵士气势汹汹地冲进州府衙门，三人都是神情狞恶，兵士的衣服下面有物体隆起，仿佛揣着兵器。皇甫遵则一言不发，故意装出神秘莫测的样子，这使得人心更加疑惧。经过一番短暂的对答，兵士就把知州拉了就走，正像祖无颇所目击的："顷刻之间，拉一太守，如驱犬鸡。"如此急如星火的千里追捕，如此波谲云诡的凶险态势，真是祸不可测啊。要是被关进御史台严加审讯，不但自身要遭受种种难堪的侮辱，而且会连累许多亲朋好友，前景真是不堪设想！船窗外闪过金山寺的巍峨楼阁，寺下就是波涛起伏的长江水。八年前他在金山寺所咏的诗句顿时涌上心头："我家江水初发源，宦游直送江入海"，"我谢江神岂得已，有田不归如江水！"他原来就对宦海风波心存警惧，故对着江神发誓定要及时归耕。没想到人到中年就遭此不测之祸，连急流勇退的愿望也无法实现了。船窗外就是滚滚东流的"我家江水"，只要纵身一跃葬身清波，顷刻之间就可一了百了……

我们真要感谢那个为虎作伥的皇甫遵以及那些忠于职守的兵士，他们的严密监管使汉子难有机会跃出船窗自寻短见。[1] 否则的话，假如那位汉子果真在那夜奋身跃入扬子江中，一部中国文化史的光辉将会变得黯淡几分？我们将读不到前、后《赤壁赋》那样的一千多篇锦绣文章，我们将读不到《荔支叹》那样的一千多首诗，我们将读不到《念奴娇·赤壁怀古》那样的二百首词，台北的故宫博物院里将失去被元人鲜于枢称为"天下第三行书"的《黄州寒食诗》帖，[2] 日本的某个私人收藏室里将失去希世之珍《枯木怪石图》，杭州西湖上将失去宛如长龙卧波的苏堤，中医药的宝库中将失去收录在《苏沈良方》里的几百个药方，遍布全球的中菜馆里将失去"东坡肉"这道名菜，我们的日常语言中将失去"不识庐山真面目，只缘身在此山中"的格言。更重要的是，我们将整个地失去"苏东坡"这个妇孺皆知的人物，因为此刻那位四十四岁的汉子还没有取号为"东坡居士"哩！幸亏历史是不能假设的，那位名苏轼、字子瞻的汉子最终在死亡的边缘停住了脚步，他转过头来勇敢地走向"乌台诗案"的灾难，并得以在两年以后自号"东坡居士"，并从此在中国文化史上增添了一个光耀千古的名字——"苏东坡"。

有时候我们真该庆幸历史是不能假设的。

---

[1] 此据苏轼在《杭州召还乞郡状》中的追忆："过扬子江，便欲自投江中，而吏卒监守不果."（《苏轼文集》卷三二）按：东坡于七月二十八日在湖州被逮，随即匆匆上路，至八月初，船过扬州平山堂下，东坡从船窗间望见故人杜介家"纸窗竹屋依然"（《与杜几先》，《苏轼文集》卷五八）以此揆之，其过扬子江亦当在八月初。又按：孔平仲《孔氏谈苑》卷一载："苏子瞻被皇甫僎追摄至太湖芦香亭下，以桅损修牵。是夕，风涛倾倒，月色如昼。子瞻自惟仓卒被拉去，事不可测，必是下吏，所连逮者多。如闭目窒身入水，顷刻间耳。既为此计，又复思曰：'不欲辜负老弟。'弟谓子由也。言己有不幸，则子由必不独生也。"此当出于传闻，与事实不符。首先，当时从湖州舟行前往汴京，皆先由吴兴塘入江南运河，然后经苏州、无锡至润州，无经太湖者。其次，是年七月二十九日为晦日，二十八日以后之数日间皆不可能"月色如昼"。

[2] 今人的书法史著作（例如曹宝麟《中国书法史·宋辽金卷》，江苏教育出版社1999年）或云《黄州寒食诗》真迹由台北王世杰收藏，其实王氏后人已在1987年2月将此帖拍藏台北"故宫博物院"，详见衣若芬《赤壁漫游与西园雅集》（线装书局2001年）。

◆ 楔子二

　　东坡，就是东边的山坡。除了以千丈绝壁东临大海的碣石山之类，几乎所有的山冈都有一个"东坡"，就像西坡、南坡、北坡一样的平常。比如在长江边的忠州城外，就有一处东坡。唐代元和年间，白居易被贬忠州（今重庆忠县），他十分喜爱那里的东坡，作诗说："朝上东坡步，夕上东坡步。东坡何所爱？爱此新成树。"假如你随意走进一个山村，向村头的老乡打听："东坡在哪里？"他们一定会毫不犹豫地指给你看："喏，就在那边！"

　　黄州（今湖北黄州）的东坡，在地貌上并没有什么特别之处。黄州本是一座山城，四周冈峦起伏。东门外的山坡上有一处比较平旷开阔，面积有五十来亩，原是官家废弃的营地，荒草离离，瓦砾遍地，不像忠州东坡那样绿树成荫。即使在苏轼把这块荒地开垦出来之后，每当他乘着月色在东坡散步时，手中的拄杖还不时敲击到路上的瓦砾，发出铿然的声响。可以说，黄州东坡原来绝非什么名胜之地。但是，正如清人袁子才所说，"江山也要伟人扶"，自从元丰四年（1081）苏轼在黄州的东坡开垦荒地并自号"东坡居士"之后，黄州东坡就成为闻名天下的名胜，"东坡"也就成为一个妇孺皆知的专有名词了。

　　元丰三年（1080）二月一日，苏轼在御史台差役的押解下来到黄州。当时只有长子苏迈在他身边，其余的家人都由弟弟苏辙暂时照看着，直到五月底才来到黄州与苏轼团聚。苏轼平时不注意理财，囊中没有多少积蓄，他一到黄州便陷入了捉襟见肘的穷困境地。他写信给故友章惇说："（黄州）鱼稻薪炭颇贱，甚与穷者相宜。然轼平生未尝作活计……俸入所得，随手辄尽。而子由有七女，债负山积，贱累皆在渠处，未知何日到此。见寓僧舍，布衣蔬食，随僧一餐，差为简便，以此畏其到也。"人们在艰难孤独的处境中都盼望着从亲人那里得到慰藉，苏轼何独不然？他曾在一个春寒料峭的夜晚独自来到江边散步，缺月挂树，漏断人静，自觉犹如一只失群的孤雁。然而他竟然害怕一家老小前来黄州，原因当然是囊中羞涩！果然，合家团聚之后，苏轼的积蓄只勉强支撑了一年，就不得不另谋生计了。

天无绝人之路，正在此时，故人马正卿前来探望。马正卿是杞县人，二十年前，他正在汴京做"太学正"的学官。一天，即将赴任凤翔府通判的苏轼前去访问他，正逢他外出，便信手在其书斋的墙壁上题了一首杜甫的《秋雨叹》。性情耿直、落落寡合的马正卿看了题诗，心有所感，便辞去官职，跟随苏轼前往凤翔去当他的幕僚，主宾相得很融洽。如今马正卿看到苏轼生活穷困，便出面向官府提出申请，让苏轼开垦东坡上那片废弃已久的营地以谋衣食。此时的黄州太守正是对苏轼非常友好的徐大受，马正卿的申请顺利地获得批准。于是苏轼买了一头耕牛，动手开垦东坡。要把一块遍地瓦砾的贫瘠荒坡开垦成良田，谈何容易！苏轼率领家人和家僮，拾瓦砾，烧枯草，平整土地，还疏浚了一口废弃已久的暗井。除了马正卿，黄州的土著潘丙、郭遘和古耕道等人也赶来相助。众人不辞辛苦，苏轼也累得筋疲力尽。风吹日晒，苏轼白皙的脸膛已变得乌黑。到了深秋，他们终于在地里种上了麦子，第二年就收获了大麦二十石。麦子收割后又种上水稻，苏轼看到沾着露珠的秧苗在月光下闪着银光，心中充满了喜悦。后来苏轼又在田地四周种了三百棵桑树，以及一些枣树、栗树，还在东坡附近盖了五间住房，并自号"东坡居士"。等到南宋的陆游在入蜀途中经过此地时，黄州东坡已成为"览观江山，为一郡之最"的名胜之地了。

宋人洪迈、周必大等人都认为苏轼自号"东坡居士"，是出于敬慕白居易的缘故，这是很有道理的。但更为直接的原因是身处危难的苏轼在黄州东坡获得了安身立命之所，东坡提供了他全家人的衣食，东坡上建有为他遮蔽风雨的居所，东坡附近有供他流连吟赏的江山风月，还有与他愉快相处的田父野老，东坡使苏轼的人生态度更加坚毅刚强、脚踏实地，东坡也使苏轼的文学创作产生了质的飞跃。偏僻荒凉的黄州东坡因接纳过苏轼而成为中国文化史上的一块圣地，"东坡"也成了苏轼最广为人知的称号。[1] 从那以后，除了苏轼曾经自称的"东坡居士""东坡老人"，人们又亲切地称他为"东坡先生""苏东坡""东坡""坡仙""坡公""大坡""老坡"，甚至是一个字——"坡"！

正因如此，尽管苏轼在四十六岁那年才自号"东坡居士"，但笔者在本书中将始终称他为"东坡"。

---

[1] 元丰六年（1083）六月，也就是在苏轼自号"东坡居士"两年之后，陈雄在扶风县天和寺里的苏轼诗碑后的题跋中已称苏轼为"东坡苏公"，见《金石续编》卷一六《天和寺诗刻并记》。其时苏轼尚未离开黄州贬所。

◆ 第一章　东坡的家庭

◇ 一　祖父与双亲

宋仁宗景祐三年（1036）十二月十九日，[1]东坡诞生于眉州眉山县（今四川眉山）。

眉山苏氏原籍赵郡，唐中宗神龙年间，赵郡栾城（今河北栾城）人苏味道卒于眉州刺史任上，其子留居眉州，是为眉山苏氏的始祖。到东坡出生时，苏氏在眉山已经繁衍了三百多年，成为当地著名的乡绅人家。东坡有时自称"赵郡苏轼"，其弟子由的文集取名《栾城集》，都是指其祖籍而言。

东坡的祖父名序，是个性格淡泊、与世无争却又颇带侠气的人物。他性喜读书，也喜欢写诗。他生活节俭，却曾施舍储粟数千石赈济灾民。他待人谦逊有礼，却曾带人拆毁香火颇盛的淫祠茅将军庙。苏序的复杂性格在东坡的身上打下了若隐若现的印记。此外，由于他的名讳，东坡兄弟为文集作序时，总是把"序"字改成"叙"或"引"，甚至敬仰东坡的元好问也跟着这样做。

东坡的父亲名洵，字明允，是宋代著名的古文家，被后人列入"唐宋八大家"。苏洵少时不爱读书，专喜游侠。他十六岁那年，二

----

[1] 按公历换算，东坡的出生日期已入次年（1037年1月8日）。但是前人计算东坡年龄时都按旧历，为免缠夹，本书暂依旧说。

眉山三苏祠

兄苏涣考中了进士，成为轰动全蜀的大新闻，苏洵却毫不在意。他终日四处游荡，甚至在娶妻生子之后，依然独自远游四方，饱览名山大川。庆历七年（1047），苏洵正在江西虔州（今江西赣州）游览，忽然接到父丧的噩耗，这才匆匆返乡奔丧，回到家里时已迟了三个月，可见他心中根本没有"父母在，不远游"的古训。苏洵读书的事迹被后人编进了《三字经》："苏老泉，二十七。始发愤，读书籍。"这话大致没错，虽然苏洵在给欧阳修的信中自称"生二十五岁始知读书"，但他真正发愤苦读，确是在参加乡试失败以后才开始的，那时他已经二十七岁了。他闭户苦读，六七年内绝笔不写文章，精心研读六经百家之说，尤其爱读《战国策》，视为枕中秘宝。几年后他成竹在胸，厚积薄发，下笔千言，一鸣惊人，终于得到以欧阳修为首的文坛的激赏。苏洵自己在仕途上很不顺利，便转而把希望寄托在两个儿子身上，对他们进行严格而别具一格的教育。他亲自辑校典籍数千卷，用作二子的教材。他因材施教，精心指导二子写作古文，并与他们讨论古今治乱之理，终于把他们培养成一代名儒。治平三年（1066），苏洵因病去世。临终前，他把尚未完稿的《易传》委托给两个儿子，嘱咐他们续写成书。后来经过东坡的不断努力，终于在海南完成了全书，这部《易传》成了易学史上的名著。苏洵对东坡的影响是多方面的，比如刚强不屈的性格，淡于荣利的处世态度，以及洞察隐微的史识和纵横恣肆的文风等，这些方面都可看出父子间的传承关系。苏洵与王安石的交恶更是影响了东坡的整个人生，虽然当苏洵写《辨奸论》讥刺王安石时，东坡曾认为其言过甚，而且东坡反对新法是基于他对新政流弊的亲身体会，但不必讳言，苏洵与王安石的互相敌视毕竟在青年东坡心中留下了深刻的印象，即使东坡的胸怀有如光风霁月，也不可能面对父亲的仇敌而胸无芥蒂。

　　东坡的母亲姓程，出身于一个富裕的书香门第。程夫人从富甲一方的豪门下嫁到清贫的苏家，夫婿又游手好闲不求仕进，但是她毫无怨言，独力承担了全部的家务，不但上事翁姑、下教子女，而且通过辛勤的劳作使苏家的家境逐渐得到改善。程夫人虽然长于理财，却不爱非分之财。有一次苏家的婢女在地上踩出一个大洞，洞里有一个大瓮，瓮中发出有人咳嗽似的声响，人们都认为瓮里藏有财宝，程夫人却立即让人用土填埋起来。程夫人性情善良，严禁家里的儿童和婢仆捕鸟取蛋。渐渐地苏家院子里的鸟儿都把巢筑在很低的树枝上，它们想依靠人的保护来避开毒蛇猛禽的侵害。东坡幼年时常跑到鸟巢旁边去观看那些黄口小鸟，还给它们喂食。如果说苏洵给东坡的性格中留下了严正刚强的因素，那么程夫人是用慈爱之心滋润了幼年东坡的心灵。程夫人知书明理，当苏洵外出漫游的时候，她就亲自承担起教育儿子的责任。她不但教导儿子读书明理，而且勉励他们以节义自奋。有一次程夫人与东坡一起读《后汉书》中的《范滂传》，读到范滂因反对宦官被捕而拜别母亲、范母鼓励儿子从容赴义的一段事迹，夫人慨然长叹。年方十岁的东坡在旁边问道："孩儿若要做范滂，母亲同意吗？"程夫人说："你能做范滂，我难道不能做范滂的母亲！"日后当东坡在朝廷上奋不顾身地面折廷争时，他心中肯定会回响起母亲的这番话音。

◇　二　弟弟子由

　　东坡的弟弟苏辙，字子由，比东坡小三岁。东坡三岁时，他的兄长景先就夭折了，与他一起长大的兄弟只有子由一人，所以他有诗说："嗟予寡兄弟，四海一子由。"可谓慨乎言之。"难兄难弟"这个词的原义是说兄弟双方都很优秀，彼此要当对方的兄弟都很困难；后人则常常用作兄弟同经患难的意思。东坡与子由同时进士及第，同时考中制科，后来又都名列"唐宋八大家"，而且他们入仕后经历了相似的宦海风波，最后一起被贬到荒远的岭南，无论从哪一种词义来说，东坡与子由都是一对真正的"难兄难弟"。

　　子由的性格与乃兄不同，他拘谨安详，沉默寡言，不像东坡那样开朗直爽，直言无忌。子由的才气稍逊于东坡，他长于古文而短于诗词，对书画也没有太大的兴趣，不像东坡那样才气横溢，兼擅众艺。但是子由也有胜过乃兄的地方，他思考问题比较周密、深沉，在修身养性方面也比东坡稍胜一筹。"君子和而不同"，东坡与子由虽然秉性各异，却一直保持着最亲密的手足之情。在东坡二十六岁赴官凤翔（今陕西凤翔）以前，兄弟两人几乎从未分别过。嘉祐五年（1060）七月，兄弟俩寄寓在汴京城外的怀远驿里用功，准备参加制举。他们夜读韦应物诗，读到"安知风雨夜，复对此床眠"两句，恻然有感，就相约他年及早退休，同享闲居之乐。没想到一入仕途就身不由己，兄弟俩在长达四十一年的宦海生涯中别多会少，韦应物的诗句竟成为两人心中永久的遗憾。熙宁九年（1076）的中秋之夜，东坡在密州（今山东诸城）的超然台上举头望月，思念远在济南（今山东济南）的子由，写下了千古传诵的中秋词《水调歌头》：

> 明月几时有？把酒问青天。不知天上宫阙，今夕是何年？我欲乘风归去，又恐琼楼玉宇，高处不胜寒。起舞弄清影，何似在人间。
>
> 转朱阁，低绮户，照无眠。不应有恨，何事长向别时圆？人有悲欢离合，月有阴晴圆缺，此事古难全。但愿人长久，千里共婵娟。

思弟心切的东坡竟然责问天上的明月，为何偏要在人们离别的时候变圆！次年，东坡调任徐州（今江苏徐州）知州，子由前来探望，兄弟相聚了一百多天。七月的一个风雨之夜，兄弟俩同宿在逍遥堂里，想起当年在怀远驿的旧约，又想到别期将临，不禁黯然神伤。子由写诗说："逍遥堂后千寻木，长送中宵风雨声。误喜对床寻旧约，不知漂泊在彭城。"东坡读了心里很难过，他想写诗安慰子由一番，但写出来的诗却是："别期渐近不堪闻，风雨萧萧已断魂。犹胜相逢不相识，形容变尽语音存。"是啊，怀远驿读书时兄弟两人都是风华正茂的翩翩少年，倏忽之间已经步入中年，两鬓斑白，形容憔悴，却还在四处漂泊。夜雨对床的旧约，到何时才能实现呢？

子由幼年读书时曾以兄为师，进入仕途后倒反而是他对东坡的帮助更大。东坡疏于理财，有时不免入不敷出。子由虽然子女众多，家累颇重，但他注意积储，便常常慷慨解囊接济兄长。二苏的手足之情在波谲云诡的党争风波中经受了严峻的考验。从大的政治趋势来看，二苏基本上是同进同退的。但是东坡心直口快，容易惹祸，而子由为人小心谨慎，在政治风波中相对安全一些，有时反能对东坡援之以手。当东坡因作诗讥刺新法被御史台派人追捕时，子由一得到消息就派人连夜赶赴湖州通风报信，总算让东坡在御史台差役赶到之前有了思想准备。及至东坡入狱，子由随即上书神宗，请求免除自身官职来赎东坡之罪，书中说："臣窃哀其志，不胜手足之情，故为冒死一言。昔汉淳于公得罪，其女子缇萦请没为官婢以赎其父，汉文因之遂罢肉刑。今臣蝼蚁之诚，虽万万不及缇萦；而陛下聪明仁圣，过于汉文远甚。臣欲乞纳在身官，以赎兄轼，非敢望末减其罪，但得免下狱死为幸！"后来东坡侥幸得以免死贬至黄州，子由也受到牵累，被逐出南都，远谪为监筠州（今江西高安）盐酒税务。东坡一入狱，子由就把东坡的妻儿接到家中，五个月后把他们带到筠州，视同家人。又过了三个月，子由又把他们一路护送到黄州。东坡去世后，他的儿孙都到颍昌府（今河南许昌）投奔子由，在子由的照顾下一起生活了整整五年。

当然，东坡对子由也非常关心。他时时刻刻记挂着子由，甚至常常希望能与子由在同地或相近的地方做官。熙宁七年（1074），东坡杭州通判的任期已满，因为子由正在济南，东坡竟请求调任邻近济南的京东地区，结果从人间天堂的杭州调到了荒凉僻远的密州，两个地方的差别简直是一落千丈，东坡却觉得如愿以偿，因为他离子由近了。二月二十日是子由的生日，东坡每年都要给子由赠送生日礼物。元符二年（1099），东坡正流落在物质极其匮乏的海南，仍然觅得一支黄子木拄杖寄给子由作寿礼。东坡临终前最感遗憾的就是不能与子由见上一面，他在病榻上对钱世雄说："惟吾子由，自再贬及归，不复一见而诀，此痛难堪！"

　　北宋诗坛上盛行唱和之风，东坡与子由也常相唱酬，从嘉祐四年（1059）同舟出蜀，到建中靖国元年（1101）遇赦北还中原（东坡即卒于是年），二苏的唱酬持续了四十二年，作品多达三百五十一首。渗透在二苏唱和诗中的兄弟情谊非常感人，由于子由的诗才略逊于东坡，所以东坡笔下有更多的名篇，例如《和子由渑池怀旧》：

　　　人生到处知何似？应似飞鸿踏雪泥。泥上偶然留指爪，鸿飞那复计东西。老僧已死成新塔，坏壁无由见旧题。往日崎岖还记否？路长人困蹇驴嘶。

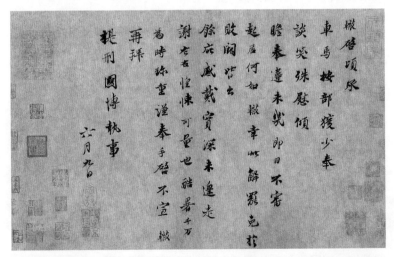

宋·苏辙　致提刑国博执事尺牍　台北故宫博物院

　　嘉祐元年（1056），东坡兄弟在父亲苏洵的带领下赴京赶考，路经渑池（今河南渑池），借宿寺庙，得到住持奉闲的热情接待，兄弟俩还在寺壁上题诗留念。五年之后，东坡自汴京前往凤翔府赴任。子由送他到郑州（今河南郑州）西门之外，然后返回汴京侍奉父亲。东坡则继续西行，又一次路过渑池。子由返回汴京后寄来一首《怀渑池寄子瞻兄》，东坡作此和之。正是隆冬季节，积雪的路上一片泥泞，子由的来诗中有"相携话别郑原上，共道长途怕雪泥"之句，当是写实。或许是东坡果真看到了鸿雁在雪地上留下的爪印，或许是行人的足迹使他产生了联想，他忽然觉得到处飘荡的人生就像鸿爪印雪一样，雪地上偶然留下几个爪痕，飞鸿却早已不知去向了。萍踪飘泊，忽东忽西，与迁徙无定的鸿雁何异？诗人又想起五年前的一件往事：他与子由骑着蹇驴前往渑池，人困驴嘶，崎岖的山路却漫无尽头。此诗在对往日游踪的追忆中夹杂着对人生坎坷的感喟，也夹杂着对同胞手足的思念，感人至深。

◇ 三　妻子王弗、王闰之、王朝云

东坡先后娶过三个妻子，她们都姓王。

至和元年（1054），东坡娶王弗为妻，当时东坡十九岁，而王弗才十六岁。王弗是眉州青神县（今四川青神）人，她的父亲王方是个读书人，但没有功名。结婚之后，夫妻两人非常恩爱。两年后东坡进京赶考，王弗留在家里侍奉婆母。次年程夫人去世，东坡奔丧回乡。到嘉祐四年（1059），母丧期满，东坡、子由随着父亲苏洵出蜀赴京，王弗与子由的妻子史氏也同舟随行。从此，王弗再也没有与东坡离别过，可惜六年后她就去世了。

王弗精明干练，明白事理。东坡性格坦率，喜欢交友。东坡在凤翔府当签判的时候，家中常常高朋满座。王弗总是站在屏风后面倾听丈夫与客人的对话，如果发现了说话模棱两可或一意逢迎主人的客人，王弗就劝告东坡疏远他们，东坡非常佩服妻子的眼光和见识。一年冬天，天降大雪，庭院里的大柳树下有一尺见方的地上独无积雪，天晴后那块地方还隆起数寸来。东坡怀疑地下有古人窖藏的丹药，因为丹药性热。好奇心驱使东坡想发掘那块地，王弗劝止说："要是婆母还在，她一定不允许发掘的。"东坡听了，觉得很惭愧，就此作罢。

治平二年（1065）五月，东坡凤翔任满还京才三个月，王弗在汴京病逝，暂时停殡于汴京城西。次年苏洵逝世，东坡与子由护送父丧还乡，把王弗的灵柩也运回眉山，安葬在程夫人墓侧的小山冈上，并在坟墓周围栽上许多松树。十年以后的正月二十日之夜，正在密州的东坡梦见王弗，作《江神子》纪梦：

> 十年生死两茫茫，不思量，自难忘。千里孤坟，无处话凄凉。纵使相逢应不识，尘满面，鬓如霜。
>
> 夜来幽梦忽还乡，小轩窗，正梳妆。相顾无言，惟有泪千行。料得年年肠断处，明月夜，短松冈。

古今的悼亡诗词中佳作无数，这首《江神子》堪称感人最深的几首之一。它质朴无华，直抒胸臆，纯如夫妻间的喃喃私语。亡妻的孤坟远在千里之外，自己却依然在人世间四处飘荡，历尽沧桑，尘土满面，两鬓如霜。即使在梦中相见，也只能默默无言地相对流泪而已。幽明相隔，但怎能隔绝夫妻间的刻骨相思？那月光如水、松影扶疏的小山冈，正是永远的伤心之地啊！

熙宁元年（1068），东坡续娶王闰之。王闰之字季璋，是王弗的堂妹，也是眉州青神人。她的家庭是个耕读之家，王闰之知书达理，对农桑之事也不陌生。东坡流宦四方，王闰之也跟着到处奔波，从眉州到汴京，再到杭州、密州、徐州、湖州、黄州、颍州等地，最后卒于汴京。东坡浮沉宦海，历尽坎坷，王闰之始终是他的贤内助。她对王弗生的长子苏迈视同己出，她把全家的生活安排得井井有条，一家老小和睦相处，使得东坡始终有一个温暖的家。王闰之任劳任怨，安于贫俭，在东坡流放黄州的四年中，王闰之量入为出，努力使全家免于饥寒。东坡开垦荒地收获了大麦，舂碎以后杂以小红豆，煮饭充饥。这饭嚼在嘴里啧啧有声，孩子们说是"嚼虱子"，王闰之却把这饭命名为"新样二红饭"。有一次东坡家的耕牛害了重病，奄奄一息，连牛医都不知道它害的是什么病，东坡急得手足无措，因为这头牛是他们开荒种地的主要劳动力啊！王闰之却不慌不忙，她走进牛棚仔细察看一番，说这牛是害了"豆斑疮"，于是煮了一大锅青蒿粥来喂牛，果然就把牛给治好了。

　　王闰之敬佩东坡，也理解东坡。她知道东坡虽然不善饮酒，却喜欢与友人对酌，就千方百计地在家中储藏一些酒，以供应东坡的"不时之需"。元祐六年（1091）的冬天，大雪纷飞，天寒地冻，正任颍州知州的东坡担忧贫民饥寒，一夜不能入睡。王闰之劝丈夫说："签判赵德麟曾经在陈州赈济灾民，很有成效，为何不请他来商议呢？"果然赵德麟对救灾之事胸有成竹，他设法协助东坡散发柴米，解了颍州贫民的燃眉之急。次年二月十五之夜，州堂前梅花盛开，月光皎洁。王闰之对东坡说："春天的月色胜过秋月。秋月令人凄惨，春月令人和悦。为何不请赵德麟等人来月下饮酒？"东坡听了大喜，说："我不知你还能写诗呢！此话真是'诗家语'啊。"于是立即邀请赵德麟前来饮酒赏月，东坡诗兴大发，即席赋《减字木兰花》一首，词中隐括王闰之的语意咏春月说："不似秋光，只与离人照断肠！"

　　元祐八年（1093），王闰之卒于汴京，享年四十六岁，遗体暂殡于京师。五年以后的上元节之夜，东坡在海南梦见王闰之，作诗怀念亡妻："灯花结尽吾犹梦，香篆消时汝欲归。搔首凄凉十年事，传柑归遗满朝衣。"又过了四年，长子苏迈来京把她的灵柩迁往汝州，与东坡合葬在郏城县（今河南郏县）的小峨眉山。[1]王闰之是惟一与东坡"死则同穴"的妻子。

熙宁七年（1074），东坡正在杭州通判任上，王闰之买了一个婢女，名唤王朝云，当时才十二岁。朝云秀外慧中，很得东坡与王闰之的喜欢，几年后成了东坡的侍妾。即使在王闰之死后，朝云还是以侍妾的身份生活在东坡身边。在当时的社会环境里，侍妾是不可能成为正室的。东坡虽然喜爱朝云，却无法改变她的身份。元丰六年（1083），朝云在黄州生了一个儿子，东坡写信给朋友蔡景繁说："云蓝小袖者，近辄生一子。"朝云死后，东坡在悼念她的诗里追忆说："頩然疑薄怒，沃盥未可挥。""云蓝小袖"是指朝云的衣着，"沃盥"是用秦女侍奉晋公子重耳的典故，这些语句都暗示着朝云的侍妾身份。东坡撰写的朝云墓铭也明言"东坡先生侍妾曰朝云"。时至今日，我们当然应承认朝云是东坡的妻子，事实上东坡早已把朝云视为闺中知己，她在东坡心中的重量并不逊于王弗与王闰之。朝云确是东坡最亲密的人生伴侣，她不但对东坡始终"忠敬若一"，而且对东坡的精神世界有深切的理解。

东坡在汴京当翰林学士的时候，一天饭后，东坡抚摸着肚子问身旁的婢妾：自己的肚子里装的都是什么？一人回答："都是文章。"另一人说："都是见识。"东坡听了只管摇头。朝云则说："学士一肚皮不合时宜。"东坡哈哈大笑，深以为然。

---

[1]　按：据子由《亡兄子瞻端明墓志铭》（《栾城后集》卷二二），东坡于崇宁元年（1102）葬于"汝州郏城县钓台乡上瑞里"，"郏城县"即"郏县"，原属汝州，崇宁四年（1105）划归颍昌府（据《宋史》卷八五《地理志》一）。

惠州朝云墓

　　朝云进入苏家以后，跟着东坡颠沛流离，四海为家。绍圣元年（1094），五十九岁的东坡以"讥刺先朝"的严重罪名远谪岭南，将要到那荒僻遥远的瘴疠之乡去度过余生。走到半路，东坡让侍妾们自寻出路，众妾相继离去，只有朝云不肯离开。当时朝云年仅三十二岁，依然风姿绰约，她的儿子则早已夭折，但她坚决要求跟随东坡一起南行。到了惠州（今广东惠州），朝云一如既往地细心照料着东坡的生活，但是天涯流落的悲哀毕竟难以排遣。一天东坡让她唱一支自己早年写的《蝶恋花》，朝云刚想开口，忽然泪流如雨，一个字也唱不出来。东坡问她这是怎么了，朝云说她实在无法唱出词中的两句，就是"枝上柳绵吹又少，天涯何处无芳草！"东坡听了，心里顿时有一种不祥的感觉。其后朝云常常沉吟这两句，每次都吟得泪流满面，染病卧床后尤其如此。朝云死后，东坡终生不再听这支曲子。

　　绍圣三年（1096）六月，朝云得了传染病，不久身亡。东坡老泪纵横，写诗悼之："伤心一念偿前债，弹指三生断后缘。"依照朝云的遗言，东坡把她安葬在惠州丰湖栖禅寺东南的松林中，让礼佛多年的朝云永远与禅寺为邻。朝云临终前曾朗诵《金刚经》中的"六如"偈，后来栖禅寺的僧人在墓地上建了一座亭子，题榜为"六如亭"。朝云死后，东坡追念不已，既亲撰墓铭，又作疏文追荐。当年十月，岭上梅花开放，东坡泪眼模糊地凝视着幽艳独绝的梅花，觉得它简直就是朝云的化身，就写了一首情文并茂的《西江月》：

玉骨那愁瘴雾，冰肌自有仙风。海仙时遣探芳丛，倒挂绿毛幺凤。
素面常嫌粉涴，洗妆不褪唇红。高情已逐晓云空，不与梨花同梦！

此词既像是咏梅花，又像是咏朝云，花耶，人耶？已经说不清楚，也没有必要说清楚。因为在东坡的心中，二者早已合成一体，而朝云的身影也像玉洁冰清的梅花一样，永远定格在千古读者的心中。直到曹雪芹写《红楼梦》时，还借贾雨村之口，把朝云与卓文君、红拂等人一起归入灵气所钟的"情痴情种"之列。

◇　四　儿孙

东坡共有四个儿子，其幼子是朝云在黄州生的，名遁，小名干儿。干儿生后三日，苏家按照习俗为他庆祝"三朝"，东坡写了一首《洗儿诗》："人皆养子望聪明，我被聪明误一生。惟愿孩儿愚且鲁，无灾无难到公卿！"此诗语意悲愤，是才识超群却遭人嫉妒陷害的东坡的牢骚之言。可惜事与愿违，干儿既不是"愚且鲁"，也未能"无灾无难"，这个聪明可爱的孩子不满十个月就夭折了。朝云痛不欲生，年近半百的东坡也心如刀割，他写了两首《哭子诗》，后一首中说："中年忝闻道，梦幻讲已详。储药如丘山，临病更求方。仍将恩爱刃，割此衰老肠。知迷欲自反，一恸送余伤。"是啊，此时的东坡早已参透人生，他深深地体悟到"人生如梦"的道理，为什么事到临头仍会陷入悲痛无法自拔呢？好像一个人早已积药如山，一旦得病却依然到处求医问方！可见东坡是执着于人间的人，宗教也好，哲理也好，都无法让他忘却对人间的情爱，也无法让他逃避人间的痛苦。

东坡的其他三个儿子分别是苏迈、苏迨和苏过。

长子苏迈是王弗所生，字伯达。东坡遭遇乌台诗案时，二十一岁的苏迈陪伴父亲同赴汴京，奔走打点，还要每天给东坡送饭。东坡被贬黄州，也是苏迈陪同他一起前往。苏迈能诗善文，也擅长书法。东坡在黄州时，曾在一个初秋的夜晚与苏迈联句，苏迈吟出了"松声满虚空，竹影侵半户""露叶耿高梧，风萤落空庑"的清新之句，东坡高兴地说："传家诗律细，已自过宗武。"由于受到东坡的牵累，苏迈一直沉沦下僚，先后做过德兴（今江西德兴）尉、酸枣（今河南延津）尉、西安（今浙江衢州）县丞、河间（今河北河间）令等小官，还多次无缘无故地被罢免。作为长子，他经常竭尽全力来经营全家的生活。绍圣元年（1094），东坡南谪惠州，幼子苏过随父前行，其余的家人都由苏迈带领着回到宜兴（今江苏宜兴），在那里生活了三年。绍圣四年（1097）苏迈率领两房家小来到惠州，不久东坡再贬海南，仍由苏过随行，苏迈则留在惠州照管一家老小，直到三年后东坡遇赦北归才再次团聚。长期的东西奔走并为全家经营衣食，使苏迈未能在文学上一尽其才。东坡离开惠州前往海南时曾作文付给苏迈，文中说："使人谓汝'庸人，实无所能'闻于吾者，乃吾之望也！"可谓慨乎言之。

次子苏迨是王闰之所生，字仲豫。他幼时体弱多病，快到四岁了还不会走路，东坡请杭州上天竺寺的辩才法师为他落发摩顶后，才能行走如常人。苏迨自少不乐仕进，曾赴举不第，直到四十二岁才得到武昌（今湖北鄂州）管库官的微职，后来曾任驾部员外郎。苏迨擅长诗文，尤长议论，有"迨得坡舌"的美称，可惜没有作品传世。

三子苏过也是王闰之所生，字叔党。他是最能继承东坡家风的人，人称"小坡"。在东坡的几个儿子中，苏过在东坡身边生活的时间最长，得到东坡的教导也最多。苏过曾应举落第，二十岁时以东坡的恩荫入仕为右承务郎，一年后即因东坡被贬而去职，后来陪伴着父亲流落到惠州、儋州（今海南儋州），度过了七年的艰难岁月。东坡卒后，苏过又闲居十年，四十一岁时才再次出仕，曾任太原府（今山西太原）税监、郾城（今河南郾城）知县、中山府（今河北定州）通判等微职，时间都不长。宣和五年（1123）卒于镇阳（今河北正定）道中。苏过是东坡诸子中惟一有诗文集传世的人，宣和三年（1121），他在颍昌（今河南许昌）西湖边结茅而居，取陶渊明诗意为该地取名"小斜川"，自号"斜川居士"，其诗文集也因而名为《斜川集》，现有辑本传世。

苏过一生中最有意义的经历就是陪伴东坡远谪岭南。绍圣元年（1094），东坡被贬惠州，时年二十三岁的苏过把妻儿托付给兄长苏迈照管，独自伴随父亲远赴惠州。绍圣四年（1097）闰二月，苏迈率领两房家人来到惠州，苏过与妻儿相聚了不到两个月，又独自陪伴父亲渡海至儋州，直到元符三年（1100）其妻范氏才渡海来儋。[1]在东坡贬谪岭南的七年中，除了前两年还有朝云相伴外，其余时间

---

[1]　孔凡礼《苏轼年谱》卷三六云："《佚文汇编》卷五《跋追和违字韵诗示过》云'过子不眷妇子从余此来'，知过妻范氏亦随行。然《文集》卷五六《与郑靖老》第二简云'闻过房下卧病'，似范氏仍在惠。"孔谱对前一则材料的解读有误，其实"过子不眷妇子，从余此来"一句的意思正是说苏过不留恋妻儿而随父渡海，故知其妻范氏当时留在惠州。

都是与苏过两人相依为命。苏过天性纯孝，他对东坡的照料无微不至，子由因此高度赞扬苏过的孝行，用他作为榜样来教导整个宗族。

岭南七年，尤其是海南三年，东坡的处境相当艰难，他本人的经济十分窘迫，当地的物资也极端匮乏。东坡已经年老体衰，他的衣食住行都由苏过独力承担。搭建茅屋，种菜莳药，乃至提供一日三餐，使得苏过心力交瘁。有一次稻米缺乏，苏过就用山芋做成一道"玉糁羹"，东坡大喜，作文赞之："过子忽出新意，以山芋作玉糁羹，色、香、味皆奇绝！"

更重要的是，苏过是东坡在岭南时的精神依托。与东坡一样，苏过也是淡于名利、安贫乐道的人。元符元年（1098），苏过写了一篇《志隐》，盛赞海南的风土人情，还说"功高则身危，名重则谤生"，所以置身遐荒、逃生空谷才是"天下之至乐"。东坡读了觉得如出己手，慨叹说："吾可以安于岛夷矣！"苏过多才多艺，书法、绘画、围棋无一不精。在孤寂无聊的流放生涯中，苏过写的诗文是东坡最大的精神享受。东坡写信给友人刘沔说："幼子过，文益奇。在海外孤寂无聊，过时出一篇见娱，则为数日喜，寝食有味。"古往今来，无数贬谪到岭南的文人墨客惨死于那个荒僻之地，只有东坡以垂老之身得以北还，苏过可谓功莫大焉。今天当我们领略东坡的流风遗韵时，也应对其子"小坡"致以深切的缅怀。

东坡共有孙儿十三人，他生前及见的则有六人。孙女可考的有五人。自宋迄今，眉山苏氏的后裔已流布世界各地，1994年在菲律宾马尼拉成立了"世界苏姓宗亲总会"。毫无疑问，东坡是苏氏宗族历史上最为耀眼的一道光彩。

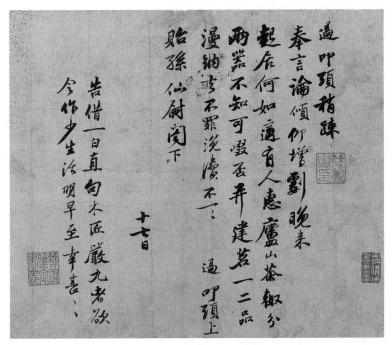

宋·苏过　致贻孙仙尉尺牍　台北故宫博物院

◇ 五　亲戚

　　东坡于熙宁元年（1068）父丧服除离蜀之后，终生未能返乡，但他与故乡的父老乡亲一直保持着密切的联系，对自己的亲戚更是关爱有加。他的伯父苏澹早亡，儿孙未能自立，苏洵临终前嘱咐东坡照应他们。熙宁三年（1070）苏澹的孙子十六郎卒于汴京，东坡代为营葬，又把十六郎的遗孀和遗孤接到家中抚养，几年后又安排十六郎之妻改嫁，还把自己的荫补权转让给十六郎之子苏彭。东坡与苏涣之女小二娘从小就很友爱，这位堂妹后来嫁给柳子文，住在润州（今江苏镇江）。东坡与柳子文的父亲柳瑾交好，路经润州时常去他家访问，与小二娘夫妇及他们的两个儿子都很亲密。绍圣二年（1095），东坡在惠州接到小二娘的讣闻，作祭文说："万里海涯，百日赴闻。拊棺何在，梦泪濡茵。"对这位幼时一同嬉戏的堂妹表示了深切的追悼。[1]

东坡与其姐夫程之才的关系最为引人注目。东坡的三姐八娘嫁与母亲程夫人之兄程浚的长子程之才，这本是亲上加亲的好姻缘，不料八娘不得公婆的欢心，丈夫也对她不好，八娘生了病没有得到很好的医治，嫁入程家一年后就去世了。苏洵痛愤交加，宣布与程家绝交，苏、程两家从此断绝来往达四十年。对于这场从天而降的家庭变故，程夫人夹在中间左右为难，内心十分痛苦。东坡虽然顾惜母亲，但父命难违，从此与程之才不通音问。绍圣二年（1095），东坡正在惠州贬所，执政的新党故意委派程之才为广南东路提点刑狱，想让程之才有机会重修旧怨，进一步迫害东坡。没想到程之才一到广州（今广东广州），就派人向东坡致意，东坡也随即报书作答。程之才将到惠州，东坡让苏过前往迎接。东坡与姐夫久别重逢，饮酒赋诗，气氛十分融洽。程之才赠送给东坡许多礼物，还利用职权稍稍改善了东坡的处境，东坡则应程之请为其曾祖程仁霸写了一篇《书外曾祖程公逸事》。长达四十二年的旧怨终于烟消云散，东坡终于以不念旧恶的豁达胸怀达成了母亲的遗愿，而程之才主动释怨的举动也使新党的险恶用心成为泡影。

---

[1] 林语堂在《苏东坡传》第三章中说东坡的这位堂妹"是他初恋的对象，他至死对她柔情万缕"云云，乃无根游说。对此，张之淦在《林著宋译〈苏东坡传〉质正》一文中以五千余字的篇幅予以驳斥（文载台湾《大陆杂志》第五十五卷第六期），以证明无此事实。张文证据确凿，推理周密，此事已成定谳，兹不赘述。

眉山三苏祠

◆　第二章　东坡的交游

　　东坡性情忠厚，胸襟开阔，性格坦荡，他总是以充满善意的眼光去看待别人，曾说："吾眼前见天下无一个不好人。"他与三教九流都有交往，声称："吾上可以陪玉皇大帝，下可以陪悲田院乞儿。"的确，上至达官贵人，下至平头百姓，东坡都能与他们推心置腹。近在京畿都邑，远至天涯海角，东坡的交游遍布天下。古人说："不知其人视其友。"在我们走近东坡之前，先来看看他平生交了些什么朋友吧。

◇　一　前辈的忘年之交

　　东坡早慧，幼年读书时就得到塾师刘巨、史清卿的赏识。但是最早洞察东坡的过人才识且预见到他的远大前程的前辈则是时任益州（今四川成都）知州的张方平。张方平本人也是个天才人物，他过目不忘，连《汉书》都只读一遍便能成诵。他礼贤下士，下车伊始便遍访贤才。当他发现苏洵以后，不顾自己与欧阳修原有嫌隙，写信向欧阳修推荐苏洵。至和二年（1055），年方二十岁的东坡随父亲到益州谒见张方平，张方平一见东坡，惊为天上的麒麟，当即以国士相待。苏洵与张方平商量，想让东坡兄弟先在蜀中应乡试，张认为这是"乘骐骥而驰闾巷"，力劝苏洵让二子直接赴京应举。三苏赴京前，张方平还资助了盘缠。从此，东坡与比他年长二十九岁的张方平结成忘年之交。

张方平与东坡都反对王安石的新法，但是两人的友谊主要建立在才识、胸襟方面互相钦佩的基础上。张方平非常欣赏东坡的见识和文笔，他本人虽也擅长作文，但熙宁十年（1077），张方平想劝阻朝廷与西夏开战时，还是请东坡代他撰写谏书。此书奏上朝廷，神宗非常重视。五年后宋军进攻西夏导致了"永乐之败"，神宗还回想起这封谏书来。元丰八年（1085），年近八旬的张方平请东坡为他整理文集，并谦虚地让东坡"删除其繁冗，芟夷其芜秽"。而东坡也当仁不让，费了数年之力为张方平编集，并撰写了序言。东坡在序言中自称"门生"，张认为不敢当，一定要把这两字删去，所以传世的《乐全先生文集叙》中没有"门生"这个词。

张方平既是东坡的识拔者，也是他的患难之交。元丰二年（1079），东坡遭遇了乌台诗案，当时形势险恶，人们避之惟恐不及。早已退休闲居在南京（今河南商丘）的张方平却奋不顾身地上书朝廷，营救东坡。书中盛赞东坡之才德，并指出东坡"但以文辞为罪，非大过恶"，请求朝廷予以宽恕，最后表明自己"僭越上言，自干鼎钺"的态度。张方平托南京的地方政府递交此书，可是官员不敢接受。于是他让儿子张恕亲赴汴京，到登闻鼓院去击鼓投书。没想到张恕是个懦弱之人，他来到登闻鼓院的大门口，看到守卫森严，心中害怕，徘徊再三，竟不敢上前去投书。东坡出狱后，看到此书的副本，吓得吐舌不已。原来此书义正辞严，如果到了那帮忌贤害能的御史以及不满东坡名声太高乃至与朝廷争胜的神宗手中，说不定会使他们恼羞成怒而变本加厉呢！话虽这样说，张方平对东坡的满腔爱护之心毕竟是感人的。东坡被定罪后，张方平也因与东坡的交往而受到牵连，罚铜三十斤。但是这丝毫没有影响二人的友谊，他们的忘年之交是始终不渝的。

　　东坡十分感激张方平的知遇之恩。在张方平闲居南京的岁月中，东坡每次路过南京，都要去看望他，有明确记载的就有五次。每逢张方平的生日，东坡都要写诗祝贺，并寄去一些礼物以表心意，有时是一枝铁拄杖，有时是两条竹席。元祐六年（1091），张方平去世，临终前还惦记着东坡兄弟。正在颍州（今安徽阜阳）的东坡用师生之礼缌麻三月，又到荐福禅院去进行哀吊。东坡不但为张方平撰写了墓志铭，而且一连写了三篇祭文，来抒发对这位前辈的深切怀念。

　　欧阳修是东坡的恩师。嘉祐二年（1057），欧阳修主持礼部贡举，他决心乘此机会打击险怪诡异的"太学体"，以此倡导平易朴实的文风。这年贡举的"论"的题目是"刑赏忠厚之至"，协助主考阅卷的编排详定官梅尧臣得到一份说理畅达而文从字顺的卷子，立即推荐给欧阳修。欧阳修看了十分惊喜，由于当时试官们看到的卷子都是经过糊名和誊录的，根本无法知道考生的姓名，欧阳修怀疑这份卷子出于门生曾巩之手，为了避嫌，就把它抑置第二。省试发榜，梅、欧激赏的那份试卷的作者东坡名列第二。一个年方二十二岁的远方举子竟然巍然高中，而当时名噪一时的太学生刘几等人却纷纷落榜，于是舆论大哗，落榜的考生甚至在街头围住欧阳修高声诟骂，还有人散发"生祭欧阳修文"来诅咒他，但是欧阳修不为所动。及至殿试结束，金榜高张，东坡仍然名列前茅，举子们的议论才逐渐平息。从此，欧阳修与东坡结下了不同寻常的师生缘。

　　欧阳修是名符其实的一代宗师，他不但在文学、史学、经学、金石学、目录学诸方面都取得了非凡的成就，是当时公认的文坛领袖，而且非常注意培养后进，门下人才济济，形成了北宋成立以来的第一个文化高潮。当欧阳修发现东坡以后，欣喜之情溢于言表，他对梅尧臣说："取读轼书，不觉汗出，快哉，快哉！老夫当避路，放他出一头地。"他甚至对儿子们预言，三十年以后，就没人再提起自己了，意即自己在文坛上的地位即将被东坡超越。一位年过五旬的文坛盟主如此评价比自己年轻二十九岁的后进，这是何等的远见卓识，又是何等的坦荡胸怀！

早在家乡的私塾中读书时，东坡就十分敬仰欧阳修等一代名臣。东坡十岁时，苏洵读到了欧阳修的《谢对衣金带鞍辔马状》，让东坡仿作一篇，东坡写出了下面两句："匪伊垂之带有余，非敢后也马不进。"苏洵大为欣赏。东坡进士及第之后，欧阳修的识拔和奖掖使他充满了感激之情。东坡终生敬重恩师，一直与欧阳全家保持着亲密的关系。欧阳修去世后，东坡多次到颍州去看望欧阳修的夫人，他与欧阳修的儿子欧阳棐、欧阳辩成了不拘形迹的好友。他还与欧阳家结为婚姻之好，让次子苏迨娶欧阳修的孙女为妻。扬州（今江苏扬州）的平山堂，颍州的西湖，凡是欧阳修留下足迹的地方，都使东坡低回流连，依依不舍。"每到平山忆醉翁"，这句淡淡道出的诗句中包含着东坡对恩师的无限深情。

当然，东坡对老师的最好报答是总结其学术，传承其事业。元祐六年（1091），也就是在欧阳修去世十九年之后，东坡为恩师的文集作序，他高度评价欧阳修在宋代文化史上的杰出地位，指出欧阳修在学术上的成就是"论大道似韩愈，论事似陆贽，记事似司马迁，诗赋似李白"，又指出欧阳修对宋代士人的人格精神的巨大影响："自欧阳子出，天下争自濯磨，以通经学古为高，以救时行道为贤，以犯颜纳谏为忠，长育成就，至嘉祐末，号称多士。"东坡还以当仁不让的积极态度对待欧阳修托付给他的历史使命，他对门人说："方今太平之盛，文士辈出，要使一时之文有所宗主。昔欧阳文忠常以是任付与某，故不敢不勉。异时文章盟主，责在诸君，亦如文忠之付授也。"欧、苏之间的薪火相传，既体现在诗文革新的事业上，也体现在为人处世的原则立场上，这是人格精神的传递，是北宋的文化史后浪催前浪地不断发展的内在动因。

东坡应进士考试的时候，当时任集贤殿修撰的范镇也是试官之一。与欧阳修一样，比东坡年长二十八岁的范镇也激赏这位年轻的后起之秀。熙宁三年（1070），范镇推荐东坡为谏官，朝廷不纳，东坡反而因此受到诬陷。范镇愤而上书为东坡辩诬，同时请求退休。东坡遭遇乌台诗案后，范镇奋不顾身地上书为东坡求情。东坡结案遭贬，范镇也被罚铜二十斤，但是两人交情依旧，书信往来不绝，范镇还一度劝东坡到许昌来结邻而居。元丰六年（1083），流放黄州的东坡因害眼病，一个多月闭门不出，于是传出了东坡病逝的谣言。退居许昌的范镇听到此讯，信以为真，放声大哭，并让家人马上带着赙金赶往黄州吊丧。家人认为此讯真伪莫辨，劝范镇先写封信去探听虚实，范镇才派人前往送信。东坡拆信一看，不由得失声大笑。范镇一生中几起几落，曾先后三次致仕。东坡每次都写信去祝贺他退休，因为东坡对范镇难进易退、恬于荣利的性格有深刻的理解和同情。范镇去世后，东坡不但写了祭文，而且一改常态为他撰写墓志铭。东坡文名盖世，求他撰写墓志铭的人非常之多，但他常常拒绝撰写那些"谀墓之文"，所以东坡一生中撰写的墓志铭寥寥无几。东坡为范镇撰铭，一方面当然是交谊深厚的原因，另一方面也是出于对范镇为人的敬重。当东坡在铭中叙述范镇"以道德事明主，阅三世，皆以刚方难合，故虽用而不尽"的生平遭遇时，他心中肯定会产生深深的共鸣。

张先是北宋的著名词人，他终生沉沦下僚，以诗酒自娱。熙宁四年（1071），三十六岁的东坡在杭州通判任上结识张先，当时张已是八十二岁的老人了。苏、张二人一见如故，正如东坡后来在祭张先文中所说："我官于杭，始获拥彗。欢欣忘年，脱略苛细。"四十六岁

宋·张先　十咏图　故宫博物院

　　的年龄差距并未影响两人的友谊，张先极为欣赏东坡的才华，东坡也
对张先的诗词给予很高的评价。张先年过八十还纳妾，东坡作诗以咏
其事，诗中不无调侃之语："诗人老去莺莺在，公子归来燕燕忙。"可
见两人的关系十分融洽。与张先这位词坛老宿的交游对东坡的文学创
作产生了极大的影响，他开始关注词这种文体。东坡以前极少作词，
可是与张先交游之后的熙宁六年（1073），他的词作数量突然上升到十
首，次年进而上升到四十六首，成为他一生中写词最多的时期，这绝
不是偶然的。东坡此期的词风也颇受张先的影响，例如《江神子·湖
上与张先同赋时闻弹筝》的上片："凤凰山下雨初晴。水风清，晚霞
明。一朵芙蓉，开过尚盈盈。何处飞来双白鹭，如有意，慕娉婷。"措
辞立意，分明都带有张先词风的印记。

　　司马光是与东坡同进同退的政治盟友，也是识拔东坡的前辈大

臣。早在熙宁二年（1069），司马光就推荐"文学富赡，晓达时务，劲直敢言"的东坡为谏官。两年后，司马光又上章称赞东坡，坦承自己"敢言不如苏轼"。东坡终生与司马光保持着亲密的关系，尤其是在旧党失势之时，两人互通声气，以节义互相勉励。东坡在密州修建了一座超然台，司马光曾寄诗题之。东坡也曾写诗题咏司马光在洛阳（今河南洛阳）的隐居之所独乐园，诗中对退居洛阳绝口不言世事的司马光的形象有极其传神的描绘："先生独何事，四海望陶冶。儿童诵君实，走卒知司马。持此欲安归，造物不我舍。名声逐吾辈，此病天所赭。抚掌笑先生，年来效喑哑。"

　　东坡与司马光的交谊建立在共同的政治信念的基础上，当彼此的政见产生分歧时，东坡也绝不惟司马光的马首是瞻。元祐元年（1086）旧党上台，司马光拜相，东坡也升任中书舍人。按理说久遭贬斥的东坡应该额手称庆了，可是他并不像司马光那样一意要废除全部新法，而是力主对新法也要择善而从。当他与司马光争论免役法的存废时，东坡据理力争，即使惹得性格固执的司马光怫然不悦也在所不顾。有一天东坡在朝廷里与司马光争得不可开交，他气呼呼地回到家里，连声大呼："司马牛，司马牛！"

　　当然，东坡与司马光的争论堪称君子之争，政见的纷歧并未损害他们的友谊。司马光死后，东坡先作祭文，再作行状，又作神道碑，对这位品行卓绝的政治家给予极高的评价。

　　如果说上述五位前辈都堪称东坡的忘年之交，那么韩琦与东坡的关系就稍有不同。韩琦是朝中的元老重臣，虽然他也很赏识东坡兄弟的才华，但并未与东坡过往密切。治平二年（1065），英宗想擢用东坡为知制诰，时任宰相的韩琦却表示反对，认为东坡虽是优秀的人才，但资历尚浅，不可越次骤用。英宗又想让东坡与修起居注，韩琦也不同意，结果东坡只得到直史馆之职。有人用此事挑拨东坡与韩琦的关系，东坡却认为韩琦的做法是"君子爱人以德"。韩琦与东坡都是具有高风亮节的一代名臣，韩琦相当重视东坡，苏洵死后，东坡兄弟护送灵柩还乡，韩琦与欧阳修一样赠予丰厚的赙金，不过东坡都谢绝了。东坡对韩琦也始终敬重如一，韩琦曾想请东坡为家中的"醉白堂"写一篇记，未及开口就去世了。后来韩琦之子韩忠彦向东坡重申此意，东坡一口答应，认为"义不得辞也"。东坡的《醉白堂记》是一篇情文并茂的名文，文中充分褒扬了韩琦的功德，还说韩琦"急贤才，轻爵禄，而士不知其恩"，可见东坡对当初韩琦反对英宗破格擢用自己的事情心无芥蒂。元祐八年（1093），东坡出知定州（今河北定州），而定州曾是韩琦的旧治。东坡下车伊始便前往阅古堂祭告韩琦，对这位去世已近二十年的前朝元老表示深切的怀念。

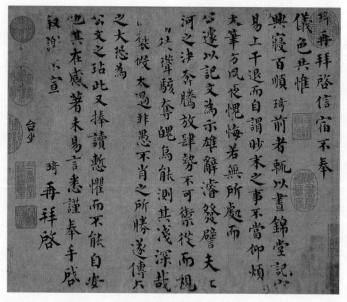

宋·韩琦　信宿帖　贵州省博物馆

◇　二　推心置腹的知己

东坡的知心朋友中有两位以书画著称的人士，一是文同，他比东坡年长十八岁；二是米芾，他比东坡年轻十四岁。他们与东坡的交谊都始于对书画艺术的共同爱好。

文同是东坡于治平元年（1064）结识的朋友，当时东坡正在凤翔当通判，文同自蜀赴京路经凤翔，二人一见如故，从此定交。[1] 文同多才多艺，东坡曾称道他有四绝：诗一，楚辞二，草书三，画四。文同引为知己之言，但事实上文同最擅长的艺术还是绘画，尤其精于墨竹。文同的墨竹最初并不为世人所重，经东坡品题后才名扬四海，文同因而把东坡视为惟一的知己。东坡本人也喜欢画墨竹，他衷心钦佩文同的画艺，诚心诚意地拜文同为师。两人常常交流心得，切磋画理，他们的交谊始终与画竹有关。

文同画竹出了名，四方之人捧了白绢登门求画，络绎不绝。文同应接不暇，极为厌烦，就把那些绢匹掷在地上，气冲冲地说要用它们来做袜子。此时东坡正在徐州（古称彭城）苦心钻研墨竹艺术，文同就写信给东坡说："近语士大夫，吾墨竹一派，近在彭城，可往求之。袜材当萃于子矣！"信后还附了一首诗，其中有句说："拟将一段鹅溪绢，扫取寒梢万尺长。"东坡抓住这句话，回信说："竹长万尺，当用绢二百五十匹。知公倦于笔砚，愿得此绢而已！"老实的文同自觉说错了话，复信认错："吾言妄焉，世岂有万尺竹也哉？"东坡又答了一首诗："为爱鹅溪白茧光，扫残鸡距紫毫芒。世间那有

---

[1] 据《金石萃编》卷一六的著录，东坡为文同所作的《寄题与可学士洋州园池三十首》后署曰"从表弟苏轼上"，后人因此传说东坡是文同的表弟。孔凡礼在《苏轼年谱》中引此材料并加按语说："详考史实，苏、文实非中表。'从表弟'云云不过极言其亲近，非同一般。"孔说可从。此外，东坡在《祭文与可文》与《黄州再祭文与可文》中亦自称"从表弟"，可见两人关系之亲密。

千寻竹，月落庭空影许长！"文同看了此诗，非常佩服东坡的机智，就把自己精心画成的那幅"此竹数尺耳，而有万尺之势"的墨竹寄赠给东坡。东坡收到这幅墨宝后，心犹未足，写信向文同索要更多的画："近屡于相识处，见与可近作墨竹，惟劣弟只得一竿。……专令此人去请，幸毋久秘。不尔，不惟到处乱画，题云'与可笔'，亦当执所惠绝句过状，索二百五十匹也，呵呵！"东坡与文同的来往书信，充满了幽默的谐谑之语，也洋溢着亲密无间的友情，这种推心置腹、不拘形迹的友谊是多么令人向往啊！

宋·文同　画竹　台北故宫博物院

文同一度在洋州（今陕西洋县）为官，那里有个篔筜谷，漫山遍谷都是翠绿的竹子。文同早晚都在谷中观赏竹子，细心揣摩竹子在阴晴昏晓时的不同姿态。东坡认为文同所以画竹入神，原因在于"先得成竹于胸中"。应文同之请，东坡写了三十首诗来题咏洋州的园池，其中有一首专咏筼筜谷之竹："汉川修竹贱如蓬，斤斧何曾赦箨龙。料得清贫馋太守，渭滨千亩在胸中。"意谓文同家贫，又好美味，筼筜谷里的竹笋都要被他吃光了！东坡的书信送到的那天，文同刚巧与妻子同游谷中，还砍了几根竹笋做菜佐餐。他在晚餐桌上展开东坡的信，一下读到了这首诗，失声大笑，喷饭满桌。

元丰二年（1079）正月，文同在陈州（今河南淮阳）去世，正在徐州的东坡闻讯大恸，当即作文祭之。是年七月七日，刚到湖州不久的东坡趁着天晴曝晒书画，一眼看到了文同所赠的那幅"筼筜谷偃竹"，追怀故友，悲从中来。想到曹操在《祭桥公文》中回忆他与桥玄生前曾有"车过三步，腹痛无怪"的誓约的典故，东坡当即写了一篇《文与可画筼筜谷偃竹记》，追忆自己与文同谈笑谐谑、亲密无间的交谊，抒发永失良友的悲痛。

次年四月，文同的灵柩由其子文务光护送返蜀安葬，路经黄州。正谪居黄州的东坡见到亡友的灵柩，悲痛难抑，再一次作文祭之。其后，东坡只要一看到文同的遗墨，无论是墨竹还是草书，都要题写题跋，东坡心中永远铭记着这位亲如手足的亡友。

米芾的年龄与"苏门四学士"相仿，[1] 但是他恃才傲物，即使对心所敬重的前辈学者也不执弟子礼，[2] 所以后人没有把他列于东坡门下。事实上米芾曾得到东坡的悉心指导，尤其是在书法方面。元丰四年（1081），年方三十一岁的米芾专程到黄州拜访东坡，两人谈书论画，十分投机。东坡劝告米芾写字要专学晋人，他还乘着酒兴画了墨竹和枯木怪石两幅图，当场赠送给米芾。米芾听了东坡的指点，

---

[1] 按：米芾比黄庭坚年轻五岁，比秦观年轻一岁，比晁补之年长三岁，比张耒年长四岁。

[2] 《独醒杂志》卷五记载米芾之言："元丰中，至金陵识王介甫，过黄州识苏子瞻，皆不执弟子礼，特敬前辈而已。"

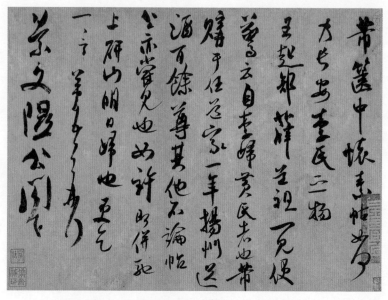

宋·米芾　致景文隰公尺牍　台北故宫博物院

从此努力搜罗晋人法帖，还把自己的书斋命名为"宝晋斋"。经过几年的临摹学习，米芾果然书艺大进。

此后，东坡与米芾虽不常见面，但书信往来不绝，既酬答诗文，也讨论书画。米芾性痴，东坡性豪，两人的对话非常有趣。元祐七年（1092），东坡任扬州知州，一天在席上与米芾相遇。酒过三巡，米芾忽然站起身来对东坡说："有一件事要对丈人说：世人都以米芾为'颠'，我想听听您的看法。"东坡笑着回答："吾从众。"众人哄堂大笑。然而事实上东坡对米芾的为人与才华都非常看重，东坡晚年自海南遇赦北归时写信给米芾，称道其"迈往凌云之气，清雄绝俗之文，超妙入神之字"，亟愿与他相见。建中靖国元年（1101），已经走到生命最后关头的东坡来到仪真（今江苏仪征），正在那儿办书院的米芾闻讯赶来相见。故人相逢，对酒夜话，米芾还取出他珍藏的名贵法帖请东坡题跋，又送来四枚古印请他鉴赏。可惜东坡过了几天就病倒了，但他听苏过朗诵米芾所作的《宝月观赋》后，还兴奋得从病榻上一跃而起，奋笔给米芾写信，称扬他的文字。东坡的病越来越重，米芾多次前来探问，还冒着酷暑亲自送来药物。在东坡病逝的半个月前，他还勉强提笔给米芾写了最后一封信，结束了两人长达二十年的笔墨之缘。

东坡与刘景文的交往过程，前后不足四年，然而他们的情谊非常深厚，可谓倾盖如故。刘景文出身将门，其父刘平在延州（今陕西延安）与夏军作战被俘，不屈而死，所以东坡赞扬刘景文有"烈士家风"。元祐四年（1089），东坡出任杭州知州，时任两浙西路兵马都监的刘景文也在杭州，两人从此结交。刘景文虽是将门之后，本人又任武职，却博通史传，工诗能文。东坡更加看重的是刘景文重义轻利、慷慨豪爽的为人，两人一见如故，十分投机。他们在杭州常相过从，可惜第二年东坡就离开了杭州。

元祐六年（1091）的重九日，东坡正在颍州，刘景文千里寄诗，亲切地问候东坡说："四海共知霜鬓满，重阳曾插菊花无？"东坡看了大喜，作诗回答说："一篇向人写肝肺，四海知我霜鬓须。"两个月后，刘景文由于东坡的大力荐举而调任隰州（今山西隰县）知州，赴任途中迂道到颍州来访问东坡，相聚十天，东坡写了一首长诗描写刘景文的来访给全家带来的喜悦："天明小儿更传呼：隔刘已到城南隅！尺书真是隔手迹，起坐熨眼知有无。"他甚至说自己的心情是："我闻其来喜欲舞，病自能起不用扶。"这种真诚深挚的友情，是多么感人！

次年（1092），刘景文在隰州任上去世。噩耗传来时，东坡已调任扬州。他听说刘景文身后凄凉，不但妻儿饥寒，而且无力归葬，就立即上奏朝廷，为刘景文请求赙赠。在东坡的生活中，刘景文就像一颗来去匆匆的彗星，东坡永远怀念这位肝胆相照的好友。

陈慥，字季常，以字行。说到陈季常与东坡的关系，先得从其父陈希亮说起。嘉祐六年（1061），年方二十六岁的东坡来到凤翔府任签判。知府宋选很看重东坡，两人的关系相当融洽。一年半以后，宋选罢任，陈希亮来代。这位新来的上司是东坡的同乡世交，年辈则比苏洵还高，照例说应给东坡以更多的关照。可是陈希亮是个面目严冷、刚愎自用的人，他在东坡面前摆出一副长官和长辈的双重架子。有时东坡前去谒见，陈希亮许久不出，东坡尴尬地干坐等候，又不敢擅自离去，心中很苦恼。有一年的中元节，东坡偶然没有到知府厅去贺节，陈希亮居然把此事上报朝廷，结果东坡受到罚铜八斤的处罚。有时东坡为官府撰写斋醮文、祈祷文，都是一些无关紧要的官样文字，可是草稿上呈后，陈希亮总要涂抹删改，然后发还东坡重写，甚至往返数次，仿佛东坡连这样的文字都不能胜任。更可笑的是，东坡曾应"贤良方正能直言极谏"科的制举并得中高第，[1]有些官吏就称东坡为"苏贤良"，就像现代人所说的"某博士"一样，这本是一种极为平常的礼貌性称呼，不料陈希亮听了勃然大怒，呵斥说："一个府判官罢了，什么苏贤良！"并当着东坡的面把那个官吏痛打一顿，让东坡十分难堪。年少气盛、风华正茂的东坡当然心中不平，况且他赋性鲠直，遇事敢言，便不免常与陈希亮意见不合，甚至公然争议，形于言色。虽然后来陈希亮自称他对东坡不假

---

[1] 嘉祐六年（1061），东坡应制举入三等。按北宋的惯例，制科虽分五等，但上二等都是虚设的，终宋之世从未实授。即使是三等，在东坡之外也仅有吴育一人获此殊荣。东坡所应的制举科目，《宋史》本传和《宋会要辑稿》卷一一一册《选举》一一之八都说是"贤良方正能直言极谏"科，然欧阳修的《举苏轼应制科状》和王安石的《应才识兼茂明于体用科守河南府福昌县主簿苏轼大理评事制》等文中却说东坡所应的是"才识兼茂明于体用"科。对此，孔凡礼《苏轼年谱》中认为"盖二者乃一科"，今从孔说。

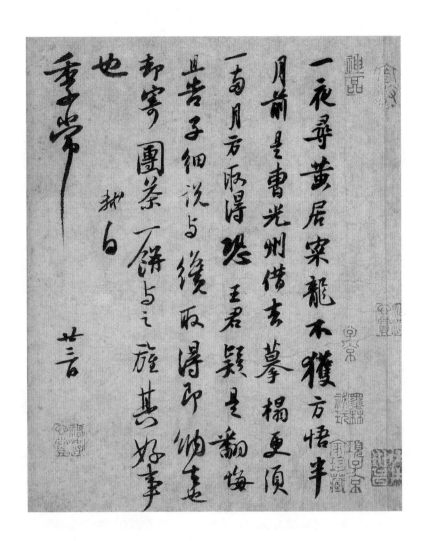

一夜尋黃居寀龍不獲方悟半
月前是曹光州借去摹榻更須
一兩月方取得恐王君疑是翰墨
且告子細说与纘取得即納去
却寄團茶一餅与之旋其好事
也
　　季常
　　　　　　　軾白

宋·苏轼　致季常（陈慥）尺牍　台北故宫博物院

辞色，是出于担心东坡因少年暴得大名而骄傲自满，所以有意挫其骄气，但是这种用意过于深曲的矫治毕竟是常人难以忍受的。可以说，在凤翔遇到陈希亮这位难相处的上司，是东坡初入宦海时的最大烦恼。后来东坡应陈季常之请为其父作传，且颇有好评，这固然是东坡不念旧恶，但也是却不过陈季常的面子的缘故，因为陈季常确是东坡的一位贴心朋友。

陈季常是陈希亮的幼子，他虽然出生于官宦之家，却不乐仕进，是一位仗义疏财的豪侠之士。他后来隐居在光州（今河南潢川）、黄州一带，自号"方山子"。嘉祐八年（1063），东坡在凤翔与陈季常相识。十九年后，东坡作《方山子传》，对当年邂逅陈季常的情景记忆犹新："余在岐下，见方山子从两骑，挟二矢，游西山。鹊起于前，使骑逐而射之，不获。方山子怒马独出，一发得之。因与余马上论用兵及古今成败，自谓一世豪士。"如此英武豪放的一位奇士，在北宋那种文治发达而尚武精神极其匮乏的社会里，简直是凤毛麟角。更出奇的是，十七年后东坡被贬黄州，途经岐亭巧遇陈季常时，他已经豪华落尽，变成一位安贫乐道的隐士了。虽然陈家在洛阳有富丽堂皇的园林，在河北还有广袤的田产，陈季常却弃之不顾，独自隐居在岐亭的一所环堵萧然的茅屋里，他的妻儿、奴仆也悠然自得地与他一起过着简朴的生活。

元丰三年（1080）一月下旬，东坡被御史台的差役解往黄州。刚过麻城（今湖北麻城），来到岐亭附近，忽然看到有人骑着白马从山上奔驰而来，还频频向自己招手，原来来人正是陈季常。故人相逢，感慨万分。虽然此时的东坡是戴罪之身，陈季常仍然热情地邀请他到家做客，一住就是五天。对于刚从御史台监狱死里逃生、将要流放到举目无亲的异乡去的东坡来说，陈季常的友情无异于大旱之后的第一滴甘霖。东坡到达黄州后，陈季常时时前来探望，有文字记载的就达七次。当年七月，陈季常首次来访。大概他的江湖名声尚有余威，黄州的豪侠人士争相宴请之，并邀请他到家中留宿。可是陈季常一概谢绝，宁愿住到东坡栖身的临皋亭去，与东坡一起挤在那间酷热难当的西晒房里。毫无疑问，在当地颇有影响的陈季常时时来访，对改善东坡的处境是不无益处的。此外，此时的陈季常尽管不很富裕，仍力所能及地给予东坡一些物质援助，所以东坡写信致谢说："至自割瘦胫以啖我，可谓至矣！"岐亭距离黄州不很远，东坡也曾三次前去看望陈季常。两人推心置腹，不拘形迹，以至于东坡对陈季常的家庭生活也十分熟悉，曾写诗嘲笑他的惧内："忽闻河东狮子吼，拄杖落地心茫然。"[1]

元丰七年（1084），东坡遇赦离开黄州。陈季常专程前来送行，并随着东坡一起上路，一直送到九江（今江西九江）附近，才依依不舍地告别返家。此后两人书信不断，陈季常还曾到汴京看望东坡。东坡晚年被贬到惠州，陈季常曾致书问候。此时党祸惨酷，朝野都讳言苏、黄，陈季常却亲自主持刊刻东坡诗集，这部《苏尚书诗集》曾引起黄庭坚的关注，并写信向黄州士人何斯举索取。东坡与陈季常的友谊是终生不渝的。

---

[1] 东坡的这两句诗见于《寄吴德仁兼简陈季常》(《苏轼诗集》卷二五)。南宋洪迈《容斋三笔》卷三中说"河东"是指陈季常的妻子柳氏，并引黄庭坚在元祐年间写给陈季常的信说："审柳夫人时须医药，今已平安否？公暮年来想渐求清净之乐，姬媵无新进矣，柳夫人比何所念以致疾邪？"可见柳氏性妒、季常惧内之事为时人所共知，东坡、山谷与陈季常为好友，故偶尔取笑，并非恶谑。清人王文诰在《苏海识余》中为陈季常斤斤辩诬，殊属无谓。与此相映成趣的一个例子是，东坡有一首《戏赠孙公素》："披扇当年笑温峤，握刀晚岁战刘郎。不须戚戚如冯衍，便与时时说李阳。"(《苏轼诗集》卷四五) 连用温峤、刘备、冯衍、王衍等四个惧内之人的典故与友人孙贲（字公素）开玩笑，其谐谑程度远过于赠陈季常之诗。按：赵德麟《侯鲭录》卷一云："公素惧内，众所共知。尝求坡公书扇，坡题云……"即此诗也。据庄绰《鸡肋编》卷下所载，东坡曾与孙贲聚饮，正巧席上有一位官妓善于猜谜，东坡便编了一个谜语让她猜："䠀通劝韩信反，韩信不肯反。"官妓猜中了而不敢说，经孙贲强劝，官妓才说出谜底："此怕负汉也。"（"怕负汉"是"怕妇汉"的谐音）东坡大喜，厚赏此妓。可见东坡常与友人开此类玩笑，说者既无恶意，受者也不以为忤。

东坡的交游遍布三教九流，他有一大群的方外之交，其中最有名的要算是佛印和尚。佛印，本名了元，在禅宗的派系中属云门宗，为青原下十世。元丰三年（1080），东坡刚到黄州，正在庐山开先寺的佛印就几次寄信来，请东坡写一篇《云居山记》。刚遭受文字狱的东坡心有余悸，答书要求稍宽时日，两人从此缔交，信使来往不绝。四年后东坡离开黄州沿江东下，途中曾由佛印陪同游览庐山。此时的佛印已经当了润州金山寺的住持，其后东坡一度盘桓于江淮之间，两人过往甚密。

东坡与佛印的交往留下了许多传说，说两人一见面就斗机锋，争高低。明人甚至编造了题作《明悟禅师赶五戒》的小说，一名《佛印长老度东坡》，说东坡原是五戒禅师转世，后遇佛印点化云云。其实不但后者是齐东野语，连那些流传甚广的互斗机锋的话头也大多出于后人的杜撰，东坡口中哪能说出如此鄙俚浅薄的话头来！[1]事实上东坡与佛印相交甚笃，而且东坡是潇洒绝俗的才士，佛印也是不守佛门清规的禅僧，他们的交谊是不拘形迹的。佛印其人，能诗文，擅书法，喜欢收集图书尺牍等玩好之物，甚至爱养鸟雀，这种艺术家的气质与东坡非常投机。赤壁山下的江水中有许多晶莹玲珑的彩色石子，儿童们入江嬉水时总能捡到几颗，东坡常用糕饼向儿童们换取这些"怪石"，久而久之，竟积聚了三百来颗。他得知佛印性喜收集此类玩物，便慷慨地倾囊相赠，还为此写了一篇《怪石供》。后来东坡到金山寺访问佛印，曾施舍玉带一条，佛印则回赠一领衲衣。最为惊世骇俗的是，元丰七、八年（1084、1085）间，东坡数度到

---

[1]　东坡曾揭露禅师的话头说："治其荒唐之说，摄衣升坐，问答自若，谓之长老。吾尝究其语矣，大抵务为不可知，设械以应敌，匿形以备败，窘则推堕滉漾中，不可捕捉，如是而已矣！"（《中和胜相院记》，《苏轼文集》卷一二）可见他对禅师所谓的机锋早已洞若观火，且颇为轻视。

金山访问佛印，佛印总是事先准备好烧猪肉来款待东坡，因为他深知东坡喜欢这道菜。有一次，佛印准备的猪肉被人偷吃掉了，东坡就戏作小诗一首，借用唐人罗隐的诗句来调侃佛印："采得百花成蜜后，为谁辛苦为谁甜？"东坡与佛印的此类举动，真如晋人阮籍所说："礼岂为我辈设耶？"

◇　三　亲如手足的僚友

东坡在朝野都有许多朋友，元祐年间，东坡在朝为官，与同僚钱勰、蒋之奇、王钦臣友好，四人常相唱和，人称"元祐四友"。更值得注意的是，东坡做过多次地方官，他在各个任所结识了许多僚友。东坡刚踏上仕途就在上司陈希亮那里受尽委屈，也许是这段经历对他有所刺激，他待自己的下属非常亲切。从杭州、密州到徐州、颍州，东坡与许多僚友结成了亲如手足的好友。凡是有一技之长的僚友，东坡都会刮目相看，并为之揄扬延誉。僚友们首先是东坡在公务方面的得力助手，杭州的疏浚西湖，颍州的救济灾民，东坡都得到僚友的鼎力相助。当然，在公务之余，东坡与僚友的关系主要体现为酒朋诗侣。地方官任上不像朝廷里那样充满阴谋和倾轧，率性任真的东坡与僚友相处时心情愉快，他与僚友们唱和时留下了许多动人的诗篇。

熙宁七年（1074），东坡到密州任知州。密州地僻人贫，当地的士人也比较质朴木讷，远不如江南人士那样风流潇洒。但东坡在密州的僚友中结交了两位好友，一是通判赵庾，二是州学教授赵明叔。东坡与赵庾亲如手足，他常常到赵家做客，对赵庾的老母亲执礼甚恭，还曾写诗祝贺其生日。东坡一来，赵庾就把儿女都叫出来，让他们听取东坡的教诲。东坡则饶有兴趣地对孩子们逐一评论，说这个将来会如何，那个将来会如何。有个叫赵戒叔的男孩，当时才十二三岁。东坡对他最为赏识，抚着孩子的背说："将来一定会擅长文学。"后来赵戒叔果然长于诗文，还善于模仿东坡的书法。赵明叔是位安贫乐道的高士，他家境贫寒，但性喜饮酒，无论是多么劣质的酒，他都一饮而醉。他有一句口头禅："薄薄酒，胜茶汤；丑丑妇，胜空房。"东坡也是个"饮酒但饮湿"的旷达之士，他对赵明叔的话非常赞赏，认为这话"虽俚而近乎达"，就引申赵的原意，写了两首《薄薄酒》赠给赵明叔，其一说："薄薄酒，胜茶汤。粗粗布，胜无裳。丑妻恶妾胜空房。五更待漏靴满霜，不如三伏日高睡足北窗凉。珠襦玉柙万人祖送归北邙，不如悬鹑百结独坐负朝阳。生前富贵，死后文章。百年瞬息万世忙，夷齐盗跖俱亡羊。不如眼前一醉，是非忧乐两都忘！"

　　密州的二赵都是名不见经传之人，东坡任杭州知州时的僚属毛滂就不同了。毛滂，字泽民，是北宋有名的词人。元丰五年（1082），二十八岁的毛滂不远千里专程到黄州去谒见东坡，并在东坡刚铺上屋瓦的雪堂里住了几天。后来东坡入京为官，曾推荐毛滂应制举考试。元祐四年（1089），东坡重到杭州，重遇正任杭州法曹的毛滂，曾写诗追忆七年前在黄州相见的情景，但此时东坡还不知毛滂擅长填词。大约一年以后，毛滂任满罢去，临行前作《惜分飞》一词留别官妓琼芳。一天晚上，东坡宴客，官妓歌唱此词，下阕说："断云残雨无意绪，寂寞朝朝暮暮。今夜山深处，断魂分付潮回去。"东坡听后便问这是谁写的词？官妓说是毛滂。东坡对客人说："幕僚中有这样的词人而我不知道，这是我的过失啊！"他第二天就派人送信，把已经离开杭州的毛滂追请回来，[1] 又相聚了好几个月。

　　赵令畤是赵宋皇朝的宗室。元祐六年（1091），东坡调任颍州知州，结识了正任签书颍州公事的赵令畤。东坡比赵令畤年长二十五岁，但两人一见如故，很快成为亲如手足的朋友。两年后御史黄庆基上奏攻讦东坡时，还把东坡在颍州与赵令畤交往密切当作一件罪行来举报，说赵令畤设家宴款待东坡时，连赵家的妇女也不回避，云云。黄庆基的话当然是出于小人忮刻之心，但也说明东坡与赵令畤的关系确是亲密无间。其实赵令畤也常到东坡家去赴宴，有一次还是东坡的夫人王闰之提议邀请赵令畤来家饮酒赏月的。朋友之间互赴家宴而不避妻子，正是东坡及其友人胸怀坦荡、友情深厚的表现。黄庆基之流何足以知此！

　　东坡在颍州的一年间，与赵令畤、陈师道等人常相过从，饮酒赋诗，非常愉快，赵令畤还把东坡与诸人的唱和诗编成《汝阴唱和集》。然而东坡与赵令畤的交往并不局限于诗酒相酬，无论是赈济灾民，还是疏浚西湖，赵令畤都积极地帮助东坡出谋划策，在政事上多有建树。

　　赵令畤原字景贶，东坡赏其为人，为他改字德麟，东坡说："麟固不求获，不幸而有是德与是形，此麟之所病也。"东坡还希望赵令畤能像麒麟一样"载其令名而驰之，既有麟之病矣，又可得逃乎？"这篇《赵德麟字说》的字里行间充满了东坡对一个才德出众的后起之秀的期望与鞭策。当然，由于赵令畤是长于锦衣玉食之家的宗室子弟，东坡也时时对他进行规诫。有一次赵令畤自称"吾心皎然，如秋阳之明；吾气肃然，如秋阳之清"，并请东坡写一篇《秋阳赋》。

---

[1]　此事载于《唐宋诸贤绝妙词选》卷六。孔凡礼《苏轼年谱》卷二九中认为此事不实，因为"毛滂受知苏轼甚早"。但是东坡虽早知毛滂，且曾荐之应举，多半是着眼其诗文，不一定知其能词，本书姑仍旧说。

东坡乘机教导他要多了解世道的艰难，要在丰富的历练中增进才德，才能真正了解秋阳："居不墐户，出不仰笠，暑不言病，以无忘秋阳之德。"赵令畤没有辜负东坡的殷切期望，他后来在文学史上以"德麟"之字著称，除了咏《莺莺传》故事的十二首《商调蝶恋花》，他的笔记《侯鲭录》也堪称传世之作。《侯鲭录》中记载了许多东坡的逸事，展卷一阅，东坡的音容笑貌宛在目前。

◇　四　相濡以沫的患难之交

东坡一生浮沉宦海，历尽坎坷，还曾遭受"乌台诗案"那样的不测之祸。幸而得道多助，东坡的交游中虽然不乏趋炎附势的小人，但更多的是笃于友谊的君子，他们是东坡的患难之交，他们忠贞不渝的友情给逆境中的东坡带来了人间的温暖。

元丰二年（1079），东坡突然遭遇了一场从天而降的大祸，他以"讪谤君上"的严重罪名被捕入狱，在御史台的监狱里度过了一百三十多天的铁窗生涯。最后东坡总算死里逃生，被贬逐到荒僻的黄州，但仍然殃及了一大批友人，与东坡同日受罚的两份名单是：王诜、苏辙、王巩三人谪降，自张方平以下二十二人罚铜。后一份二十多人的名单中有司马光、范镇等旧党重要人物，他们被牵涉进来的主要原因是新党想乘机把政敌一网打尽。前一份名单中的三人受到的牵累最重，其中苏子由是东坡的同胞手足，东坡那些涉及讥议的诗歌大多与他有关，况且他在东坡入狱后还上书请求免除自身官职来赎兄长之罪，他受到牵累原是情理中事。王诜、王巩二人则与众不同，他们既不是旧党的重要人物，又不是东坡的亲属，他们遭到严重的处罚全因与东坡交往密切而殃及池鱼。然而二人虽然受东坡的牵累而受到重罚，却毫无怨言。他们在遭贬以后与东坡相濡以沫，他们与东坡的友谊经历了严峻的考验，堪称刎颈之交。

熙宁二年（1069），刚免父丧的东坡回到汴京，任殿中丞直史馆判官告院，得与王诜相识。王诜，字晋卿，是北宋开国功臣王全斌之后，因尚神宗之妹蜀国公主而封驸马都尉，是一位皇亲国戚。然而王诜身上并无多少骄奢之气，倒具有很浓郁的艺术气质。他能诗文，尤擅书画，也喜爱收藏艺术品。他对才华横溢的东坡非常倾心，两人很快就结成亲密无间的好友。东坡常到王诜府上去做客，赋诗写字，谈书论画。王诜则时常送给东坡酒食茶果等物，有时也送些稀罕的礼品，在初交的一年内赠给东坡的礼品中就有弓一张、箭十只、包指十个等物。以后几年内送给东坡的礼物中还有笔墨纸砚等文具以及鲨鱼皮、官酒等珍物。即使当东坡离开汴京之后，王诜的馈赠也没有中止，东坡在密州、徐州时都曾收到王诜送来的官酒、药物。有时东坡手头拮据，还向王诜借钱。熙宁六年（1073），正在杭州通判任上的东坡为了出嫁外甥女，曾向王诜借钱二百贯。作为回报，东坡常把自己的作品赠送给王诜。例如东坡在密州时，就曾把《薄薄酒》《水调歌头》《杞菊赋》《超然台记》等作品亲笔抄录后寄赠给王诜。[1] 不难想象，在酷爱艺术品的王诜眼中，由东坡亲笔录写的东坡诗文是何等珍贵的一份厚礼！

熙宁十年（1077），东坡解除密州的职务后前往汴京改官，走到汴京北边的陈桥驿时接到改知徐州之命，同时有旨不准进入京城。无奈的东坡只得借住在城外，王诜闻讯，立即派人送来酒食，几天后又亲自带了从人出城，在四照亭里设宴款待东坡。两人对酒听歌，

---

[1] 在南宋朋九万整理的《乌台诗案》中保留着东坡在狱中的供词，其中有《与王诜往来诗赋》一节，相当详细地记录了两人之间互相馈赠的礼品及诗文作品。本书所述，均据是书。

王诜带来的歌伎倩奴向东坡索取新词，东坡当场挥毫作词两首。次日，王诜又携来一幅唐代的名画——韩幹画马来请东坡题跋，东坡当即在画上题诗一首。东坡与王诜年龄相同，趣味相投，他们之间诗酒风流的交游活动正是北宋士大夫日常生活的典型表现。在文化发达、艺术气氛浓厚的社会环境里，东坡与王诜的交游何罪之有！

然而在东坡的政敌的眼中，这一切都是必须追究的罪行。于是，当东坡以莫须有的罪名流放黄州时，贵为皇亲的王诜也受到牵连，被革去驸马都尉与绛州（今山西新绛）团练使两职。王诜的罪名除了"收受轼讥讽朝政文字及遗轼钱物"，还有一条是"狱事起，诜尝密属辙密报轼"。原来当朝廷决定逮捕东坡后，王诜最早获知这个消息，他立即派人速往南都通报子由，让子由转告东坡早作准备。泄露朝廷机密，事先通报朝廷要缉拿的要犯，这确实是严重的罪名，无怪神宗虽然宠爱蜀国公主，仍然在一怒之下重罚王诜。次年，因蜀国公主病卒，神宗更迁怒于王诜，把他贬为昭化军节度行军司马，均州（今湖北丹江口）安置。自幼生活于钟鸣鼎食之家的王诜来到武当山下的荒僻小城，四年后又迁往颍州，直到哲宗登基才得重返汴京。

元祐元年（1086），东坡与王诜先后回到汴京，两人在宫殿门外意外相遇。劫后重逢，感慨万千。王诜当即作诗赠给东坡，东坡作诗和之，对王诜这位"厄穷而不怨，泰而不骄"的贵公子大为赞叹，并回忆自己在黄州时思念王诜的情形："怅焉怀公子，旅食久不玉。欲书加餐字，远托西飞鹄。谓言相濡沫，未足救沟渎。吾生如寄耳，何者为祸福？不如两相忘，昨梦那可逐！"从此，东坡与王诜又恢复了诗酒相酬的交游，直到元祐八年（1093）王诜去世为止。王诜在汴京有一座花木葱茏的花园，名叫西园，东坡兄弟以及黄庭坚等

晋卿为仆所累仆既谪齐安

晋卿亦贬武当饥寒穷困本书

生常分仆罹之不戚固宜独怪

晋卿以贵公子罹此忧患而不失其

正诗词益工超然有世外之乐此孔

子所谓可与久处约长处乐者耶

元祐元年九月八日苏轼书

宋·苏轼　题王诜诗词帖　故宫博物院

宋·王诜　渔村小雪图　故宫博物院

宋·王诜　烟江叠嶂图　上海博物馆

文人墨客常常来此做客，众人在园内吟诗作画，流连忘返。李伯时的《西园雅集图》所展现的就是西园内高朋满座的画面。王诜的绘画艺术在放逐生涯中有了长足的进步，传世的王诜绘画中以北京故宫博物院收藏的《渔村小雪图》最为有名，如果不被放逐江湖，身为贵族公子的王诜恐怕难以画出这种景物荒寒、意境萧索的山水画来。元祐年间，东坡曾数次为王诜的画题诗，单是那幅《烟江叠嶂图》，东坡就两度题咏，使此画声名大振。[1] 在第二次题此画的诗题中，东坡对两人的交谊慨乎言之："不独纪其诗画之美，亦为道其出处契阔之故，而终之以'不忘在莒'之戒，亦朋友忠爱之义也。"的确，东坡与王诜的交谊经历了死生契阔的考验，弥足珍贵。

　　王巩，字定国，出生于衣冠望族"三槐王氏"，东坡曾为王巩作《三槐堂铭》。他的年龄大约与东坡相仿，东坡曾自称与王巩"幼小相知"，王巩是张方平的女婿，而东坡年方弱冠就受知于张，两人的相识可能是由于这层关系。熙宁十年（1077），东坡在徐州时开始在诗中提到王巩。但从这首《送颜复兼寄王巩》的句意来看，东坡与王巩早就结为好友了。[2] 诗中说王巩："清诗草圣俱入妙，别后寄我书连纸。苦恨相思不相见，约我重阳嗅霜蕊。"又谓颜复："君归可唤与俱来，未应指目妨进拟。太一老仙闲不出，踵门问道今时矣。"所谓"太一老仙"是指时任太一宫使的张方平，此时王巩正在南都岳丈家中。次年八月，东坡在徐州建成一座"黄楼"，远近的文人墨客

---

[1]　由于曾经东坡题咏，王诜的绘画以《烟江叠嶂图》最为有名，但现在收藏此画的博物馆不止一家，颇有争议。现存的王诜绘画中只有北京故宫博物院收藏的《渔村小雪图》确为真品，上有宋徽宗所题"王诜渔村小雪"六字。

[2]　马斗成《苏轼与王巩交游考》中认为"现有所见史料最早记载苏轼与王巩交游是熙宁十年（1077）"（文载《宋代眉山苏氏家族研究》，第 338 页，中国社会科学出版社 2005 年），孔凡礼《苏轼年谱》卷八则据东坡《跋王巩所收藏真书》一文推测两人相从始于熙宁二年（1069），两说可互相参照。

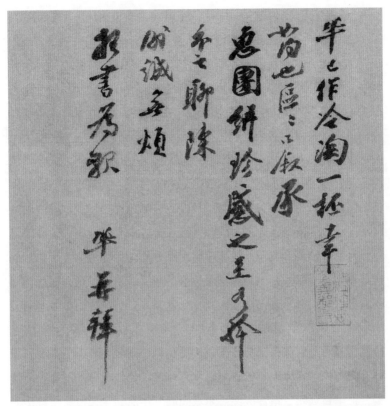

宋·王巩　书尺牍　台北故宫博物院

纷纷前来庆贺，王巩也专程来徐，躬与盛会。东坡与王巩久别重逢，格外高兴。重阳那天，东坡为王巩作《千秋岁》一词。两人在徐州欢会十日，往返唱和之诗几达百篇。一天，王巩一行出游泗水、桓山，玩到明月东升才兴尽而返。那天东坡因故未能陪同出游，就在黄楼上备下酒宴等待王巩归来。东坡身披羽衣，伫立在黄楼上，先听到从山谷里传来一阵悠扬的笛声，然后看到王巩一行踏着月色归来，他慨然叹息说："李太白死，世无此乐三百年矣！"

　　"胜地不常，盛筵难再。"唐人王勃在《滕王阁序》里的慨叹真是千古名言。两年之后，东坡就遭受了乌台诗案的飞来横祸，王巩也受到牵连，从正字贬为监宾州盐酒务。宾州（今广西宾阳）地处岭南，是一个比黄州更加僻远荒凉的地方。在乌台诗案中受到牵连的人中，王巩所受的责罚最为惨重。王巩本人并未写过什么讥刺朝政的诗文，他仅因"收受轼讥讽朝政文字"的罪名就受到比东坡本人更重的处罚，真是祸从天降。[1] 对此，东坡感到非常不安。他"每念至此，觉心肺间便有汤火芒刺"。没想到王巩到达贬地后竟主动来信，对身受牵累之事一字不提，反倒声言自己在逆境中定能"以道自遣"，以此安慰东坡。东坡既感激王巩的友情，又钦佩他的胸襟气度，深幸自己获此良友。其实王巩后来在宾州的处境非常悲惨，他在那瘴烟弥漫的荒僻之地煎熬了整整五年，一个儿子得病而死，他本人也大病一场，差一点成为异乡之鬼。

　　从元丰三年（1080）到元丰六年（1083）的四年间，东坡与王巩虽然相隔万里，但是书信往来，鸿雁不绝。东坡无时无刻不在挂念远方的友人。元丰四年的重阳日，东坡与黄州知州徐大受会于栖霞楼，他举目远眺，情怀凄然。东坡想起三年前的今天在徐州黄楼为王巩写的《千秋岁》一词，不禁低声吟诵起来。那首词中的"明年人纵健，此会应难复"两句，仿佛是一语成谶！满座的人听了此词与东坡的介绍，无论认识王巩与否，都随着东坡一起怀念起远方的王巩来。是年秋天，刚被任为广南西路转运使的马默在赴任途中经过黄州，东坡便托他到任后关照王巩，还托他捎去一些茶叶。东坡对自己在黄州的各种生活细节，诸如开荒种麦，买牛耕地，都一一

---

[1]　王巩受到重罚，或与他是旧党元老张方平的女婿有关，也可能与他在四年前曾因徐革谋逆案的牵连而受过"追两官勒停"（见《续资治通鉴长编》卷二六三）的处分有关，但"乌台诗案"的结案状中并未提及此项前科。

写信告诉王巩。那些长书短简细述琐事，直抒胸臆，好像是向亲人
倾吐心事的家书。有一次，东坡劝告从前性喜豪奢的王巩节省钱财。
如非推心置腹的密友，岂能如此直言无忌？东坡还应王巩之求，用
心画了一幅墨竹，寄往宾州。也许那竿瘦劲挺直的竹子正可为东坡
与王巩这两位同病相怜的逐臣传神写照？

　　元祐元年（1086），东坡与王巩在汴京重逢。"白露凄风洗瘴
烟，梦回相对两凄然。"东坡的这两句诗写出了两人劫后重逢的复
杂心情。稍能安慰东坡的是，重现在他面前的王巩竟然面色红润，
风采依旧，一点不像九死南荒的迁客，这真是一位"贫贱不能移"
的铮铮铁汉！连伴随王巩南迁的侍儿宇文柔奴也对苦难经历持有
平和的心态，东坡问这个眉目娟丽的姑娘：岭南的风土是否欠好？
她回答说："此心安处，便是吾乡。"东坡听了大为叹赏，有仆如此，
可见主人是何等的坚毅、旷达！东坡当场写了一首《定风波》送
给她：

　　　常羡人间琢玉郎，天应乞与点酥娘。自作清歌传皓齿，风起，
雪飞炎海变清凉。
　　　万里归来年愈少，微笑，笑时犹带岭梅香。试问岭南应不好，却道，
此心安处是吾乡！

　　这种在苦难中坚贞不屈的精神，正是东坡人生态度的精华，难
怪东坡把王巩视为知己。元祐年间，东坡与王巩常相过从，相处得
非常愉快。正巧两人都与王诜交好，王巩收藏了好几幅王诜的绘画，
其中包括那幅著名的《烟江叠嶂图》，东坡便是在王巩家里见到此
图，从而题诗的。王巩得到了王诜所赠的名酒，也请东坡到他家的
清虚堂里一起品尝，有时子由也随着东坡同来做客。当然，两人在

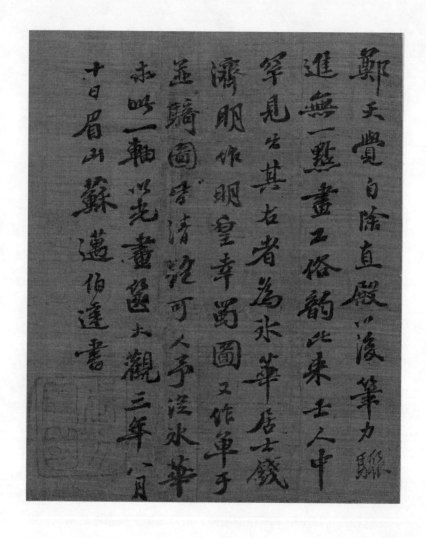

郑天觉自除直龄以後笔力
进无一点画工俗韵此来丈人中
军见其右者为永华居士钱
济明作明皇幸蜀图又作单手
益骑图学清然可人予泾永华
永明一轴以光画区大观三年八月
十日眉山蘇邁伯達書

宋·苏迈　跋郑天觉画　故宫博物院（跋中提到钱世雄）

政治上也几乎是同进同退，东坡曾推荐王巩应"节操方正可备献纳科"的制举，希望朝廷擢用这位"好学有文，强力敢言，不畏强御"的人才。谁知不但没被采纳，反而惹来谏官的一番攻讦，王巩也以"诟事"东坡的罪名被出为西京通判。绍圣元年（1094），新党再次得势，东坡被贬往惠州。不久，王巩也被贬至全州（今广西全州）。这一次两人都被贬到岭南，况且两人都已是花甲之年，所遭的打击比上一次更为惨重。然而他们仍以坚毅的精神迎接苦难，并一如既往地在患难中相濡以沫。东坡在惠州写信给王巩说："南北去住定有命，此心亦不念归，明年买田筑室，作惠州人矣！"这应是东坡与王巩共同的心态。松柏经霜而后凋，七年之后，东坡与王巩竟然都得以北还。可惜东坡刚回到常州（今江苏常州）就染病逝世，失去了与王巩重逢的机会。但是两人的友情已经超越了生死，成为传颂千古的一段佳话。

在乌台诗案中受东坡牵累而被处罚的名单中，有两个人的情况最为特殊，就是"选人"陈珪和钱世雄。所谓"选人"，是充任幕职州县官的低级官僚。他们职能低微，根本不可能卷入党争，竟然也被牵涉到这场政治风波中，还受到"罚铜二十斤"的处罚，真可说是殃及池鱼了。钱世雄，字济明。熙宁四年（1071）东坡赴杭州通判路经扬州，钱世雄的父亲钱公辅正任扬州知州，曾与东坡在席上相遇。次年钱公辅去世，东坡路经常州遇见钱世雄，应其请求为钱公辅作哀词。元丰二年（1079）东坡任湖州知州，此时钱世雄正任吴兴县尉，算是东坡的僚属。东坡于四月底到达湖州，七月底就被捕入狱，他与钱世雄的同僚关系只有短短的三个月。但在勾连株求惟恐不尽的御史们的罗织之下，钱世雄也没能逃脱。东坡被贬黄州后，钱世雄派人专程送信问候，东坡既感且愧，在答书中称钱为"仁弟"。此后两人书信不绝。但是当东坡还朝升任要职之后，钱世雄却不见了踪影。直到东坡被排挤出朝以后，钱世雄才再次出现。绍圣元年（1094），钱世雄给远在定州的东坡寄去太湖出产的茶叶，东坡亲书《松醪赋》为谢。不久东坡被贬到惠州，钱世雄多次去信问候，并寄去白术让东坡滋补身体。东坡再贬儋州，已受东坡牵累而被革去平江通判之职的钱世雄仍然书信不绝，还曾寄去丹药等物。在东坡日暮途穷之际，曾数度受他牵连的钱世雄却不避时忌，屡屡寄信寄物给那位远谪南荒的老人，这种风义，真如东坡在惠州时给钱世雄的一封回信中所说，是"高义凛然"！

　　建中靖国元年（1101），年已垂暮的东坡遇赦北归。此时的政治局势尚不明朗，东坡很想在常州一带找个安身之处，于是他在北归途中就与钱世雄通信商议，请他帮助在常州购置或租赁一所房屋。五月，东坡返至润州，与钱世雄在金山相会。此时身为一介平民的钱世雄经多方设法，已在常州向一家姓孙的人家借到一所房屋。东坡在润州、真州与故人盘桓了多日，身体不适，就坐船前往常州。钱世雄到奔牛埭来迎接，东坡在舟中的卧榻上把完稿于海南的《易传》《书传》和《论语说》三部书稿托付给钱世雄，请他好好保藏，暂不示人。钱世雄把东坡接到常州入住孙家的房屋，此后每天都来看望。东坡在病中强打精神，亲自书写旧作《江月》诗与《跋桂酒颂》赠给钱世雄。可惜尽管钱世雄多方问医访药，甚至弄来了"神药"，东坡的病情还是日趋严重。东坡临终时，守候在病榻边的除了儿孙，就是钱世雄与僧人维琳，东坡咽气前的最后一句话就是对钱世雄说的。东坡去世后，钱世雄不胜悲痛，亲撰祭文来悼念这位"平生风义兼师友"的一代才人。

　　钱世雄因结交东坡而得罪权要，其后终身废弃，穷困而死。[1] 但他也因此得到时人的敬重，并将永远得到热爱东坡的后人的尊敬。

　　东坡平生结交了许多僧人，按理说他们本是方外之人，政治的风波不会与他们有任何牵连。可是奇怪的是，东坡的僧人朋友中就有一位曾受其连累而被审逐，他就是著名的诗僧道潜。在东坡所结交的僧人中，道潜与东坡的交往最为密切，他堪称东坡最知心的方外之友。

　　熙宁四年（1071），东坡前往杭州，在临近杭州的临平镇看到一首题诗："风蒲猎猎弄轻柔，欲立蜻蜓不自由。五月临平山下路，藕花无数满汀洲。"大为赞赏，并记住了作者昙潜的名字。七年之后，东坡在徐州任上，昙潜前来拜访，并呈上自己的诗作。东坡非常赏识这位聪慧的僧人，在和诗中称道其为人："道人胸中水镜清，万象起灭无逃形。"又称道其诗才："多生绮语磨不尽，尚有宛转诗人情。"并建议他改名为"道潜"。道潜在徐州盘桓多日，与东坡、王巩等人一同游览了戏马台、百步洪等名胜，又陪同东坡登上刚落成的黄楼观赏夜景，宾主相得，唱和不绝。有一次，东坡在席上故意让一个花枝招展的歌伎上前向道潜求诗，道潜也没有被困窘住，当场作诗说："底事东山窈窕娘，不将幽梦属襄王。禅心已作沾泥絮，肯逐春风上下狂！"东坡大喜，原来他曾看见柳絮落在泥中，觉得此景可以入诗，没想到被道潜捷足先登了。道潜告归时，东坡写诗赠别，称赞他"新诗如玉雪，出语便清警"，还指出其创作优势是"静故了群动，空故纳万境"。从此，东坡与道潜结下了超凡脱俗的文字之缘。

---

[1] 钱世雄晚年自号冰华老人，杨时在《冰华先生文集序》中称其以结交东坡而"取重于世，亦以是得罪于权要，废之终身，卒以穷死"（《杨龟山先生集》卷二五）。

　　元丰六年（1083）三月，道潜专程来到黄州，看望已在那里度过了四年贬谪生涯的东坡。道潜在黄州一住就是大半年，直到次年四月才随着东坡一起离开黄州。道潜与东坡同游武昌西山，同赏定惠院海棠，饱看了江上的清风明月，写下了许多唱和诗篇。东坡向来讨厌僧诗的"蔬笋气"，他对道潜的诗情有独钟，就是因为道潜诗风"无一点蔬笋气"。一次京城故人来信问东坡：听说有一个僧人在你那里，是不是那个"'隔林仿佛闻机杼'和尚"呀？东坡大喜，从此把这句诗视为道潜的"七字师号"。道潜的诗句出于一首绝句："曲渚回塘执与期，杖藜终日自忘归。隔林仿佛闻机杼，知有人家在翠微。"这样的诗充满了对自然与人间的热爱，情趣盎然，不像普通的僧人诗那般枯槁寒俭，所以深得东坡的喜爱。

　　元祐四年（1089），东坡出知杭州，又得与道潜相聚。当道潜入住智果院时，东坡率领宾客十六人送之，每人赋诗一首，道潜也作诗酬答。其后东坡常到智果院去寻访道潜，汲泉煮茗，谈诗说禅。道潜其人虽然栖身佛门，但他的日常生活与当时的士大夫并无二致，正像陈师道所说，道潜其实是合僧人与士人于一身的一位诗人："释门之表，士林之秀，而诗苑之英也。"东坡与道潜的交谊也与当时的士大夫之间的关系并无二致，佛门本应弃绝人间的七情六欲，道潜却与东坡情谊深厚。元祐六年（1091）三月，东坡奉调还京，临行前写了多首诗词留别杭州故人，其中以写给道潜的《八声甘州》最为情深意挚。

　　东坡离杭后，道潜倍感寂寞。杭州的名胜之地到处铭刻着东坡的题诗，道潜一看到那些熟悉的墨迹就如睹故人。东坡先后调任颍州、汴京、定州，替道潜传书的鸿雁也跟着飞往那些地方。绍圣元年（1094），东坡在定州接到南谪英州的朝命，他匆匆踏上南迁之路，萧索的行囊中就有一幅道潜请人专程送来的弥陀佛像。东坡到达惠州后，道潜不但书信不绝，还一度准备亲自前往惠州探望，后被东坡劝止。道潜与东坡的密切关系终于引起了东坡政敌的注意，绍圣三年（1096），新党头目吕惠卿的弟弟吕温卿任浙东转运使，他一到杭州便蓄意罗织罪名来打击东坡的友人。经人告发，又查验度牒，吕温卿发现道潜的名字是东坡所改，就以此为罪名勒令道潜还俗，并给予"编管兖州"（今山东兖州）的处罚。北宋有"度牒"的制度，僧尼的名额是由朝廷掌控的，俗人获得"度牒"出家为僧是一件很不容易的事情，所以勒令还俗算是对僧人的重罚。僧人本是方外之人，道潜竟受到通常只有官吏才能得到的"编管"的处分！这真是城门失火，殃及池鱼了。东坡命途多舛，他一生中牵累的人不计其数，但受他牵连而受罚的僧人则只有道潜一人。东坡闻讯，深感歉疚，便托正在京东做官的亲戚黄寔照应道潜。后来得到曾布的帮助，道潜才得以再次落发为僧。两度出家的奇特遭遇是道潜与东坡交往所付出的代价，但道潜对之心甘情愿。东坡死后，道潜连作悼诗十一首，极表悲痛。不知他此时有没有想起当年东坡写给他的词句："西州路，不应回首，为我沾衣！"

◇　五　深明大义的谪地长官

东坡晚年自嘲说："问汝平生功业，黄州、惠州、儋州！"他数度遭贬，先后在黄州、惠州、儋州三地度过了十年零三个月的贬谪生涯，几乎占他全部仕宦时间的三分之一。东坡每次被贬都带着严重的罪名，如"讪谤朝政""毁谤先帝"等，而且朝中的权要们对东坡怀有刻骨的忌恨，必欲置之死地而后快。所以东坡每到一处贬谪之地，都忧虑重重，深恐动辄得咎。幸而吉人天相，东坡在三个贬谪地都遇到了深明大义的地方长官，他们敬重东坡的人格和才学，他们给予东坡力所能及的照顾，使东坡在举目无亲的蛮荒之地得以生存下来。

　　元丰三年（1080）二月，东坡来到他生命中第一个贬谪地黄州。黄州是一个山环水绕的偏僻小城，此时的东坡刚刚经历了乌台诗案的大祸，惊魂未定的他以犯官的身份来到异乡客地，心情是多么的惴惴不安啊！正在此时，陈轼、徐大受与杨寀三位知州先后出现在东坡的生活中。东坡初到黄州时，州守是陈轼，此人是王安石的同乡，且与王安石交好，但他并未因此而敌视东坡。陈轼半年后就离任了，但他的善意照拂使东坡得到了很大的安慰。东坡在黄州度过的最后八个月中，杨寀来知黄州。与两位前任一样，杨寀对东坡也相当友好，曾亲临雪堂访问这位逐客。当然，在黄州与东坡相处时间最长、对东坡最为关切的则是徐大受。

　　元丰三年（1080）八月，徐大受来任黄州知州。徐大受，字君猷，他与东坡一见如故，视之为亲如手足的密友。对于徐大受，东坡充满了感激之情，他曾写信给徐大受之弟徐大正说："始谪黄州，举目无亲。君猷一见，相待如骨肉。"的确，在黄州与东坡相处的三年中，徐大受丝毫不像一位对东坡负有监管之责的上司，倒像一位热情待客的主人。徐大受来到黄州后，每年的重阳节都要在栖霞楼设下酒宴，邀请东坡共度佳节。受他影响，时任黄州通判的孟震也对东坡敬礼有加。久而久之，东坡已把两位上司视为不拘形迹的朋友，他甚至毫无顾忌地与他们谈笑风生。徐大受与孟震都不善饮酒，东坡就以此为诗歌题材，拿两位与他们同姓的古人——徐邈与孟嘉来与他们开玩笑："孟嘉嗜酒桓温笑，徐邈狂言孟德疑。公独未知其趣尔，臣今时复一中之。风流自有高人识，通介宁随薄俗移？二子有灵应抚掌：吾孙还有独醒时！"是啊，徐邈与孟嘉都是古代著名的酒徒，他们怎能想到其后裔中竟然有不能饮酒的徐大受与孟震！要不是徐、孟二人对东坡情同手足，东坡即使性格豪放，也绝不敢与两位上司开这样的玩笑，要知道此时的东坡正是处于徐、孟管辖下的一个犯官！

元丰六年（1083）八月，徐大受任满离开黄州，东坡作《好事近》以送行。不幸的是，徐大受在前往湖南的途中染病去世，其家人护丧北上，在三个月后又来到黄州。东坡悲痛万分，既作祭文，又作挽词，悼念这位对他关照有加的良友兼恩人。徐大受遽然去世，他的几个孩子尚未成人。东坡对此很不放心，他一连写了几封信给徐大受的弟弟大正，嘱咐他一定要妥善安置其兄的遗孤，千万不能让孩子们失学。情意殷殷，有如家人。稍后，东坡又写了一篇《遗爱亭记》，以颂扬徐大受治理黄州时爱护百姓的功德。两年后，东坡在张方平的儿子张恕家里偶然遇见已改嫁到张家的徐大受的姬妾，还思及故人而泫然流泪。

绍圣元年（1094），年已五十九岁的东坡经过万里跋涉，来到南海边的惠州。此时的政治局势非常险恶，新党对旧党人士的打击不遗余力，东坡再也没有死灰复燃的可能了，他甚至做好了埋骨异乡的思想准备。可幸的是，东坡在惠州也遇到了一位善良且富有正义感的知州，他就是詹范。东坡见到詹范时，两人都是白发苍苍的老翁了。詹范擅长写诗而拙于世务，正是东坡的"我辈中人"。他对东坡非常友好，曾在元宵夜邀请东坡饮酒观灯，又曾陪同东坡游览白水山。东坡曾携带白酒、鲈鱼前去访问詹范，詹则准备了槐叶冷淘来款待客人。当东坡取出旧日所作的词稿来修改时，还曾与詹范"奇文共欣赏"。在詹范的照拂下，东坡甚至得以参与惠州的地方事务，诸如建桥梁以便行人、修义冢以葬枯骨等事，詹范都邀请东坡参与其事，仿佛东坡是新到任的同僚而不是流放来的罪人。

绍圣三年（1096）九月，詹范任满，方子容来代。重阳那天，新、旧两位知州一起陪着东坡登上白鹤峰。东坡心情舒畅，喝得大醉。与前任詹范一样，方子容也与东坡甚为相得。方子容十分喜爱东坡的书法，曾请东坡帮他题跋所收藏的书画、佛经、史传等，东坡还曾为方子容的夫人沈氏亲笔书写《心经》。绍圣四年（1097）四月十七日，方子容接到朝廷将东坡贬往海南昌化军的诰命，他忧心忡忡地亲自前往东坡家去通报，并说其妻沈氏平昔敬奉僧伽菩萨，两个多月前曾梦见菩萨前来告别。沈氏问菩萨要往哪里去？僧伽说将与东坡同行过海，再过七十二日就有诰命下达。可见这都是命中注定的事，请东坡不必太忧虑。[1]方子容的一番话也许是为了安慰东坡而姑妄言之的，但毕竟使东坡宽心不少。僧伽是唐时自西域何国来华的高僧，后在泗州（今江苏盱眙）建刹，屡显灵异。三十一年前，东坡扶父丧返蜀路经泗州，适遇逆风无法行船，曾听从船夫的劝告向僧伽塔祈求顺风。香火未收，旗带就变了方向，船只便一帆风顺地疾驰而去。如今听说这位异代高僧的神灵将陪伴自己渡海南去，这无论如何总是个吉兆啊！

绍圣四年（1097）五月，东坡在藤州（今广西藤县）会合其弟子由，两人结伴南行，于六月五日来到雷州（今广东雷州）。雷州是子由的贬所，也是他此行的终点，而东坡将从此地渡海南去。雷州知州张逢亲自到城门口迎接二苏，并请他们入住馆舍。几天后，张逢到郊外送别东坡，并派差役送他过海，东坡对此十分感激。不久，张逢善待东坡兄弟的事情被人告发，张逢遂被削职为民。张逢与东坡的交往只有短短的几天，但他的情谊使东坡永远难忘。

---

[1] 据东坡《僧伽同行》（《苏轼文集》卷七二）、道潜《东坡先生挽词》原注（《参寥子诗集》卷十一）。王巩《随手杂录》则谓梦见僧伽为萧士京之妻，当是传闻异辞，孔凡礼《苏轼年谱》卷三六并引之。揆诸情理，当以东坡自述者为准。

　　绍圣四年七月，东坡到达昌化军（即儋州），暂时寄住在伦江驿馆里。儋州地方荒僻，外人罕至，驿馆多年失修，不蔽风雨。九月，新任军使张中到任，他看到年迈体弱的东坡栖身在破败不堪的驿馆里，于心不忍，便派人把驿馆整修一番，让东坡得以安居。此后张中时常前来看望东坡，还曾陪同东坡去访问邻居。张中与伴随东坡来儋的苏过结成好友，两人都喜爱围棋，时常对弈，棋艺不高的东坡则坐在一旁静静地观看，终日不倦。一年之后，新党对元祐旧臣的迫害进一步升级，东坡被前来督察的使臣逐出驿馆，不得不在桃榔林中自建茅屋安身，张中又亲自前来帮着挖泥运土，完全不顾自己身为当地长官的身份。[1] 又过了一年，张中照顾东坡的事受到追究，被贬为雷州监司。东坡对张中恋恋不舍，作诗为他送行，中有"暂聚水上萍，忽散风中云"的沉痛之句。张中也对东坡依依惜别，他四月就接到了调令，却迟迟不走，一直拖延到十一月才离开儋州。临行前，张中又一次到东坡家来告别，主宾二人在灯光下相对而坐，直到天明。东坡再次写诗送别，描绘眼前的情景说"悬知冬夜长，不恨晨光迟"，又劝告张中不要挂念自己："汝去莫相怜，我生本无依。"两位萍水相逢的友人从此隔海相望，不久张中就病逝了。

―――――――――

[1] 孔凡礼《苏轼年谱》卷三六说东坡始到儋州即于桃榔林下作庵而居，至张中到任始入住伦江驿馆。李一冰《苏东坡新传》第十三章，王水照、崔铭《苏轼传》第十一章则说东坡先居官舍，被逐出后始居桃榔林，后说是。除了李、王二书的论述外，另有一个旁证：东坡《桃榔庵铭》中说："三十六年，吾其舍此，跨汗漫而游鸿濛之都乎！"意谓一旦自己走完全部生命历程，就可舍弃桃榔庵而去了。可见此铭应作于元符元年（1098），当时东坡六十三岁，自此往后三十六年，则已年届九十九岁，古语云"生年不满百"，九十九岁就到生命的终点了。如作于前一年，则"三十六年"一语没有意义。

◇ 六　善良质朴的平民朋友

　　无论在朝在野，东坡时时关心着百姓的冷暖。但不管是在汴京街头前呼后拥的"苏学士"，还是在杭州西湖吟风弄月的"苏使君"，那些平头百姓都只能远远地观看。即使当东坡轻车简从地下乡劝农巡视时，那些"旋抹红妆看使君，三三五五棘篱门，相排踏破茜罗裙"的村姑们也绝不敢挨上前去与东坡说话的。是贬谪落难使东坡来到百姓中间，从而结交了许多平民朋友。那些善良质朴的普通百姓出于对忠而被贬的忠臣的同情，也出于对才学盖世的名士的仰慕，纷纷向素昧平生的东坡伸出援助之手。百姓们虽然没有任何权力或充足的财力来帮助东坡，但即使只是一句主持公道的话语，或是一个表示同情的眼神，也使东坡深为感动，因为那都是出于至诚的心灵交流。东坡在黄州开荒种麦，毫无经验，当地的农人就热情地传授秘诀：要想多打麦子，先得放牛羊入田，把长势太旺的麦苗践踏一番。东坡照此办理，果然大获丰收。东坡从海南北归路经大庾岭，在岭上一家村店门口小憩。一位白发老人看到东坡，得知他就是大名鼎鼎的"苏子瞻尚书"，便上前作揖说："我听说有人千方百计地陷害您，而今得以平安北归，真是老天保佑善人啊！"东坡听了感慨万分，便写了一首七绝赠给老人："鹤骨霜髯心已灰，青松合抱手亲栽。问翁大庾岭头住，曾见南迁几个回？"

　　东坡在各处贬谪之地结识的平民朋友中，也有一些姓名可考的人物。东坡刚到黄州不久，住在长江对岸的王齐愈、王齐万兄弟就渡江来访。王氏兄弟本是蜀人，此时则是流寓武昌的普通百姓。稍后，东坡又结识了潘丙、潘原、潘大临、潘大观、古耕道、郭遘、何颉等人，诸人虽读书识字，但皆无功名，只是世居黄州的土著而已，比如潘丙在樊口开了一家小酒店，郭遘靠卖药为生，古耕道则是市井中人。东坡曾以亲切的笔触描写这几位朋友："潘子久不调，沽酒江南村。郭生本将种，卖药西市垣。古生亦好事，恐是押牙孙。"所谓"押牙"，是指唐人小说《无双传》中那位藏身市井的侠客古押牙，此句正暗示着古耕道的市井身份。此后的几年里，东坡经常与他们交游。有时东坡渡过江去游览武昌西山，遇到风雨，便留宿王家，王氏兄弟杀鸡炊黍招待东坡，一住就是好几天。有时东坡乘坐一叶扁舟，一直划到潘丙的小酒店门前，便走进店去喝上几杯村酿。一连三年的正月二十日，东坡都与潘丙、郭遘、古耕道等人前往离黄州十里路的女王城游玩，每次都作诗一首。第二年写的那首诗说："东风未肯入东门，走马还寻去岁村。人似秋鸿来有信，事如春梦了无痕。江城白酒三杯酽，野老苍颜一笑温。已约年年为此会，故人不用赋招魂！"东坡告诉远方的故人：我在这儿与朋友们相处得非常愉快，你们不用再设法让我离开黄州重返朝廷了！

　　东坡贬至惠州后，也结识了不少百姓，比如他在白鹤峰新居的两个邻居——在家修行的"林行婆"和不第的老书生翟逢亨，东坡便常去串门拜访，以至于在诗歌里留下了他俩的身影："林行婆家初闭户，翟夫子舍尚留关。"东坡在惠州结识的新朋友中最值得一提的是卓契顺。卓契顺是苏州定慧院里从事杂役的"净人"，同时也跟随定慧院长老守钦学佛，与东坡素昧平生。绍圣二年（1095），东坡的长子苏迈正带着一家老小住在宜兴，全家人苦苦思念远谪南荒的东坡，但由于山河阻隔，既得不到东坡的任何消息，也难以寄送家书。苏迈把他的苦恼告诉钱世雄，钱又与守钦说起此事，卓契顺听说后，便自告奋勇要前往惠州送信。他对苏迈说："惠州不在天上，只要不停地走，总是能走到的。我愿意为你们去送家书！"于是卓契顺便携带了苏迈的家书以及守钦撰写的《拟寒山子十颂》上路了，他风餐露宿，跋山涉水，从苏州一直走到惠州，终于在三月初二那天把书信送到了东坡的手中。[1] 东坡看到卓契顺脸色乌黑，脚生重茧，不禁对这位助人为乐的陌生人充满了钦佩与感激。卓契顺在惠州停留了半个月，取了东坡的回信就要踏上返程。东坡问他可有什么要求，契顺回答说："我正因为无所求，才到惠州来的。如果有所求的话，早就往汴京去了。"东坡坚持要对契顺有所表示，契顺才说："唐代有个蔡明远，不过是鄱阳军的一个小校尉。当颜真卿绝粮于江淮时，蔡明远背了米前去接济，颜真卿心存感激，便写了一幅字送给他，使世人至今还知道这世上曾经有过一个蔡明远。我虽然没有背米来送给大人，但不知能否援引蔡明远的先例，得到大人亲笔写的几个字呢？"东坡听了，欣然挥毫，写了一幅陶渊明的《归去来辞》赠给契顺，并在题跋中详细记述了卓契顺千里送书的经过，希望他能因此而名垂青史。东坡写的那幅字没有能留存下来，但是那篇题跋却完整地保存在东坡的文集中。卓契顺的义举因而流传千古，永远为后人传诵。

　　绍圣四年（1097），东坡来到他生命中最后一个流放地儋州。儋州不但地僻人穷，而且居民多为黎族，他们与汉人语言不通，生活习惯也迥然不同，然而东坡在儋州生活了三年，仍然交了许多朋友，其中有不少黎族的百姓。比如黎子云，东坡曾与张中一起去他家访问。黎家的环境十分幽美，四周水木清华，只是房屋破旧不堪，东坡就动员大家捐钱在黎家修了一个"载酒堂"，此后常去那儿盘桓。再如符林，是住在城南的不第秀才，其人性格恬淡，东坡亲切地称他为"老符秀才"。绍圣五年（1098）的上巳节，东坡到符家做客，

---

[1]　据钱世昭《钱氏私志》记载，卓契顺此行乃为佛印带信给东坡，误。因东坡在《书归去来词赠卓契顺》（《苏轼文集》卷六九）及他文中均未言及佛印的信。守钦此前不识东坡，卓契顺携来其文，东坡且作《守钦》一则以记其事，况且佛印一向与东坡交好，若卓契顺为其传书，东坡不应一言未及。

与老符两人对坐痛饮，此时木棉花纷纷飘落，刺桐则繁花似锦，这种奇异的异域风光给东坡留下了深刻的印象。东坡的邻居也对他非常友好，他们不大明白这位老人为何万里迢迢地流落到这天涯海角来，但十分同情他的艰难处境，于是不时地送给东坡一些木薯、芋头，逢年过节还邀请东坡去吃喝一顿。久而久之，东坡甚至产生了期待心理，他作诗说："北船不到米如珠，醉饱萧条半月无。明日东家当祭灶，只鸡斗酒定膰吾！"

一天东坡偶然进城，在集市上遇到一个进城卖柴的黎族山民。此人面目枯瘦，但精神抖擞，一下子引起了东坡的注意。山民也注意到东坡身上的衣冠，这在他眼中简直是奇装异服，不禁哈哈大笑。笑过之后，两人便攀谈起来。虽然语言不通，但山民又是叹息，又是挥手，东坡仿佛听懂了他的意思。山民好像是说东坡本是一位贵人，如今却凤落草窠不如鸡了。临别前，山民把卖柴换来的一块木棉布赠送给东坡，示意今年海风寒冷，让他做件衣服御寒。东坡非常珍视山民的这份情谊，特地写了一首诗来记载这次奇遇。这位不知名的黎族山民与东坡之间的动人故事便永远保存在《和陶拟古九首》之九这首诗中。

元符三年（1100）六月，东坡遇赦北归，离开他栖身三年的海南。动身之前，许多土著朋友前来饯行，大家纷纷拿出各种土产相赠，东坡一概不受，但他已收下了海南百姓的深情厚谊。临上船时，十几位父老流着眼泪与东坡握手告别，他们说："这次与内翰相别后，不知何时再得相见？"东坡心知此去再无重见之日了，他情难自抑，便写诗留别海南的父老乡亲："我本海南民，寄生西蜀州。忽然跨海去，譬如事远游。平生生死梦，三者无劣优。知君不再见，欲去且少留！"

第三章　东坡的弟子

◆ 第三章　东坡的弟子

　　北宋文坛上有两大宗师，前是欧阳修，后是苏东坡，他们门下人才济济，分别形成了北宋文学的两次高潮。当年欧阳修发现东坡之后，就敏感地预言这位后起之秀一定会成为新一代的文坛盟主。东坡也当仁不让地自觉承担起欧公所托付的重任，他对门人李廌说："方今太平之盛，文士辈出，要使一时之文有所宗主。昔欧阳文忠常以是任付某，故不敢不勉。"东坡热心地识拔人才，并以诲人不倦的姿态指导他们，加上其自身非凡的创作成就，就产生了巨大的向心力，各地的青年才俊无不翘首仰慕，奔走聚集到东坡门下，终于形成了"苏门四学士""苏门六君子"等文学团体。其实没有被归入这两个集约性名称的苏门弟子还有不少，名声较著的就有李之仪、李昭玘、李格非、晁载之、秦觏等人。苏门弟子的名单构成了诗歌史上耀人眼目的"元祐诗坛"的主体，东坡与弟子的亲密关系也成为古今传诵的一段佳话。

◇ 一　黄庭坚

　　无论是"苏门四学士"还是"苏门六君子"，名列第一的都是黄庭坚。黄庭坚，字鲁直，号山谷道人，后人多称"黄山谷"，或"山谷"。在诗歌史上，山谷与东坡齐名，并称"苏黄"，又称

"坡谷",他与东坡的关系介于师友之间,东坡对他视之为友,山谷自己则始终对东坡敬执弟子之礼。东坡去世后,已届暮年的山谷仍把东坡的画像悬挂在室内,每天清晨焚香礼拜。有人说他的诗名已与东坡不相上下,何必再如此,山谷吃惊地说:"庭坚望东坡,门弟子耳,安敢失其序哉!"山谷不愧是苏门名列第一的入室弟子。

早在熙宁年间,东坡就多次读到了山谷的诗作,对后者的诗才非常赞赏。元丰元年(1078),正在大名府(今河北大名)任北京国子监教授的山谷致书东坡,表示倾慕之意,并呈上古诗二首。东坡当即答书,并次韵和诗。苏、黄二人从此订交。虽然两人流宦各处,无缘相见,但彼此间唱和不绝,尤其喜欢反复次韵,例如元丰二年(1079)的所谓"'粲'字韵诗",即是争胜于毫厘之间的次韵诗奇作。元祐元年(1086),随着旧党人物纷纷还京,东坡与山谷在汴京初次见面。此后,两人诗酒相酬,度过了几年非常愉快的时光。有时山谷从家乡得到了著名的双井茶,就转送一些给东坡品尝。东坡得到了朝廷赏赐的小龙团茶,也邀请山谷与张耒等人一起分享。值得称道的是,他们的交往总是伴之以艺术创作,或是写诗唱和,或是切磋书艺,即使是礼品的馈赠也带有浓郁的诗意。山谷赠双井茶给东坡时,还附有一首七言古诗,东坡次韵和诗表示谢意,山谷再次韵和之,两人往返和答,竟达七八次之多,而且因难生巧,愈出愈奇,成为次韵诗中的范例。

山谷对东坡是由衷的钦佩,他曾向东坡请教作文之法,东坡教以熟读《礼记·檀弓》,山谷深以为然。东坡也对山谷的诗才赞叹不已,曾写诗题为"效庭坚体"。东坡还曾推荐山谷代替自己担任翰林学士之职。当然,两人有时也互相嘲谑,以这种轻松的形式交流各自对诗词或书法的看法。山谷写了一首《渔父词》,中有"新妇矶边

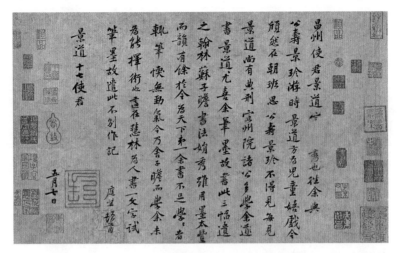

宋·黄庭坚　致景道十七使君尺牍　台北故宫博物院

眉黛愁，女儿浦口眼波秋"二句，自己十分得意，以为这是"以水光山色替却玉肌花貌"。东坡表示同意他的看法，但又补充说："然才出新妇矶，便入女儿浦，此渔父无乃太澜浪乎？"在谈笑之间规箴了山谷诗词求新太过的缺点。东坡与山谷都是一代书家，但两人的书风相去甚远，东坡曾说山谷的字笔势瘦长，有点像"树梢挂蛇"。山谷说他对东坡的字当然不敢轻易议论，但也觉得稍嫌扁浅，像是"石压虾蟆"。说完两人哈哈大笑，都认为对方深切地说中了自己的缺点。[1]东坡与山谷还曾合作过书画作品，有一次东坡画了一株姿态奇崛的怪木，山谷在画上题诗一首："折冲儒墨阵堂堂，书入颜杨鸿雁行。胸中原自有丘壑，故作老木蟠风霜。"这首诗对东坡的绘画所

<hr>

[1]　相传为王羲之所撰的《笔势论十二章》中说："夫学书作字之体，须遵正法。……不宜伤长，长则似死蛇挂树。不宜伤短，短则似踏死虾蟆。"（按：此书目录为唐人韦续《墨薮》，当为唐人伪托）苏、黄之语即由此而来，但他们将"死蛇挂树"改成"树梢挂蛇"，将"踏死虾蟆"改成"石压虾蟆"，谐谑之间较有分寸，便非恶谑。

包含的精神内蕴说得十分准确，可谓切中肯綮之评。可惜这幅画没有流传下来，要不的话，东坡的画，山谷的字，那可是珠联璧合的绝代珍品啊！

好景不长，元祐四年（1089）五月东坡出知杭州，直到元祐六年（1091）五月才还朝，是年六月，山谷又因母丧离京还乡，两人在汴京相聚的日子总共不过四年。绍圣元年（1094）七月，东坡被贬惠州，南迁途中经过鄱阳湖边的湖口（今江西湖口），巧遇正要赶往开封府界等候勘问的山谷，此时的政治形势已是"黑云压城城欲摧"，两人的前途就像眼前的鄱阳湖一样充满了恶风险浪。他们相聚了三天，又南辕北辙地各奔前途。也许两人都没有料想到，这就是他们最后的一次会面了！

东坡被贬惠州后，山谷也被贬往黔州（今重庆彭水），他们天涯相望，只能请鸿雁传书以表相思。对于东坡的岭南之贬，山谷有诗咏之："子瞻谪岭南，时宰欲杀之。饱吃惠州饭，细和渊明诗。彭泽千载人，东坡百世士。出处虽不同，风味乃相似！"此诗一针见血地指出朝中的权臣必欲置东坡于死地的险恶用心，"时宰"二字，锋芒直指当时的宰相章惇，可谓痛快淋漓。[1]幸而东坡以坚毅、旷达的人生态度对待接踵而至的磨难，他在惠州饮食睡眠一如常日，而且能平心静气地写他的和陶诗，这种不忧不惧的人生态度令山谷深感钦佩。在山谷看来，虽然东坡一生都在宦海里浮沉，没能像陶渊明那样退隐林下，但是两人的人格、风度非常相似，他们的名声都将永垂青史。此诗虽仅寥寥八句，但其内涵几乎与苏辙在《子瞻和陶渊明诗集引》中的论述完全一致，可见山谷对东坡的内心世界有深

---

[1] 据钱世昭《钱氏私志》载，东坡在惠州时曾接到佛印来信，内云："子瞻中甲科，登金门，上玉堂，远放寂寞之滨，权臣忌子瞻为宰相耳！"同书又谓此信"又传是王乔书"，此信究竟出于谁手，尚有待考核，但可见章惇的用心已是路人皆知。

刻的理解。

元符三年（1100），九死一生的东坡渡海北归，自身尚在戎州（今四川宜宾）贬所的山谷闻此喜讯，非常兴奋，一气呵成《东坡先生真赞三首》，其中以第一首写得最好："子瞻堂堂，出于峨眉，司马班扬。金马石渠，阅士如墙。上前论事，释之冯唐。言语以为阶，而投诸云梦之黄。东坡之酒，赤壁之笛，嬉笑怒骂，皆成文章。解羁而归，紫微玉堂。子瞻之德，未变于初尔，而名之曰元祐之党，放之珠厓儋耳。……九州四海，知有东坡。东坡归矣，民笑且歌。一日不朝，其间容戈。至其一丘一壑，则无如此道人何！"虽然山谷的美好祝愿未能实现，东坡南归后不但未能还朝，而且不久就病逝了，但是这篇真赞堪称苏门弟子对东坡的最好赞颂，它表明东坡不仅仅是苏门弟子的老师，也是沾溉天下的一代宗师。东坡逝世的第二年，山谷与张耒一起来到黄州对岸的武昌西山。他们凭吊东坡曾经啸傲风月的地方，拂去蒙在东坡题刻上的尘土，悲痛难忍。山谷悲愤地叩问苍天："天生大材竟何用？只与千古拜图像！"

◇　二　张耒

张耒，字文潜，他先从子由学文，并因此得入东坡之门。熙宁四年（1071），东坡往陈州看望子由，初识年方十八岁的张耒。熙宁八年（1075），东坡在密州修了一座超然台，并向各地人士征求诗赋。次年，张耒寄来一篇《超然台赋》，东坡大为赞赏，两人结成文字之交。东坡曾给张耒复信，表示对王安石强行统一文风的不满，这种

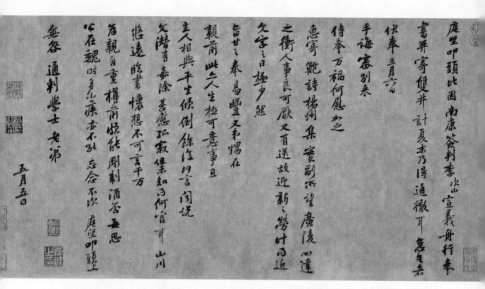

黄庭坚　致无咎通判学士尺牍　台北故宫博物院（书中提到晁补之、张耒）

话非对知己者是不会轻易出口的。[1]东坡在信中还说："仆老矣，使后生犹得见古人之大全者，正赖黄鲁直、秦少游、晁无咎、陈履常与君等数人耳！"可见此时东坡已把张耒视为与黄、秦同列的入室弟子了。

　　元祐元年（1086）夏季，张耒入京任太学录，从此有了常向东坡请益的机会。东坡与张耒都是性格坦率的人，两人商讨学术时直抒己见，意见不合时还互相争论。在现存的张耒书信中，还能看到他与东坡商讨《史记》的《十二诸侯年表》中为何没有吴国，以及欧阳修《五代史记》中的《唐六臣传》立名是否妥当的问题。张耒对

[1]　据孔凡礼《苏轼年谱》卷二四，东坡的《答张文潜县丞书》作于元祐元年（1086），可从。孔谱未述如此编年的理由，今按张耒任咸平县丞始于元丰七年（1084），终于元祐元年（1086）夏季以前，而东坡入京事在元丰八年（1085）岁末。东坡此书说到自己已经入京，但仍称张耒为县丞，当作于元祐元年春季。

东坡的看法不以为然，就写信详细论述自己的意见。张耒既不以为讳，东坡也不以为忤，体现出一种开明、平等的师生关系，以及自由探讨的学术风气。东坡对张耒诗文趋于平易的风格十分欣赏，曾说："秦得吾工，张得吾易，而世谓工可致而易不可致。"意即秦观、张耒两人都受到自己的影响，秦观学到了自己的工整精丽，而张耒学到的是平易晓畅，后者尤其难能可贵。东坡与张耒谈论诗文时甚至互相戏谑，有一次东坡嘲笑张耒的两句诗"天边赵盾益可畏，水底右军方熟眠"，说这是"清汤炖了王羲之"！张耒就与东坡开玩笑："您的诗里有'独看红蕖倾白堕'一句，不知'白堕'是什么东西？"东坡回答说刘白堕是一个善于酿酒的人，见于《洛阳伽蓝记》。张耒又问："'白堕'既然是一个人，怎么可以'倾'呢？"东坡说："曹操的《短歌行》里说'何以解忧，惟有杜康'，杜康不也是人名吗？"张耒还是不服，说曹操的诗毕竟也不妥当。东坡笑着说："你先去跟姓曹的那个汉子争个明白，再来和我纠缠吧！"众人哄堂大笑，原来张耒家里有个姓曹的仆人，因丢失了酒器又不承认偷窃，这时已被送到官府去追究。东坡一语双关，惹得在场的人捧腹不已。[1]

---

[1] 详见《道山清话》。按：张耒的两句诗中，"天边赵盾"指夏天的烈日，典出《左传·文公七年》："赵衰，冬日之日也。赵盾，夏日之日也。""水底右军"指鹅，典出王羲之爱鹅的故事（见《晋书》卷八〇《王羲之传》）。张耒以"赵盾"指代日，以"右军"（王羲之曾任右军将军，人称"王右军"）指代鹅，确实不够稳妥。东坡自己的诗中也有类似的写法："久苦赵盾日，欣逢傅说霖。"（《次韵朱光庭喜雨》，《苏轼诗集》卷二七）明白拈出"日""霖"两字，就稳妥多了。当然，东坡的诗句"独看红蕖倾白堕"以人名"刘白堕"指代酒（此句一作"独看红药倾白堕"，见《次韵晁无咎学士相迎》，《苏轼诗集合注》卷三五），其实也不够稳妥，难怪引起张耒的反诘。南宋叶梦得也将两者相提并论："白堕乃人名。子瞻诗云'独看红蕖倾白堕'，恐难便作酒用。……'倾白堕'，得无与'食右军'为偶耶？"（《避暑录话》卷上）又按：今本张耒诗集中仅有"云间赵盾益可畏，渊底武侯方熟眠"（《仲夏》，《柯山集》卷一八），而不见东坡所讥讽的"水底右军"一句，或传闻有误。清人王士禛因而说："武侯云者，如言卧龙也。此谑当更云'汤焯诸葛丞相'耳，与右军无涉。"（《居易录》卷一五）

绍圣元年（1094），东坡南谪惠州，路经润州。张耒正任润州知州，他公务在身无法远送，就派了两个士兵护送东坡，一直送到惠州才返润复命。建中靖国元年（1101），张耒在颍州惊闻东坡去世的噩耗，就拿出自己的俸钱到荐福禅院请僧人超度东坡，并缟素痛哭。次年，新党追究此项罪名，把张耒贬为房州（今湖北房县）别驾，黄州安置。张耒怀着沉痛的心情，又一次来到二十年前东坡谪居的地方。赤壁的千尺断岸，西山寒溪的长林绝壑，到处都留下了东坡的踪迹，张耒触景伤情，可惜此时党祸惨酷，文网尤密，他只能在诗歌中隐约其词地表示对东坡的怀念："缅怀紫髯公，奠玉祠天坛！"

◇ 三　秦观

东坡与秦观的关系非常亲密，明人甚至编造出《苏小妹三难新郎》的小说，说秦观是东坡的妹婿，还说秦观曾乔装打扮成游方道人，到东岳庙里偷看苏小妹的容貌云云。其实东坡根本没有妹妹，此话又从何说起？但是东坡与秦观的初次交往，倒是有点传奇故事的味道。熙宁七年（1074）十月，东坡自杭州调任密州，路经扬州时盘桓了几天。一天东坡在一个寺庙里看到一首匿名的题壁诗，诗意和风格都非常像自己的诗，却又断然不是自己所作，不由得大吃一惊。几天后东坡来到高邮（今江苏高邮），见到故人孙觉，孙觉拿出当地青年秦观的几百首诗词给东坡鉴赏。东坡一看，叹息说："在扬州寺庙里题壁的人，就是这位郎君吧？"原来此时的秦观年方二十六岁，既没有功名，也没有多大的文名，他事先听说东坡要路过扬州，就模仿其风格题诗寺壁，以期引起东坡的注意。但直到四年以后，秦观入京应举路经徐州，才前往谒见时任知州的东坡。秦观呈诗给东坡说："我独不愿万户侯，惟愿一识苏徐州！"东坡对秦观的诗和书法都非常欣赏，答诗说："故人坐上见君文，谓是古人吁莫测。新诗说尽万物情，硬黄小字临黄庭。"从此，神交已久的东坡与秦观成了亲密无间的师生。

秦观，字太虚，后改字少游。他两度应举，都名落孙山，东坡曾写诗安慰他。秦观家境贫寒，本人又多病，东坡曾赠给药物，秦观对此十分感激。元丰二年（1079），东坡自徐州调任湖州，路经高邮时见到秦观，就带着他一起赴任。一路上两人同游惠山、松江，作诗唱和，兴致甚浓。到达湖州后，秦观还随着东坡游览了当地的名胜，盘桓多日，才前往越中探亲。不料分手不到两个月，东坡就遭遇了乌台诗案的大祸，被逮入京。秦观闻讯，立即赶到湖州打探消息，但不得其详。后来听说东坡被贬黄州，就寄信去慰问，又亲往

宋·秦观　书摩诘辋川图跋　台北故宫博物院

黄州探望。东坡虽然身在难中，却依然关心秦观的学业，曾在一封回信中劝他多写些有实用价值的著作。

元丰七年（1084），遇赦东归的东坡在金陵遇到王安石，他对自己的前程一字不提，却热情地推荐秦观。次年，秦观终于进士及第。不久，东坡返京，推荐秦观应"贤良方正科"的制举，但未能得中。元祐五年（1090），秦观入京任宣教郎、太学博士，次年又升迁为秘书省正字，此时东坡也返回汴京，两人常常切磋诗文，秦观从中获益良多。秦观擅长填词，他的《水龙吟》中有"小楼连苑横空，下窥绣毂雕鞍骤"两句，东坡批评说："十三个字，只说得一个人骑马楼前过！"对于秦观的长调词作不够精练的缺点，东坡真是一针见血。

元祐年间东坡与苏门弟子在汴京的欢聚仅如昙花一现，绍圣元年（1094），东坡远谪惠州，秦观也于此年出为杭州通判，旋改监处州（今浙江丽水）酒税。两年之后，秦观被削秩徙至郴州（今湖南郴州），次年又编管横州（今广西横州），次年再迁雷州，此时东坡已被放逐到儋州去了。师生两人隔海相望，秦观曾寄书海南问候东坡，东坡也曾次韵秦观的《千秋岁》一词，秦词的下片说："忆昔西池会，鹓鹭同飞盖。携手处，今谁在？日边清梦断，镜里朱颜改。春去也，飞红万点愁如海。"东坡的和作中说："道远谁云会，罪大天能盖。君命重，臣节在。新恩犹可觊，旧学终难改。吾已矣，乘桴且恁浮于海！"读此二词，多愁善感的秦观和坚毅刚强的东坡如在目前。元符三年（1100）六月，东坡渡海北归，在雷州与秦观相见，秦观出示新近写成的自挽词，东坡抚摸着他的背，说自己常担心少游尚未参透生死之理，这下就不用多说了。几天后两人挥泪告别，没想到两个月后，东坡才走到白州（今广东博白），就得到了秦观卒于藤州的噩耗。在苏门弟子中，秦观是惟一死在东坡之前的人。东坡悲痛万分，亲笔把秦观的"郴江幸自绕郴山，为谁流下潇湘去"两句词写在扇面上以作纪念，还说："少游已矣，虽万人何赎！"

◇　四　晁补之

晁补之是"苏门四学士"中年龄较轻的一个，但他与东坡的相晤却是四人中最早的。晁补之，字无咎，自幼仰慕东坡，十五岁时已开始研读东坡的著作。熙宁五年（1072），晁补之的父亲晁端友正任新城（今浙江富阳、桐庐间）县令，新城是杭州的属县，时任杭州通判的东坡到那里巡视，年方二十岁的晁补之得以谒见东坡。东坡一见补之，就许为可造之材，此后对他悉心指点，有时甚至废寝忘食。有一次东坡说起杭州山川人物的雄奇秀丽，需要枚乘《七发》、曹植《七启》那样的文字来描写之。晁补之听了大受启发，就写了一篇《七述》呈给东坡。东坡大为嗟叹，说："本来我自己想写的，这下可以搁笔了！"东坡是一言九鼎的文坛盟主，他的这句话一经传开，晁补之顿时名扬四方。元丰二年（1079），晁补之进士及第后，还曾写信给东坡，感谢他的教诲。

元祐元年（1086），东坡在学士院主试馆职，晁补之考试合格，得以入馆。此后几年间，晁补之与东坡以及其他苏门弟子来往密切，常相唱酬。有一次东坡把自己写的小词给晁补之和张耒看，问道："何如少游？"晁、张都说："少游诗似小词，先生小词似诗。"当时有人对东坡写词不守藩篱的做法不很理解，晁补之却为东坡辩护，说东坡词"横放杰出，自是曲子中缚不住者"！

晁补之家境清贫，正如东坡诗中所说："晁子拙生事，举家闻食粥。"元祐五年（1090），晁补之以"亲老家贫"为由请求外任，

宋·晁补之（传）　老子骑牛图　台北故宫博物院

结果出为扬州通判。两年后，东坡从颍州调任扬州知州，晁补之闻讯，大为欣喜，寄诗表示欢迎，东坡也欣然和之。东坡到扬州半年后便被召还汴京，但他得与晁补之这位得意门生相聚，很感愉快，曾戏称晁补之为"风流别驾"。盛夏的一天，东坡到晁补之的"随斋"去做客。晁补之在一个大盆里灌满了泉水，水里插上几株洁白的荷花，来客列坐四周，觉得清凉宜人。东坡乘兴挥毫，写了一首《减字木兰花》，内有"满座清微，入袖寒泉不湿衣"的佳句。又有一天，东坡与晁补之同游木兰寺（一名石塔寺），想到这里就是唐人王播题咏"饭后钟"的地方，东坡便兴致勃勃地写了一首翻案诗，晁补之也作诗和之。此时住持木兰寺的戒长老想要返回杭州，请求辞去住持之职。全寺上下劝阻不成，就到州府来请东坡出面挽留。这戒长老本是东坡在杭州时的旧识，东坡就带了晁补之等僚属到木兰寺去，击鼓聚众，让晁补之高声朗诵东坡亲撰的疏文，其中最关键的两句是："念西湖之久别，本是偶然；为东坡而少留，无不可者。"在东坡的慰留下，戒长老终于安于其位。[1]

在扬州的短短半年，是东坡与晁补之过从最密的一段日子。晁补之把这段经历浓缩在一首《八声甘州》里："谓东坡，未老赋归来，天未遣公归。向西湖两处，秋波一种，飞霭澄辉。又拥竹西歌吹，僧老木兰非。一笑千秋事，浮世危机。应倚平山栏槛，是醉翁饮处，江雨霏霏。送孤鸿相接，今古眼中稀。念平生，相从江海；任飘蓬，不遣此心违。登临事，更何须惜，吹帽淋衣。"此词是晁补之词的代表作之一，字里行间渗透着对东坡的景仰之情和深厚的师生情谊，感人至深。

绍圣年间，东坡迭遭远谪，晁补之也受其影响而被贬为监信州（今江西上饶）酒税、监处州（今浙江丽水）酒税。几年后，东坡逝世，晁补之深为悲痛，作文祭之："间关岭海，九死归来。何嗟及矣，梁木其摧！"

◇　五　陈师道

陈师道，字履常，号后山。他在诗文写作上兼师众家，青年时代曾向曾巩学习古文，后来又呈诗黄庭坚说"愿立弟子行"，但他对东坡也敬之若师，故仍被列入"苏门六君子"之列。

在苏门弟子中，陈师道与东坡的关系比较特殊。熙宁十年

---

[1]　晁补之《八声甘州》中"僧老木兰非"一句，后人多解为指唐人王播题诗木兰寺事（例如乔力《晁补之词编年校注》，齐鲁书社 1992 年。王播事载于《唐诗纪事》卷四五），其实此句也隐指东坡慰留木兰寺戒长老之事（载于《冷斋夜话》卷七），借用陈寅恪先生的说法，前者可谓"古典"，后者可谓"今典"。

（1077），东坡出任徐州知州，陈师道以徐州布衣的身份谒见东坡，从此相识。次年，东坡筑成黄楼，广泛征求赋铭，陈师道呈上一篇《黄楼铭》，还呈诗表示仰慕说："一代苏长公，四海名未已。"两人从此开始了文字之交。陈师道其人，性格耿介，虽然家境贫寒，却从来不事干谒。章惇知枢密院时，曾使人示意陈师道，让他前来谒见，即可推荐他入仕，师道却一口谢绝。陈师道对王安石的新学不以为然，而新党执政时科举考试皆以新学为标准，于是他拒绝应举，情愿让妻儿跟随岳父远往蜀中糊口，自己则在家侍奉老母，闭门觅句，清操自守。东坡非常看重师道的为人，曾在写给李鹰的信中赞扬说："陈履常居都下逾年，未尝一至贵人之门。章子厚欲一见，终不可得。"并数次向朝廷举荐陈师道。到元祐二年（1087），陈师道终于因东坡的推荐而得任徐州州学教授，这时他已经三十五岁了。两年以后，东坡在前往杭州的途中经过南京，陈师道听到消息，很想到南京与东坡会面，就向知州请假，知州没有同意。北宋的制度规定，地方官员非公事不得随意离境。陈师道明明知道有此规定，但他实在渴望见到东坡，就假称生病，私下离境赶往南京，与东坡相聚数日，还一直把东坡送到宿州才挥泪告别。此事被人告发，师道就此丢掉了好不容易得来的官职。元祐七年（1092），东坡出知颍州，陈师道适在颍州任州学教授，两人常相过从，非常愉快。东坡如此的提携陈师道，师道也如此的敬爱东坡，两人之间已经形成师生关系。然而陈师道为人诚笃，他对曾巩的师恩始终铭记在心，曾在颍州作诗说："向来一瓣香，敬为曾南丰。"此时东坡已是举世仰慕的文坛盟主，曾巩也已去世多年，即使陈师道改换门庭也无可厚非，但陈师道依然不忘旧恩，这在世人眼中也许有点迂腐，东坡却完全理解而且深为欣赏，所以对师道的话丝毫不以为忤。

当然，事实上陈师道与东坡之间早已建立了融洽的师生关系。东坡对陈师道爱护有加，元符三年（1100），遇赦北归的东坡刚走到英州，听到陈师道出任秘书省正字的消息，高兴地写信给陈师道的哥哥，表扬陈氏兄弟"处穷益励"的操守。陈师道更是始终牵挂着屡经风波的东坡的安危，元祐年间，朝廷的局势像棋局一样翻覆不定，东坡常常奋不顾身地上书言事，陈师道深恐他招惹新的是非，曾致书劝东坡遇事慎重，甚至寄诗劝他急流勇退。陈师道诗风朴拙，但情蕴深厚，他咏及东坡的诗中多有词质情挚的佳作。元祐四年（1089），陈师道在宿州送别东坡，他伫立在河边望着渐渐远去的一片孤帆，作诗抒感："平生羊荆州，追送不作远。岂不畏简书，放麑诚不忍。一代不数人，百年能几见？昔如马口衔，今为禁门键。一雨五月凉，中宵大江满。风帆目力短，江空岁年晚。"诗人明知此行触犯法规却无法不来送别东坡的复杂心态抒发得淋漓尽致，诗人独立于帆去江空的岸边黯然销魂的情景也描摹得惟妙惟肖。元符二年（1099），东坡贬至儋州已经三年，远在徐州的陈师道非常挂念东坡，却得不到他的确切消息，作诗怀之："海外三年谪，天南万里行。生前只为累，身后更须名？未有平安报，空怀故旧情。斯人有如此，无复涕纵横！"此诗语言质朴，但情感内蕴非常深广，牵挂、忧虑、愤慨，交织一气，它深切地体现了一个弟子对远谪南荒的敬爱师长的复杂情愫，是东坡与陈师道的师生情谊的最好证明。

◇　六　李廌

李廌，字方叔。他原名豸，东坡认为五经中没有"豸"字，只有《左传》中有"庶有豸乎"一句，后人解作"虫豸"之"豸"，不宜用作人名，所以为他改名为"廌"。

元丰四年（1081），二十三岁的李廌来到黄州谒见东坡，并呈上自己的文章。东坡认为这个年轻人的文章雄浑有力，抚着他的背说："你的才华堪称万里挑一，如果能兼具高尚的人品，就所向无敌了！"李廌再拜受教。李廌的父亲李惇是东坡的进士同年，可是东坡还没来得及与之交游，李惇就去世了。李廌六岁丧父，家里一贫如洗，上三代的多位老人去世后都没能得到安葬。一天晚上，李廌拍着枕头叹息说："我学的本是忠孝之学，现在亲人去世而不得安葬，还学它做什么！"第二天一早，李廌就辞别东坡，要客游四方，来完成葬亲的宿愿。东坡当场脱下自己身上的衣服送给李廌，并写诗表彰此事。一年以后，李廌家又有老人去世，东坡不便离开贬所，就派苏迈前去吊慰。以后东坡经常周济李廌。元丰八年（1085）三月，刚离开黄州的东坡正谋划到常州安身，故人梁先赞助他十匹绢、一百两丝作为买田之资。适逢李廌来见，又说起家里老人未得安葬的事，东坡便把所得礼物转手赠送给李廌。李廌不肯收，东坡说这是仁人之赠，力劝他收下。[1] 即使在李廌葬亲以后，东坡仍不断地周济他。元祐四年（1089），东坡出知杭州，朝廷赐给他一匹名叫"玉鼻骍"的良马，东坡也转赠给李廌。东坡担心贫士骤得名马会引起别人的猜疑，还特地写了一篇《赠李方叔赐马券》作为转让证书。东坡对李廌的关心真是无微不至！

当然，东坡对李廌的爱护更重要的体现为修身与治学方面的指导，东坡非常希望李廌能成长为品学兼优的人才。在肯定李廌的文章的同时，东坡也曾指出其文伤于冗长的缺点，劝他今后作文要注

---

[1] 据东坡《李宪仲哀词·并叙》（《苏轼诗集》卷二五）所记，李廌在元丰八年亲口对东坡说家里有"四丧未葬"，即"祖母达、母马、前母张与君（指李惇）"。而《宋史·李廌传》却说李廌"不数年，尽致累世之丧三十余柩，归窆华山下"，疑有误。

意收敛。他还曾写信给李廌说："私意犹冀足下积学不倦，落其华而成其实。深愿足下为礼义君子，不愿足下丰于才而廉于德也。"可谓谆谆教导，苦口婆心。李廌求名心切，屡试不第，便频繁地出入于达官贵人之门，东坡因而教导他要待时而动，循序渐进，不可急躁，更不必多事干谒。对此，李廌心存感激，并在他的《师友谈记》中记下了东坡的这些教诲。李廌屡试不第，东坡对此非常关切。元祐三年（1088），朝廷任命东坡主持贡举，黄庭坚等人协助阅卷。此时李廌文名已著，而且人人都知道他是东坡的入室弟子，所以众试官都希望他能巍然高中，李廌本人也信心百倍。可是放榜出来，李廌竟然又一次名落孙山。东坡大失所望，众试官也嗟叹不已。[1] 东坡作诗一首安慰李廌，并对自己没能在众多的考生中识拔李廌表示歉意。诗中有"平生漫说古战场，过眼还迷日五色"二句，意谓自己平时经常称道李廌的古文，简直可与唐人李华的名篇《吊古战场文》媲美，可是一旦李廌前来应试，尽管他的诗赋与唐代李程应试时所写的甲赋名篇《日五色赋》一样出色，[2] 自己却缺乏眼光，没能从众多的卷子中把李廌的作品辨认出来。其实科举考试本有很大的偶然性，也许李廌那次临场发挥欠佳，况且宋代的考试制度中有糊名、誊录等一系列严密的规定，试官根本无法得知所阅的卷子出于哪位考生之手，所以东坡对李廌的落榜其实是不任其咎的。但是东坡总觉得有负这位弟子对自己的殷切期望。放榜以后，东坡即与范祖禹商议，

---

[1] 南宋罗大经《鹤林玉露》甲编卷五说东坡在锁院前派幼子苏过把试策之题密送李廌，但这封密信被章惇的儿子章持、章援偷去，所以李廌落榜而二章高中云云，可谓无据妄说，且厚诬古人。东坡为人光明磊落，岂有此等之事。而且该年登第的章援（章持直到九年后方才登第，见《清波杂志》卷四"章持及第"条）确是文才出众之人，岂必事先知道试题方能及第。参看本书第四章第四节中涉及章援的内容。

[2] 据《唐摭言》卷八、卷一三记载，李程应进士试，先已落榜。因其《日五色赋》受到杨于陵的激赏，杨出面与主考交涉，方得及第。

要想联名向朝廷推荐李廌，可惜不久两人相继出朝，这个计划没能实施。

　　李廌在一生中始终敬仰东坡，热爱东坡。东坡在朝春风得意时，李廌为之欢欣鼓舞。元祐元年（1086），东坡还朝任翰林学士，李廌写了《金銮赋》以表祝贺。东坡出任地方官时，李廌也追慕向往。元祐六年（1091），东坡出知颍州，李廌写信致意，愿携带家小前往从之，后因东坡劝阻而未成行，可见东坡与李廌的师生关系没有受到元祐三年落榜事件的影响。元祐七年（1092）东坡还朝后，李廌又曾来见，东坡曾与他谈论自己为哲宗讲筵的内容。李廌还曾与秦观、李之仪等苏门弟子一起到东坡家访问。直到东坡生命的最后一年即建中靖国元年（1101），东坡还在与李廌通信。相传李廌因落第而对东坡有所怨望，其实只要读一读李廌在《师友谈记》中对东坡的嘉言懿行的记载，就可知道这种传说完全是不实之词。[1]李廌对东坡始终忠敬如一的最好证据是东坡去世后，李廌立即奔往汝州（今河南临汝），帮着东坡的遗族相卜葬地，并撰写疏文说："皇天后土，鉴一生忠义之心；名山大川，还千古英灵之气！"这是东坡去世后传诵最广的一篇哀悼文字，也是对东坡一生大节最公允、最准确的评价。东坡地下有知，定会莞尔而笑："知我者方叔也！"

---

[1] 《师友谈记》中称哲宗为"今上"，又说到东坡元祐八年出知定州之事，必成书于哲宗绍圣年间，此时上距东坡主试已有五年以上。南宋时叶梦得《石林诗话》卷中谓李廌落榜后"不甚自爱，尝以书责子瞻不荐己，子瞻后就薄之"云云，不实。罗大经《鹤林玉露》甲编卷五谓李廌落榜后其母抑郁而卒，陆游《老学庵笔记》卷一〇则谓李廌之乳母年已七十，因李廌落榜而自缢死，亦不实。因李廌之母早在元丰八年（1085）以前就已去世（见东坡《李宪仲哀词·叙》），且李廌生于嘉祐四年（1059），若元祐三年（1088）其乳母年七十，则其哺乳李廌时已年过四十，也不大合于情理。

◇ 七　李之仪

熙宁七年（1074），东坡在前往密州的途中经过扬州，初次与李之仪会面。东坡非常赏识这位后起之秀，他在给故人李常的信中甚至把发现李之仪一事称为"此行天幸"。此后东坡流宦各地，进而贬谪黄州，正在居丧的李之仪曾数次寄信到黄州向东坡表示敬慕之意，惊魂未定的东坡一开始避而不答，后来终于写了一封情真意挚的回信。元丰八年（1085）年底，东坡返京任起居舍人，李之仪也在此年被授翰林学士知制诏，两人所在的官衙相邻，经常相遇。东坡很喜爱李之仪的诗作，曾把李诗推荐给馆中的前辈，来为李之仪延誉。元祐三年（1088）的一个冬夜，东坡在翰林院

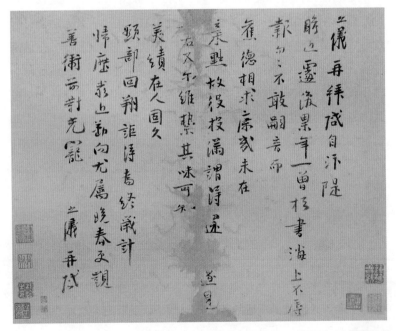

宋·李之仪　汴堤帖　故宫博物院

值夜班。翰林院是朝廷的机密禁地，东坡独自值夜倍觉冷清，但又不能像唐代的王维那样把诗友孟浩然带进玉堂来谈诗联句。寒气逼人，夜长难眠。幸而他随身携带了一卷李之仪的诗作，便借读诗来打发这漫长的冬夜。夜深人静，东坡读着读着，渐入佳境。对诗歌意境的领悟就像参禅一样，心领神会而难以言说，东坡只觉得一阵阵深沉的愉悦感涌上心头，眼前的灯花也在欣喜地闪耀。一百来首的诗歌，东坡直到半夜才读完，便挥毫作诗，寄语李之仪的儿辈：将来为其父编纂诗集的时候，一定要把自己的这首诗作为附录一起编进去！

　　元祐八年（1093）九月，高太后去世，朝中的政局又将发生变化，东坡主动请求外任，被任为定州（今河北定州）知州，临行前聘请李之仪为管勾机宜文字的幕僚。东坡到任后不久，李之仪也来到定州。东坡问起朝中的局势，李之仪说暂时还没有什么动静，但他预言哲宗亲政后将会一改元祐旧政，并劝东坡静观其变。东坡听了深以为然，他预感到一场新的政治风暴已经逼近。不过东坡与李之仪都是襟怀坦荡的君子，政事之余，两人依然诗酒相酬，常相过从。东坡与李之仪的师生关系十分融洽，连李之仪的妻子胡文柔都经常阅读东坡的著作，她对丈夫说："东坡名重天下，读了他的书，使人有杀身成仁的志向，你一定要好好与他交往啊！"有时东坡到李家访问，正与李之仪谈笑风生，忽然有紧急公事来报，东坡当即认真办理，井井有条。胡文柔躲在屏风后侧耳倾听，叹息说东坡真是一代豪杰。后来两家的关系日益亲密，东坡还让他的儿媳妇与胡文柔互相来往，他常对儿媳妇面授机宜，让她去与胡文柔谈论佛法，并称胡文柔为"法喜上人"。东坡与李之仪对朝政的预感不幸言中，他们在定州只相聚了短短的四个月，朝廷就下令撤去东坡的端明殿学士和翰林侍读学士之职，并贬为英州知州。绍圣元年（1094）闰四月，东坡接到了贬谪英州的除命。王命急如星火，东坡来不及与同僚们从容话别，便仓促地踏上了南迁的道路。临行前，胡文柔亲手赶制衣服，为东坡送行。她说："我是一个女子，竟能为此等人物所识，此生还有什么遗憾！"

东坡被贬以后，李之仪也受到牵累，屡遭贬谪，师生二人从此天各一方，虽然书信不绝，但再也没有见过面。崇宁元年（1102）五月，东坡的丧舟来到颍昌府（今河南许昌）。当时正在颍昌的李之仪赶往郊外迎接东坡的灵枢，吊唁祭奠。其后李之仪与友人尽力搜求东坡南迁期间所写的诗文，编集刊行，以光大东坡学术的影响，他终生敬爱东坡。

◇　八　李昭玘

元丰四年（1081）冬，东坡正在黄州贬所。时任徐州州学教授的李昭玘千里致书，历叙自少仰慕东坡之情，希望从学于门下。东坡得书，虽然表示不敢当来信中的颂扬之语，但对李昭玘的文才则相当欣赏，他在回信中说："每念处世穷困，所向辄值墙谷，无一遂者。独于文人胜士，多获所欲，如黄庭坚鲁直、晁补之无咎、秦观太虚、张耒文潜之流，皆世未之知，而轼独先知之。今足下又不见鄙，欲相从游，岂造物者专欲以此乐见厚也耶！"这分明是表示接纳李昭玘为弟子，许他与黄、晁、秦、张等"苏门四学士"同列于门下之意。李昭玘得书大喜，从此以苏门弟子自居。听说东坡在黄州建成一座雪堂，李昭玘就写了一篇《雪堂诗》寄去，东坡回信说李诗气势雄伟，读之令人"耳目眩骇，不能窥其浅深"。李昭玘又写信请求东坡的墨竹，东坡也欣然命笔，用心画了一大一小两幅竹石相赠。李昭玘得到这两幅画后喜不自胜，每日展观，几乎达到了"忘我之境"。东坡在信中谦称自己的绘画是"儿女子喜好者"，李昭玘却认为这种易于满足的喜好才是"真乐"，就此把家中的堂屋命名为"真乐堂"。由于与东坡的师生之谊，李昭玘在政治上也随着东坡同进同退。元祐元年（1086），东坡在学士院主持馆职考试，李昭玘应试合格，授予秘书省正字。绍圣后党祸再起，李昭玘也于元符年间免官，其间于建中靖国元年（1101）一度复出，崇宁间再次罢官，从此在家闲居十五年。

◇　九　李格非、廖正一、姜唐佐等

李格非、廖正一、李禧、董荣等四人都曾从学东坡，人称"苏门后四学士"，四人中前二人比较知名。

李格非，字文叔，后人或因其女儿李清照而得知其人，其实李格非本人也是一位很杰出的文学家，他是东坡的及门弟子。元丰六年（1083）前后，李格非前往黄州谒见东坡，东坡称赞李"新诗绝佳"。绍圣元年（1094），东坡谪居惠州，李格非也出为广信军（今河北保定）通判，两人一南一北，相隔万里。李格非曾寄书到惠州问候东坡。

廖正一，字明略。元祐二年（1087），东坡主持考试馆职，以"两汉所以灭亡"为试题，时任华州司户参军的廖正一前来应试，对策大得东坡的赞赏，廖正一被授秘书省正字。从此廖正一成为东坡的入室弟子。当时黄庭坚、晁补之、秦观、张耒四人都得到东坡的赏识，号称"苏门四学士"。每逢四人到东坡家做客，东坡总要让朝云取出珍藏的密云龙茶来招待，全家人都已习以为常。一天，东坡又让朝云取密云龙茶待客，家人又以为"四学士"来了，没想到来客竟是廖正一，可见廖正一已得到东坡的刮目相看。直到东坡自海南北归时，还曾写信给廖正一，赞扬他在常州知州任上的政绩，并对他受到上司的迫害表示慰问。

此外受到东坡指导的青年才俊尚有秦觏、晁载之、晁咏之、晁说之等人。东坡像孟子一样，把"得天下英才而教育之"看成人生的一大乐事，他识拔人才惟恐不及。元祐七年（1092），东坡出知扬州，晁补之向东坡推荐他的堂弟晁咏之。东坡看了晁咏之的诗文，说："既然有这样的才华，为什么不让我见上一面呢？"于是晁咏之前来谒见，东坡亲自下堂，挽着他的手走上堂来，介绍给在座的宾客，说这是一位奇才。东坡以诲人不倦的态度对弟子们谆谆教导，循循善诱。元祐年间，晁补之的另一位从弟晁载之进士及第，黄庭坚将他的诗文推荐给东坡，东坡看了，认为晁载之的创作过早进入奇崛之境，就请黄庭坚委婉地转达此意，后来晁载之的文章果然有了长足的进步。

即使在身处逆境之时，东坡也从未停止过教导后进。元祐八年（1093），东坡出知定州。此时一场新的政治风暴即将来临，东坡对自己的处境忧心忡忡。但就在此时，他对定州的青年王安中热心指点，使后者学业大进。甚至当东坡被贬海南以后，他指点后进的热情也没有丝毫的减退。青年葛延之不远万里地从江阴（今江苏江阴）来到儋州，向东坡请教作文之法。葛延之在儋州停留了一个月，东坡对他悉心指点，东坡说："儋州虽数百家之聚，州人之所须，取之市而足，然不可徒得也，必有一物以摄之，然后为己用。所谓一物者，钱是也。作文亦然。天下之事，散在经史子中，不可徒使，必得一物以摄之，然后为己用。所谓一物者，意是也。不得钱不可以取物，不得意不可以明事，此作文之要也。"葛延之把这则作文秘诀书之于绅。

元符二年（1099），东坡在儋州收下了平生最后一位弟子姜唐佐。姜唐佐是琼州人氏，他仰慕东坡的大名，跋山涉水来到儋州向东坡请教，并在东坡家附近结茅而居，一住就是半年。东坡与姜唐佐亲如父子，姜经常来陪东坡夜话，东坡则常请姜来饮茶，有时也到姜家去用餐。东坡十分喜爱这位勤奋好学的青年，亲自批改他的习作，毫无保留地向他传授作文的方法。海南是尚未开化的蛮荒之地，文化教育非常落后，有史以来从未出过进士，东坡非常希望姜唐佐能打破这个纪录，就像唐宣宗时荆州士子刘蜕打破"天荒解"一样。半年后姜唐佐前来辞别，东坡在姜的扇面上题诗二句："沧海何曾断地脉，白袍端合破天荒。"并约定待姜唐佐及第后再为他续完全诗。后来姜唐佐果然没有辜负东坡的厚望，他北游广州州学，有名于学中。崇宁二年（1103），姜唐佐北上汴京赴举，途经汝南时前往谒见苏子由，并出示东坡的题诗。其时东坡离世已经两年，子由看到乃兄的遗墨，流泪不止，乃为之续成全诗云："生长茅间有异芳，风流稷下古诸姜。适从琼管鱼龙窟，秀出羊城翰墨场。沧海何曾断地脉，白袍端合破天荒。锦衣他日千人看，始信东坡眼目长。"也许由于朝廷正在严禁苏、黄学术，姜唐佐受到牵累而未能中举，但东坡在桄榔林下与姜唐佐结下的师生情谊却被海南人民永远传诵。

◆　第四章　东坡的敌人

东坡为人忠诚坦率、平易近人，平时从不与人为敌。但东坡入仕不久就卷入了新旧党争，他那直言无忌的作风更使政敌把他视若仇雠。而且东坡才高学富，天下倾慕，凡是名满天下者，必然会谤满天下，对东坡由忌生恨的人也不在少数。于是善良宽厚的东坡一生中竟然树敌无数！那么东坡一生中究竟有哪些主要敌人呢？这些人为什么要以东坡为敌甚至迹近疯狂地攻击、迫害东坡呢？人们常说"不知其人视其友"，其实也不妨"视其敌"。弄清楚上面两个问题，可以从反面增进我们对东坡其人的理解。

◇　一　李定、舒亶、何正臣、张璪等

李定等人是制造"乌台诗案"的罪魁祸首。"乌台诗案"最根本的起因当然是新旧党争，是新党为了镇压旧党而精心策划的一个政治阴谋，但是参与这场阴谋的人却是各怀鬼胎，有的人是想乘机公报私仇，有的人是想借此向皇帝及权臣献媚以获富贵，他们公然造谣诽谤，甚至不惜自坏名节，从而把自己永远钉在历史的耻辱柱上。

李定，混迹于新党的投机者。在新政"青苗法"的弊病已大显于世的时候，他诡称此法"民便之，无不喜者"，以谄事王安石，

因而被擢为御史中丞。此前李定任泾县主簿时，其庶母仇氏病死，他隐匿不报，以逃避服丧。这在当时是人所共知的丑闻，李定因此为世所诟病。即使后来李定被擢为崇政殿说书时，御史林旦还坚决反对："不宜以不孝之人居劝讲之地！"说来也巧，在李定尚未当上御史中丞时，发生了孝子朱寿昌万里寻母的事情，满朝士大夫纷纷作诗赞美朱寿昌，积成卷轴，东坡亲为撰序，表彰朱寿昌的孝行，并讥刺世上有母不养的不孝之人。东坡自己的诗中则有"此事今无古或闻"和"西河郡守谁复讥"的句子，后一句用了吴起母死不归的典故。李定见到东坡的诗和序，以为是暗讽自己，便怀恨在心。一旦时机来临，李定就不遗余力地攻讦东坡，甚至声称东坡"有可废之罪四"，意即非处极刑不可。最可笑的是，李定在奏章中说东坡"初无学术，滥得时名"，但是当他亲自对东坡进行审讯逼供后，却对别人说："苏轼诚奇才也！"众人听了都不敢答话，李定又自言自语地说，东坡招供时涉及二三十年来所写的诗文，引经据典，随问随答，没有一处差错，真是天下的奇才。既然承认东坡是天下奇才，却又一定要置之死地而后快，这不是挟私报复又是什么？

　　舒亶，反复无常的小人，其见风使舵、恩将仇报的伎俩在新党中仅次于吕惠卿。舒亶本由张商英的提拔而登上高位，但他利用张对他的信任而出卖之，以谋取更高的官职。舒亶后来任职翰林时因"自盗为赃"而被朝廷惩罚，声名狼藉。舒亶在奏章中攻讦东坡"包藏祸心，怨望其上"，还说东坡"无复人臣之节"，硬把东坡的诗文朝着这个方向逐句曲解，惟恐神宗不震怒。居心险恶一至于此！

　　何正臣，原任监察御史里行，因在乌台诗案中首先向东坡发难而获执政之欢心，事后得五品服、领三班使的升迁，是一个为了富贵利禄不择手段的无耻之徒。

张璪，原名琥，他善于窥测风向，左右逢源，堪称污浊宦海中的弄潮儿。元丰年间张璪官拜参知政事，朝臣群起而攻之，其中刘挚的话切中其要害："初奉安石，旋附惠卿，随王珪，党章惇，诏蔡确。数人之性不同，而能探情变节，左右从顺，各得其欢心。"张璪原是东坡的进士同年，两人入仕后又在凤翔同事两年，交游颇密。张璪返回汴京时，东坡还作《稼说》一文以送之。可是乌台诗案事起，张璪以知谏院的身份参与推治，竟蓄意致东坡于死地。王安石的弟弟王安礼曾奉劝神宗宽恕东坡，张璪竟然火冒三丈，当面责骂王安礼，其惟恐东坡得以免死的险恶用心昭然若揭。

◇ 二　朱光庭、贾易、赵君锡等

如果说东坡在元丰年间新党执政时受到诬陷、迫害是情理中事的话，那么到了元祐年间，朝政基本上掌握在旧党手中，东坡总该一帆风顺了吧？然而事实并非如此。东坡在元祐年间虽曾一度担任吏部尚书、礼部尚书、端明殿学士兼翰林院侍读学士等显职，但他在朝中的敌人也不在少数，他数度被迫请求外任，他受到的攻讦比元丰年间有过之而无不及。

元祐元年（1086）司马光去世以后，旧党很快分裂成三个集团，史称洛党、朔党和蜀党。尽管东坡与子由根本无心结党，但是洛、朔两党的人士却把二苏以及吕陶等蜀人视为蜀党，而且不遗余力地排斥之。由于东坡名声最高，又耿直敢言，更被洛、朔两党视为眼中钉，必欲逐出朝廷而后快。

东坡与洛、朔两党的宿怨，源于他与司马光、程颐之间的矛盾。

元祐初年，东坡与司马光同时回朝，两人虽然都反对新法，但在具体的政治措施上却各具己见。东坡出于公心，对司马光不问青红皂白地全盘否定新政的做法不以为然，两人甚至在朝中公开争论。司马光是位正直的君子，虽对东坡颇感不悦，但并未对他抱有敌意。司马光所提拔的刘安世、刘挚等人却因此将东坡视为异端。不幸的是，东坡在同时又得罪了洛党首领程颐。程颐其人虽是一代大儒，但为人古板，不近人情，东坡对他素无好感。元祐初年，程颐任崇政殿说书，为年幼的哲宗讲解儒家经典。一天课间休息，哲宗看到垂柳袅袅，便信手折下一枝拿着玩耍。程颐立即起身上前，拉长了脸教训一番，说什么春天万物生荣，不当无故摧折。哲宗气得把柳枝往地下一扔，悻悻然地走开了。连竭力推荐程颐的司马光都对此感到不满，说："使人主不欲亲近儒生，正为此等人也！"性情通脱的东坡当然更不会赞同这等举动。司马光去世后，朝廷命程颐主持丧事，程颐事事都拘泥于古礼，东坡心中不以为然。当天朝中百官正在南郊举行明堂祀典，典礼一结束，官员们便赶往司马光府上去吊唁。程颐阻拦说：孔子"是日哭，则不歌"，怎么可以吉礼才完，就去参加丧礼？有人驳难说：孔子"哭则不歌"，并没有"歌则不哭"啊！东坡也嘲笑程颐的泥古不化，说他是"鏖糟陂里叔孙通"。"鏖糟陂"是汴京城外的一片沼泽，夏秋间潦水充溢，就成为一个杂草丛生的大泥潭。东坡的意思是说程颐是山野三家村里的一个制礼作乐者。程颐的弟子朱光庭、贾易等人闻此，心中不平，从此将东坡视为不共戴天的敌人，一有机会就交章攻之。

　　朱光庭攻击东坡的主要罪名是元祐元年（1086）东坡主持馆职考试的策题"师仁祖之忠厚、法神考之励精"，朱认为对于仁宗、神宗两位皇帝，"为人臣者惟当盛扬其先烈，不当更置之议论"，还说东坡出此策题是"不忠莫大焉"。在高太后出面判断东坡无罪后，朱光庭仍纠缠不已，还纠结了傅尧俞、王岩叟等人轮番上阵攻击东坡，一定要把东坡问成"讪谤熙宁"的罪名。朱光庭在第二次奏章中，还公然指责东坡曾经骂过司马光和程颐，门户之见昭然若揭。

　　贾易攻讦东坡时除了重拾朱光庭的余唾外，又精心罗织了一大堆别的罪名，他首先在东坡的诗作中寻找讥讽朝廷的蛛丝马迹，硬说东坡元丰八年（1085）五月所写的"山寺归来闻好语，野花啼鸟亦欣然"两句诗是对两个月前神宗去世的"自庆"，一心要使东坡陷于大逆不道的死罪。[1] 他还攻击东坡在杭州知州任上的所有举措，说东坡惩处横行地方的不法豪强颜氏父子是"务以暴横立威"，说东坡努力救灾是"张大其言"，等等。甚至东坡在杭州时的主要政绩，即兴修水利、疏浚西湖之事，也被说成是"虚妄无实"。贾易还诬陷东坡说："闻亦不免科借居民什器畚锸之类，虐使捍江厢卒，筑为长堤于湖中，以事游观，于公私并无利害。"贾易这种颠倒黑白的话要是被当时的杭州百姓听到了，或是被日后西湖苏堤上的游人知道了，

――――――――――

[1] 按：宋神宗卒于元丰八年（1085）三月初五，东坡于次日闻讯后，极感哀痛，在写给王巩的信中说："无状坐废，众欲置之死，而先帝独哀之。而今而后，谁复出我于沟渎者？已矣，归耕没齿而已！"（《与王定国》之十七，《苏轼文集》卷五二）此后又作《神宗皇帝挽词三首》，中有"余生卧江海，归梦泣嵩邙"的沉痛之句。至五月一日，东坡将归宜兴，乃题诗三首于扬州竹西寺，其三云："此生已觉都无事，今岁仍逢大有年。山寺归来闻好语，野花啼鸟亦欣然。"南宋叶梦得至扬州竹西寺，亲见三诗刻石，后署作诗日月无误。无论东坡诗中所说的"闻好语"是指他在前往竹西寺的道中听到父老说新登基的哲宗是"好个少年官家"（据东坡的《辨题诗札子》，《苏轼文集》卷三三），还是指"常人为公买田书至"（据苏子由《亡兄子瞻端明墓志铭》，《栾城后集》卷二二），都不可能与神宗逝世有关。可是到了元祐六年（1091），贾易上奏诬陷东坡，竟硬说此诗是东坡听到神宗死讯后"作诗自庆"之词，原作仅此一首，句序则是"山寺归来闻好语"二句在前，而"此生已觉都无事"二句在后（意即"闻好语"指神宗死讯而言），后来东坡为了自掩其迹，方倒置句序，并插入前二首，再偷换寺中的诗碑，云云（详见《续资治通鉴长编》卷四六三）。贾易为了陷东坡于大不敬的罪名，不但捏造出如此离奇的情节，而且胡乱篡改东坡原诗的句序，可谓颠倒黑白的造谣诬陷。要是东坡这样的大名士果真跑到竹西寺去偷换诗碑，岂不要喧传远近、欲盖弥彰？至于说第三首诗的句序，则贾易的篡改完全不顾诗学常识，清人王文诰追问道："今此二十八字具在，不论何人，试倒读之，通得去否？"使贾易再生，当亦无词以对。

出于万众一口的愤怒的唾沫足以把他活活淹死。

如果说朱、贾二人敌视东坡是起因于为其师程颐报怨，那么赵君锡的攻击东坡，则主要是出于对自己的宦途利害的算计，其用心更加无耻，其手段更加卑鄙。元祐四年（1089）东坡外放杭州时，赵君锡正任给事中。他眼看高太后对东坡恩礼有加，猜测东坡不久就会大用，就上章请留东坡，说："轼之文，追攀六经，蹈藉班马，自成一家之言。"又表彰苏轼："知无不言，言之可行，所补非一，故壬人畏惮，为之消缩，公论倚重，隐如长城。诚国家雄俊之宝臣也。"他还坚决请求把苏轼留在朝内："岂若使之在朝，用其善言，则天下蒙福。听其谠论，则圣心开益。行其诏令，则四方风动，奸邪寝谋，善类益进。……以成就太平之基！"此举果然深得高太后之欢心，赵君锡得以升任吏部侍郎、御史中丞。等到两年后东坡自杭州还朝，此时局势已异，宰相刘挚正在密谋打击东坡兄弟。赵君锡窥测到风向有变，便卖身投靠到刘挚门下，并主动为贾易等人提供攻击东坡的材料。坦率的东坡毫无防人之心，还把赵君锡视为知己，托他为正受到贾易攻击的秦观说几句好话，还托他促成朝廷赈济浙东灾荒之事。没想到赵君锡转身便把东坡的话转告贾易，还说东坡对他仗势威逼云云。不久，赵还亲自上阵，上章攻讦东坡"无礼于君""负恩怀逆"，以此向权相献媚。仅仅过了两年，赵君锡对东坡的评价竟有天壤之别！这种朝秦暮楚、翻云覆雨的卑劣行径，在东坡的其他敌人如张商英、李清臣等人身上也有淋漓尽致的表现。

元祐年间贾易、赵君锡等人的这种用心，这种伎俩，与元丰年间的李定、舒亶如出一辙，甚至变本加厉。即使是胸襟磊落的东坡，对此也感到愤愤不平。元祐三年（1088），混迹在朝中的新党余孽赵挺之无端诬陷东坡，东坡愤怒地上疏自辩，指出元丰年间李定、舒亶、何正臣等人在乌台诗案中为自己所构陷的罪名"犹有近似者，以讽谏为诽谤也"；而如今赵挺之诬陷自己"诽谤先帝"，则是"以白为黑，以西为东，殊无近似者"！元祐八年（1093），东坡又在《辨黄庆基弹劾札子》中怒不可遏地指出："自熙宁、元丰间，为李定、舒亶辈所谗，及元祐以来，朱光庭、赵挺之、贾易之流，皆以诽谤之罪诬臣。前后相传，专用此术！"东坡还在写给王巩的信中说："某所被谤，仁圣在上，不明而明，殊无分毫之损。但怜彼二子者，遂与舒亶、李定同传尔！"所谓"二子"，正指贾、赵之流。东坡的话果然言中了，虽然南宋的理学家们出于门户之私对贾易等人多有恕词，但是历史毕竟不是由少数人任意书写的，贾易等人由于无耻地诬陷东坡而受到后人的唾骂，他们在史册中的形象与李定诸人并无二致。

◇　三　吕惠卿、王珪、林希、沈括等

就政治态度而言，整个新党都是东坡的政敌。但是东坡尤其厌恶的则是新党中人品不端的小人，吕惠卿就是其中的一个。吕惠卿是新党的中坚人物，号称新法的"护法善神"。其人颇有才学，尤工心计，他本是王安石一手提拔起来的，但得势后即与王反目成仇。熙宁七年（1074），吕惠卿登上参知政事的高位，为了不让出知江宁府的王安石重返朝廷，他竟然连起大狱，阴谋倾轧王安石。他甚至上章攻击王安石"隆尚纵横之末数……犯命矫令，罔上要君"，还揭发王安石给他的私人书信中有"无使上知"的话，来挑拨其与神宗的关系。东坡素恶其人，尤其讨厌他极其轻率地创立新法而不顾后果。熙宁七年，吕惠卿创立"手实法"，让百姓自报财产，按比率缴纳免役之钱，如有隐匿少报者，允许他人告发，并把所隐报的财产的三分

之一赏给告发者作为奖励。东坡刚到密州任上，司农寺就下达了手实法，还说不及时施行者以"违制"论罪。东坡当着使者之面表示坚决反对，并批评司农寺擅造法律。东坡还上书丞相韩绛，论述手实法的害处。一年以后，吕惠卿被免职，手实法也随之作罢。吕惠卿对东坡始终抱有深刻的敌意，他甚至不愿意承认东坡的才学，听人说起东坡是聪明人便勃然大怒。[1]元丰以后，吕惠卿由于新党内部的倾轧而流转外任，没有机会亲自下手打击东坡，但他仍指使其弟吕温卿对东坡的子弟乃至东坡的交好进行迫害。元祐元年（1086），吕温卿出知饶州（今江西鄱阳），东坡的长子苏迈时任德兴（今江西德兴）县尉，正在吕温卿的管辖范围之内，子由对此忧心忡忡，特地上奏请罢苏迈之职，以躲避吕温卿的报复。正因如此，当吕惠卿被贬为建宁军节度副使时，时任中书舍人的东坡主动请求撰写责词，严词谴责吕惠卿的反复无常。写完后，东坡满意地对人说："三十年作刽子，今日方剐得一个有肉汉！"

王珪的情形与吕惠卿完全不同，他与东坡同为蜀人，又同出于欧阳修门下，照理说应有较密切的关系。况且东坡应进士试时，王珪以翰林学士的身份权同知贡举，他也算是东坡的座师。可是欧阳修、梅尧臣等人发现东坡之后极为欣喜，并不遗余力地为东坡延誉，王珪却对东坡从无一字半句的揄扬。不但如此，王珪还抓住一切机会打击东坡，仿佛与他宿世有仇。元丰年间，东坡被贬黄州，神宗几次要想起用他，曾提出让东坡来修国史，又想起用东坡为中书舍人、翰林学士，每次都被王珪设法阻止。元丰六年（1083），东坡已在黄州过了四年，神宗觉得对他的惩处已经够了，想起用他为江州

---

[1]　据王巩《随手杂录》记载，吕惠卿曾问曾旼东坡是怎样的人，曾旼回答说："聪明人也。"吕闻之大怒，厉声说："尧聪明耶，舜聪明耶，大禹之聪明耶？"其嫉贤害能之心态，一至于此！

知州。时为宰相的王珪又表示反对，而且进谗言说东坡有"不臣之心"。神宗大惊失色，问他是怎么知道的。王珪就举东坡咏桧诗中的"根到九泉无曲处，世间惟有蛰龙知"两句为证，说："陛下飞龙在天，苏轼却以为没有知己，反而求之于地下之蛰龙，这不是不臣之心又是什么？"幸亏神宗不信这番谗言，章惇也在旁帮东坡解释，东坡才免遭不测之祸。[1] 王珪并不是新党中的激进者，他究竟为何要对东坡痛下毒手呢？我们只能做这样的推测：王珪素有文名，入仕后任翰林学士、掌制诰近二十年。但是王珪的诗文其实并不出色，他作诗好用金玉锦绣的字样堆砌成篇，人称"至宝丹"，其骈文的风格也大同小异。他在元丰年间曾以《恭和圣制上元观灯》一诗受到神宗的赞赏，其诗就是塞满了"仙台""宝扇"等字眼。东坡虽是王珪的后辈，但正如欧阳修所预言的，东坡的文名早已超越欧公等前贤，更不用说王珪了。王珪本是个颟顸官僚，平时在朝廷里只会说"取圣旨""领圣旨""已得圣旨"三句话，人称"三旨相公"。然而他在阻止东坡入朝任职的事情上却一而再、再而三地不辞辛劳，甚至不惜进谗陷害，他是否怀着忌贤害能的阴暗心理呢？

　　林希是东坡的进士同年，两人早已相识。元丰八年（1085），东坡还朝后被任为起居舍人，他自觉升迁太快，便向宰相蔡确力辞。蔡确劝他就任，说当今朝中没有更合适的人才了。东坡就推荐林希自代，虽未获准，但林希由此得以升任记注官。元祐六年（1091），东坡在杭州知州任上被召还京，林希来代，两人书札来往，商议赈灾之事。东坡在入京途中在润州与林希相晤，还作词赠之。林希对

---

[1] 王珪谗毁东坡咏桧诗的年代有两说，一说为元丰二年（1079）乌台诗案之时，见于叶梦得《石林诗话》、陈岩肖《庚溪诗话》等书；另一说为元丰六年（1083），见于王巩《闻见近录》。孔凡礼《苏轼年谱》卷二二取后说，可从，因为王巩乃东坡知交，本人且受乌台诗案之牵累，所记当更近事实。

东坡十分敬佩，元祐元年（1086）东坡除翰林学士时，林希曾作贺启，对东坡父子兄弟赞颂备至："父子以文章名世，盖渊、云、司马之才；兄弟以方正决科，迈晁、董、公孙之学。"可是曾几何时，到了绍圣元年（1094），林希执笔撰写东坡谪降惠州的诰词，却肆意丑诋，不遗余力，仿佛完全忘了他在八年前对东坡的赞颂。当时对元祐名臣的贬黜制文，都出于林希之手。有一天林希写完制文后，掷笔于地，长叹一声说："坏了名节矣！"

沈括是名垂青史的科学家，他的《梦溪笔谈》堪称宋代最伟大的科学著作。但是无可讳言，沈括的立身处世并非无懈可击，他对东坡的态度尤其让人难以恭维。沈括与东坡曾在熙宁前期同在馆阁任职，相识甚早。熙宁六年（1073），沈括以"详定三司令敕"的身份察访两浙的农田水利以及新法实施情况。临行前，神宗交待他说苏轼正在杭州通判任上，让他好好待之。沈括到杭州后与东坡论旧，并索取东坡新近的诗作。东坡不知是计，就亲手誊录了一份送给沈括。没想到沈括一回到汴京，就将东坡的诗稿仔细阅读一遍，挑出其中涉及新政的地方，贴上标签，上交朝廷，说这些都是讪谤之作。后来乌台诗案事发，实是沈括最早种下了祸根。世事翻覆，到了元祐年间，新党失势，沈括也落职在润州闲居。元祐四年（1089），东坡出知杭州，路经润州，沈括竟然前倨后恭，亲自迎送，还赠给东坡一块从延州得来的石墨。幸而东坡不计前嫌，仍写了一篇《书沈存中石墨》，记录了两人的这段交往。沈括与东坡为敌，实在是后人不愿意看到的事实。北宋末年，有人把沈括的《良方》与东坡的《医药杂说》合刻成一书，取名《苏沈良方》，大行于世，也许正体现了人们的善良愿望吧。

◇ 四 章惇

　　章惇与东坡的关系相当复杂。章惇曾经是东坡的朋友，相交甚密，但后来一心要置东坡于死地的也是此人。章惇与东坡同于嘉祐二年（1057）进士及第，[1] 其时章惇二十三岁，东坡二十二岁。嘉祐七年（1062），东坡任凤翔府节度判官，章惇任商洛（今陕西丹凤西北）县令。是年秋天，两人同到长安，一起考试永兴军和秦凤路的应解士子。当时任永兴军安抚使的刘敞对这两位后起之秀都很看重，他们也相处得非常愉快。

　　一天两人同往山寺小饮，归途中听说前方有老虎，便乘着酒兴前往观看。走到离老虎几十步的地方，马匹惊了，不敢上前。东坡说："马都害怕了，还上前干什么？"便转身回去。章惇独自策马上前，说："我自有道理。"走得离老虎近了，章惇把一面铜锣往岩石上一摔，"锵"的一声巨响，老虎惊窜而去。章惇得意地对东坡说："你将来一定不如我！"

　　又有一天，两人同游南山的仙游潭，只见一条独木桥架在潭的上空，岸边极狭，且下临万丈峭壁。章惇让东坡走过桥去题壁，东坡不敢。章惇便独自稳步过桥，他把一根绳索系在树上，另一端系在腰间，挺身缒下悬崖，神色自若地用毛笔蘸了黑漆，在石壁上题下一行大字："苏轼章惇来游。"事毕之后，东坡抚着章惇的背说："你一定能杀人。"章惇问为什么，东坡说："能自己拼命的人，也一定能杀人！"章惇哈哈大笑。

　　东坡与章惇后来别多会少，但两人一直保持着密切的联系。熙

---

[1] 章惇的侄儿章衡为该科状元（见《宋史》卷三四七《章衡传》），章惇耻其名次居于章衡之下，乃再举甲科后方肯出仕（见《宋史》卷四七一《章惇传》）。章惇性格之褊狭，于此可见一斑。

宁八年（1075），章惇出知湖州，寄诗给正想在宜兴买田的东坡说："他日扁舟约来往，共将诗酒狎樵渔。"东坡答诗说："早岁归休心共在，他年相见话偏长。"两人相约将来卜邻而居，俨然是一对知心朋友。[1]章惇与东坡虽分属新、旧二党，但并未妨碍他们互通书信，讨论时政。东坡遭遇乌台诗案时，章惇曾上书论救。东坡被贬黄州后，章惇官至参知政事，两人的地位已判若云泥，但依然书信不绝。东坡曾在信中向章惇细述自己的躬耕生活，若非知己，焉能说这种知心话。后来当宰相王珪向神宗诬告东坡的咏桧诗中有"不臣之意"时，章惇还从旁开解，说龙不一定指人君，臣子也可以称龙的。退朝之后，章惇当面指责王珪意图倾覆东坡的家族。王珪分辩说这是舒亶说的，章惇气愤地说："难道舒亶的唾沫也能吃吗？"

可是章惇与东坡的友情终于遭受了灭顶之灾。绍圣元年（1094），哲宗亲政，新党卷土重来，章惇终于登上了他梦寐以求的宰相宝座。章惇亲自主持对旧党人物展开斩尽杀绝的疯狂报复，他甚至奏请朝廷对司马光等人发冢斫棺。东坡就在此时惨遭迫害，初贬英州，在南迁途中再贬惠州，几年后更贬往天涯海角的儋州。把一个垂暮之人远谪到当时公认为"非人所居"的海南，其中分明包藏着置于死地的祸心。章惇倒行逆施的举措，固然可用政治斗争的残酷性来解释，但也未尝没有自私自利的阴暗心理在起作用。黄庭坚所说的"时宰欲杀之"，佛印所说的"权臣忌子瞻为宰相尔"，正是所谓的"司马昭之心，路人皆知"。章惇最了解东坡的盖世才学，也最妒忌东坡的

---

[1] 东坡的《和章七出守湖州》中有"方丈仙人出渺茫，高情犹爱水云乡"两句，意指章惇爱好炼药，夙有道根，今乃得仕于江南水乡。王明清《挥麈后录余话》卷一中说章惇乃其父章俞与章俞之守寡岳母所生的私生子，出生时曾被置于水盒中。东坡的诗句中有讥刺章惇之意，故章惇怀恨在心，日后遂施行报复云云，不实。最明确的证据就是四年后东坡遭遇乌台诗案，章惇不仅没有落井下石，反而出手援救。其后章惇与东坡的友情尚维系了较长时间，章惇迫害东坡之事是到绍圣年间才发生的。

巨大名声，虽然此时东坡已成逐臣，但几十年来的政局就像棋局一样翻覆不定，焉知东坡就没有死灰复燃的一天呢？况且东坡曾三度担任哲宗的讲读官，如果有朝一日哲宗想起那段"八年经筵之旧"，焉知这个任性胡闹的狂童皇帝不会召回东坡？所以在章惇心里，东坡依然是具有巨大潜能的政坛对手。只不知章惇在朝中阴谋策划如何置东坡于死地时，有没有回想起三十多年前他对东坡说的"你将来一定不如我"的预言并沾沾自喜？

与章惇的行事截然相反，东坡却以不念旧恶的宽广胸怀对待章惇。天道好还，元符三年（1100），年仅二十四岁的宋哲宗突然去世，朝局又变，章惇罢相。次年，作法自毙的章惇远贬雷州，踏上了他几年前为旧党人物精心策划的南迁之路。已经遇赦北归的东坡在途中听到这个消息，惊叹不已，立即写信给章惇的外甥黄寔，告诉他雷州虽然遥远，但并无瘴疠，子由曾在那里住了一年也安然无恙，并请黄寔转告章惇的老母亲，让她宽心。

建中靖国元年（1101）六月，东坡北还来到润州。此时东坡复出的呼声很高，人们纷纷传说东坡即将还朝拜相。一天，多年来音讯杳然的章援忽然前来求见，还呈上一封长信。章援是章惇的幼子，他进士及第时的座主就是东坡，故以师生之礼前来谒见。真所谓"有其父必有其子"，这位章援也是个有才无行之辈，东坡惨遭章惇迫害，流贬岭海长达七年，身为宰相公子的章援置若罔闻，从未给恩师寄过只字片纸。如今时移势异，章援忽然记起东坡来了，还厚颜无耻地声称对东坡怀有"积年慕恋，引领举足，崎岖盼望之诚"。章援在信中先是颂扬东坡复出为众望所归，接着就代父亲向东坡求情，希望东坡还朝后对章惇援之以手。东坡读了这封信，非常赞赏其文笔，也十分同情章氏父子的遭遇。至于章惇对自己的百般陷害，章援对自己的疏慢无礼，东坡已全部丢在脑后，他扶病起床，亲笔给章援回信，信中仍称章惇为丞相："轼与丞相定交四十余年，虽中间出处稍异，交情固无所增损也。闻其高年寄迹海隅，此怀可知！"他还详细地介绍了雷州的风土，嘱咐章援要多备药物。在这封信的背面，东坡还亲笔抄录了一道"白术方"，让章惇服用以求养年。章惇对东坡是惟恐其不死，东坡却希望章惇延年益寿，如果说两人之间确有竞争关系的话，以德报怨的东坡已在道义上居于绝对的优势地位。要是章惇天良未泯，定会愧疚欲死。南宋的刘克庄读了东坡与章援的来往信件后大为感慨："君子无纤毫之过，而小人忿恨，必致之死；小人负邱山之罪，而君子爱怜，犹欲其生。此君子、小人之用心所以不同欤！"

章惇对元祐党人的迫害几近疯狂。当东坡兄弟被贬至岭南后，章惇还继续对他们施以迫害。子由在雷州被逐出官舍，只好向百姓借房容身，章惇竟加以"强夺民居"的罪名，还下令把房主抓来审问，幸亏租房文书写得明明白白，才算作罢。天道好还，几年后章惇本人贬至雷州，向百姓借房，正巧找到那户人家。房主一口拒绝，说："从前苏公来借房，被章丞相追究，几乎使我家破人亡，如今怎能借房给你！"元人戴表元曾看到建州章氏家族的《登科题名录》，由于章氏后人鄙薄其为人，官至宰相的章惇竟然被"削而不录"，可见公道自在人心。

◇　五　王安石

说到东坡的敌人，最难措辞的莫过于王安石了，然而事实上又绝对无法回避王安石，因为两人不但分属两个政治营垒，而且彼此之间还有纠缠不清的私人恩怨。

东坡一入仕途就陷入了新旧党争，他的父亲和弟弟、他敬爱的朝中元老、他的亲朋好友，几乎无一不是站在旧党一边的。当然，更重要的是东坡本人的政治观念与新法南辕北辙，他的学术思想也与新学格格不入，忠鲠谠直的他不可能违心地对方兴未艾的新政沉默不言，他势必要成为新党的政敌，也势必要与新党党魁王安石发生冲突。嘉祐六年（1061），二十六岁的东坡参加制举，王安石以知制诰的身份出任考官。东坡在制策中全面地提出了自己对朝政的看法，许多观点正好与王安石两年前向仁宗所上的万言书截然相反。众考官都欣赏东坡的"文义灿然"而置之于高第，王安石却斥责东坡之文"全类战国文章"。王安石随后还在任东坡为福昌县主簿的制文中说："夫士之强学赡辞，必知要然后不违于道。择尔所闻，而守之以

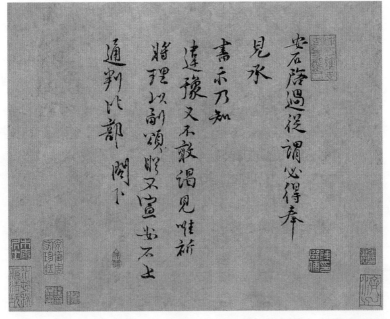

宋·王安石　致通判比部尺牍　台北故宫博物院

要，则将无施而不称矣，可不勉哉！"虽是代朝廷立言，但也显示了他本人对东坡的不满之意。

苏洵与王安石素不相协，嘉祐年间苏洵以文章名动京师，王安石却未有一言褒奖。王安石的母亲去世，京中士大夫纷纷前去吊唁，苏洵独不前往。苏洵还写了《辨奸论》暗刺王安石矫饰反常、不近人情的举止，并预言他必将祸害天下。七年以后，吕诲上疏弹劾王安石，说他"大奸似忠，大诈似信"，"外示朴野，中藏巧诈"，并断言："误天下苍生者必是人也！"吕诲的话与《辨奸论》如出一辙，可见苏洵事实上是代表旧党发出了攻击王安石的第一声。东坡对其父写《辨奸论》是不以为然的，认为有些话说得太过分。东坡对王安石的文才也非常赞赏，曾称道王安石所撰的《英宗实录》为本朝史书中写得最好的。但是东坡对王安石好为大言诡论的行为非常不满，曾在祭刘敞的祭文中予以讥刺。王安石则把东坡视为隐然的强敌，必欲把他驱逐出朝廷而后快。熙宁二年（1069），东坡上疏论贡举之法不当轻改，神宗非常重视，当天就予接见，然后又想让东坡修中书条例，王安石却竭力阻拦，并力荐吕惠卿。同年，东坡为国子监举人考官，策题以历史上君主独断或兴或亡之事为问，王安石大为不悦。神宗又想让东坡修起居注，王安石却说东坡不是"可奖之人"。神宗说东坡文学出众，为人亦平静，司马光、韩维等大臣都称道之。王安石回答说东坡是"邪险之人"，还说三年前东坡遭父丧时，韩琦等赠送赙金不受，却利用运丧的官船贩卖苏木入蜀，还说此事是人所共知，所以东坡虽有才智和名望，但只能当个通判，不可大用。次年，王安石的姻亲、侍御史知杂事谢景温诬告东坡护丧回蜀时利用官船贩卖私盐等物，王安石闻之大喜，当即奏知神宗，第二天就下公文到东坡返蜀的沿途州县调查此事，连当年服役的士兵和船夫都被抓来严刑逼供，结果一无所得。司马光、范镇等大臣纷纷为东坡辩诬，范镇且指出苏洵去世后韩琦、欧阳修两人赠送的赙金即达五百两，东坡均予谢绝，岂有反而贩卖私盐以谋薄利的道理，东坡才算逃脱了谢景温与王安石合谋罗织的罪名。王安石还多次劝神宗贬黜东坡，神宗不听，王安石就说对待东坡必须像调教"恶马"那样，"减刍秣，加棰扑，使其贴服乃可用"。王安石身为年长十五岁的前辈和位极人臣的宰相，这样对待持不同政见的东坡，确实有失公正，更谈不上厚道。无怪在十多年后，当东坡在江宁与王安石相见时，东坡说了一句"轼亦自知相公门下用轼不着"，能言善辩的王安石也只能无言以对。

当然，王安石对东坡的才学其实是深为赏识的，尤其是当他不在朝中的时候，曾称赞东坡所撰的《表忠观碑》，又曾兴致勃勃地次韵东坡在密州所写的"尖又韵"雪诗。当东坡遭遇乌台诗案后，王安石从江宁上书神宗说："安有圣世而杀才士乎？"这对东坡得以免死是起了很大作用的。元丰七年（1084）七月，刚离开黄州贬所的东坡来到江宁府（今江苏南京），会晤已经退居江宁八年的王安石。一个是经历了四年磨难的旧党中坚，另一个是业已退出政坛的新党首领，虽然都还坚持着各自的政治立场，但毕竟远离了政治漩涡，彼此间的敌意已大为减退。见面之后，东坡说他有话想说。王安石顿时变了脸色，以为东坡要重提旧怨。东坡又说，他要说的是有关天下的大事，王安石才定下神来倾听。于是东坡对当前朝廷接连用兵和屡兴大狱的措施表示不满，认为"大兵大狱"是汉、唐灭亡的前兆，并劝王安石出面阻止。王安石说那都是吕惠卿主政的结果，自己已不在位，不便干预。东坡又说："'在朝则言，在外则不言'，这只是事君的常礼，而皇上待你以非常之礼，你岂能以常礼来报答皇上？"王安石顿时激动起来，厉声说："我一定要说！"但他马上叮嘱东坡不可泄漏此话，原来他对吕惠卿的倾轧心有余悸。

　　此时东坡与王安石身上的政治家色彩已经消退，文人学士的身份意识得以凸显，所以他们的对话很快离开了政治的主题。两人互相出示自己的诗文，东坡手书近作相赠，王安石意犹未足，就自诵其诗，请东坡书写后留给自己作纪念。东坡称赞王安石的"积李兮缟夜，崇桃兮炫昼"二句有《楚辞》句法，王安石欣然认可。王安石问东坡，他的雪诗中"冻合玉楼寒起粟，光摇银海眩生花"二句是否用了道藏中的典故，东坡笑以颔之。两人又谈论起学术，王安石说他对陈寿的《三国志》很不满意，要想重修又已年迈，劝东坡着手重修，东坡推辞说不敢当此重任。东坡在江宁停留数日，两人多次作诗唱和，东坡游蒋山的诗中有"峰多巧障日，江远欲浮天"二句，王安石大为叹赏，当即和之，并叹息说："老夫平生作诗，无此二句！"王安石甚至劝东坡卜宅钟山，与他结邻而居，所以东坡在赠诗中说："劝我试求三亩宅，从公已觉十年迟！"一个月以后，东坡渡江北上，王安石送走东坡后，对人说："不知更几百年，方有如此人物！"劫波度尽，恩怨尽泯，两位文化巨人终于消除了彼此间的敌意。王安石最终改正了对东坡的看法，而东坡更是以不计前嫌的态度对待王安石，东坡的胸怀有如光风霁月，令人敬佩。

◆ 第五章　东坡在朝廷

东坡一生中真正在朝任职的时间前后不过八年零十一个月，但是他忠心耿耿，遇事敢言，奋不顾身，对当时的朝政产生了重大的影响，也为此屡次受到贬谪。黄庭坚赞扬东坡"立朝公忠炯炯"，李鹰称颂他"皇天后土，鉴一生忠义之心"，虽出于门人之口，但也是天下之公论。东坡去世六十九年之后，南宋朝廷谥他为"文忠"，命下之日，朝野欢呼。即使是学术思想与程颐一脉相承的朱熹，平时常有讥评东坡之言，但也承认东坡节操过人。[1] 东坡终于以风节凛然、面折廷争的忠鲠形象定格于千年青史，真正实现了他幼时与母亲同读《范滂传》时立下的誓言。

◇ 一　东坡的政治思想

东坡的政治思想与王安石南辕北辙，两人互相讥评，东坡指责王安石好为管仲、商鞅之术，王安石则批评东坡之学出于战国纵横之家。平心而论，东坡的话撕掉了王安石思想的外层包装而击中其

---

[1] 朱熹曾对弟子说："东坡议论虽不能无偏颇，其气节直是有高人处。"（《朱子语类》卷三五）又曾题跋东坡墨迹说："东坡老人英秀后凋之操，坚确不移之姿，竹君石友，庶几似之。"（《跋陈光泽家藏东坡竹石》，《朱文公文集》卷八四）关于朱熹对东坡气节的详细评价，可参看拙著《朱熹文学研究》第四章第四节。

要害，王安石的话却仅仅涉及东坡学说的外表而未能中其肯綮。王安石精于经术，并以此妄自尊大，他的变法理论包装着一层儒家经术的外衣，新法的每个名目似乎都能从周礼古制中找到依据，其实质却是管仲、商鞅有关富国强兵的法家学说。王安石的《上仁宗皇帝言事书》是新法的纲领性文件：

> 臣始读《孟子》，见孟子言王政之易行，心则以为诚然。及见与慎子论齐鲁之地，以为先王之制国，大抵不过百里者，以为今有王者起，则凡诸侯之地，或千里，或五百里，皆将损之至于数十百里而后止。于是疑孟子虽贤，其仁智足以一天下，亦安能毋劫之以兵革，而使数百千里之强国，一旦肯损其地之十八九，比于先王之诸侯？至其后，观汉武帝用主父偃之策，令诸侯王地悉得推恩封其子弟，而汉亲临定其号名，辄别属汉。于是诸侯王之子弟，各有分土，而势强地大者，卒以分析弱小。然后知虑之以谋，计之以数，为之以渐，则大者固可使小，强者固可使弱，而不至于倾骇变乱败伤之衅。孟子之言不为过，又况今欲改易更革，其势非若孟子所为之难也。

这段话虽然打着孟子的招牌，其实质却是推销主父偃等人的法术，可谓以儒为表，以法为里的典型。如果说在写给朝廷的奏章中王安石还不得不时时引述儒家经典来自我装饰一番，那么他在自抒怀抱的诗歌中就往往直抒己见了。商鞅是法家最著名的代表人物，对商鞅的态度是区分真儒还是伪儒的试金石，唐代大儒杜甫就批判说："秦时任商鞅，法令如牛毛！"东坡曾赞叹老杜此语"自是契、稷辈人口中语也"。王安石却把商鞅视为异代之知己，他在《商鞅》一诗中公然称颂说："自古驱民在信诚，一言为重百金轻。今人未可轻商鞅，商鞅能令政必行。"东坡对王安石外儒内法的政治观念洞若观火。

熙宁元年（1068），刘敞去世。东坡在祭文中暗讽王安石说："大言滔天，诡论灭世。"因为王安石在朝廷里好以经术难人，只有深通经学的刘敞敢于逆折其锋，所以东坡借题发挥。熙宁四年（1071），曾经面折王安石的刘恕出监南康军酒税，东坡作诗送之说："孔融不肯让曹操，汲黯本自轻张汤。"曹操也好，张汤也好，都是著名的法家人物，东坡以之暗讥王安石。即使在东坡遭受了乌台诗案的大祸以后，他还在黄州写了读《战国策》的心得，对王安石奉若至宝的商鞅之术予以痛驳："商君之法，使民务本力农，勇于公战，怯于私斗，食足兵强，以成帝业。然其民见刑而不见德，知利而不知义，卒以此亡。"他还进一步讽刺王安石等新党大臣说："后之君子，有商君之罪，而无商君之功；飨商君之福，而未受其祸者，吾为之惧矣！"元祐元年（1086）王安石去世，东坡代朝廷撰《王安石赠太傅制》，评价王安石说："少学孔孟，晚师瞿聃。网罗六艺之遗文，断以己意；糠秕百家之陈迹，作新斯人。"虽未点出王安石外儒内法的实质，但字里行间仍不以王安石的经术为是。应该说，东坡对王安石思想的把握是实事求是的，他对王安石政治观念的批判也是恰如其分的。

王安石对东坡的指责却是皮相之见。在苏洵的影响下，东坡深喜《战国策》之文，他自己的论难文字也很深地染上了战国纵横家的习气，尚气好辩，纵横捭阖。但是《战国策》的影响主要体现在东坡早期的策论中，由于东坡以制科高第而名闻天下，他的策论也随之脍炙人口，世人遂误以为东坡沾染纵横家习气甚深。其实随着阅历的加深和人生体验的丰富，东坡已逐步在文章中减少了战国纵横之风。况且东坡议论文的雄辩之风从一开始就有一个更重要的来源，那就是《孟子》。东坡在礼部考试中一鸣惊人的那篇《刑赏忠厚之至论》，梅尧臣一看就觉得像《孟子》。至于思想，则东坡从来都是以儒学为主体的，王安石的批评可谓隔靴搔痒。只是东坡的政治思想有鲜明的务实倾向，所以他并不一味高谈周、孔，而注重向贾谊、陆贽等古代名臣学习切实可行的施政之方。黄庭坚在《跋刘敞侍读帖》中指出："至近世，俗子亦多谤东坡师纵横之说，而不考其行事果与纵横合耶，其亦异也？"这是及门弟子对东坡的深刻理解。清人钱谦益在《苏门六君子文粹序》中说："吾尝观王氏之学，高谈先王，援据《周官》，其称名甚高；而文忠则深叹贾谊、陆贽之学不传于世，老病且死，独欲以教其子弟而已。夫食期于适口，不必其取陈羹也；药期于疗病，不必其求古方也。是故为周公而伪，不若为贾谊、陆贽而真也。真贾、陆足以救世，而伪周公足以祸世，此眉山、金陵异同之大端也。"这是后人对苏、王之是非得失的清晰反思。

　　早在嘉祐六年（1061），东坡就在应制举的策论中初步阐述了他对于朝政的看法，既反对因循苟且，也反对急于求成而用"悍药毒石"来治病。到了熙宁二年（1069），正当新政在如火如荼地迅猛推进时，东坡又接连上书，旗帜鲜明地表明反对轻易变法的主张，在《上神宗皇帝书》中，东坡揭起三面大旗："结人心""厚风俗""存纪纲"，并分别论述说：

　　　　人主之所恃者，人心而已。人心之于人主也，如木之有根，如灯之有膏，如鱼之有水，如农夫之有田，如商贾之有财。木无根则槁，灯无膏则灭，鱼无水则死，农无田则饥，商贾无财则贫，人主失人心则亡。此理之必然，不可逭之灾也。其为可畏，从古以然。苟非乐祸好亡，狂易丧志，则孰敢肆其胸臆，轻犯人心。昔子产焚载书以弭众言，赂伯石以安巨室，以为众怒难犯，专欲难成，而子夏亦曰："信而后劳其民，未信则以为厉己也。"惟商鞅变法，不顾人言，虽能骤至富强，亦以召怨天下。使其民知利而不知义，见刑而不见德，虽得天下，旋踵而失也！

古之圣人，非不知深刻之法可以齐众，勇悍之夫可以集事，忠厚近于迂阔，老成初若迟钝，然终不肯以彼易此者，知其所得小而所丧大也。曹参，贤相也，曰："慎无扰狱市。"黄霸，循吏也，曰："治道去泰甚。"或讥谢安以清谈废事，安笑曰："秦用法吏，二世而亡。"刘晏为度支，专用果锐少年，务在急速集事，好利之党，相师成风。德宗初即位，擢崔祐甫为相，祐甫以道德宽大，推广上意，故建中之政，其声翕然，天下想望，庶几贞观。及卢杞为相，讽上以刑名整齐天下，驯致浇薄，以及播迁。

孔子曰："鄙夫可与事君也欤？其未得之也，患得之，既得之，患失之，苟患失之，无所不至矣。"臣始读此书，疑其太过，以为鄙夫之患失，不过备位而苟容。及观李斯忧蒙恬之夺其权，则立二世以亡秦；卢杞忧怀光之数其恶，则误德宗以再乱。其心本生于患失，而其祸乃至于丧邦。孔子之言，良不为过。是以知为国者，平居必有亡躯犯颜之士，则临难庶几有徇义守死之臣。若平居尚不能一言，则临难何以责其死节？人臣苟皆如此，天下亦日殆哉。君子和而不同，小人同而不和，和如和羹，同如济水。孙宝有言："周公上圣，召公大贤，犹不相悦。著于经典，两不相损。"晋之王导，可谓元臣，每与客言，举坐称善，而王述不悦，以为人非尧舜，安得每事尽善，导亦敛衽谢之。若使言无不同，意无不合，更唱迭和，何者非贤？万一有小人居其间，则人主何缘知觉？

从表面上看，东坡的言论与王安石的《上仁宗皇帝言事书》都是道、术并重的，但就其本质而言，则前者是基于儒家仁政爱民之道，后者却是基于法家富国强兵之术，泾渭分明，南辕北辙。虽然

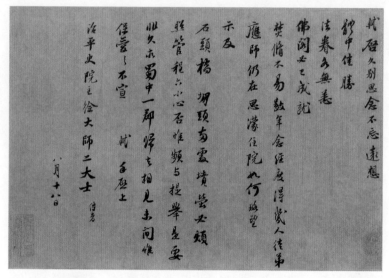

宋·苏轼　治平帖　故宫博物院

儒、法两家的思想体系之间有着割不断的联系，历代帝王也往往是儒、法相杂为用，但它们毕竟是截然不同的两种政治理念。简而言之，儒学是古代的民本思想，法家却是一切以君为本。儒家主张仁政，希望通过明君来实施仁政。法家以富国强兵为号召，其目的却是以此强化君权。法家的这个实质，在其祖师爷韩非子的著作中说得再清楚不过了，所以秦始皇读其书而思其人。法家强调法令严明，甚至不惜以严刑峻法来钳制天下，这与现代社会中的法治思想形同而实异，因为法家的“法”其实就是君主个人意志的体现，臣民必须绝对服从，商鞅“作法自毙”就是典型的事例。但是法家所念念不忘的“法”对君主却毫无制约，有时反而成为君主驭下之术的组成部分。正因如此，历史上的变法改制，往往决定于君主的一念之间。从熙宁、元丰到元祐，再从元祐到绍圣，朝政翻覆有如棋局，其最后的决策者无非是神宗、高太后与哲宗三人而已。在君主制的政体框架下，当然是儒家学说更有进步意义，因为它至少在理论上是主张以民为本的。古语说："作法于凉，其弊犹贪。作法于贪，弊将若之何！"如果在理论上都不以仁政爱民为目标，哪里还能指望在实际上有利于黎民百姓？东坡的政治思想是以儒学为本的，而儒学的精髓就是仁政之说，这是东坡思考一切政治问题的出发点。此外，儒家虽然坚持原则，但在具体的措施上则主张与时俱进，《周易》有言："随之时义大矣哉！"孟子则称孔子为"圣之时者"。所以服膺儒术的东坡既坚持仁政的原则，也并不一概地反对变法，他坦言自己对某些新法有所认同："臣非敢历诋新政，苟为异论。如近日裁减皇族恩例、刊定任子条式、修完器械、阅习鼓旗，皆陛下神算之至明，乾刚之必断，物议既允，臣安敢有词？"但是他认为"法相因则事易成，事有渐则民不惊"，所以主张循序渐进地进行改革，反对以激烈的手段和急于求成的态度来变法。东坡的《上神宗皇帝书》，是他"思之经月，夜以继昼，表成复毁，至于再三"的心血结晶，堪称深思熟虑之计、披肝沥胆之言。清人顾炎武对此书大为赞叹："当时论新法者多矣，未有若此之深切者。根本之言，人主所宜独观而三复也！"可惜急于求成的神宗根本没有心思来"独观而三复"。

元祐年间，东坡还朝任职，曾三度担任侍读学士，他兢兢业业地向年幼的哲宗皇帝讲解《论语》等儒家经典，希望用儒学来熏陶哲宗，使他具备施行仁政的素质。东坡的讲解深入浅出，循循善诱，有一次文彦博、吕大防、范纯仁等大臣同侍讲筵听东坡讲经，退朝后齐声赞叹："真侍讲也！"东坡还把自汉至唐的历代"君臣大节政事之要"编成一册讲义，让哲宗阅读。他苦口婆心地教导哲宗：古人说"知之者不如好之者，好之者不如乐之者"，皇上要想在学业上获得进步，也必须从"好之""乐之"的门径来悟入。可惜哲宗是个顽劣儿童，东坡的讲解有如对牛弹琴，并未起到多大的作用。随着年龄的逐渐增长，哲宗对祖母高太后垂帘听政的抵触情绪日渐严重，与朝中老臣越来越离心离德，东坡看在眼里，急在心里。元祐八年（1093）四月，东坡会同吕希哲、范祖禹等侍读官，联名奏上唐代名臣陆贽的奏议集，希望哲宗从中学习儒家的君臣之道。东坡说：

> 但其不幸，仕不遇时。德宗以苛刻为能，而贽谏之以忠厚。德宗以猜疑为术，而贽劝之以推诚。德宗好用兵，而贽以消兵为先。德宗好聚财，而贽以散财为急。至于用人听言之法，治边驭将之方，罪己以收人心，改过以应天道，去小人以除民患，惜名器以待有功，如此之流，未易悉数。可谓进苦口之药石，针害身之膏肓。使德宗尽用其言，则贞观可得而复。……臣等欲取其奏议，稍加校正，缮写进呈。愿陛下置之座隅，如见贽面；反复熟读，如与贽言。必能发圣性之高明，成治功于岁月。

此时政局又将有变，图谋恢复新政的新党人物正在蠢蠢欲动，忧心忡忡的东坡已经感觉到"山雨欲来风满楼"的不祥征兆。一个多月后，东坡就请求外任，随即出知定州，此后再也没有回朝。东坡在进奏陆贽奏议时所说的一番话，是他离开朝廷以前发出的最后一声呼喊，他是多么希望朝廷采纳他平生服膺的儒学，并由此实现他梦寐以求的仁政啊！

◇　二　东坡与新法

从表面上看，由宋神宗与王安石主导的熙宁新政好像是出于偶然：励精图治、急于求成的神宗皇帝遇到了志向远大、敢为天下先的王安石，于是风云际会，发动了一场惊天动地的变法运动。东坡曾当面指责宰相曾公亮未能阻止新法，曾回答说："皇上与王安石好像是一个人，这是天命啊！"可见当时朝臣们确有这种看法。其实不然，变法的思潮由来已久，而且几乎是北宋士大夫的集体思想。后代的历史学家总结宋代的历史教训时，总要在"冗官、冗兵、冗费"和"积贫积弱"这两个方面喋喋不休，恨不得让时光倒流，好为宋人指点迷津。其实"三冗"也好，"两积"也好，北宋的士大夫早已有了非常清醒的认识，这正是他们念念不忘要进行革新的根本原因。早在宋仁宗庆历年间，大臣们便纷纷要求变革。宋祁提出去除"三冗、三费"的主张，包拯也要求裁减冗兵、冗吏来节减开支，富弼批评朝廷"自守弊法，不肯更张"，欧阳修甚至认为"天下之势，岁危于一岁"，从而要求朝廷"革去旧弊"。由范仲淹领导的"庆历新政"，正是在这样的情势下才得以发生的。几乎与范仲淹奏《上十事疏》同时，富弼也上了"安边十三策"，又奏上当务之急的十余条革新建议。连老成持重的韩琦也先奏七事，又陈救弊八事，对范仲淹的主张进行补充。

"庆历新政"虽然有如昙花一现，但变革的思潮却始终在潜伏涌动，一波未平，一波又起。就在宋仁宗统治的后期，新一轮的变法思潮又变得波涛汹涌起来。嘉祐四年（1059），王安石向仁宗上万言书，全面地提出了变法的主张。嘉祐六年（1061），东坡向朝廷献《进策》二十五篇、《策别》十七篇，这些策论虽然是为应制举考试而作，但它们的内容具有很强的现实意义，完全可以视为东坡要求改革的政治纲领。针对当时日趋严重的财政困难，东坡提出"安万民""厚货财""轻赋役""省费用""均户口"等主张，要求朝廷鼓励发展生产，合理分布人口，减轻对百姓的盘剥，注意积蓄财富，反对毫无节制的开支。东坡认为要想消除"三冗""两积"的积弊，一定要汰除冗官，裁汰兵员，减省冗费，甚至要求皇帝带头革除奢侈挥霍之风，同时也要整顿吏治，训练军队，以达到革新政治、增强军队战斗力的目标。然而东坡虽然要求革新，并希望通过革新来解除朝廷面临的困境，但他不主张采取急剧地变更法令的方法，他说："苟不至于害民而不可不去者，皆不变也。"他认为变法一定要非常慎重，千万不可朝令夕改，否则的话，"虽得贤人千万，一日百变法，天下益不可治"。由此可见东坡所主张的革新朝政的最终目的和具体手段都与王安石大异其趣，所以当宋神宗与王安石施行新政时，力主改革的东坡却表示坚决反对。

首先，熙宁新政操之过急，用刘挚的话来说，就是"二三年间，开辟动摇，举天地之内，无一民一物得安其所者……数十百事交举并作，欲以岁月变化天下"。熙宁二年（1069），以王安石为参知政事，专设"制置三司条例司"的机构来筹划新法。当年之内，均输法、青苗法、农田水利法、免役法相继颁行。熙宁三年（1070），保甲法颁行。熙宁五年（1072），市易法、方田均税法颁行。熙宁六年（1073），保马法颁行，并创设军器监。熙宁七年（1074），将兵法颁行。短短的六年中，就有十项重大的新政接连推出，其中还不包括因过于草率而昙花一现的手实法，以及罢明经诸科、进士科罢试诗赋的科举制度改革等。《老子》说"治大国若烹小鲜"，意思是治理大国要像煎小鱼那样小心翼翼，因为锅里的小鱼经不起多翻腾。宋神宗和王安石所面对的"三冗""两积"的局面本是一锅极其脆弱的小鱼，可是他们推行新政时不但胡乱翻腾，而且像炒豆子一样端着锅子急剧地颠簸，这锅小鱼除了糜烂一团还能有什么别的结局！新政的迅猛推行激起了强烈的反动，到了元祐年间，旧党执政，一年之内尽废新法。八年之后哲宗亲政，又全面恢复新法，简直是朝令夕改，又继之夕令朝改。经过这样的反复折腾，北宋皇朝元气大伤，局面终于变得不可收拾。南宋人无论朝野都把北宋之亡归咎于王安石，虽然不无偏颇，但北宋政局之迅速恶化，熙宁新政确是难辞其咎的。

熙宁年间匆匆推出的新法对朝廷和民间都产生了巨大的冲击，东坡对此忧心忡忡，他直言不讳地当面批评神宗说："窃意陛下求治太急，听言太广，进人太锐，愿陛下安静以待物之来，然后应之。"他还用兵法作比喻劝谏神宗："先动者为客，后动者为主，主常胜客，客常不胜。治天下亦然，人主不欲先动，当以静应之于后，乃胜天下之事。"在东坡看来，如此急剧草率地进行变法，一定会欲速不达，到头来反而产生始料不及的恶果。东坡上书神宗说："陛下诚欲富国，择三司官属与漕运使副，而陛下与二三大臣孜孜讲求，磨以岁月，则积弊自去而人不知。但恐立志不坚，中道而废。孟子有言：'其进锐者其退速。'若有始有卒，自可徐徐，十年之后，何事不立？孔子曰：'欲速则不达，见小利则大事不成。'使孔子而非圣人，则此言亦不可用。《书》曰：'谋及卿士，至于庶人。翕然大同，乃底元吉。'若违多而从少，则静吉而作凶。"他还在《拟进士对御试策》中指出："今陛下春秋鼎盛，天锡勇智，此万世一时也。而群臣不能济之以慎重，养之以敦朴，譬如乘轻车，驭骏马，冒险夜行，而仆夫又从后鞭之，岂不殆哉！臣愿陛下解辔秣马，以须东方之明，而徐行于九轨之道，甚未晚也。"可惜神宗图治心切，东坡的此番忠言有如马耳东风。后来新法因制订过率、颁行过速而弊端百出，东坡的警告竟不幸而言中！

其次，熙宁新政设计不够周密，施行不够慎重，终于事与愿违，功不抵过。用东坡的话来说，新法的制订颁行过程如下："今者无故又创一司，号曰'制置三司条例'，使六七少年日夜讲求于内，使者四十余辈分行营干于外。造端宏大，民实惊疑；创法新奇，吏皆惶惑。"这样产生的新法难免有闭门造车、出不合辙的弊病，再以朝廷律令的名义强行推行，又由极其腐败的官吏队伍来执行，势必天下骚然，鸡犬不宁。例如青苗法的本意是由政府向农民发放贷款，以救济其困乏。但出息二分，与当时民间的高利贷率不相上下。况且朝廷为了迅速推行，专以贷放款额的多少作为考核地方官政绩的依据，很快就导致"抑配"即强行摊派的恶果，甚至居住在城坊的非农户也被迫贷取青苗钱。加上贪黩的官吏从中渔利，没过多久便弄得民不聊生，怨声载道。熙宁新政虽然千头万绪，但其核心内容其实就是"理财"，即增加朝廷的财政收入，从而达到富国强兵的目标。早在熙宁元年（1068），刚刚登基的神宗就对大臣说："当今理财最为急务。"三年以后，王安石也对神宗说："臣以理财为方今先急。"神宗与王安石正是在"理财"这一点上达成了最大的默契。那么如何才能理好财呢？王安石自诩其新法能够产生"民不益赋而国用饶"的神奇效果，就是说百姓的租税负担并不加重，而国家的财政收入却得以增加。问题是在生产力并没有大幅度提高的前提下，新增加的财政收入来自何处呢？司马光曾一针见血地指出："不取诸民，将焉取之？"对此，东坡的态度与司马光完全一致，他正是在这个关键问题上对新法展开了尖锐的批评。东坡在上神宗书中指出：

> 贤者则求其说而不可得，未免于忧；小人则以其意度朝廷，遂以为谤：谓陛下以万乘之主而言利，谓执政以天子之宰而治财。商贾不行，物价腾踊。近自淮甸，远及川蜀，喧传万口，论说百端。或言京

师正店，议置监官；夔路深山，当行酒禁，拘收僧尼常住，减刻兵吏廪禄；如此等类，不可胜言。而甚者至以为欲复肉刑。斯言一出，民且狼顾。陛下与二三大臣亦闻其语矣，然而莫之顾者，徒曰："我无其事，又无其意，何恤于人言？"夫人言虽未必皆然，而疑似则有以致谤。人必贪财也，而后人疑其盗；人必好色也，而后人疑其淫。何者？未置此司，则无此谤，岂去岁之人皆忠厚，而今岁之人皆虚浮？孔子曰："工欲善其事，必先利其器。"又曰："必也正名乎！"今陛下操其器而讳其事，有其名而辞其意，虽家置一喙以自解，市列千金以购人，人必不信，谤亦不止。夫制置三司条例司，求利之名也。六七少年与使者四十余辈，求利之器也。驱鹰犬而赴林薮，语人曰："我非猎也。"不如放鹰犬而兽自驯。操网罟而入江湖，语人曰："我非渔也。"不如捐网罟而人自信。故臣以为，消谗慝以召和气，复人心而安国本，则莫若罢制置三司条例司。夫陛下之所以创此司者，不过以兴利除害也。使罢之而利不兴，害不除，则勿罢。罢之而天下悦，人心安，兴利除害，无所不可，则何苦而不罢？

　　现代的历史学家经过数量分析，发现熙宁新政果真增加了北宋政府的财政收入，仅青苗法、免役法和市易法三项就每年增收二千三百多万贯。然而这些钱来自何处呢？难道真的是"民不益赋而国用饶"吗？非也。历史学家的分析结果是：熙宁变法以后，除了中等户的情况变化不大，原来的富户与贫户都受到了巨大的冲击，其中尤以青苗法对贫苦农户和市易法对小商贩、小手工业者的损害为烈。[1] 这与当时人们的普遍感觉是完全一致的，东坡本人

[1]　详见叶坦著《大变法》第四章中的《富国之法的枣核形曲线》，第85页，生活·读书·新知三联书店1996年。

就曾在地方官任上亲眼目睹新法对贫苦农民的损害，他那些惹起乌台诗案的作品无情地揭露了当时农村里民不聊生的惨状。可惜王安石对此充耳不闻，当神宗亲自把大臣奏章中反映的民间以新法为苦的情况告诉他时，王安石竟然说："祁寒暑雨，民犹怨咨者，岂足顾也？"这种态度当然会激起东坡的强烈反感，东坡在上神宗书中力主废除"制置三司条例司"，要对新法的领导机构实施"斩首行动"，可称是对新法最为严厉的抗议。

第三，王安石为了雷厉风行地推行新法，不惜采取排除异己、钳制舆论的极端手段，对政治风气造成了极坏的影响。只要是赞成新法的人，无论其人品、才能如何，王安石一概视为亲信，越次提拔，所谓"新党多小人"的说法虽然言之过甚，但绝不是无稽之谈。王安石新政的班底里有那么多人被后人列入《宋史·奸臣传》，还有虽未列入《奸臣传》但也声名狼藉的人，比如那个以"笑骂从他笑骂，好官我自为之"的名言而遗臭万年的邓绾，[1] 难道都是历史的冤案？凡是反对新法的人，王安石一概视为敌人，必欲驱逐出朝廷而后快。仅在熙宁三年（1070）四月这一个月里，知制诰宋敏求、苏颂、李大临，监察御史陈荐、林旦、薛昌朝、范育，监察御史里行程颢、张戬、王子韶等，皆因议论新法而相继罢去，台谏一空。王安石因而提拔其姻亲谢景温担任侍御史知杂事，连姻亲之嫌也顾不上回避了。与此同时，王安石为了统一学术思想、培植合其心意的人才，还大力改革科举之法，于熙宁二年（1069）罢明经科，进士科中罢试诗赋，改以经义策试进士，而所谓的经义试则一律以王安石的新学为准则，与新学不合者一概斥退。对于这种以专制思想为

---

[1] 据《宋史》卷三二九《邓绾传》，邓绾的原话是："笑骂从汝，好官须我为之。"明人蔡清引作"笑骂从他笑骂，好官我自为之"（见《易经蒙引》卷三上），此语遂广为流传，百姓把它用作对昏官、贪官的讥讽，昏官、贪官却视之为官场座右铭。

基础的取人之道，东坡极为反感，他特上《议学校贡举状》表示坚决反对：

> 至于贡举之法，行之百年，治乱盛衰，初不由此。陛下视祖宗之世贡举之法，与今为孰精？言语文章，与今为孰优？所得文武长才，与今为孰多？天下之事，与今为孰办？较此四者，而长短之议决矣。今议者所欲变改，不过数端。或曰乡举德行而略文章；或曰专取策论而罢诗赋；或欲举唐室故事，兼采誉望，而罢封弥；或欲罢经生朴学，不用贴、墨，而考大义。此数者皆知其一，不知其二者也。臣请历言之。夫欲兴德行，在于君人者修身以格物，审好恶以表俗，孟子所谓"君仁莫不仁，君义莫不义"。君之所向，天下趋焉。若欲设科立名以取之，则是教天下相率而为伪也。上以孝取人，则勇者割股，怯者庐墓。上以廉取人，则弊车羸马，恶衣菲食。凡可以中上意，无所不至矣。德行之弊，一至于此乎！自文章而言之，则策论为有用，诗赋为无益；自政事言之，则诗赋、策论均为无用矣。虽知其无用，然自祖宗以来莫之废者，以为设法取士，不过如此也。岂独吾祖宗，自古尧舜亦然。《书》曰："敷奏以言，明试以功。"自古尧舜以来，进人何尝不以言，试人何尝不以功乎？议者必欲以策论定贤愚、决能否，臣请有以质之。近世士大夫文章华靡者，莫如杨亿。使杨亿尚在，则忠清鲠亮之士也，岂得以华靡少之？通经学古者，莫如孙复、石介。使孙复、石介尚在，则迂阔矫诞之士也，又可施之于政事之间乎？自唐至今，以诗赋为名臣者，不可胜数，何负于天下，而必欲废之！近世士人纂类经史，缀缉时务，谓之策括。待问条目，搜挟略尽，临时剽窃，窜易首尾，以眩有司，有司莫能辨也。且其为文也，无规矩准绳，故学之易成；无声病对偶，故考之难精。以易学之士，付难考之吏，其弊有甚于诗赋者矣。唐之通榜，故是弊法。虽有以名取人、厌伏众论之美，亦有赇

赂公行、权要请托之害，至使恩去王室，权归私门，降及中叶，结为
朋党之论。通榜取人，又岂足尚哉。诸科举取人，多出三路。能文者
既已变而为进士，晓义者又皆去以为明经，其余皆朴鲁不化者也。至
于人才，则有定分，施之有政，能否自彰。今进士日夜治经传，附之
以子史，贯穿驰骛，可谓博矣。至于临政，曷尝用其一二？顾视旧学，
已为虚器，而欲使此等分别注疏，粗识大义，而望其才能增长，亦已
疏矣。

　　这一段文字有理有据，议论畅达，把王安石改革科举的几点理由
驳得体无完肤。不但如此，在这份奏章的末尾，东坡还把批判的矛
头直接对准好言天道性命的王安石本人，他说："昔王衍好老庄，天
下皆师之，风俗凌夷，以至南渡。王缙好佛，舍人事而修异教，大
历之政，至今为笑。故孔子罕言命，以为知者少也。子贡曰：'夫子
之文章，可得而闻也。夫子之言性与天道，不可得而闻也。'夫性命
之说，自子贡不得闻，而今之学者，耻不言性命，此可信也哉！"最
后，东坡又要求对科举的录取标准进行适当的调整："臣愿陛下明敕
有司，试之以法言，取之以实学。博通经术者，虽朴不废；稍涉浮
诞者，虽工必黜。则风俗稍厚，学术近正，庶几得忠实之士，不至
蹈衰季之风，则天下幸甚！"
　　东坡的这份奏章本是应诏而作，当时群臣多附和王安石之意，
东坡独持异议，横扫千军，势如卷席。神宗看了，非常重视，说：
"我本来就有疑惑，看到苏轼的议论，心里就清楚了！"于是他即
日召见东坡，细问其详，并想重用他。当然，这份奏议也引起了王
安石的强烈反感，此后东坡就受到新党更加猛烈的排斥和攻击，这
是后话。

◇ 三 面折廷争的诤臣

东坡在朝，敢于直言进谏，连素以忠鲠著称的司马光也自以为不及。熙宁四年（1071），司马光上书神宗，自承"敢言不如苏轼、孔文仲"，并指出："轼与文仲皆疏远小臣，乃敢不避陛下雷霆之威、安石虎狼之怒，上书对策指陈其失，隳官获谴，无所顾虑，此臣不如轼与文仲远矣！"东坡曾应"贤良方正能直言极谏科"的制举且得高第，真是名副其实。元丰三年（1080），已经遭受乌台诗案的东坡在给李之仪的信中回顾自己应制举之后的情形："其科号曰'直言极谏'，故每纷然诵说古今，考论是非，以应其名耳。人苦不自知，既以此得，因以为实能之，故诋诋至今，坐此得罪几死。"又自嘲说："妄论利害，搀说得失，此正制科人习气！"可谓慨乎言之。

东坡的凛然风节与他生活的时代有密切的关系。自从仁宗庆历以来，范仲淹、欧阳修等人逐渐塑造出全新的士大夫人格，他们刚正奋发，嫉恶如仇，不计个人得失，敢以天下为己任。范仲淹的名言"先天下之忧而忧，后天下之乐而乐"就是这种士风最精警的表述。[1]东坡自幼就仰慕范、欧等人，庆历三年（1043），年方八岁的东坡正在塾中读书。一天有人从汴京带来了石介写的《庆历圣德诗》，东坡问塾师张易简："诗中歌颂的十一人都是些什么人？"张易简说："小孩子家要知道这些做什么？"东坡说："如果他们是天上的人，我当然不敢知道。如果也是凡间的人，我为什么不能知道？"张易简大惊，就详细地为东坡讲解一番，还说："韩琦、范仲淹、富弼、欧

---

[1] 后人多从范仲淹的《岳阳楼记》中读到这两句话，其实这也是范仲淹平日的座右铭。欧阳修在《资政殿学士户部侍郎文正范公神道碑铭》中赞颂范仲淹："少有大节，于富贵贫贱、毁誉欢戚不一动其心，而慨然有志于天下，常自诵曰：'士当先天下之忧而忧，后天下之乐而乐也。'"（《欧阳文忠公集》卷二〇）

阳修这四个人，都是人中之杰。"东坡当时虽然未能完全理解，但他幼小的心灵里已牢牢地记住了这些前贤的名字。十四年之后，东坡成了欧阳修的门生，从此得以亲炙其道德、文章。东坡日后称道欧阳修对一代士风的影响说："自欧阳子出，天下争自濯磨，以通经学古为高，以救时行道为贤，以犯颜纳谏为忠。"东坡入仕后始终奋不顾身地"直言极谏"，他是范仲淹、欧阳修的精神的最佳继承人。

当然，东坡遇事敢谏也有其内在原因，首先是性格耿直，看到不合理的事情就忍不住要发表意见。用东坡自己的话说，就是"如食中有蝇，吐之乃已"。晁端彦曾当面劝告东坡要学会忍耐，东坡却说他自从仁宗朝高中制举以来，即多有进谏，"使某不言，谁当言者？子之所虑，不过恐朝廷杀我耳"！

其二是东坡意识到当时的北宋王朝面临着极其困难的局面，这种时刻更需要忠鲠节义之士出来挽救危局，他在定州时曾对苏嘉说，东汉多忠节之士，才使国家屡遭危难尚能维持不亡，即使是奸雄曹操也不敢贸然篡汉。有了这两个原因，东坡遇事敢言就成为一种习惯性行为，每逢朝政有失，东坡几乎不假思索就挺身而出，哪里有心思去考虑自身的利害得失？

东坡贬到黄州后，故友章惇以副相之尊写信劝他追悔往咎，东坡回信说："追思所犯，真无义理，与病狂之人蹈河入海者无异。方其病作，不自觉知，亦穷命所迫，似有物使。及至狂定之日，但有惭耳。"这话是彻头彻尾的愤激之言，其实东坡哪里有什么狂病？他不过是受到忠鲠性格和忧国思想的双重驱使罢了。"蹈河入海"，谁不知其危险？但是东坡却以"虽千万人吾往矣"的勇气一往直前，虽历经磨难仍矢志不改，真可谓大仁大勇。自从东坡踏进仕途以来，恐其直言惹祸而恳切劝阻他多言朝政的大有人在，前辈张方平赠诗劝东坡"且作阮公离是非"，挚友文同劝东坡"北客若来休问事，西湖虽好莫题诗"，弟子陈师道更是苦口婆心地劝告东坡："天下之事行之不中理使人不平者，岂此一事，阁下岂能尽争之耶？争之岂能尽如人意耶？徒使呫呫者以为多事耳。尝谓士大夫视天下不平之事，不当怀不平之意，平居愤愤，切齿扼腕，诚非为己，一旦当事而发之，如决江河，其可御耶！必有过甚覆溺之忧。"然而东坡仍然我行我素，进谏不已，这当然给东坡带来了许多灾祸，难免使关爱东坡的友人为他担忧。但假如东坡听从友人的劝告，面对着不平之事装聋作哑，那他还是东坡吗？

　　东坡的谏诤，有三个特点尤其值得注意。首先是他进谏的范围非常广泛，真正做到了知无不言、言无不尽。东坡在熙宁年间进谏的主要对象是新法，但他对朝政的其他缺失也没有缄口不言。熙宁二年（1069）的元宵节，朝廷下令减价收买浙江所产的花灯四千盏。东坡当即上书表示反对，他指出制灯出售的都是贫民，他们负债经营，辛苦一年，就指望着元宵节卖灯得钱，以充全年衣食之计。皇上作为民之父母，本应体恤民情，添价购买，怎能反而强行压价？东坡一针见血地指责神宗此举是"以耳目不急之玩，而夺其口体必用之资"。他还进而要求今后朝廷过节以及游赏宴庆之类都应"务从俭约"。此状奏进，神宗当即采纳，下令停止买灯。元祐初年，新法已被废除，但东坡仍进谏不已。此期东坡所进的谏议中被载入史册的就有元祐元年（1086）的奏论约束每事降诏、同年的论汰除冗官，元祐二年（1087）的论边吏无进取、论约鬼章讨阿里骨，元祐三年（1088）的论大雪差役不便、论试院中职事人员非理、论特奏名恩泽太滥、论今后差试官选择有词学之人、论黄河不可回夺利害、论边将隐匿败亡宪司体量不实、论省试革兴、论御试革兴……总之，凡是与朝廷除弊兴利有关的事情，总能听到东坡的声音。

　　其次，如果说在朝为官时勇于进谏是东坡的分内之事，那么他在离朝外任时也念念不忘朝政就更加难能可贵了。熙宁七年（1074）秋，东坡调任密州知州。他下车伊始，便上状报告蝗灾，且痛驳当地官吏谬称蝗虫"为民除草"的谎言。接着，东坡又上书丞相，痛陈新法不便于民的种种害处，对青苗法、手实法、方田均税法等均表示反对。不久，东坡再上奏状，论述河北、京东盗贼横行的形势以及如何弭盗的对策。此时的东坡只是一个小小的知州，密州又是远离京城的荒远小州，但是他依然以天下为己任，奏论不已，真如范仲淹所说，"处江湖之远，则忧其君"。更令人惊讶的是，乌台诗案后东坡贬谪黄州，此时的他刚因讥讽朝政而获大祸，朝廷的责词中又规定他"不得签书公事"，但他竟然心犹未死，自己没法进谏了，就代他人草奏，以"曲线救国"的方式为朝政正谬纠错，或出谋划策。东坡在黄州期间曾代淮南转运副使李琮作《论京东盗贼状》，代安州知州滕元发作《论西夏书》，量移汝州后又代扬州知州吕公著作《论治道二首》，用南宋陆游的话来说，这真是"位卑未敢忘忧国"！

第三，东坡反对新法，完全是出于公心。当新法正在势不可挡地推进时，他力挽狂澜坚决反对。但一旦时移势异，新法遭到全面废除时，东坡又挺身而出呼吁保留其中的合理部分。元丰八年（1085），新党失势，司马光东山再起，就像当年王安石雷厉风行地推行新法一样，司马光也以同样的热情和效率废除新法，从本年七月罢保甲法始，至次年八月罢青苗法止，一年之内，新法被全部废除。东坡就在此时回到朝廷，不久，他就表示反对司马光废除免役法。熙宁新政把差役法变为免役法，废除以前按户等轮流服役的劳役制度，改成由官府出钱募人充役，原来承担差役的人户则按等缴钱，称为"免役钱"，这样做于公于私，都方便易行。但是免役法同时又规定，原来不承担差役的城市坊郭户、农村里特别穷苦的未成丁户、单丁户、女户以及官户、寺观等也要缴纳数量减免一半的"助役钱",这就对社会上最穷苦的若干人户有所损害。长期在地方官任上与贬所的东坡对此洞若观火,所以他认为"差役、免役各有利害"。既然如今免役法已经施行近二十年,吏民都已习惯,东坡就主张保留免役法,只要革除其中的不合理部分即可,"尽去二弊而不变其法,则民悦而事易成"。可是一心尽废新法的司马光根本听不进任何不同意见,尽管东坡在政事堂上当面陈说了免役法不可废除的种种理由,司马光依然怒不可遏。东坡说:"我曾听您说过,当年您当谏官的时候,与韩琦激烈地争论陕西义勇之事,韩琦很不高兴,您也置之不顾。难道今天您当了宰相,就不许我把话说完吗?"尽管免役法还是被废除了,东坡还为此而得罪了司马光的亲信,但东坡这种一心为公、不阿权贵的凛然风节将永垂史册。

◇　四　视富贵如浮云

元丰七年(1084),东坡与王安石在江宁相晤。王安石说:"为人必须做到这样才算可以:如果要做一件不义之事,杀一个无辜之人,即使这样能得到天下也不愿去做。"东坡戏答:"如今的君子为了减少半年的升迁考察期,即使让他杀人也在所不惜!"说罢两人齐声大笑,他们在蔑视爵禄这一点上达成了深深的默契。六十四岁的王安石已经罢相退居林下,他终于实现了当年拜相时许下的心愿:"霜筠雪竹钟山寺,投老归欤寄此身。"而正当壮年的东坡则刚刚离开黄州贬所,此刻他的前程尚处于吉凶未卜的状态。已经品味过位极人臣的荣华富贵的王安石蔑视爵禄,也许是一种出于绚烂而归于平淡的心态,但是人仕以后一直沉沦下僚的东坡何以也有同样的想法呢？原来东坡入仕本是为了实现其人生理想，他一向把荣华富贵视同天上的浮云。嘉祐六年（1061）冬季，二十六岁的东坡离开汴京赶赴凤翔任所，刚刚踏上仕途的东坡在郑州西门外与弟弟子由挥泪告别，他想起兄弟两人去年在夜雨潇潇的怀远驿里立下的及早退隐的誓约，便写诗嘱咐子由："寒灯相对记畴昔，夜雨何时听萧瑟。君知此意不可忘，慎勿苦爱高官职！"一个两度金榜题名的风华正茂的青年，一个初入仕途且前程似锦的官员，却谆谆叮咛弟弟千万不要贪恋高官厚禄，这是何等高洁的情怀！

　　从熙宁到元祐，新旧两党此起彼伏，政局像棋局一样的翻覆不定。当时的士大夫只要肯趋炎附势，或首鼠两端，猎取富贵就像探囊取物一般的容易。熙宁初年，神宗与王安石锐意变法，越次提拔襄赞新政的官员，王安石对吕惠卿"朝夕汲引之"，使他在短短的几年间便升任参知政事。曾布因参与谋划新政，竟然"凡三日，五受敕告"，在三天内接连升任太子中允、崇政殿说书、集贤校理、判司农寺、检正中书等职。许多新进少年升迁过速，竟连朝仪都来不及熟悉，当时有个伶人故意骑着毛驴直登金殿，左右急忙呵止，他回答说："我还以为凡是有脚的都可以上殿呢！"及至元祐初年司马光复出，以废除新法为当务之急，时任知开封府的蔡京便看准机会进行投机。当他获悉司马光有意废除免役法时，便在五日之内命令开封府属县的百姓千余人以充差役，以此证明差役法之可复，来向司马光献媚。司马光未察其奸，称赞蔡京说："使人人奉法如京，何不可行之有？"虽然蔡京受到台谏攻击，但还是得以出知"名藩"真定府。司马光大概做梦也不会想到，八年之后支持章惇恢复免役法最力的也是蔡京，而十六年后诬称司马光为"元祐奸党"之首恶，且亲自书写"奸党碑"碑文的也正是蔡京！

　　聪明过人的东坡对上述政治态势当然洞若观火，他当然明白如果自己在熙宁年间附和王安石的旨意，或在元祐初年唯司马光之马首是瞻，则荣华富贵可以立致，但是东坡偏偏反其道而行之。东坡在元祐六年（1091）所上的《杭州召还乞郡状》中回顾熙宁间的往事说："是时王安石新得政，变易法度。臣若少加附合，进用可必。自惟远人，蒙二帝非常之知，不忍欺天负心，欲具论安石所为不可施行状，以裨万一。"他在元祐三年（1088）所上的《乞郡札子》中则回顾了元祐初年的形势："恭惟陛下践祚之始，收臣于九死之余。半年之间，擢臣为两制之首。方将致命，岂敢告劳。特以臣拙于谋身，锐于报国，致使台谏，例为怨仇。臣与故相司马光，虽贤愚不同，而交契最厚。光既大用，臣亦骤迁，在于人情，岂肯异论？但以光所建差役一事，臣实以为未便，不免力争。"这种一心报国，只考虑国家利益而丝毫不计个人得失的精神，正是东坡政治品质中最为耀眼的闪光点。东坡以自身的行为实现了范仲淹、欧阳修等人革新士风的道德追求，若与混迹于新旧两党以谋私利的吕惠卿、刘挚之流相比，或与遇事从不表态的"三旨相公"王珪相比，东坡简直像是杜诗所说的"万古云霄一羽毛"。

　　正因东坡视荣华富贵如天上浮云，所以他以平淡、从容的心态看待官职的升迁或黜降，真正做到了"得何足喜，失何足忧"？元祐三年（1088）四月四日傍晚，高太后把正在翰林院值班的东坡召至内殿，两人有如下的一段对话。高太后问："有一件事要问内翰，你三年前任什么官职？"东坡回答："汝州团练副使。"太后又问："如今任什么官职？"东坡说是"翰林学士知制诰"。太后问："怎么会升迁得这样快？"东坡先后回答说"遇到了太后陛下""是皇上的旨意""出于大臣的推荐"，太后只管摇头称非。东坡大惊失色，说："臣子虽然不肖，但绝对不肯做干谒请托之事。"太后说："早就想告诉学士，这是神宗皇帝的意思。每当神宗吃饭时停下筷子来看文字，身边的宫人必定会说：'这一定是苏轼的文字。'神宗还时常称赞你说：'奇才，奇才！'不过他还没来得及重用你就仙逝了。"高太后的最后一句话多半是为了笼络东坡而虚构出来的，但东坡听了还是十分感动，失声痛哭。高太后也感动得流下泪来，并勉励东坡要尽心报答神宗的知遇。谈话结束，高太后命左右把御前的金莲烛取下来，护送东坡返回翰林院。对于一个文臣而言，位至翰林学士知制诰，兼任迩英殿讲读，又得到垂帘听政的太后如此的恩宠，可谓尊荣已极。对于三年前还是戴着一顶"汝州团练副使"虚衔的罪官的东坡来说，如今的一切真是得来非易啊！可是半年以后，东坡就上书请求外任，朝廷派人慰留，东坡再次请求，次年三月终于得准出知杭州。东坡坚决请求外任，当然与受到政敌攻讦有关，但也是他视富贵如浮云的一种表现。要是换了王珪之流，即使满朝上下齐声反对，也断然不肯主动辞职。

　　十年以后，东坡已被贬至海南的儋州。一天东坡背着一个大瓢，在田野里边走边歌。忽然遇到一个老婆婆，她对东坡说："内翰昔日富贵，都是一场春梦！"东坡听了哈哈大笑，认为她说得很对，从此称她为"春梦婆"。[1] 是啊，对于东坡来说，富贵荣华本如过眼烟云，不过是转瞬即逝的一种人生体验而已，有什么特别可贵的价值？当年高太后的一番话分明是想用高官厚禄来鼓励东坡为朝廷出力，岂知东坡虽然忠于朝廷，但高官厚禄对他并无吸引力。后人纷纷称道高太后对东坡的知遇之恩，其实"春梦婆"才是东坡的真正知音！

---

[1]　赵令畤《侯鲭录》卷七记载此事云："里人呼此媪为春梦婆。"但东坡诗中有句云"换扇惟逢春梦婆"（《被酒独行遍至子云威徽先觉四黎之舍三首》之三，《苏轼诗集》卷四二），可见东坡亦以此名呼之。

◆　第六章　东坡在地方官任上

　　东坡入仕以后，在外地任地方官的时间长达十三年半，他先后辗转于凤翔、杭州、密州、徐州、湖州、登州（今山东蓬莱）、杭州、颍州、扬州、定州等地，担任签判、通判、知州等职，其中时间最长的是凤翔签判，做满了整整三年的任期；时间最短的是登州知州，到任五天便奉命调离。后人来到东坡曾经为官的地方，看到处处铭刻着他的名章迥句，也许会误以为这位风流潇洒的大名士成天都在吟赏风月，品题山水，不知他其实是一位兢兢业业地勤于政事的循吏。元丰八年（1085）十月十五日，东坡抵达登州任知州，当月二十日便接到了召为礼部郎中的朝命，并于十一月初离开登州。短短的半个月里，东坡已抓紧时间调查了登州的政务和民情，他在赴京途中连上两道奏章，以"前知登州军州事"的名义请求朝廷罢免登州的盐税，并加强驻防的水军。东坡每到一地，都要细致深入地调查民情风俗，访问民间疾苦，除弊兴利，政绩卓著，深受各地人民的爱戴。在徐州城头的抗洪军民中，在杭州疏浚西湖、修筑长堤的民工群里，都曾闪现过东坡的身影。当徐州的人民看到浑身泥浆的东坡日夜巡守在离咆哮的洪水只有数寸的城头时，当杭州的百姓看到东坡在湖堤工地上用民工的粗碗盛满了陈仓米饭大口吞咽时，他们怎能不热爱这位爱民如子的苏太守呢？[1]

---

[1]　"爱民如子"一词会让人联想到早已废弃不用的"父母官"这个名词。但是"父母官"本是封建时代对地方长官的褒称，宋代的百姓尚不知有"公仆"之类的称呼。笔者认为，如今"公仆"一词几乎成了一种恶意的反嘲，正如唐人柳宗元在《送河东薛存义序》中所说，"公仆"的行为往往是"今我受其值而怠其事者，天下皆然。岂惟怠之，又从而盗之"，"而民莫敢肆其怒与黜罚"。笔者不想使读者产生类似的联想，以免玷污东坡。

◇　一　发硎初试

嘉祐六年（1061）冬，二十六岁的东坡来到凤翔府任签判。饱读经典、熟谙圣贤之道的东坡终于踏上了仕途，心情相当兴奋，他在《石鼓歌》中说："冬十二月岁辛丑，我初从政见鲁叟。"虽然凤翔只是个偏远的小郡，签判只是个掌管文书的幕职，但毕竟让东坡有了"我初从政"的机会，就像一把刚刚磨快的牛刀，即使是割一只鸡，也可以初试锋芒。

东坡一到凤翔，就从太守宋选身上学到了地方官员应有的敬业精神。他到任几天后，前往凤鸣驿馆去会客，惊讶地发现这座驿馆已经面目一新了。原来五年前东坡赴京赶考时曾路过这里，本想在凤鸣驿借宿，没想到驿馆年久失修，已经破烂得无法居住，只好改投旅馆去过夜。如今的驿馆却已整修得美观舒适，简直与官府或富人的住宅毫无两样，宾至如归，乐而忘返。他向仆役打听，方知这是太守宋选亲自主持修缮的。宋选是本年八月到任的，他到任的第二个月就动手修整驿馆，两个月后即告竣工。东坡听了大为感慨，他觉得宋选的可敬之处就在于事无大小，都同样地认真对待，"非特传舍而已，事复有小于传舍者，公未尝不尽心也"。东坡还从中引申出一条道理："尝食刍豢者难于食菜，尝衣锦者难于衣布，尝为其大者不屑为其小，此天下之通患也！"东坡日后转宦各地，事无巨细，都能不厌其烦地悉心办理，这与他入仕之初就遇到了宋选这位上司不无关系。

除了兢兢业业地办好日常事务外，东坡还力尽所能地为百姓除弊兴利。他发现凤翔百姓最畏惧的事是充当"衙前役"，所谓"衙前役"是一种特殊的差役，其职责是代官府押运财物，还要包赔损失。凤翔地处关中，靠近西夏，常受兵祸的连累，加上连年天灾，农民逃亡的现象十分严重，官府便把破产的百姓组织起来，专事徭役。凤翔的"衙前役"主要从事在终南山里砍伐木材，然后编成木筏，从渭河漂入黄河，运到汴京。途中要经过三门峡砥柱之险，筏破木漂，损失惨重，许多服役的人家为此弄得倾家荡产，百姓畏之如虎。东坡经过细心的调查，发现运筏之害本来不至于这样严重，要是在渭河、黄河尚未涨水的季节，让服役者自己根据水势大小来决定何时起运，就会安全得多。但是官府不问青红皂白，强行规定在河水暴涨的季节运筏，所以为害更烈。于是东坡上书宰相韩琦，并修改衙前役的规定，让服役者转请熟练的水工来替他们放筏，并自行决定运筏的时间。执行新规定以后，衙前役对百姓的损害便减轻了一半。当然东坡并不能彻底根除衙前役对凤翔百姓的危害，嘉祐八年（1063）仁宗去世，朝廷为修陵墓，向凤翔摊派大量的木材，而且严令不得延误。东坡一连五个月忙于监督伐木、抢运。时逢大旱，渭水干涸，役夫们吃力地抬着巨大的木材，每走十步便要停下来休息八九次。东坡眼看着这种惨状却无能为力，难过得连饭都吃不下。这种痛苦而又无可奈何的心情，从此纠缠了东坡的整个仕宦生涯。

熙宁四年（1071），东坡出任杭州通判，于十一月底到任。东坡此次在杭近三年，与前后两位知州——沈立和陈襄的关系都很融洽，杭州的明山秀水更给仕途失意的东坡提供了无尽的慰藉。东坡一到杭州，就惊叹"故乡无此好湖山"，他尤其喜爱美丽的西湖，为她写下了千古绝唱："水光潋滟晴方好，山色空蒙雨亦奇。欲把西湖比西子，淡妆浓抹总相宜。"东坡在杭州结识了许多骚人墨客，还有不少潇洒绝俗的方外之士，他们敞开心胸与东坡交游，再也没有京城里的炎凉世态，再也没有朝廷中的倾轧算计，东坡感到满心愉快。东坡自称此行是"两岁曾为山水役"，他的游踪和题咏遍布杭州及其周围地区，"天教看尽浙西山""更欲题诗满浙东"的诗句就是明证。然而东坡毕竟是一位公务在身的地方官，他在杭州时也同样勤于政事，有时甚至相当辛劳。熙宁五年（1072），陈襄考虑到杭州原有的几口水井都年久失修，而钱塘江水因海水倒灌而苦涩不能食用，就动工疏浚西湖六井，东坡积极地参与其事，事成后还写了《钱塘六井记》赞颂之。熙宁六年（1073）的除夕之夜，东坡因往常、润等州赈济饥民，未能返杭与家人团聚，就在停泊于常州城外荒江的孤舟上独自度岁。熙宁七年（1074），浙东发生了严重的蝗灾。东坡亲往临安县督促捕蝗，他终日奔走在山间小路上，累得筋疲力尽。大群的飞蝗从西北而来，遮天蔽日，振翅声甚至盖过了钱塘江的涛声。蝗群所过之地，寸草不留。束手无策的农民望天而泣，东坡也与他们一样难过。作为一个服膺儒家仁政学说的士大夫，东坡直面着百姓的疾苦却爱莫能助，心里的痛苦可想而知，他在寄给子由的诗中自嘲说："平生所惭今不耻，坐对疲氓更鞭笞！"

熙宁七年（1074），东坡调任密州知州，十二月初到任。这是东坡初次担任独当一面的地方长官，密州又是一座人穷地僻的"寂寞山城"，不但连年灾荒，而且盗贼横行，如何治理这个地方，是对东坡的严峻考验。在短短的两年任期内，东坡劳心焦思，昼夜操劳，他至少做了以下好事：灭蝗、缉盗、收养弃婴、抵制苛政。东坡下车伊始，便发现蝗灾极为严重，农民用蒿蔓裹着蝗虫埋入土中，堆成一座座土堆，绵延二百多里。更严重的是，京东路的地方长官为了取悦朝廷，竟然谎报说蝗虫并未成灾，甚至说蝗虫会"为民除草"。东坡一面上书陈说灾情，一面组织农民积极捕蝗，采用火烧、土埋等办法来消灭蝗虫，还下令对捕蝗有功者奖给粮食。东坡还设法对蝗虫斩草除根，号召百姓搜集蝗虫的卵块，一共搜集到八千多斛，挖坑深埋。东坡向老农请教，了解到蝗灾是与旱灾同恶相济的。次年春旱，东坡亲往常山祷雨，也许是他的诚心感动了上天，竟然求来了一场大雨。这不但缓解了旱情，也消除了蝗灾的隐患，东坡兴奋地作诗志喜，他与密州的百姓是休戚相关的。

密州地瘠人贫，却又民风强悍，故盗贼横行。东坡对此忧心忡忡，他一方面明令加大对捕盗有功者的悬赏力度，甚至亲率兵士进入深山追击盗匪。另一方面又努力救灾赈民，从而消除盗贼产生的社会根源。东坡清醒地认识到"贫民有衣食之路，富民无盗贼之忧"，只要使百姓得以温饱，地方上就不会有盗贼之患。他一针见血地指出："上不尽利，则民有以为生。苟有以为生，亦何苦而为盗？"东坡对危害百姓的官兵也决不姑息。有一次安抚使所属的一支官兵进入密州境内追捕盗贼，可是这帮官兵凶暴横行，诬良为盗，残杀无辜，然后畏罪潜逃。百姓前来州府告状，东坡故意把状纸掷在地下，说官兵哪会如此。逃兵听说后，大为放心，便不再躲藏，东坡设计把他们一网打尽，为百姓伸张了正义。

东坡在密州看到一个惨不忍睹的情景：每逢灾年，百姓常把初生的婴儿丢弃在城外。东坡仔细盘查官仓，发现尚有几百石积余的救灾粮，就把这些粮食另储一仓，专门用来收养弃婴。他下令说，凡是愿意收养一个弃婴的人家，每月发给六斗粮食。于是百姓争着领养弃婴，等到一年过去，收养者与婴儿已亲如骨肉，双方都不愿再分离，那些可怜的弃婴终于存活下来。

东坡还清醒地认识到，除了蝗、旱等天灾，对百姓的祸害还来自人祸，那就是猛于虎狼的苛政。东坡到任之初，就接到了由司农寺下达的手实法，严令各地执行，不及时施行者要以"违制"论处。东坡公开表示反对，当面顶撞前来颁令的提举常平官说："'违制'之罪，只能由朝廷颁行。如今由司农寺自行颁布，这是擅造法律，其理安在？"使者大惊，就让东坡暂缓施行。东坡又上书宰相，陈述手实法的种种弊端，尤其反对奖赏告密者的有关条文。手实法的制订者为了防止百姓瞒报家产，竟规定许人举报，而且把瞒报家产的一部分奖赏给举报者。这种公然鼓励告密的法令必然会严重地妨害社会的安宁，而且会严重地败坏社会的风气，东坡对之严词谴责。当时新党急于变法，新政多如牛毛，如军器监下令百姓交纳牛皮，如有不及时上交者，也奖励他人告发。东坡上书抗争说：农家死了耕牛，比死了儿女还要伤心，如果报官纳皮稍迟数日就要受到责罚，岂有此理？东坡还反对在京东、河北实行食盐官卖，因为这一带濒临大海，百姓素有煮盐谋利的习惯，要想禁止民间私营盐业，势必激起百姓的反抗。而且地方盐业的规模很大，平时上交官府的税利也很丰厚，又何必一定要尽归官营，来剥夺百姓的生计？新法中弊端最明显的手实法推行一年零三个月后便匆匆收场，东坡的坚决反对起了一定作用。虽说东坡反对的其他新法最终还是悍然推行，但关心民瘼的东坡因此得到密州百姓的衷心爱戴。熙宁九年（1076）十二月，东坡任满离去，密州的父老依依不舍，连儿童也来询问东坡：这一去何时再来？百姓们还在城西彭氏园圃中供奉东坡之像，逢年过节便前往拜谒。九年以后，东坡赴任登州途经密州，乡亲们扶老携幼前来迎送，使东坡深受感动。

◇　二　徐州抗洪

　　熙宁十年（1077），东坡出知徐州，到任四个月后就遇上了历史上罕见的一场洪灾。原来此年七月十七日黄河在澶州决口，洪水淹没了四十五个州县。到了八月间，一连数日的暴雨使洪水更加迅猛，很快就殃及徐州。洪水的最初征兆是流经徐州的清澈的泗水忽然变得浑浊起来，在寂静的夜晚能听到河岸上的沙土发出空瓮一般的嗡嗡声，紧接着河水就猛涨起来。东坡见微知著，未雨绸缪，在洪水到达之前就采取了一系列的预防措施，组织人民准备工具，积蓄土石，并修缮堤坝。但是洪水的迅猛之势远远出乎意料，到了八月二十一日，滔天的洪水直扑徐州城而来。徐州城的四面都有山丘，洪水触山而止，无法下泄，就停潴在徐州周围。城南两山环绕，吕梁山正好挡住洪水的去路，积水深达二丈八尺，水面高于城中平地一丈有余，与外城墙的顶端也仅差数寸。水势越来越大，暴雨又下个不停，满城人心惶惶，一些富裕的人家纷纷收拾好细软，聚在北城门口要求出城避灾。东坡深知富民一出，全城百姓就会人心动摇，徐州城就只能弃于一旦了。于是他亲临现场，对那些鼓噪着要出城的人们晓以大义，并振臂高呼："只要我在，徐州城决不会溃败！"百姓深受感动，原先要求出城的人纷纷回家，不少人还自愿参加抗洪。

东坡临危不惧，他一边向父老请教以往抗洪的经验，一边火速征集民夫五千人，抢修堤坝，加固城墙。局势越来越危急，五千民夫的人力很快就不够分派了，东坡不得不另谋良策。徐州地近汴京，常年驻扎着一支禁军。北宋的制度规定，禁军由皇帝直接掌控，地方官员不得随意调动。如今事态紧急，东坡便打破常规，亲自走进军营，对禁军队长说："洪水快要毁坏城墙了，徐州城危在旦夕！你们虽然是禁军，也应该助我一臂之力！"队长看到东坡浑身泥浆，十分感动，当即答应说："太守尚且不辞艰辛，我们小人更当效命！"于是队长率领他的兵士，穿着短衣，赤着双脚，手持铁铲、畚箕等工具，整队而出，听从东坡的调遣。东坡指挥他们在城南抢修一道长堤，首起戏马台，尾连内城墙。这道东南长堤筑成后，形成了外城墙内侧的第二道防线，城里百姓的人心才渐渐地安定下来。果然，九月八日东南长堤竣工，第二天的半夜，在洪水里浸泡已久的外城墙就被冲开了一个大豁口，洪水奔涌而入，声如雷鸣，幸亏被长堤挡住，才未能长驱直入。直到第二年的重阳节，东坡还对当时的险情记忆犹新。

东坡还指挥军民昼夜不休地在城墙内侧增修一道防洪堤，这道长堤高一丈，宽两丈，长九百八十四丈，它像一圈铁箍一样紧紧地附着城墙，又像一个巨人从内侧顶住了城墙，使城墙能够抵挡洪水的巨大压力。徐州原有公私船只数百艘，东坡下令把它们全都缆在城墙外侧，来减轻洪水对城墙的冲击。东坡还机智地指挥民夫用装满柴草的布囊从城墙的外侧堵塞住六道水门，洪水的压力把这些布囊紧紧地挤压在水门上，才使水门安然无恙。事后方知，要是从内侧堵塞的话，根本抵挡不住洪水的冲力。

在长达两个月的抗洪斗争中，身为知州的东坡忧心如焚，日理万机，既要指挥军民抢险堵水，又要筹集粮款救济灾民，连从哪里取土来筑堤修城都使他绞尽脑汁。东坡昼夜不得休息，他整天身披蓑衣，手拄木杖，东奔西走，指挥调度，夜里就在临时搭建在城头的草棚里打个盹，一连多日过家门而不入。当时城里固然是险象环生，城外的灾情更是惨不忍睹。滔天的洪水吞噬了所有的房屋，水里漂浮着老弱者的尸体，死里逃生的强壮者则攀缘在树梢上苟延残喘。于是东坡打开粮仓，派人划着小船载粮出城救援灾民，许多人因此得以活命。直到十月初五，水势才开始减退。又过了八天，黄河恢复故道，徐州的这场抗洪斗争取得了彻底的胜利。事后，连新党主政的朝廷也下令嘉奖东坡领导抗洪的功绩。更重要的是，徐州全城百姓的生命财产得以逃过一场浩劫，这才是对东坡的最高奖励。仁者必勇，东坡正是以一颗仁者之心勇敢地承担了领导抗洪的重大责任。二十四年后，道潜在哀挽东坡的诗中充满激情地回顾了东坡徐州抗洪的事迹："大河当日决澶渊，横被东徐正渺漫。城上结庐亲指顾，敢将忠义折狂澜！"

洪水退了，但洪水留下的痕迹依然触目惊心。东坡到城外视察，发现屋瓦上还留着鳞鳞的沙痕。东坡知道黄河每隔五六十年就会溃决一次，而徐州地处汴河、泗河的下游，而且上下两百里间山丘连绵不绝，一旦黄河泛滥，洪水直扑徐州，又受到四周山丘的阻拦无法顺畅地排泄，灾情就格外严重。如不未雨绸缪，就难免再度受灾。于是东坡上书朝廷，请求下拨粮款，让他在明年调集役夫，用石料修筑新的防洪堤坝。奏书送呈后如石沉大海，东坡就一而再、再而三地继续上书，不但详细陈述情况，分析利害，而且主动把石堤改为木堤，以节减费用。东坡还写信给在朝中任职的友人，请他们代为斡旋，催促朝廷核准他的计划。到了第二年二月，朝廷总算批准了东坡的奏请，特批赐钱二万四千多贯，调动民夫四千人，还批准他动用地方财政六千三百多贯，米一千八百余斛，招募民工三千人。东坡大喜，立即动工重修外城，并增筑木堤四道，分别位于几处易

徐州黄楼

受洪水冲袭的要害地方。为了保证工程的质量，东坡亲自督役，时常穿着粗布衣服出现在工地上。八月中旬，外城修缮一新，新修的防洪大堤也全部竣工。与此同时，一座十丈高的大楼也在东门上拔地而起。由于此楼"垩以黄土"，也由于此楼是为纪念抗洪胜利而建的，在五行相生相克的传统观念中，土能克水，而土色为黄，故东坡为它取名为"黄楼"。重阳节那天，东坡在黄楼上举行盛大的庆典，庆祝防洪工程胜利竣工。从四面八方赶来祝贺的嘉宾有三十多人，徐州的百姓也兴高采烈地穿上节日的盛装前来观礼。鼓乐震天，觥筹交错，东坡高举酒杯，朗声吟诗，他已陶醉在"与民同乐"的热烈气氛中了！

　　徐州的这场抗洪斗争，充分体现了东坡临危不乱的大将风度和应对有方的行政才干，更体现了他以天下为己任的儒家风范。如果没有前一点，东坡就难以对付那场突如其来的迅猛洪灾。如果没有后一点，熙宁十年（1077）的那场洪水既已退去，东坡也明知黄河泛滥的周期较长，在他的任期内绝对不会再来第二次洪水了，他又何必劳心焦思地筹措徐州防洪的百年大计？在黄楼上铭刻的诸多诗赋中，苏子由的《黄楼赋》写得最为出色，此赋的叙中说东坡领导抗洪有三个特点："水至而民不恐""水大至而民不溃""水既去而民益亲"。地方官指挥抗灾或组织工程本是分内之事，难得的是像东坡那样自始至终忧民所忧、急民所急。民心既齐，民力方显，东坡领导抗洪大获全胜，正是他与徐州百姓忧乐共之的结果。正因如此，元丰二年（1079）东坡调离徐州时，父老乡亲纷纷前来送行，他们感激地对东坡说："前年要是没有使君，我们早就化为鱼鳖了！"正因如此，黄楼虽在党祸酷烈时被易名为"观风楼"，但徐州人民始终只认"黄楼"这个由东坡所起的楼名。由东坡亲笔书写的子由《黄楼赋》石碑虽被沉入城濠，但是一到徽宗初年党禁稍为松弛时，知州苗仲先把此碑打捞出水且摹得拓本数千，然后击碎石碑再出售拓本，立即畅销京师，其残本一直保存到今天。

除了抗洪，东坡还为徐州人民做了一件大好事，那就是开采煤矿。徐州人原来不知道本地蕴藏着煤矿，东坡来到徐州后，发现当地人民缺少柴火，每当天寒地冻之时，柴价暴涨，有时一床被子竟然换不到半捆湿柴，贫苦的百姓甚至被冻裂了腿骨。东坡对此忧心如焚，就派人四处寻找煤矿。皇天不负苦心人，元丰元年（1078）十二月，东坡所派的人员终于在徐州西南面白土镇旁边的山里找到了煤矿。东坡马上派人试着开采，百姓也闻讯赶来，聚众围观。原来这里的煤矿不但储量丰富，而且品质优良，人们试着把挖掘出来的煤块投于火中，顿时火苗高窜，流光溢彩。他们又试着在煤里搀入泥土，再往火焰上泼上些水，煤火燃烧得更加旺盛，围观的人们不禁手舞足蹈起来。东坡也非常高兴，因为有了煤矿，不但可解百姓的燃眉之急，而且从此不需砍树为柴，南山上的森林就能得到保护了。东坡还想到可用这种优质煤炭来炼铁，这样徐州北山所蕴藏的铁矿也有了用武之地。果然，用白土镇的煤炭来炼北山的铁矿石，两者相得益彰，把炼出的精铁锻造成兵器，犀利异常。从那以后，徐州一直以盛产煤、铁著称于世，徐州人民始终铭记着东坡的这个功绩。

◇　三　杭州的水利

元祐四年（1089）七月，东坡以"两浙西路兵马钤辖龙图阁学士"的官衔出知杭州，此时距离他离开杭州已经整整十五年了。东坡再次来到美丽的西湖，湖山依旧，自己却已两鬓染霜了，他感慨万分，作诗赠给同年莫君陈："到处相逢是偶然，梦中相对各华颠。还来一醉西湖雨，不见跳珠十五年！"

东坡上次在杭州任职是当知州的副手，此次莅杭则身为独当一面的地方长官，而且他刚到任便面临着十分严峻的形势，于是暂时收敛吟赏湖山的雅兴，一头扎进处理政务的辛劳。原来本年浙西多灾，东坡所管辖的浙西七州——杭州、湖州、秀州（今浙江嘉兴）、睦州（今浙江建德、桐庐间）、苏州、常州、润州，去冬今春水涝不止，早稻未能下种。五、六月以来又连续干旱，晚稻也收成无望。粮食歉收，米价飞涨，七月的米价还只有每斗六十钱，到十一月已猛涨到每斗九十钱。照这种势头发展下去，后果不堪设想。东坡向父老了解情况，得知熙宁八年（1075）这里曾闹过一场严重的饥荒，当时米价涨到每斗两百钱，官府救灾不力，仅杭州地区就饿死五十多万人，以至于杭州城里至今都觉人口稀少。父老说着当年的惨状，不由得流下泪来。东坡听了恻然心动，他非常担心悲剧重演，便立即上奏朝廷，申报灾情，请求缓交浙西七州的上供米。他又上奏请求赐予僧尼度牒二百道，来为救灾筹集款项。因两浙转运使叶温叟分配度牒数额不公正，东坡又上奏力争。按照当时的定价，出让一道度牒可得钱一百三十贯，折合大米二百石以上，所以东坡要为本州据理力争。为了及时筹集救灾粮，东坡又上奏请求从没有遭灾的邻近地区收购粮食，并减免运粮船只的税项"力胜钱"，来鼓励船户积极运粮。东坡又上奏请求将减免的上供米及义仓里的存米在饥荒的时节投放市场，来平抑粮价。为了救灾，东坡接连呈上七道奏本，筹划救灾的各项事宜，丝丝入扣，巨细无遗。不但如此，东坡还分头给太师文彦博、宰相吕大防等当朝大臣写信，敦请他们关注浙西灾情。东坡还与邻近各州的官员们商议对策，讨论救灾的书信往来不绝。由于东坡领导有方，虽然这次水旱之灾的严重程度并不亚于熙宁八年，但杭州的米价一直保持平稳，百姓也得以平安度过灾年，全州没有一人饿死。东坡在杭州救灾的事迹，得到杭州百姓的热情讴歌，却因此被政敌贾易攻击为"以邀小人之誉"，贾易奏弹东坡说："如累年灾伤，不过一二分，轼则张大其言，以甚于熙宁七、八年之患。彼年饥馑疾疫，人之死者十有五六，岂有更甚于此者？"在贾易看来，只有饿死无数百姓，才算是真的灾荒；像东坡那样努力救灾使百姓免遭饿死，便不算灾荒了。这种丧心病狂的无耻谰言，恐怕只有深陷于门户私见的贾易之流才说得出口。与贾易相反，后人对东坡的救灾大加赞誉。元祐六年（1091）三月，东坡被朝廷召还。他在还京途中经过润州，发现那里的米价高达每斗一百二十钱，心有隐忧，就写信给接任杭州知州的林希，叮嘱他一定要继续关注饥荒。南宋淳熙年间，朱熹把东坡的这封信刻成石碑，树立在浙东常平司的官廨里，让官吏们有所借鉴，还称赞它是"仁人之言"。论人甚为苛刻且对东坡颇有偏见的朱熹尚有此论，可见公道自在人心。

　　祸不单行，饥荒之后往往有疾疫流行。元祐五年（1090）春季，杭州便出现了流行性疾病。在没有任何公共医疗设施的前提下，人们只能坐以待毙，满城人心惶惶。东坡忧心如焚，急忙招募医生和懂得医术的僧人，由官吏带领着一个街坊一个街坊地走遍了杭州全城，向百姓施舍药剂。东坡还捐出他的密友巢谷所传授的民间秘方"圣散子"，这个秘方只需用普通的廉价药材配制，每帖药只需花费一文钱，却具有神奇的疗效，尤其能防治流行性疾病。东坡自费采购了大量药材，命人在街头支起大锅，煎熬了大量的"圣散子"汤剂，让过往行人每人服用一大盏，治愈病人无数。一场可怕的瘟疫终于得以遏止，但东坡考虑到杭州是个四通八达的大都会，人来人往，特别容易传播疾病，于是决意创立一所常设的医院。他拨出公家积余的钱款二千贯，又捐献出自己积蓄的五十两黄金，在众安桥

杭州苏堤

建立了一所病坊，取名"安乐坊"。他延请懂得医道的僧人坐堂治病，并在每年春天熬制"圣散子"免费发放给百姓，以防止传染病的流行。对于医术高明、三年之内治愈病人达千人以上的僧人，即由官府奏请朝廷赐给紫衣以示褒奖，因为紫衣原是僧官才有资格穿的衣服。东坡还下令每年从地方税收中拨出一些经费来维持病坊的日常运营，从此安乐坊就成了杭州的常设性官办医院。后来这所病坊搬迁到西湖边上，改名为"安济坊"，直到东坡去世时还在正常地运营。"安乐坊"堪称中国历史上最早的一所面向公众的官办医院，它的创始人就是身怀仁心仁术的东坡。

东坡在杭州任上最大的政绩是兴修水利，这是一个包括修缮水井以及疏浚运河和西湖的系统水利工程。杭州近海，江水多咸，居民的饮用水源全靠西湖。可是有许多百姓住在远离西湖的地方，远水解不了近渴。东坡在十多年前曾协助知州陈襄疏浚六井及沈公井，对杭州的水利胸有成竹。他一到杭州，获悉上述诸井都已淤塞，百姓饮水十分困难，离水源最远的居民甚至要费八九文钱才能买到一斛清水。东坡便设法寻访当年参与治井的四位僧人，不料其中的三位已经亡故，只有一个子珪还在世，虽已七十高龄，但精力尚健。东坡礼聘子珪出来指导修缮诸井，子珪告诉东坡说，熙宁年间从西湖引水入井的水管是用毛竹制成的，时间久了便会损坏，不如改用瓦筒来引水，筒外再盛以石槽，这样水流既畅，又能一劳永逸。东坡采纳了子珪的建议，把清澈的西湖水源源不断地引入疏浚好的六井，又在北郊较难得水的军队驻地新掘二井，这样全城百姓以及城郊的驻军都能饮到甘甜的湖水，再也不用为饮水而发愁了。东坡十分高兴，上书朝廷请求表彰子珪的功劳。由于子珪早已拥有紫衣，东坡便奏请御赐一个封号以示尊宠，并引用《易经》中"井居其所而迁"的句意，建议赐号为"惠迁"。朝廷听从了东坡的建议，百姓从而把其中一口井命名为"惠迁井"，以纪念子珪这位高僧。虽然东坡居功而不自伐，但杭州的百姓在饮用甘甜的井水时，一定不会忘记东坡的恩惠。

　　杭州原有两条运河，茅山河的南端在龙山闸与钱塘江相通，北端则通往大运河；盐桥河则始于西湖，穿城而过，然后在城北与茅山河相接。由于钱塘江每天都有海潮倒灌，大量的泥沙被潮水裹挟着泻入运河，不出数年，河道便逐渐淤塞，不但船只断航，连盐桥河的水质也变得浑浊苦涩、难以饮用。官府每隔三五年便要发动民工疏浚这两条运河，不但劳民伤财，而且贪官污吏还乘机勒索百姓，因为淘浚河道挖出的大量淤泥需要有地方堆积，而盐桥河是流经城区的，堆积淤泥势必影响两岸的民宅，百姓被迫向主事的官吏送礼，以求不把淤泥堆在自家门前。事实上每次淘河，都使全城的园圃里淤泥成山，房屋也糟蹋得一塌糊涂，百姓苦不堪言。东坡下车伊始，便急民所急，向吏民咨询治河的良策。他很快就接受了精通水利的监杭州商税苏坚的建议，到任三个月后便开工疏浚运河。具体的做法是：首先调集兵士千余人，又用以工代赈的方法发动民工数千人，彻底地疏浚两条运河，使河道深达八尺以上。接着又在两条运河相接之处的钤辖司前修建一座水闸，每天龙山闸开闸放水前关闭钤辖司前闸门，不让潮水流入盐桥河。等到潮平水清，再打开闸门，让已经变清的茅山河水注入盐桥河。这样，穿城而过的盐桥河便不会再被淤塞，而且始终清波荡漾。而流经郊野的茅山河即使要疏浚也省工省费，而且不会扰民。半年之后，疏浚工程全部竣工。全城百姓扶老携幼前来观看，父老们都说从未见过开河这么快，河道又疏浚得如此畅通。从此以后，杭州城里盐桥河两岸的居民随时都有清澈的河水可以享用，而且再也不用忍受淘河的骚扰了。

美丽的西湖，是东坡梦寐难忘的地方。即使当他身处黄州贬所的时候，也曾写过"昨夜风月清，梦到西湖上"的深情诗句。可是如今他重新来到西子湖畔，却发现湖中隐患丛生。原来西湖的水源不足，又极易滋生葑草，必须时时疏浚才能免于淤塞。从唐代的杭州刺史白居易，到五代的吴越王钱镠，都投入很大的人力时常浚湖。北宋建国以后，把西湖定为皇家的放生池，就疏忽了浚湖的工作。每逢干旱季节，湖水变浅，水草疯长，湖面上便会出现大片的葑田。十多年前东坡在杭州任通判时，湖面的葑合部分已占十之二三，如今则有将近一半的湖面被葑草堙塞。东坡的忧思也是杭州百姓的忧思，元祐五年（1090）四月，一百多个父老聚集到州府衙门，请求东坡治理西湖。他们说："西湖不仅是游览胜地，而且关系到运河通航和农田灌溉，是千万生灵赖以为生的衣食之源。近年来葑草滋生，水面缩小，再过二十年，西湖就不复存在了！"父老们的一番话，更坚定了东坡治理西湖的决心。于是他立即上书朝廷，力陈治湖的必要性和紧迫性，他说："杭州之有西湖，如人之有眉目……使杭无西湖，如人去其眉目，岂复为人乎？"

　　疏浚西湖，可是个巨大的工程，东坡的不少前任都是徒有其愿而未能付诸实施。东坡则是个勇往直前的实干家，既然这是为民兴利的好事，就决不让它拖延迟缓。就在东坡上书朝廷的前一天，即四月二十八日，他已经派遣捍江船务的兵士五百人动手铲除葑草，挖掘湖泥。也就是说，在朝廷尚未批准之前，东坡已经先斩后奏地开始动工了。为了筹措必需的经费，东坡请求朝廷再赐度牒一百道，又调拨了本州救灾积余的一万贯钱和一万石米。至于人力，则充分调动铃辖司所辖兵士，以及驻守杭州的两浙兵马都监刘景文部下的兵士，此外就雇用灾民中的壮丁。疏浚西湖最主要的任务就是清除葑草和挖掘淤泥，然而湖面的葑田面积已达二十五万方丈，淤泥更是不计其数，这么多的葑草和淤泥又如何处置呢？东坡为此绞尽脑汁，终于想出一个两全之策。原来西湖上原有一道自东至西的长堤，但是南北向却无堤，而环湖一周长达三十里，南往北来必需绕湖而行，十分不便。于是东坡下令用葑草和淤泥在湖中新筑一道由南往北的长堤，葑草、淤泥顿时变废为宝，而且就地取材，省去了运输之劳。为了保证工程的进度和质量，东坡干脆在钱塘门外的石佛院里设立了临时办公处，每天都亲临工地进行督察。有一天，东坡在筑堤工地上忙碌了半天，饥肠辘辘，中饭没有及时送来，就向民工借了一个粗瓷碗，满满地盛上专供民工食用的陈仓米饭，当众吞咽一空。看到苏太守如此不辞辛劳，民工和兵士们干劲倍增，四个月后，一道新堤便如长龙卧波般出现在湖上。此堤长八百八十丈，宽五丈，它南起南屏山，北至栖霞岭，堤上建有六座石桥，让湖水在桥下自由流动。又建有九座凉亭，便于行人歇脚、避雨。堤上遍植杨柳和芙蓉，一则美观，二则利用树根巩固堤岸。竣工那天，杭州的百姓倾城而至，秀丽的长堤倒映在镜面般的湖面上，人们无不叹为观止。东坡也非常高兴，他挥毫作诗："六桥横绝天汉上，北山始与南屏通。忽惊二十五万丈，老葑席卷苍云空！"

　　浚湖大功告成后，东坡又开始谋划如何使西湖长期保持清澈。西湖非常适宜于葑草的生长，只要几年不予清除，葑草势必卷土重来。东坡听从钱塘县尉许敦仁的建议，下令把原来的葑田全部改成菱荡，租给湖边的农民种菱。原来越人种菱，每年春天都要把水中的藻荇杂草芟除得寸草不留，然后才能下种。这样，葑草的危害就能彻底根除了。东坡制订了严密的计划，只让农民在湖边易生葑草的区域内除草种菱，并交纳少量租税用作今后管理西湖的费用。又规定种菱不得侵占主要的湖面，为了便于人们识别边界，还在湖中竖立了几座小石塔，明令禁止在石塔内侧的湖面种菱，这就是后人所称的"三潭印月"。

　　经过一番苦心经营，西湖又恢复了往昔的美丽。东坡自豪地宣布："我凿西湖还旧观，一眼已尽西南碧！"千真万确，疏浚后的西湖碧波荡漾，宛如西子姑娘眼波流动的明眸，东坡这位杭州知州功莫大焉。东坡离任后，新任知州林希把湖中新堤命名为"苏公堤"，并刻碑立于堤上。杭州的百姓在堤上建立了东坡的生祠，来纪念他们热爱的苏太守。以节孝闻名的徐积作诗赞颂东坡："翰林岂特文章工，赤心白日相贯通。先与吴人除二凶，次与吴田谋常丰。乃与徒役开西湖，狭者使广塞者除。溉田不知几万夫，其田立变为膏腴。世世可知无旱枯，吴人衣食常有余。有余之人善可趋，官司亦可省刑诛。无穷之利谁与俱，前有白傅后有苏！"虽然贾易之流诬蔑东坡疏浚西湖是"以事游观，于公私并无利害"，虽然吕惠卿出知杭州时公然毁掉了"苏公堤"的石碑，但这一切都是枉费心机，因为纪念东坡的丰碑早已铭刻在杭州人民的心里，这是任何丑恶力量也无法毁坏的。

　　东坡在杭州知州任上一共才一年零八个月，他几乎是马不停蹄地从事水利工程。元祐六年（1091）二月，朝廷召东坡还京任翰林学士承旨，东坡一边上奏请辞，一边抓紧筹划开凿石门运河。原来钱塘江的潮水从海门上溯，势如雷霆，而屹立在江中的浮山正好挡住海潮，洄旋激射，其险万状。浮山所在的江口是由浙东诸州前往杭州的必经之途，每年舟覆人亡，不计其数。经与僚属商议，东坡决计在钱塘江上游的石门那里开凿一条运河，直接龙山闸口，让过往船只避开浮山之险，从而使浙东诸州与杭州及苏州、秀州之间的货运畅通无阻。东坡制订了精确的开河计划，估算了所需的经费和人力，还绘制了地图，他把这些资料一并上报朝廷，请求批准动工。两浙的百姓听说此事，莫不欢欣鼓舞，认为这是功德无量的好事。可惜东坡的请求受到朝中政敌的百般阻挠，继任杭州知州的林希又毫无兴趣，这个计划终于胎死腹中。东坡在杭期间还曾与宜兴籍的水利专家单锷商讨吴中水利，向朝廷提出了根治太湖、淞江水患的计划，后来也都没有下文。但是东坡的《进单锷〈吴中水利书〉状》却成为太湖地区水利史上的重要文献，永垂史册。

◇　四　万家忧乐在心头

东坡在地方官任上的所作所为，充分说明他对于儒家的仁政学说不但衷心服膺，而且身体力行。他将儒学的精神贯彻在日用人伦之中，他忧与民同，乐与民同，他最关心的不是自己的政绩，而是百姓的安居乐业。即使当东坡以罪官的身份生活在贬谪之地时，当地白姓的疾苦依然使他不能释怀。陆放翁说："身为野老已无责，路有流民终动心。"作为不在其位的士人，只要心中有这样一份关怀也就足以称道了。可是东坡却进而向当地官府献计献策，甚至亲自参与地方上的事务，仿佛他对当地的百姓依然负有不可推卸的责任。对于东坡来说，儒家的仁政思想已经成为沦肌浃髓的自觉信念，为百姓解除疾苦已经成为他的本能行为，他在地方官任上的责任感一直延伸到解职之后。

东坡在各地任职，都要请求朝廷豁免百姓的租税，让背负着沉重负担的人民得以稍事喘息，为此开罪于上司也在所不惜。早在嘉祐七年（1062），初入仕途的东坡就在凤翔签判的任上写信给三司使蔡襄，反映他所管辖的积欠之户有早应赦免却一直被三司曹吏所阻的情形，请求放免二百多户百姓的积欠。熙宁以后，京西、淮南、两浙三路水旱相连，百姓拖欠的租税愈积愈多，成为他们世世代代压在背上的沉重包袱。偶逢丰年，各级官府立即催交积欠，百姓甚至比灾年更加难熬。元祐七年（1092），年成较好，东坡从颍州调任扬州，一路上看到庄稼如云，一派丰收景象。可是当东坡屏去随从，亲自走进村落访贫问苦，父老们却个个面有忧色。原来村里家家户户都背负着沉重的积欠，有的甚至已拖欠十年以上。一旦收成稍好，催租的官吏还不要像饿虎一样扑进村来？父老的话使得东坡心情沉重，于是他奋笔上书朝廷，痛陈"民为积欠所苦，如负千钧而行"的惨状，并吁请朝廷暂停催欠，"为天下疲民一洗疮痏"！与此类似的奏章，在东坡的奏议集中可谓连篇累牍，在当时满朝上下都以聚敛为能的风气中，东坡的作为尤其难能可贵。东坡自己也身体力行，尽量减少其辖区内百姓的负担。元祐七年（1092）春，东坡来到扬州任知州，发现州吏正忙着准备举办一年一度的"万花会"。此会需用芍药花几万朵，官吏又从中谋私，种花的百姓不堪其扰。东坡虽是性喜热闹的风流名士，但他认为此会是"扬州大害"，便果断地下令停办。直到东坡贬往惠州后，他还不断地请求官员们为民请命，如绍圣二年（1095）请老友广州知州章质夫奏请朝廷罢征香草，同年又请时任广南东路提点刑狱的表兄程之才奏请朝廷不强令以钱纳税，以免谷贱伤农。

当时的社会生产以农为本，东坡对此有清醒的认识。东坡每到一地，都要投入极大的精力来兴修水利，便直接与农业生产有关。元祐六年（1091）八月，东坡出知颍州，次年二月调离。在这短短的五个月中，东坡便动工疏浚了颍州西湖，并开掘沟渠，沟通焦陂与淮河，使农田得到灌溉之利。与此同时，东坡通过仔细的调查研究，发现当时呼声很高的丈八沟工程华而不实、有害无益，便建议朝廷撤消了这个计划。从熙宁、元丰到元祐，干旱的年头相当之多，王安石的诗里虽有"歌元丰，十日五日一雨风"的句子，但那多半是他歌颂新法的一厢情愿之词。除了兴修水利，求雨便是地方官对付旱灾的惟一手段。东坡入仕以后简直是到处求雨，明文记载的就有嘉祐七年（1062）在凤翔祈雨，熙宁八年（1075）在密州祈雨，元丰元年（1078）在徐州祈雨，元祐四年（1089）在杭州祈雨，元祐六年（1091）在颍州祈雨，元祐七年（1092）在扬州祈雨，等等。甚至到了建中靖国元年（1101）东坡从海南北归后，这位无官无职的老人还向黄筌所画之龙虔诚地祈求一场霂雨！东坡甚至劳心焦思地设计求雨之法。嘉祐七年凤翔大旱，东坡向父老询问境内有何神灵可以求雨。父老说从前向太白山神求雨非常灵验，近年知州向传师奏请朝廷封山神为"济民侯"，从此便不灵验了，也不知是什么缘故。东坡听了也不解其故，后来发现《唐会要》中记载说唐代天宝年间太白山神已被封为"灵应公"，"侯"的爵位比"公"低了一等，怪不得山神不高兴！于是东坡向知州宋选汇报此事，并派人向山神许愿，如果求雨灵验，便奏请朝廷恢复其公爵。结果天降大雨，东坡便向朝廷奏请改封太白山神为"明应公"。东坡后来屡用此法，例如他在密州时到常山求雨得遂，便奏请封常山神为"润民侯"。东坡还从《太平广记》中发现了更加巧妙的求雨之法：用绳子系着老虎的头骨沉入潭中，以激怒沉睡的潜龙来行雨，待雨下够后再取出虎骨。元丰八年（1085）宜兴大旱，东坡写信给县令李去盈介绍此法。元祐七年（1092）淮南大旱，东坡又向扬州通判晁补之传授此法。这些方法在今人看来不免可笑，但在北宋，每当旱魃肆虐的时候，与农夫一样焦急地仰天企盼甘霖的东坡又有何计可施！

东坡对改良农具和种子也怀有极大的兴趣。东坡曾在黄州看到农民拔秧、插秧时使用"秧马"，这是一种状似小木船的农具，腹部用榆木、枣木以求其滑，背部用楸木、桐木以求其轻，农民骑着"秧马"在水田里滑行，既省力又快捷。绍圣元年（1094），东坡南谪惠州途经庐陵（今江西吉安），有个叫曾安止的人向东坡出示他所著的《禾谱》，东坡读后大为赞赏，又觉得曾书仅谱农作物而未谱农具，就写了一首《秧马歌》附于其后，希望借此推广秧马。次年东坡来到惠州，遇见博罗县令林抃，便把制作秧马的方法传授给他。经过林抃与当地农民的改良，秧马在岭南地区得到广泛运用。此后东坡还将此法传给梁琯，并让后者带回江南去推广。直到清代，江南一带的稻农还在使用这种农具。元符年间，东坡贬至儋州。当地的百姓不重耕种，东坡就写了六首《劝农》诗规劝他们多种树，勤耕田。东坡还写了《金谷说》一文论说培植五谷之方，又写了《马眼糯说》与黎族百姓讨论海南的稻种。身陷困境的东坡仍如此孜孜不倦地关注农耕，正是其爱民情怀的自然流露。

凡是与百姓福祉有关的事情，东坡都会全力以赴。东坡任徐州知州时，曾主持修建石桥，他多次写信给主管工程的僧人明座主，请他务必把桥造得坚固耐久。绍圣年间，流贬惠州的东坡又积极参与建桥。他不顾自己的罪人身份，主动与知州詹范等人筹划在两江合流处建桥，并利用自己与程之才的亲戚关系代詹范请求支持。东坡不但自己努力捐款，连一条珍藏多年的犀带也一并捐出，他还写信请子由的妻子史氏捐钱若干，来资助修桥的经费。经过众人的一番努力，惠州东江上原有的简陋危险的竹浮桥被改建成铁锁石碇的船桥，随潮涨落，即使江水湍急也不易冲毁，人称东新桥。城西丰湖上则用坚硬如铁的石盐木建成一条新桥，人称西桥。二桥落成后，惠州百姓欢欣鼓舞，东坡作诗描写其空前的盛况："父老喜云集，箪壶无空携。三日饮不散，杀尽西村鸡。"

　　东坡对不幸的人充满了同情，他流放黄州时听说岳州（今湖南岳阳）、鄂州（今湖北武汉）一带农村里的贫苦百姓经常溺杀初生的婴儿，女婴惨遭溺杀的更多，就立即写信给鄂州知州朱寿昌，建议官府颁布赏罚之法来制止这种陋习。后来东坡发现黄州也有溺婴的陋习，便倡议发动众人捐款来救助那些可怜的婴儿，并不顾自己在经济上正陷于捉襟见肘的窘境，也勉为其难地捐钱十贯。东坡在惠州时，知州詹范组织人力掩埋暴露野外的枯骨，造为义冢，东坡不但襄助其事，而且亲撰祭文，来祭奠那些孤苦无依的孤魂野鬼。东坡甚至对身陷牢狱的囚犯也毫无歧视之意，元丰二年（1079），东坡在徐州时上书请求拨出专款，来雇用专门医治囚犯的医生，让狱中的病人也能得到救治。元祐五年（1090）的除夕，身为杭州知州的东坡来到监狱检查，发现囚犯都已获释，狱中空空如也，他大为欢喜，作诗志庆。

　　东坡一生爱好研究医药，他积极收集药方，并毫无保留地把那些秘方公之于众。东坡在黄州时从蜀中故人巢谷那里得到了"圣散子"的秘方，巢谷对此方视若枕中秘宝，连亲生儿子都不肯传授。出于对东坡的崇敬，巢谷把此方传给东坡，还逼他对着江水发誓决不传给他人。东坡虽然发了誓，但他认为秘方必须广济众生才算物尽其用，于是不久便将此方传给名医庞安常，并由庞医生写进医书广为流传。后来东坡在杭州防治瘟疫时，干脆用大锅熬制"圣散子"来救治杭州百姓，活人无数。绍圣四年（1097），东坡在惠州写信给广州知州王古，建议在广州设立病院以预防疾疫。不久东坡再贬儋州，又写信给友人程天侔索求药物，以救济当地百姓。到了建中靖国元年（1101），即将走到生命尽头的东坡渡海北归，途中在虔州停留了两个多月，他还常常携着药囊漫游市肆、寺观，遇到病人就随手施药，同时开具药方。后人把东坡所著的《医药杂说》编进《苏沈良方》广为流传，这正体现了东坡平生广搜良方的用意，那就是广济众生。

东坡一生中在地方官任上因为民请命而多次得罪朝中的权要，但他始终无怨无悔。等到东坡身为流人贬至岭南时，他已经处于自顾不暇的窘境，一举一动都会引起朝中政敌的疑忌，他依然毫不迟疑地为当地百姓的福祉尽心尽力。南宋人费衮历数东坡在惠州参与的各项公共事务后赞扬说："凡此等事，多涉官政，亦易指以为恩怨。而坡奋然行之不疑，其勇于为义如此！谪居尚尔，则立朝之际，其可以死生祸福动之哉！"的确，东坡对儒家仁爱精神的贯彻发扬，真可谓"造次必于是，颠沛必于是"。仁者必勇，真正服膺仁爱思想的人必然会奋不顾身地付诸实践，东坡就是一个杰出的典型。

第七章　乌台诗案

◆ 第七章 乌台诗案

　　汉代长安的御史台内有许多柏树，树上栖宿着成千上万的乌鸦，时人就把御史台称作"柏台"或"乌台"，这两个称呼一直沿用到宋代。元丰二年（1079），东坡因作诗讥刺时事遭遇了一场从天而降的文字狱，被监禁在汴京的御史台狱中长达一百多日，世人因而称之为"乌台诗案"。毛羽漆黑、鸣声粗哑的乌鸦向被视为不祥之鸟，成千上万只乌鸦栖宿的地方当然带有一股可怖的戾气，"乌台诗案"不仅是东坡一生中最凶险的一场灾难，也是整个中国历史上最使人谈虎色变的文字狱典型。"乌台诗案"的档案材料基本上保存完整，御史们构陷东坡的奏状、东坡被逼招认的供状以及结案的文书都流传至今。二十世纪中下叶一度盛行于神州大地的"专案组""外调取证""上纲上线""恶毒攻击罪""逼供信"以及深文周纳、株连亲友等伎俩，在"乌台诗案"中都能找到蛛丝马迹。原来那些自诩"史无前例"的现代御史们曾经偷偷地钻进历史的阴暗角落去乞灵于古代的亡灵。

◇ 一 阴谋的出笼

　　经过十余年的动荡，宋神宗和王安石联手导演的新政逐渐走进了一条死胡同。反对变法的元老大臣早被逐出朝廷，倡导变法的一些核心人物也已不在其位。在元丰二年（1079）的朝廷里，不但消失了王安石的身影，连"传法沙门"韩绛和"护法善神"吕惠卿也已相继离去。朝廷里虽然不再听得到反对新法的呼声，但人事纷争非但丝毫不见平息，反而变本加厉，愈演愈烈。朝臣们朝秦暮楚，尔虞我诈，当初全凭着拥护新法而骤登高位的一帮新贵其实早已对新法毫无热情，但既然他们的荣华富贵是与新法同生共死的，所以他们最惧怕的事情就是一旦朝政有变，斥逐在外的旧党人物得以东山再起。如何继续打击旧党人物，尤其是如何把旧党人物中最孚人望又最有可能重返朝廷的中坚力量斩草除根，成为他们日夜谋划的当务之急。东坡虽然不是旧党中官位最高的人物，但是他刚正不阿，直言敢谏，连司马光都自叹"敢言不如苏轼"，王安石甚至把他看作司马光背后的谋主。旧党失势后，司马光等人绝口不言世事，东坡却继续抗议新法扰民，还在诗文中冷嘲热讽，俨然是代表整个旧党的政治发言人。而且东坡的诗文名满天下，新作一出便不胫而走，影响极大，远及异邦。凡此种种，都使新党将东坡视为必须除去的眼中之钉。御史中丞李定、监察御史里行何正臣、舒亶等人便是在同样动机的驱使下对东坡痛下毒手的。当然，李定曾怀疑东坡的诗文中暗刺其不孝而怀恨在心，借机公报私仇也是他必欲置东坡于死地的原因之一。因模棱两可而苟安于位的"三旨相公"王珪则是另一类情况，王珪是个明哲保身的油滑官僚，从熙宁到元丰，政局变幻有如翻云覆雨，朝臣更替则像走马灯，王珪却始终占据高位，成为宋神宗时代惟一的政坛不倒翁。王珪对新法的制定实施无所献纳，他最关心的只是如何巩固自己的权位。既然东坡的声望如日中天且与日俱增，王珪当然会把他视为心腹之患。至于另一位宰相吴充，正因受到王珪的倾轧而萌生去意，已经上书请求辞去相职，对于朝政不甚留意。刚被任为参知政事的蔡确则与王珪沆瀣一气,正日夜忙碌于结党营私、排斥异己。如果王珪蓄意打击东坡,蔡确是不会有任何异议的。

御史们要想搜集东坡讥刺新政的证据并不困难,因为东坡心胸坦荡,他对自己的一切作品从不隐讳,而且常常主动寄送给友人,以代书简。东坡既有绝代的文才,又以书法名世,友人们当然把他亲笔书写的诗文视作艺术珍品而予以收藏。此外东坡的诗文早已脍炙人口,当时的雕版印刷又相当发达,东坡的诗文集风行天下,连辽国的士人都能及时读到,不用说有意搜集的御史们了。早在熙宁四年至七年(1071—1074)东坡任杭州通判期间,便有书贾将东坡近年所作诗文编成一集,题作《苏子瞻学士钱塘集》,甚为流行。连高丽使者途经杭州时,都曾求购以归。[1] 到了元丰初年(1078),书贾又刊行《元丰续添苏子瞻学士钱塘集》,成为御史们搜集东坡罪证的重要文献来源,监察御史里行何正臣在弹劾东坡的箚子中说"轼所为讥讽文字,传于人者甚众,今犹取镂板而鬻于市者进呈",便是指此而言。然而李定等人仍然经过了一番东窗密谋才对东坡发动攻击,原来他们的打击对象不仅仅是一个东坡,而是想借此机会把旧党人物一网打尽。于是他们派人四出侦查,凡是与东坡有文字交往的人士无一幸免,都被强令交出东坡的所有作品,片纸只字都无遗漏。他们甚至行文各地,命令当地官府搜集散落各处的东坡的作品。杭州官府就曾搜集到东坡诗词数百首,当地百姓鄙夷不屑地称之为"诗账"。材料收罗

---

[1] 苏颂《己未九月予赴鞫御史,闻子瞻先已被系。予昼居三院东阁,而子瞻在和杂南庑,才隔一垣,不得通音息。因作诗四篇,以为异日相遇一噱之资耳》其三"文章传过带方州"句后自注:"前年高丽使者过余杭,求市子瞻集以归。"(《全宋诗》卷五二八)按:"前年"指熙宁十年(1077),时苏颂任杭州知州。

完备以后，御史们又仔细研究，深文罗织，不但连隐藏在字里行间的蛛丝马迹都不肯轻易放过，而且随意发挥联想，为东坡构陷了许多骇人听闻的罪名。安排停当，御史们便轮番上章，对东坡展开车轮大战似的攻击。

首先出马的是监察御史里行何正臣，他于元丰二年（1079）六月二十七日上章指责东坡的湖州上表中有"愚不识时，难以追陪新进；老不察事，或能牧养小民"两句，说这是："愚弄朝廷，妄自尊大，宣传中外，孰不叹惊！"接下去又攻击东坡一向不满朝政："一有水旱之灾，盗贼之变，轼必倡言，归咎新法。喜动颜色，惟恐不甚。"他还居心险恶地引周成王戒康叔之言："乃惟终不可不杀！"

七月二日，监察御史里行舒亶和御史中丞李定同日上章，对东坡进行左右夹攻。舒亶的奏状首先与何正臣互相呼应，再次指斥东坡的湖州上表，然后举示东坡的诗句以证实其讥刺新政，最后笔锋一转，指责东坡的讽刺矛头是直指皇帝的："其他触物即事，应口所言，无一不以讥谤为主。小则镂板，大则刻石，传播中外，自以为能。其尤甚者，至远引衰汉梁窦专朝之士，杂取小说燕蝠争晨昏之语，旁属大臣而缘以指斥乘舆，盖可谓大不恭矣！"舒亶惟恐这些挑拨的话还不足以激怒神宗，又追问说："臣独不知陛下何负于天下与轼辈，而轼敢为悖慢，无所畏忌，以至如是？"并希望神宗"用治世之重典，付轼有司，论如大不恭，以戒天下之为人臣子者"。

李定的奏章俨然是这场阴谋的压轴戏，他先与舒亶呼应，再次指陈东坡"或有燕蝠之讥，或有窦梁之比"。然后就气势汹汹地指责东坡有"可废之罪四"：一是"怙终不悔，其恶已著"；二是"傲悖之语，日闻中外"；三是"言伪而辨，行伪而坚"；四是"肆其愤心，公为诋訾"。总之，东坡已是十恶不赦，非杀不可。李定还说新政所以未获全胜，都是东坡妖言惑众的缘故："伏惟陛下，动静语默，惟道之从，兴除制作，肇新百度。谓宜可以于变天下，而至今未至纯著，殆以轼辈虚名浮论足以惑动众人故也！"

何正臣等人都是御史台的官员，由他们来奏弹东坡还算是分内之事。国子博士李宜之本来与此事毫无关系，却也来插上一手，上奏检举东坡的文章中说过"古之君子不必仕，不必不仕。必仕则忘其身，必不仕则忘其君"的话，指责东坡"教天下之人无尊君之义，亏大忠之节"。李宜之此举也许是为了向权臣献媚的主动行为，但也可能是出于李定诸人的唆使，因为他们一心想造成满朝上下舆论喧腾的假象来蒙蔽神宗。

何正臣、舒亶和李定三人的奏章，各有侧重点，又互相呼应，分明经过了处心积虑的串通密谋，才分头精心结撰的。他们深知神宗最忌讳两件事，一是否定熙宁新政，因为新法是神宗登基以来最重要的治国方针，新政是神宗实现富国强兵的全部希望，如果否定了新政，则神宗十多年的心血就全部付诸东流了。二是毁谤朝廷乃至皇帝本人，因为神宗自认为是个励精图治的有为之君，臣民们绝对没有任何理由对他冷嘲热讽。李定等人为东坡罗织罪行时正是瞄准了神宗最易动怒的环节下手的，他们的构陷之术十分高明，采取的步骤也相当周密，几道奏章接连送到神宗的案头，果然如愿以偿，引起了神宗的雷霆之怒。

宋神宗确是一位励精图治的皇帝，他十九岁登基后便急于求成，力图在较短的时期内改变宋王朝积贫积弱的局面，这与他的特殊身份有关。神宗之父宋英宗原是宋仁宗的侄儿，因仁宗无子方以养子的身份继承皇位，登基四年后便突然逝世。年方十九岁的宋神宗随即继位，他的急迫使命便是建立不世功业，来为其父

亲以及他自己正名——证明他们父子是当之无愧的大宋皇位继承
人。神宗登基后同意朝臣关于节减英宗葬礼开支的建议时说:"仁
宗之丧,先帝远嫌,不敢裁减,今则无嫌。"把出生于旁系小宗而
入继大位者的尴尬心态表露无遗。正是这种心态使神宗与声称能
够快速实现国家富强的王安石相见恨晚,并以只争朝夕的急迫心
态强行推行新政。[1] 王安石在朝主持新政时,旧党人士对新法的批
评都集矢于宰相身上,神宗本人尚能维持正常的心态。但当王安
石罢相退居金陵之后,神宗一时找不到合适的宰相人选,他被迫
亲自走上前台来主持新政,就无法容臣子对新法进行讥讽了。熙
宁十年(1077)东坡赴任徐州,本应循例入京述职,但行至汴京
城外却"有旨不许入国门",这是神宗对他的一个警告。到了元丰
二年(1079),宋神宗已经不像登基之初那样信心十足了。新政
的弊端已相当明显,反对新政的旧党虽已尽数逐出朝廷,但反对
的声浪仍不时地传进深宫来。自从熙宁新政以来,天灾不断,水、
旱、蝗、雹、地震接连不断,反对新政者当然要把这些天灾说成
是上天的警诫,即使神宗本人也是满心疑惧,所以他屡下罪己之
诏,还接二连三地避正殿、减膳食,来表明对天诫的敬畏。熙宁
七年(1074)郑侠所上的《流民图》,使身居深宫的神宗触目惊
心,顿起暂停部分新法的念头。然而神宗毕竟是个胸怀雄才大略
的皇帝,他对于自己为了富国强兵的目的而发动的变法决不肯轻
易放弃,励精图治的他逐渐变得刚愎自用,也许王安石那句"人
言不足恤"的名言常在他耳边响起。即使他非常尊敬的祖母太皇
太后曹氏流着眼泪求他罢去新法,他都不肯轻易表态。当神宗的

---

[1] 参看赵冬梅《帝政兴衰的北宋故事》,载《法度与人心》(中信出版集团 2021 年),第 332—355 页。

弟弟岐王赵颢向他泣涕进谏时，他竟然口出恶言："是我败坏了国事吗？那么你来做皇帝好了！"怀有如此心态的神宗即使意识到新法的种种弊端，也决不能容忍臣下直言批评，更不能容忍臣下的冷嘲热讽。所以神宗对东坡的态度相当复杂，一方面他认识到东坡的绝代才华，很希望这样的杰出人才能为我所用。熙宁六年（1073）沈括察访两浙时，神宗曾叮嘱他善遇时任杭州通判的东坡。沈括回京后呈送东坡手录的新诗，并贴上标签注明其"词皆讪怼"，神宗却隐忍未发。另一方面，神宗对东坡坚决不与新政合作的态度非常不满，相传东坡在熙宁七年（1074）前往密州途中所作的《沁园春》一词曾传进皇宫，当神宗读到词中"用舍由时，行藏在我，袖手何妨闲处看"几句时，悻悻然地说："教苏某闲处袖手，看朕与王安石治天下！"这话也许是出于传闻，但对神宗的心态却描绘得惟妙惟肖。[1]熙宁年间向朝廷推荐东坡的人不在少数，如熙宁七年（1074）李师中乞召东坡还朝，熙宁八年（1075）向经举荐东坡为侍从，熙宁九年（1076）李孝孙荐东坡为侍从，同年陈荐、苏澥又相继举之，王居卿、李察则举荐东坡"不次清要任使"，熙宁十年（1077）陈襄荐东坡任词臣，直到元丰元年（1078）还有贾昌荐东坡为近侍，神宗却一概置之不理，这与他对东坡的不满很有关系。元丰二年（1079）李定等人在数日之间轮番上奏诋毁东坡，虽无法确定是出于神宗的授意，但至少也是揣摩神宗心思的举动。所以李定等人的奏议刚上，神宗便当即下旨逮捕东坡，革去其湖州知州之职，押解到御史台来问罪，

---

[1]　此事不知载于何书，金代元好问在《东坡乐府集选引》（《遗山先生文集》卷三六）中转引之。元好问还说东坡的《沁园春》词"极害义理，不知谁所作，世人误为东坡"，又说神宗之言是"小说家"的伪造。后一点尚需待考，前一点则绝不可取，因为此词完全符合东坡当时的心态，并无"极害义理"之处。

并指派知谏院张璪和李定负责审讯。"乌台诗案"是宋神宗亲自批准立案的，这是对宋太祖制定的不得以言罪人的"祖宗之法"的公然违背，也是熙宁新政中钳制舆论的政治风气导致的严重恶果，宋神宗对此难辞其咎。

宋神宗的圣旨既已下达，李定等人喜不自胜，立即付诸实施。可是当他们要派人前往湖州逮捕东坡时，却一时找不到合适的人选。李定叹息说："人才难得啊！要想找一个前去逮捕苏轼的人，竟少有如意者！"奉旨逮捕一个文职的地方官本是一件易如反掌的事，李定所谓"人才难得"，意思是说难以找到一个心狠手辣且甘心自坏名节的角色。然而重赏之下必有勇夫，太常博士皇甫遵自告奋勇领取了差使，他还要求在回京途中像押解江洋大盗一样每夜都把东坡寄监在各地的大牢里。神宗觉得东坡只是一个文臣，不必如此小题大作，就没有批准。于是皇甫遵携带了他的儿子和两个士兵，即刻动身，直扑湖州而去。

◇ 二 "柏台霜气夜凄凄"

逮捕东坡的圣旨刚下达，营救东坡的活动也同时展开。驸马王诜最早得到消息，他立即派人赶往南京（今河南商丘）告诉子由，让他向东坡及时通报。子由闻讯大惊，派人星夜奔赴湖州，好让东坡事先有个思想准备。两拨互不相知的人马在暗中赛跑，不料皇甫遵"忠于王命"，带着一伙人日夜兼程，其行如飞，子由派出的人根本赶不上。幸而皇甫遵走到润州，其子突然得病，不得不停下来医治，耽搁了半天，子由所派的人才抢先一步到了湖州。东坡接到通报，自觉事态严重，凶多吉少，就写了一封信给子由，托他照管家人。接着又主动请假销职，让通判祖无颇代理知州职务。七月二十八日，东坡刚与祖无颇交接完毕，皇甫遵一伙就凶神恶煞般地闯进了州府衙门。[1]

皇甫遵身穿朝服，手持朝笏，冷若冰霜地站在大堂上，一副莫测高深的样子。两个兵士一左一右分立两旁，神情狰狞。东坡从未见过这等阵势，不免心里发虚，就躲在屏风后面与祖无颇商议。祖无颇说事已至此，已无可奈何，你只能走出去见他们。东坡觉得自己身为罪人，不再适合穿官服。祖无颇说："现在还不知道是什么罪名，你还是应当穿着朝服出见。"于是东坡穿上朝服，手持朝笏走出大堂，祖无颇与其他官员都戴着小帻站在东坡身后。皇甫遵久久地站着，一言不发。两个兵士怀里揣着公文，把衣服撑得高高隆起，好像是怀藏兵器的样子。在可怕的沉默中，人心更加疑惧。过了一会，东坡先开口说："我自知得罪朝廷的地方很多，今天一定会赐死。死固然不敢辞，只求让我回去与家人告别！"皇甫遵这才冷冷地回答说："不至于如此。"祖无颇上前一步，说："太博一定带有朝廷的文书吧？"皇甫遵厉声诘问："你是什么人？"祖无颇说："我是代理知州。"皇甫遵才把御史台的文书交给祖无颇。祖无颇打开一看，原来只是一份普通的革职逮捕文书而已。皇甫遵催着立即上路，两个兵士上前把东坡拉着就走。此时王闰之带着全家老少从后堂追赶出来，哭成一片。东坡突然想起从前与妻子说过的一个故事：宋真宗时有一位隐士杨朴，有人向朝廷举荐他

---

[1]　东坡后来回忆湖州就逮的过程说："悍吏皇甫遵将带吏卒，就湖州追摄，如捕寇贼。臣即与妻子诀别，留书与子由处置后事。"（《杭州召还乞郡状》，《苏轼文集》卷三二）孔凡礼《苏轼年谱》卷一八也说："就逮，与妻子诀别，留书与弟辙，处置后事。郡人送者雨泣。"意谓东坡留书与子由事在皇甫遵到达湖州衙以前。然据《孔氏谈苑》卷一、《萍洲可谈》卷二等书记载，皇甫遵到达州衙后当场命令兵士逮捕东坡，并立即押解出城。揆诸情理，东坡作书与子由当在接到子由报信之后，而在皇甫遵到达之前。

擅长写诗。真宗召见杨朴，令他当场作诗。杨朴推辞说不会，真宗问道："那么你这次进京时有人写诗送行吗？"杨朴回答说："只有为臣的老妻写了一首绝句：'且休落魄贪杯酒，更莫猖狂爱咏诗。今日捉将官里去，这回断送老头皮！'"真宗听了大笑，就下令放他回山。于是东坡回头对王闰之说："你就不能像杨处士的老妻一样，写一首诗来送送我吗？"王闰之听了，不觉失声一笑，东坡就势转身，大步走出州府。聚集在州府前观看的百姓看到他们敬爱的苏太守顷刻之间就像鸡犬一样被人抓走，大家都失声痛哭起来。

转瞬之间，东坡便由一位地方长官变成了阶下囚。整个州衙顿时陷入一片恐怖的气氛，祖无颇及大小官员都躲避不见，只有掌书记张师锡追送到郊外，还斟酒为东坡壮行。一直跟随在东坡身边问学的王适、王遹兄弟也送到郊外，他们送东坡上船后，又返回去帮助王夫人收拾行李，把全家老少都送到南京去投奔子由。东坡的长子苏迈时已二十一岁，家里让他陪同东坡入京，苏迈便追着船只在岸上徒步相随。王闰之带着家人乘船离开湖州后，御史台又下令搜查苏家，并派人马沿途阻截，追到宿州将苏家的船只团团围住，并冲上船去翻箱倒柜，搜查东坡所写的文字，一家老少吓得半死。事后王闰之又气又怒，便把被吏卒翻弄得狼藉不堪的残存文稿付之一炬。

八月十八日，东坡被押解到汴京，锒铛入狱。两天之后，审讯开始。东坡刚被带上刑堂，主审的张璪和李定便装腔作势地问东坡，五代以内有没有"誓书铁券"。原来北宋的制度规定，凡是曾蒙皇帝特赐"誓书铁券"的功勋之家，五代之内的子孙可以赦免死罪。东坡出身寒微，祖上都是一介平民，他全凭科举才进入仕途，哪来的什么"誓书铁券"？张璪、李定所以要这样问，是因为这是审讯死刑犯的必经程序。可见在张璪、李定的心里，早已把东坡内定为死罪，只待屈打成招，便可判处极刑。

　　从八月十八日到十二月二十八日，东坡在御史台的狱中关押了一百三十个日日夜夜，身心受到极大的摧残。他所居的囚室狭小、阴暗，举手投足都会碰到阴湿粗硬的墙壁，屋顶上开着一个小小的天窗，整个囚室就像一口百尺深井，东坡就蜷宿在那不见天日的井底。奉旨勘问的官员个个如狼似虎，他们或威逼，或诱骗，一心要把东坡朝着蓄意诋毁皇帝的大不敬的罪名上引。东坡不肯招认，他们就大声诟骂，百般逼迫，而且轮番上阵，日以继夜，不让东坡有稍事喘息的机会，只盼东坡精神崩溃，便好胡乱招供画押。东坡入狱后不久，开封府尹苏颂也因事下狱，正巧关押在东坡隔壁的囚室里。苏颂亲耳听到御史们对东坡的斥骂凌辱，通宵达旦，惨不忍闻。御史们抓住东坡诗文中的每一句话、每一个字，深文周纳，反复盘问，一定要东坡承认其中蕴藏着恶毒攻击皇帝的深层含义。御史们还逼着东坡交代出与他有过交往的每一个人、每一件事，不但追问哪些人接受过他的诗文，而且连相互间有过什么礼物馈赠也要一一开列，不能有一点一滴的遗漏。

　　时至今日，我们已经无法知道御史们审讯东坡的全部细节了，但是在御史台的审讯记录和东坡长达两万多字的供状中还残留着一些蛛丝马迹。先看前者的记录："今年七月二十八日，中使皇甫遵到湖州勾摄轼前来，至八月十八日，赴御史台出头。当日准问目，方知奉圣旨根勘。当月二十日，轼供状时，除《山村》诗外，其余文字并无干涉时事。二十二日，又虚称更无往复诗等文字。二十四日，又虚称别无讥讽嘲咏诗赋等应系干涉文字。二十四日，又虚称即别不曾与文字往还。三十日，却供通自来与人有诗赋往还人数姓名。又不说曾有黄庭坚讥讽文字等因依。再勘方招外，其余前后供析语言因依等不同去处，委是忘记，误有供通，即非讳避。轼有此罪愆，甘伏朝典。……"再看后者的记录：关于《与湖州知州孙觉诗》，供状中说："轼在台，于九月三日供状时，不合云上件诗无讥讽外，再蒙会勘方招。"关于《寄题司马君实独乐园》，供状中说："九月三日准问目，不合虚称无有讥讽，再勘方招。"关于《送曾巩得燕字》，供状中说："轼在台隐讳，蒙会到曾巩状，曾被人申送到上件简帖，九月十七日方招。"……一次又一次的"虚称"，一次又一次的"再勘方招"，御史们究竟使用了什么妙法，才一点一点地撬开了东坡的牙床，把他们梦寐以求的一条条罪名从东坡嘴里挤压出来？否则的话，为什么东坡开始时坚决否认那些罪名，在再度审讯时却一一供认不讳？更令人惊讶的是，东坡供认的罪名，竟与御史们奏弹东坡时的深文周纳如出一辙！试看数例：

舒亶指责东坡作诗讥讽新政，他举例说："盖陛下发钱以本业贫民，则曰'赢得儿童语音好，一年强半在城中'；陛下明法以课试郡吏，则曰'读书万卷不读律，致君尧舜知无术'；陛下兴水利，则曰'东海若知明主意，应教斥卤变桑田'；陛下谨盐禁，则曰'岂是闻韶解忘味，迩来三月食无盐'。"东坡则分别供认说："意言百姓虽得青苗钱，立便于城中浮费使却。又言乡村之人，一年两度夏秋税，又数度请纳和预买钱，今此更添青苗、助役钱，因此庄家子弟多在城中，不着次第，但学得城中语音而已。""又云'读书万卷不读律，致君尧舜知无术'，是时朝廷新兴律学，轼意非之，以谓法律不足以致君于尧舜。""轼谓主上好兴水利，不知利少而害多，言'东海若知明主意，应教斥卤变桑田'，言此事必不可成，讥讽朝廷水利之难成也。""时盐法峻急，僻远之人无盐食，动经数月。若古之圣人，则能闻韶忘味，山中小民，岂能食淡而乐乎！以讥讽盐法太急也。"

何正臣、舒亶指责东坡湖州上表中"知其愚不识时，难以追

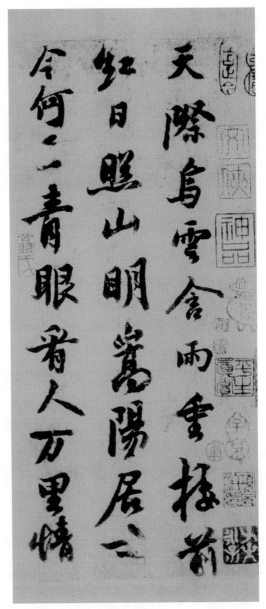

宋·苏轼（传）　天际乌云帖

陪新进；察其老不生事，或能牧养小民"数句是"愚弄朝廷，妄自尊大"，东坡则供认说："轼馆职多年，未蒙不次进用……又见朝廷近日进用之人，多是少年，及与轼议论不合，故言：'愚不适时，难以追陪新进。'以讥讽朝廷进用之人，多是循时迎合。又云：'察其老不生事，或能牧养小民。'以讥讽朝廷多是生事骚扰以夺农时。"

仔细比较御史们的奏弹与东坡的供状，两者不但若合符契，而且后者简直是对前者的进一步引申和深化！东坡经过御史和狱吏的逼供和反复的"再勘"，终于一一招认了他们所要求的罪名，这又一次证实了那句有名的古语——"笞楚之下，何求不得？"况且御史们除了逼供外还有其他高招，那就是诱骗。当时有一位士人出卖诗策，里面用了"墨君"一词，因此下狱。李定、何正臣审讯其事，要以指斥君主之罪论处。或许是由于东坡曾写过一篇《墨君堂记》，李、何就对东坡说："学士素有名节，为何不替他招认了这个罪名？"[1]幸亏东坡没有上当，否则又要罪加一等。

除了供认诗文中的讥讽之意外，东坡还被逼供出曾将那些诗文寄与何人。东坡当然明白这样做会株连别人，所以他尽量隐瞒，但御史台早就差人进行广泛的"外调取证"，在大量的人证、物证面前，东坡只好供认不讳。他在供状中承认："今年八月二十八日供出与王诜相识，借得钱物，并寄《杞菊赋》《超然台记》《题韩幹马》

[1] 孙升《孙公谈圃》卷上云："子瞻得罪时，有朝士卖一诗策，内有使墨君者，遂下狱。李定、何正臣劾其事，以指斥君主，谓苏曰：'学士素有名节，何不与他招了？'"按：原文语意欠明，东坡《墨君堂记》中的"墨君"乃指文间所画的墨竹，但是文中说："凡人相与号呼者，贵之则曰公，贤之则曰君，自其下则尔、汝。虽公卿之贵，天下貌邑而心不服，则进而君、公，退而尔、汝者多矣。"（《苏轼文集》卷一一）似乎语含讽刺，况且"墨"字本有贪黩之意，不知那位朝士所卖诗策中所使的"墨君"是否与东坡此文有关，也不知李定等人诱导东坡认罪是否与此有关，录以待考。

诗与王诜因依。又隐讳不曾作《开运盐河》诗寄王诜情由，蒙会问到王诜状，并被王诜申送到《开运盐河》诗赋，轼于九月二十三日至二十七日，方具实招。"显然，《杞菊赋》等诗文讽刺时事的程度远不如《开运盐河》那样尖锐、直截，所以东坡避重就轻，对后者隐瞒几达一月之久，直到实证取到才招供。可惜在御史们无孔不入的侦查审讯下，东坡要想保护他人的意图未能如愿。除了诗文来往，东坡还被迫交代与朋友交游的一切细节，甚至连何年何月互相馈赠了什么礼物也一一记录在案。试看东坡供状中《与王诜往来诗赋》一节，其中倒有三分之一的篇幅用来详细开列他向王诜借钱以及礼尚往来的清单，满眼都是"熙宁六年春，轼为嫁甥女，问王诜借钱二百贯""当年轼通判欲赴任，王诜送到茶叶、纸笔墨砚、鲨鱼皮、紫茸毡、翠藤簟等""四月赴任徐州，王诜曾送到羊羔儿酒四瓶、乳糖狮子四枚、龙脑面花象板裙带系头子锦缎之类与轼"之类的内容，真不知与"诗案"有何关系！然而这并不是李定之流审讯时离题太远，而是他们的阴谋的一个组成部分，那就是要坐实东坡与王诜的密切关系。因为北宋朝廷禁止士大夫与皇亲国戚交往过密，只要坐实东坡与当朝驸马王诜的密切关系，便可指责东坡结交皇亲图谋不轨。林语堂在《苏东坡传》中说王诜曾经刻印东坡的诗集，有人据此认为王诜就是《钱塘集》的刊刻资助人，二说皆不可信。因为一来《钱塘集》乃书贾自行刊售以谋利，东坡本人并未参与其事，根本无需王诜资助。二来假如王诜曾资助刊刻《钱塘集》，"乌台诗案"中的御史们对东坡进行百般逼供时岂能置之不问。

御史们夜以继日的严词逼供，狱吏们越来越凶恶的嘴脸，使东坡真切地感受到死亡的威胁正在逐步逼近。从入狱那天起，东坡就动过绝食求死的念头，后来又把平时服用的青金丹偷偷地积储起来，

埋在土里，准备有朝一日受辱不过，便吞服自尽。正在此时，一件差
点使东坡送命的事情发生了。原来苏迈入京后除了到处奔走打探消
息，还要每天给父亲送饭。东坡与他约定，平时只送蔬菜和肉类，
一旦获悉凶讯，就送鱼以为暗号。一天苏迈的盘缠用尽了，出城去
找人借贷，就请一位亲戚代他送一天饭，仓促之间却忘了把那个秘
密告诉亲戚。凑巧的是，那位亲戚正好得到了一些鲜鱼，就烹了一
尾，殷勤地送进监狱去。东坡一看到盘中的鱼，大吃一惊，以为死
期已到，便想嘱咐后事。可是他身陷囹圄，又有什么办法与家人见
面呢？御史台里有一个狱卒名叫梁成，颇有仁义心肠。他心知东坡
是蒙冤入狱的，便力尽所能地给他一些照顾。每天夜里受尽折磨的
东坡回到囚室，梁成总要烧一锅热水让他洗洗脚。东坡觉得梁成忠
诚可靠，便写了两首绝笔诗交给他，请他在自己死后转交给弟弟子
由。梁成安慰东坡说事情不会如此糟糕，但还是代他收藏起来，等
到东坡出狱后才交还给他。走出牢狱的东坡看到自己亲手写的绝命
诗，竟然难过得把脸伏在桌上，不忍卒读。[1]那两首诗是这样写的：

> 圣主如天万物春，小臣愚暗自亡身。百年未满先偿债，十口无归
> 更累人。是处青山可埋骨，他时夜雨独伤神。与君世世为兄弟，又结
> 来生未了因。

> 柏台霜气夜凄凄，风动琅珰月向低。梦绕云山心似鹿，魂飞汤
> 火命如鸡。眼中犀角真吾子，身后牛衣愧老妻。百岁神游定何处，桐
> 乡知葬浙江西。

---

[1]　此据《孔氏谈苑》卷一。按：此事有不同的记载，据陈善《扪虱新语》所载，梁成得东坡
　　诗后不敢隐瞒，将二诗上交朝廷，神宗读后动心，故赦其死罪。叶梦得《避暑录话》卷下、
　　张端义《贵耳集》卷上、陈录《善诱文》也有类似的记载，当是传闻异辞。

第一首通篇都是说给子由听的：身逢盛世，身为微臣的自己却愚蠢地自蹈死地。中年殒命，算是提前偿还了前生的孽债，但是一家老少十多口人，从此就要拖累弟弟来抚养了。一死何足道哉，到处的青山都可以埋葬骨骸，只是当年与弟弟相约夜雨对床的盟誓再也无法实现，此后夜雨潇潇的时刻，子由只能独自伤心了。但愿与子由世世代代都做兄弟，把未了的因缘付诸来生！

第二首是写给妻儿的：月光西沉，凛冽的霜气使御史台牢狱更加阴风惨惨，檐角上的琅珰在风中丁当作响。梦中那颗向往自由的心依然像鹿一样奔向云山，可是现实中的自己已命在旦夕，好像面临着滚汤烈火的鸡。眼前浮现出孩子们的身影，他们个个额角丰盈，面相非凡，真是自己的好儿子。老妻与自己同甘共苦十多年，可惜平生没有什么积蓄，身后只能让她独受贫苦了。在狱中听说杭州、湖州一带的百姓自发地组织起来，一连数月为自己作解厄道场，祈求神灵保佑平安，这真让人感动。汉代的朱邑曾在桐乡为吏，深得当地人民的热爱，死前交代儿孙把他埋葬在桐乡。东坡也希望死后埋葬在浙西一带，来补偿生前对杭、湖百姓的深深眷恋！[1]

◇　三　营救与出狱

东坡入狱，朝野震动。东坡的知交多属旧党，此时已遭贬斥，在自身难保的情势下，他们大多敢怒而不敢言，但还是有人奋不顾身地上书营救。最早上书的是范镇。范镇在熙宁三年（1070）因推

---

[1]　按：此诗有东坡自注说："狱中闻杭、湖间民为余作解厄道场累月。"又按：清人纪昀说"魂飞汤火命如鸡"一联"句太俚"，对此，王文诰引东坡出狱后所作的《书南史卢度传》中"亲经患难，不异鸡鸭之在庖厨"句为证，批评纪昀"不能悉心求之，故其情不出"，可从。

荐东坡而得罪于新党，愤而请求退休。东坡被逮时，范镇已退居许昌，御史们知道他与东坡关系密切，派人专程前去索取他与东坡往来的文字。范镇非但不避嫌疑，反而奋然上书论救东坡。家人怕他受到连累，竭力劝止，但他执意不听。第二人是退居南都的张方平，他上书力劝神宗赦免东坡，言辞激切，但因故未能上达朝廷。第三人就是东坡的胞弟子由，子由的奏章措词谨慎，旨意恳切，他首先颂扬神宗有宽容之德，并极有分寸地为东坡开脱："臣窃思念，轼居家在官，无大过恶，惟是赋性愚直，好谈古今得失，前后上章论事，其言不一。陛下圣德广大，不加谴责。轼狂狷寡虑，窃恃天地包含之恩，不自抑畏，顷年通判杭州及知密州日，每遇物托兴，作为歌诗，语或轻发。向者曾经臣僚缴进，陛下置而不问。轼感荷恩贷，自此深自悔咎，不敢复有所为。但其旧诗已自传播。"然后又转达东坡的悔过之意以及改过自新的愿望，并申述自己的手足之情，以乞求神宗的宽恕："轼之将就逮也，使谓臣曰：'轼早衰多病，必死于牢狱。死固分也，然所恨者，少抱有为之志，而遇不世出之主，虽龃龉于当年，终欲效尺寸于晚节。今遇此祸，虽欲改过自新，洗心以事明主，其道无由。况立朝最孤，左右亲近，必无为言者，惟兄弟之亲，试求哀于陛下而已。'臣窃哀其志，不胜手足之情，故为冒死一言。……臣欲乞纳在身官，以赎兄轼，非敢望末减其罪，但得免下狱死为幸！"子由的这份奏章有两个突出的重点：一是东坡讥刺新法的诗文都是写于通判杭州及知密州时期，其后即"深自悔咎，不敢复有所为"，暗示东坡所讥刺的仅是王安石为相时推行的新政，及至安石罢相、神宗亲自主持新政后就已停笔。二是东坡始终忠于神宗，希望有改过自新、效忠明君的机会。这多半是子由已从王诜的密报中获悉御史们为东坡罗织的主要罪名是对神宗的"大不敬"，故而竭力为东坡洗刷这个罪名，并打消神宗在这方面的疑虑。可惜如此情文并茂的一份奏章竟如石沉大海，毫无反响。

与此同时，朝中有正义感的大臣们也对东坡援之以手。首先是当朝宰相吴充。吴充虽是王安石的姻亲，但对新法却持保留意见，为人也很正直。东坡下狱后的一天，吴充从容地问神宗说："陛下认为魏武帝是什么样的人？"神宗回答说其人不值一提。吴充又问："陛下一举一动都以尧舜为楷模，当然会鄙视魏武帝。然而魏武帝那么好猜忌的人，尚且能容忍祢衡。陛下以尧舜为榜样，反而容不下一个苏轼，这又是为什么呢？"神宗大惊，说："朕并没有其他意思，只是想召他到御史台来当面说清是非而已，不久就会放他出去的。"其次是直舍人院、同修起居注王安礼，王安礼是安石的胞弟，但他在政治上并不惟其兄之马首是瞻。一天王安礼当面对神宗说："自古以来豁达大度的君主，都不因言论而处罚臣民。苏轼是个文士，才学高而官位低，难免有些怨言。一旦真的绳之以法，只怕后人会说陛下容不得人才，希望陛下中止这件官司。"神宗回答说："朕本来不想深究其罪，不过要让御史们言路畅通而已，我就为你宽恕他吧。"他接着又告诫王安礼："你千万不要把刚才的话说出去，苏轼得罪的人很多，只怕御史们知道了会迁怒于你。"东坡的故友章惇此时任翰林学士，也上书神宗说："仁宗皇帝得到苏轼，以为是一代之宝，如今反而关进牢狱，为臣担心后世会以为陛下爱听阿谀的话而厌恶耿直的人。"相传退居江宁的王安石也上书为东坡说情："岂有圣明之世却杀害才学之士的呢？"

最后，皇宫里地位最为尊贵的太皇太后曹氏也出面为东坡说话了。当时曹太后有病，神宗每天退朝后都要到后宫去看望祖母。一天曹太后看到神宗神色不悦，便心疼地拉住他的手问："官家为什么一连几天不高兴？"神宗回答说："国事艰难，有好几件新政还没有头绪。有个叫苏轼的人动辄加以诽谤，甚至形诸文字。"曹太后问：

"莫非就是轼、辙兄弟中的一个？"神宗大吃一惊，问道："娘娘怎么会知道这个人？"曹太后说："我还记得当年仁宗皇帝亲自策试举人回来，兴高采烈地说：'朕今天为子孙得到了两个太平宰相！'就是指的苏轼、苏辙。他还说：'我老了，恐怕来不及重用他俩了。但是可以留给后人，不也很好吗？'"于是曹太后问这二人现在何处，神宗说苏轼正关在牢狱里。曹太后听了黯然泪下，说："因为写诗而下狱，莫非是受了仇人的中伤？我的病势已经很重了，不能再有冤屈之事来伤害中和之气！"到了十月间，曹太后的病情进一步恶化，神宗想要大赦天下为太皇太后祈寿，曹太后又说："不须赦免天下的凶恶之人，只要放了苏轼就够了。"十月十五日，神宗降诏大赦天下，凡死罪以下的囚犯一律释放。大赦未能挽回曹太后的生命，五天以后她便逝世了。东坡在狱中听到讣闻，又获悉曹太后曾为自己说话，悲痛异常，作诗二首以示哀悼，其第二首尤其感人："未报山陵国士知，绕林松柏已猗猗。一声恸哭犹无所，万死酬恩更有时？梦里天衢隘云仗，人间雨泪变彤帷。关雎卷耳平生事，白首累臣正坐诗！"

　　根据后代学者的研究，"乌台诗案"的结案过程经历了几个阶段。[1] 是年十一月底，御史台奏上审讯结果。朝廷派发运三司度支副使陈睦到御史台复审有关供状，然后移交大理寺。大理寺核定东坡的罪名是以文字讪谤朝政及中外臣僚，按律应处徒刑二年。但东坡所犯罪行皆在是年十月十五日朝廷为曹太后祈寿而颁布的大赦令之前，故应赦免予以开释。此论一出，李定一伙大为惊慌，眼看着东坡即将成为漏网之鱼，他们如何甘心？于是李定再上奏章，反对赦

---

[1]　详见（美）蔡涵墨《乌台诗案的审讯：宋代法律施行之个案》，载卞东波编译《中国古典文学研究的新视镜》（安徽教育出版社 2016 年）；朱刚《苏轼十讲．乌台诗案》（上海三联书店 2019 年）。

免东坡:"古之议令者,犹有死而无赦。况轼所著文字,讪上惑众,岂徒议令而已?轼之奸慝,今已具服,不屏之远方则乱俗,再使之从政则坏法。乞特行废绝,以释天下之惑!"舒亶也再奏一章,不但力陈东坡罪不容赦,而且丧心病狂地要求诛杀受东坡牵连的其他人员,他说:"收受轼讥讽朝政文字人,除王诜、王巩、李清臣外,张方平而下凡二十二人,如盛侨、周邠辈,固无足论。乃若方平、司马光、范镇、钱藻、陈襄、孙觉、李常、刘攽、刘挚等,盖皆略能诵说先王之言,辱在公卿士大夫之列,而陛下所当以君臣之义望之者,所怀如此,顾可置而不诛乎?"

由于负责审讯的御史台与负责判决的大理寺意见矛盾,此案移交审刑院进行复核。审刑院仔细核查了全部案卷,又严格地对照法律条文以及当时尚有时效的几次赦令,决定维护大理寺的原判决,并奏请神宗降旨决断。球被踢到了神宗脚下,他必须亲自决断如何处置东坡。此时经过多年的排斥与贬逐,以司马光为首的旧党人士早已噤若寒蝉,闭口不谈国事。独有东坡仍在不断地讥讽新政,他那些对新政冷嘲热讽的诗文作品不胫而走,广为流传,俨然引领着反对新政的舆论导向。正如日后刘安世所言:"东坡何罪?独以名太高,与朝廷争胜耳。"在神宗看来,由他亲自主导的新政竟在东坡的讥评下黯然失色,是可忍,孰不可忍!当然,对于舒亶等人攻讦东坡"包藏祸心,怨望其上,讪谤慢骂无复人臣之节",并希望以"大不恭"论罪的言论,神宗并不真以为然。对宋太祖确立的"不杀士大夫"的本朝政治传统,神宗也不敢公然违反。十年后东坡在杭州曾对友人刘景文回忆一件往事:"某初逮系御史狱,狱具,奏上。是夕昏,鼓既毕,某方就寝,忽见一人排闼而入,投箧于地,即枕卧之。至四鼓,某睡中觉有撼体而连语云'学士贺喜'者。某徐转仄问之,即曰:'安心熟寝。'乃挈箧而出。盖初奏上,舒亶之徒力诋上前，必欲置之死地。而裕陵初无深罪之意，密遣小黄门至狱中视某起居状，适某昼寝鼻息如雷，即驰以闻。裕陵顾谓左右曰：'朕知苏轼胸中无事者。'于是即有黄州之命。"此事载于何薳《春渚纪闻》，何氏曾师从陈师道，其父何去非曾得到东坡的推荐与指点，书中所记东坡事迹皆属可信。神宗所以要派小黄门到狱中探看东坡的虚实，可能是为不杀东坡找一个理由，以此堵住要对东坡处于极刑的众御史之口。但神宗也绝不愿意接受大理寺与审刑院关于赦免东坡的判决，那样会让东坡逍遥法外。于是他在十二月二十六日亲自降诏定谳，对理应依法赦免的东坡予以法外加罚：革去祠部员外郎和直史馆两职，责授检校水部员外郎充黄州团练副使，本州安置，不得签书公事，并令御史台差人押解前往贬所。受此案牵累的人士也分别受到惩处：王诜追两官、勒停。苏辙由著作佐郎、签书应天府判官贬为监筠州（今江西高安）盐酒税务。王巩由正字贬为监宾州盐酒务，令开封府差人押出京城，立即赴任。收受东坡意含讥讽的文字又不主动上缴的张方平、司马光等二十二人分别罚铜三十斤或二十斤。另有接受了东坡的文字但是其中并无讥讽之意的章传等四十七人不予论处。

　　北宋建国以来的第一场文字狱终于落下了帷幕。由李定等御史们出面充当打手，由宋神宗在幕后指使的乌台诗案基本达到预定的目标，即沉重地打击旧党的势力，并彻底消除对新政的批评。司马光等旧党重要人物虽然只受到罚铜的象征性处罚，但毕竟名誉大损，从而大大降低了他们东山再起的可能性。年已七旬的张方平早已退休在家，但他在朝时因忠鲠直言而受到新党的极端仇视，这次把他列于罚铜名单之首，分明不是出于偶然。而且王巩在此案中根本没有具体的罪状，却受到比东坡本人更加严厉的惩罚——贬往岭南的宾州，惟一的原因在于他是张方平的女婿，打击王巩等于打击其岳父。当然，本案最重要的结果是重重地惩罚了东坡，这个旧党中声望最高、才华最为杰出的人物，终于成了戴罪之身，他从此不再可能入朝任职，也不再可能对朝政有所讥评了。除了宋神宗以及整个新党在政治上的全面胜利，发动此案的人们也各有所获，王珪终于清除了威胁其相位的一个隐患，李定终于报了私人的一箭之仇，张璪、舒亶等人既讨好了权臣，又替自己肃清了仕途上的潜在障碍，甚至连李宜之、皇甫遵等跳梁小丑也一定会额手称庆，因为他们从此就有希望飞黄腾达了。然而乌台诗案严重地危害了北宋皇朝的政治风气，宋太祖制定的不得以言罪人的法规被彻底破坏了，士大夫勇于言事的良好风气被严重摧残了，本以激浊扬清为职责的御史台沦落成排斥异己、钳制舆论的工具了，朝臣们互相倾轧、陷害的习气变本加厉了，新、旧党人之间的仇恨更加深刻了，双方打击政敌的手段更加冷酷无情了，小人贪缘营私的行为更加肆无忌惮了，宋神宗梦寐以求的国富兵强的理想也更加渺茫了。从这个意义上说，乌台诗案最大的输家就是宋神宗和他所代表的北宋皇朝。

至于乌台诗案的主角东坡，他在仕途上遭受了一场灭顶之灾，他还严重地得罪了朝廷乃至皇帝本人。对于一个衷心希望致君尧舜的士大夫来说，这当然是人生道路上毁灭性的打击。但是如果从另一方面来看，东坡终于以惨痛的代价证实了自己的凛然风节，他终于没有辜负幼时在母亲面前立下的效法范滂的人生誓言，这未尝不是人生中一个辉煌的胜利。与此同时，远离了玉堂金马的东坡从此走进了荒僻的山野，远离了帝王将相的东坡从此走近了市井的平民，对于最终将以伟大的文学家垂名青史的东坡来说，这到底是灾祸还是幸运呢？

◇　四　乌台诗案的文本分析

顾名思义，乌台诗案是由诗歌引起的一场文字狱。当然，御史们为了置东坡于死地，对于东坡所写的任何文字都视若至宝，他们不遗余力地搜寻东坡的罪证，其中也包括表启、叙记等文字。据现存史料统计，乌台诗案中涉及的文字共有诗歌八十三题、一百十七首，叙记、书札十五篇，表启一篇。那么，东坡到底在那些诗文中说了些什么呢？李定之流又是如何为东坡罗织罪名的呢？

东坡的《湖州谢上表》是在御史们的弹章中两度提到的重要罪证，此表全文如下：

> 臣轼言。蒙恩就移前件差遣，已于今月二十日到任上讫者。风俗阜安，在东南号为无事；山水清远，本朝廷所以优贤。顾惟何人，亦与兹选。臣轼中谢。伏念臣性资顽鄙，名迹堙微。议论阔疏，文学浅陋。凡人必有一得，而臣独无寸长。荷先帝之误恩，擢置三馆；蒙陛下之过听，付以两州。非不欲痛自激昂，少酬恩造。而才分所局，有过无功；法令具存，虽勤何补。罪固多矣，臣犹知之。夫何越次之名邦，更许借资而显授。顾惟无状，岂不知恩。此盖伏遇皇帝陛下，天覆群生，海涵万族。用人不求其备，嘉善而矜不能。知其愚不适时，难以追陪新进；察其老不生事，或能牧养小民。而臣顷在钱塘，乐其风土。鱼鸟之性，既自得于江湖；吴越之人，亦安臣之教令。敢不奉法勤职，息讼平刑。上以广朝廷之仁，下以慰父老之望。臣无任。

宋代的官员接受朝廷的任命，照例都需上表，这本来只是具有固定格式的公文而已。东坡此表也未能免俗，尤其是一头一尾，几乎全是官样文章。舒、何等人从中挑出"知其愚不适时，难以追陪新进；察其老不生事，或能牧养小民"一联加以攻讦，确具"慧眼"，因为全表中确实只有此联暗含讥讽之意。"新进"一词，早已成为那些因附会新法而越次升迁的新党人物的代称，这对于舒亶等人当然十分刺眼。"愚不适时""老不生事"两句则态度鲜明地表示了与新党势不两立的不合作态度，这不但会刺痛新党，也会冒犯力主新法的神宗。当年司马光指责王安石变法的四大罪状就是"侵官""生事""征利""拒谏"，如今东坡自称"老不生事"，言下之意就是朝廷正在不断地"生事"。而且既然只有"老不生事"才能"牧养小民"，言下之意就是"生事"者必然扰民不止。神宗当然会产生这样的联想。何正臣指责此联"愚弄朝廷，妄自尊大"，舒亶指责它"有讥切时事之言"，不说他们自身的反感而只提对朝廷的损害，正是瞄准神宗的心态而发的，刀笔功夫已达到杀人不见血的程度。在御史们的逼迫下，东坡完全按照他们的口径供认了表中对朝廷的讥讽。

东坡的《戏子由》一诗也是受到御史们密切关注的罪证，此诗全文如下：

宛丘先生长如丘，宛丘学舍小如舟。常时低头诵经史，忽然欠伸屋打头。斜风吹帷雨注面，先生不愧旁人羞。任从饱死笑方朔，肯为雨立求秦优。眼前勃谿何足道，处置六凿须天游。读书万卷不读律，致君尧舜知无术。劝农冠盖闹如云，送老齑盐甘似蜜。门前万事不挂眼，头虽长低气不屈。余杭别驾无功劳，画堂五丈容旗旄。重楼跨空雨声远，屋多人少风骚骚。平生所惭今不耻，坐对疲氓更鞭棰。道逢阳虎呼与言，心知其非口诺唯。居高志下真何益，气节消缩今无几。文章小技安足程，先生别驾旧齐名。如今衰老俱无用，付与时人分重轻！

其中"读书万卷不读律"两句，舒亶说是讥谤"陛下明法以课试郡吏"，东坡则有更加详细的供认："是时朝廷新兴律学，轼意非之，以谓法律不足以致君于尧舜，今时又专用法律而忘诗书，故言我读万卷书，不读法律，盖闻法律之中无致君尧舜之术也。"其他如"任从饱死笑方朔"两句，东坡供认说："言弟辙家贫官卑，而身材长大，所以比东方朔、陛楯郎，而以当今进用之人比侏儒、优旃也。"再如"劝农冠盖闹如云"两句，供状中说："以讥讽朝廷新开提举官，所至苛细生事，发谪官吏，惟学官无吏责也。"再如"平生所惭今不耻"两句，供状中说："是时多徒配犯盐之人，例皆饥贫。言鞭笞此等贫民，轼平生所惭，今不耻矣。以讥讽朝廷盐法太急也。"再如"道逢阳虎呼与言"两句，供状中说："是时张靓、俞希旦作监司，意不喜其人，然不敢与之争议，故毁诋之为阳虎也。"全诗三十句，东坡供认意含讥讽的就有十句，简直是满纸讥讽了。值得注意的是，东坡的这些供词根本不像他的手笔，倒像是直录审讯者的提示。据南宋人周必大说，他曾亲眼看到过乌台诗案卷宗的真迹，供词确系东坡手书，涂改之处都一一画押于下，且盖有御史台的大印。[1] 然而供状虽为东坡手书，并不能证明它就是东坡出于己意的供词。经过"诟辱通宵不忍闻"[2]的逼供和无数次的"再勘方招"而得到的供词，它的可信度还有多少呢？

东坡的《山村五绝》中有两首曾受到舒亶的抨击，东坡则在供状中提到了其中的三首。平心而论，由于这三首诗对新政扰民的现实的揭露是锋芒毕露、毫无掩饰的，所以舒亶说它们针对青苗法及

---

[1] 周必大《二老堂诗话》："元丰己未，东坡坐作诗谤讪，追赴御史狱。当时所供诗案，今已印行，所谓'乌台诗案'是也。靖康丁未岁，台吏随驾，挈真案至维扬。张全真参政时为中丞，南渡，取而藏之。后张丞相德远为全真作墓志，诸子以其半遗德远充润笔，其半犹存全真家。余尝借观，皆东坡亲笔。凡有涂改，即押字于下，而用台印。"

[2] 据周必大《二老堂诗话》载，苏颂在御史台狱中耳闻狱吏审讯东坡，作诗说："遥怜北户吴兴守，诟辱通宵不忍闻。"今本《苏魏公文集》卷一〇有《己未九月，予赴鞫御史，闻子瞻先已被系。予昼居三院东阁，而子瞻在知杂南庑。才隔一垣，不得通消息。因作诗四篇，以为异日相遇一噱之资耳》四首，然无此两句，或已亡佚。

盐法并非捕风捉影，东坡的供词更加细致地分析了讽刺的具体对象，两者并无不合。《八月十五日看潮五绝》其四的情况则有所不同。此诗如下："吴儿生长狎涛渊，冒利轻生不自怜。东海若知明主意，应教斥卤变桑田。"舒亶说它是对"陛下兴水利"的讽刺，东坡的供状中则说："盖言弄潮之人，贪官中利物，致其间有溺而死者，故朝旨禁断。轼谓主上好兴水利，不知利少而害多，言'东海若知明主意，应教斥卤变桑田'，言此事之必不可成，讥讽朝廷水利之难成也。轼八月二十二日在台，虚称言盐法之为害等情由，逐次隐讳，不说情实，二十四日再勘方招。"可见东坡开始时只承认此诗是讥讽盐法的，但经过两天的"再勘"，他就改而供认此诗是"讥讽朝廷水利之难成"，也就是接受舒亶为此诗所定的罪名了。其实此诗后面原有东坡的自注："是时新有旨禁弄潮。"这与供状中"故朝旨禁断"一句相合，与全诗的旨意也相合。细读全诗，正是东坡看到钱塘江上的弄潮儿为贪图奖赏而冒险出没于波涛之中，才有感而发，当时朝廷已下旨禁止这种习俗，所以东坡说假如东海知道朝廷的意思，定会把大海变成陆地，从而根绝其祸。此诗即使语含讥刺，也绝对不是针对盐法或水利的，因为无论煮盐还是兴修水利，都与弄潮之事毫无关系。"斥卤"在字面上好像与煮盐有关，但其实只是借指海水而已。舒亶如此曲解诗意，真可谓深文周纳，锻炼成罪。

　　舒亶的奏章中说："其尤甚者，至远引衰汉梁窦专朝之士，杂取小说燕蝠争晨昏之语，旁属大臣而缘以指斥乘舆，盖可谓大不恭矣！"李定的奏章中也说："或有燕蝠之讥，或有梁窦之比，其言虽属所憾，其意不无所寓，讪上骂下，法所不宥！"两人异口同声地指摘东坡所写的"梁窦""燕蝠"到底是什么内容呢？"梁窦"一语见于《次韵答章传道见赠》，此诗中有"马融既依梁，班固亦事窦。效颦岂不欲，顽质谢镌镂"四句。"燕蝠"一语见于《径山道中次韵答周长官兼赠苏寺丞》，此诗中有"奈何效燕蝠，屡欲争晨暝"二句。对于前者，东坡招供说："所引梁冀、窦宪，并是后汉时人。因时君不明，遂跻显位，骄暴窃威福用事，而马融、班固二人皆儒者，并依托之。轼诋毁当时执政大臣，我不能效班固、马融，苟容依附也。"对于后者，东坡招供说："熙宁六年，因往诸县提点，到临安县，有知县大理寺丞苏舜举，来本县界外太平寺相接。轼与本人为同年，自来相知。本人见轼，复言舜举数日前入州，却被训狐押出。轼问其故，舜举言我擘画得人户供通家业役钞规例一本，甚简。前日将去呈本州诸官，皆以为然。呈转运副使王庭老等，不喜，差急足押出城来。轼取其规例看详，委是简便。因问训狐事，舜举言自来闻人说一小话云：'燕以日出为旦，日入为夕。蝙蝠以日入为旦，日出为夕。争之不决，诉之凤凰。凤凰是百鸟之王。至路次逢一禽，谓燕曰：不须往诉，凤凰在假。或云凤凰渴睡，今不记其详。都是训狐权摄。'舜举意以话戏笑王庭老等不知是非。……周邠作诗一首与轼，即无讥讽。次韵和答，兼赠舜举，云：'铺糟醉方熟，洒面唤不醒。奈何效燕蝠，屡欲争晨暝。'其意以讥讽王庭老等，如训狐不分别是非也。"细检这两处文字，前者反用马融依附梁冀、班固依附窦宪的典故，表明自己决不愿意依附朝中的权臣，确实有讥刺当朝大臣的意思。但是说这是"指斥乘舆"，则显然是无中生有的构陷。至于后者，则本出于听友人所说的小说家言，东坡把其来龙去脉交代得相当清楚，即使东坡的诗语含讥刺，也只是针对转运副使王庭老等人，与朝中大臣何关，与皇帝更是风马牛不相及。但是这个寓言本身确实寓有丰富的含义：由于百鸟之王凤凰不在其位，却由猫头鹰（训狐）代掌其权，所以是非不分，黑白颠倒。只要稍微发挥一下想象力，便可以得出"皇权旁落，奸臣专权，导致朝政黑暗，忠奸不分"的隐喻意义来。舒、李等人正是这样展开联想并指责东坡

重編東坡先生外集卷第八十六

中書門下奏據審刑院狀申御史臺根勘到祠
部員外郎直史館蘇某為作詩賦并諸般文學
謗訕朝政案欵狀

重編東坡先生外集
卷八十六
一
宋集珍本叢刊

坡院試館職除直史館丁父憂服闕差判官誥院祠
府簽判置恩轉大理寺丞磨勘轉殿中制科受大理評事鳳翔
府城固主簿未赴任間應中制科受大理評事鳳翔
累贈都官員外郎某某嘉祐二年及進士第初任河南
祖祐曾祖杲並故不仕祖序累贈職方員外郎父洵
祠部員外郎蘇某年四十四歲本貫眉州眉山縣高

知樞密院磨勘轉祠部員外郎就差知河中府未到任
知密州磨勘轉大常博士通判杭州就移
部權開封府推官磨勘轉大常博士通判杭州就移

改差知徐州朱浦移湖州元豐二年四月二十一日
到任歷任舉主陝西運使詵舉臺閣清要任使翰
點兩浙刑獄使昆端彥舉權任使兩浙提刑潘良翰
京東安撫使向經並舉召還侍從權京東二路運使
王居卿運判李蔡並舉不次清要安撫使陳薦蘇澥
舉座陛侍從提點刑李清臣舉不次外攔任使提刑
孔宗翰奏乞召還顯用提刑李孝孫奏乞召還侍從東
撫董廉乞召還顯用提刑李孝孫奏乞召還侍從

京路提刑馬顧頎奏乞召還近侍運使鮮於侁奏乞召
還近侍某任鳳翔府日爲中元節不過知府廳罰銅
八斤公罪任杭州通判日不舉駁王文敏益官錢不
圓公蒙罰銅九斤公罪外別無過犯某乞欵招某登科後
來入館多年未甚進擢兼朝廷用人多是少年所見
與不同凡撰作詩賦文字譏諷眾人傳看以某
所言爲當某某與下項官員相識其人等與某意思
相同即是爲與朝廷新法時事不合及多是朝廷不
甚進用之人某所以譏諷文字如右
一與王詵干涉事自熙寧三年某在京差遣以王詵

重編東坡先生外集
卷八十六
二
宋集珍本叢刊

作駟馬後某去王詵宅與王詵真草寫所作賦并
蓮花經等本人累送某果酒食與某當年內王詵
又送弓一張箭三十枝包指一箇與某熙寧四年
成都府僧惟簡託某在京求師號某遂將本家牧
得盡一軸送與王詵稱是柳訽寬師其王詵
允許當年有無錢將其王詵
犀一株與王詵稱是柳某於王詵處欲賣錢三十貫
王詵遂送錢三十貫與柳某於王詵處得師號一
道當年有相國寺僧思大師告某於王詵處送得
師貢紫衣一道仍將到吳生畫帶入涅槃一軸與徐

宋集珍本叢刊重編东坡先生外集（乌台诗案款状部分）

的。由于这种解释的锋芒直指皇帝，其罪名太骇人听闻了，所以东坡坚决不肯承认。由此可见，李定、舒亶等人对东坡诗文的恶意曲解达到了多么可怕的程度！

最可笑的是李定等人对东坡的《赠莘老七绝》其一的追究，此诗如下："嗟余与子久离群，耳冷心灰百不闻。若对青山谈世事，当须举白便浮君。"东坡被迫招供说："轼是时约孙觉并坐客，如有言及时事者，罚一大盏。虽不指时事，是亦轼意言时事多不便，更不可说，说亦不尽。"乌台诗案的起因便是东坡议论时事，李定、舒亶等人对东坡的指责也集矢于此，然而此诗明言不谈时事，却又得到"意言时事多不便"的罪名！这真是跋前踬后，动辄得咎。要是东坡当时拥有话语权的话，他完全可以反诘李、舒："你们到底是不准我谈时事，还是不准我不谈时事？"

奇怪的是，其实东坡还有不少诗歌明显寓有讥讽新政之意，比如《吴中田妇叹》揭露吴越农民在天灾与苛政的双重压迫下生不如死的惨状，其中的"龚黄满朝人更苦，不如却作河伯妇"二句锋芒直指执政的新党诸大臣。又如《雨中游天竺灵感观音院》中的"农夫辍耒女废筐，白衣仙人在高堂"二句，分明是讥刺当政者不恤民情。这些诗肯定都已刻在《钱塘集》中并上缴御史台，而且说不定早被沈括进呈给神宗了，李定、舒亶他们反倒视而不见，东坡的供状中也一字未提。也许是诗案中已经涉及，但是有关的材料没有保存下来。

从上面的文本分析来看，在乌台诗案中受到追究的东坡诗文中确有不含讥讽的作品，这是连御史们也无法否认的。在最后的结案文书中，章传等四十七人被定性为"承受无讥讽文字"者，即是明证。另有许多诗文则是确实含有讥讽之意的，这一点东坡也不完全否认。虽说东坡的供状是在反复威逼下言不由衷的产物，但关于作品中的讥刺之意的分析却并非全是无中生有。早在元丰元年（1078），也即诗案事起的前一年，东坡就在送李公恕的诗中自称"酒酣箕坐语惊众，杂以嘲讽穷诗骚"。九年以后，东坡在《乞郡札子》中追述说："昔先帝召臣上殿，访问古今，敕臣今后遇事即言。其后臣屡论事，未蒙施行，乃复作为诗文，寓物托讽，庶几流传上达，感悟圣意。而李定、舒亶、何正臣三人因此言臣诽谤，臣遂得罪。"可见东坡的某些诗文确实含有讥讽，但这是东坡以曲折的形式向朝廷提出的谏诤，何罪之有？况且东坡的讥讽主要是针对当时执掌朝政的新党大臣的，并无针对皇帝本人的不恭之词。李定等人非要从中归纳出"指斥乘舆"的大逆不道之罪，实属包藏祸心的恶意曲解。乌台诗案最后由宋神宗亲自下旨定性，判定东坡犯了"作诗赋等文字讥讽朝政阙失"的罪行，并处以勒停两官、贬往黄州的惩罚。对东坡的处罚是重是轻，当时的人们肯定有种种不同的议论。但后人应该追问的却是，既然承认"朝政"有所"阙失"，为什么不许人们议论？为什么"作诗赋等文字讥讽朝政阙失"便是犯罪？

从孔子开始，"诗可以怨"便成为中国诗歌的传统精神。一部《诗经》，其中讥刺时政的作品不胜枚举。汉儒解诗时提出的"美刺之说"，堪称代表官方意识形态的诗学纲领，其中的"刺"与"美"平分秋色，同样都是受到封建统治者肯定的诗歌主题。相传上古时代曾有"采诗"制度，朝廷派出专人到社会上广泛地收集诗歌，借以了解民间疾苦以及百姓对朝政的议论。此事的真实性虽然无法证实，但至少说明古人在价值观上对它的肯定。如果从诗歌自身的性质来看，揭露社会弊病，讥刺政治的黑暗面，以及抒发诗人内心的牢骚哀怨，正是诗歌的根本价值之所在。从《诗经》到"古诗十九首"，再到杜甫、白居易，"讥讽朝政阙失"正是诗歌史发出的最耀眼的一道光辉。然而东坡竟因此而获罪了，竟因此受到沉重的处罚了，连收受了东坡诗文的人也因此获罪了，无论从诗歌的政治功能还是文学功能来看，这都是对诗歌传统的粗暴违反。在以"文治教化"而傲视汉、唐的北宋，竟然发生了"乌台诗案"的文字狱，真是咄咄怪事。[1]"乌台诗案"开创了高压政治和文化专制的恶劣风气，仅隔十年，重掌朝政的旧党如法炮制，制造了打击新党人物蔡确的"车盖亭诗案"。再过十多年，由宋徽宗、蔡京等人主导的文化专制变本加厉，不但下诏销毁东坡及司马光等人的文集之板，而且连司马光的史学巨著《资治通鉴》都险遭禁毁。以宋太祖制定"不得以言罪人"的"祖宗家法"为起点，以宋徽宗禁锢一切言论，甚至下诏禁止士大夫作诗为终点，北宋的政治生态和文化生态发生了每况愈下的大滑坡，"乌台诗案"正是这个下滑过程中最显著的一个转折点。对此，宋神宗和李定等人是难辞其咎的。

---

[1] 《宋史》卷二四二《慈圣光献曹皇后传》记载：曹太后闻知东坡因作诗下狱，对神宗说："捃至于诗，其过微矣。"可见连居于深宫的太后都知道以诗罪人的"乌台诗案"是不该发生的。

第八章　东坡在黄州

◆ 第八章　东坡在黄州

　　元丰二年（1079）十二月二十八日，东坡走出了阴森森的御史台监狱。一百三十天的铁窗生涯终于结束了，东坡呼吸着牢门外的自由空气，觉得迎面吹来的微风分外清新，树头的喜鹊也朝着自己叫个不停。他深知这场灾祸的起因就是自己的诗文，可是刚一出狱，又不禁技痒起来，拈笔作诗，竟然如有神助。于是他自豪地宣称："平生文字为吾累，此去声名不厌低。塞上纵归他日马，城东不斗少年鸡！"然而此时的东坡已是戴罪之身，虽然出了牢门仍不能自由活动，他必须立即前往贬所黄州。元丰三年（1080）正月初一，汴京城里张灯结彩，爆竹喧天，千家万户都沉浸在新年的喜庆气氛中，东坡却在御史台差役的押解下走出京城，踏上了前往黄州的漫长道路，只有长子苏迈跟随同行。几天后，东坡到达陈州，在那里稍作停留，与匆匆赶来的子由会了一面，商量安排了家事，随即各奔东西：子由返回南都去接两家老小同往筠州，东坡则径往黄州。天寒地冻，雪深路滑，旅途十分艰辛。幸亏有苏迈随行，这个刚满二十二岁的青年经过去年的艰难磨炼，已经变得刚毅坚强，不但一路照顾父亲，而且给东坡很大的安慰。二月一日，东坡来到了山环水绕的黄州，从此这个僻处江边的小城就与东坡结下了不解之缘。

◇ 一　"缥缈孤鸿影"

　　黄州是个荒凉偏僻的小城，东坡又是个戴罪之身，初来乍到，无处栖身，只好寄居在一所叫定惠院的小寺庙里，父子两人就在寺内搭伙，一日三餐跟着僧人吃斋。东坡到知州衙门去报到，见过知州陈轼之后，他这个顶着"检校水部员外郎充黄州团练副使，本州安置，不得签书公事"之衔的犯官就无所事事了。除了苏迈，东坡在黄州举目无亲。他的家人都随着子由到筠州去了，后来成为他的好友的潘丙等人尚未结识。此时乌台诗案这场从天而降的大祸给东坡带来的恐惧感还没有完全消失，御史们如狼似虎的狰狞嘴脸仍不时在梦中重现，谁知道心有不甘的他们会不会再节外生枝呢？至于黄州的地方官和百姓会怎样对待自己，东坡也是心存疑虑。于是他小心翼翼地避开人群，终日闭门不出，闷头大睡，只有在夜深人静的时分，才悄悄地溜出寺门到江边走走。一个春寒料峭的夜晚，东坡独自来到江边散步。树头斜挂着一钩残月，四周一片寂寥。东坡不由得顾影自怜起来，一股深深的寂寞之感缠住了他的灵魂，于是他写了一首《卜算子》：

> 缺月挂疏桐，漏断人初静。谁见幽人独往来，缥缈孤鸿影。
> 惊起却回头，有恨无人省。拣尽寒枝不肯栖，寂寞沙洲冷。

　　词中的孤雁寒夜惊飞，既无伴侣，又无处栖宿，最后孤独地栖息在荒凉的沙滩上。是夜东坡果真看到了一只孤雁呢，还是纯出比兴？后人已无法断定，但毫无疑问，词中那只掠过一棵棵树木而不肯落下栖息的孤鸿，正是惊惶失措、无处容身而又不改高洁品行的那位"幽人"的象征。幽人像孤鸿，孤鸿也像幽人。当然，那个幽

清·朱鹤年　苏东坡像

人就是东坡自己。

　　渐渐地东坡开始走出寺门，但也只在附近的溪水边钓钓鱼，或在山谷里采集药草，除了偶然到城南的安国寺去沐浴外，他很少与人接触。一天，东坡信步走上定惠院东边那座花木葱茏的小土山，看到满山的杂树中竟然长着一株繁花似锦的海棠，他简直不敢相信自己的眼睛。海棠，这可是蜀中的名花啊，她怎么会孤零零地出现在距离蜀地千里之遥的黄州？这株海棠夹杂在同样是繁花满树的桃、李之间，当地人根本不知道她的名贵，也就没有引起任何注意。一株幽艳绝伦的海棠竟是如此的孤独，独处深谷而无人赏识，东坡不由得触景生情，连连叹息。就像在举目无亲的异乡突然遇见一个知己，东坡的满腹情思顿时对着她尽情倾吐：

> 江城地瘴蕃草木，只有名花苦幽独。嫣然一笑竹篱间，桃李漫山总粗俗。也知造物有深意，故遣佳人在空谷。自然富贵出天姿，不待金盘荐华屋。朱唇得酒晕生脸，翠袖卷纱红映肉。林深雾暗晓光迟，日暖风轻春睡足。雨中有泪亦凄怆，月下无人更清淑。先生食饱无一事，散步逍遥自扪腹。不问人家与僧舍，拄杖敲门看修竹。忽逢绝艳照衰朽，叹息无言揩病目。陋邦何处得此花，无乃好事移西蜀？寸根千里不易致，衔子飞来定鸿鹄。天涯流落俱可念，为饮一樽歌此曲。明朝酒醒还独来，雪落纷纷那忍触！

　　是啊，这株海棠本是国色天香的蜀地名花，如今却沦落在荒山深谷之间，与粗俗的漫山桃李为伍。然而她的风姿和神态依然是那样的超群拔俗，一尘不染，荒凉芜杂的环境丝毫无损于她天然的高贵。东坡本是名闻天下的蜀中名士，又曾有过玉堂金马的荣耀经历，如今却流落到这个荒凉僻远的小山城，寄身荒寺，与市井小民为邻，又有谁识得他的满腹才学和一腔忠愤？正像无人赏识的窘境无损于海棠的绝代风姿一样，沦落不偶的遭遇也无损于东坡的绝代风标。然而鹤立鸡群毕竟会导致寂寞之感，孤芳自赏的心态其实只是寂寞的一种表现形式，海棠也好，东坡也好，他们多么需要得遇知己以一吐衷肠！娇柔的海棠虽然默默无语，但在东坡的眼中，她就像是杜甫笔下那位"幽居在空谷"的绝代佳人。"同是天涯沦落人，相逢何必曾相识！"此情此景，东坡怎能不诗思如潮呢？这首《寓居定慧院之东杂花满山有海棠一株土人不知贵也》整体性地用拟人手法来描写海棠，亦真亦幻，兴会淋漓。东坡是蜀中名士，海棠是蜀中名花，这就产生了奇妙的联想，从而自然导出"天涯流落俱可念"之句，堪称神来之笔。东坡自己也把此诗视为平生得意之作，其后曾数十次为人书写，当时刻石流传的拓本就有五六种之多。更值得注意的是，此诗所展现的深沉的寂寞之感是东坡此前的诗歌中从未出现过的，流贬黄州的经历使东坡的诗歌进入了一种全新的境界。

　　即使是"寂寞恨更长"的愁人心态也不能阻挡时光的流逝，转眼就到了榴花照眼的五月。五月下旬，子由护送东坡的家人来到黄州。在鄂州知州朱寿昌的帮助下，东坡一家住进了濒临长江的临皋亭。经历了悲欢离合的一家人终于在一个陌生的环境里重新团聚了。与此同时，黄州的市井百姓也开始慢慢地接近东坡。他们发现这位新来的"犯官"原来是个可亲可敬的人，不但没有丝毫的官气，而且没有大名士那种高不可攀的架子，于是他们壮着胆子前来与东坡相识。从流寓武昌的蜀人王齐愈、王齐万兄弟开始，接着又有黄州的土著潘丙、潘原、潘大临、潘大观、古耕道、郭遘、何颉等人，他们先是在生活上给初来乍到的东坡一些力所能及的帮助，后来竟成为东坡不拘形迹的知心朋友。到了此年八月，新任知州徐大受来到黄州，他与东坡一见如故，对东坡关照有加。世态炎凉的滋味当然是此时的东坡无法避免的，他叹息说："我谪黄冈四五年，孤舟出没风浪里。故人不复通问讯，疾病饥寒宜死矣！"然而并非所有的故人都是如此的薄情寡义，不少旧交仍从各地寄来长书短简，以表慰问。杭州的故人王复、张弼等凑钱让人捎来杭州的土产，使东坡能在千里之外品尝到他所喜爱的荔枝干和红螺酱。有的故人不远千里专程来访，僧人道潜在黄州一住大半年，蜀中故人巢谷干脆住在东坡家里当起了家庭教师，家离黄州较近的陈季常曾前后七次专程来看望东坡。尽管如此，东坡的寂寞心情并未得到根治。和睦的家庭也好，亲密的朋友也好，都只能给东坡带来表面上的热闹一时，却未能彻底消除东坡心中深刻的孤寂感。这又是为什么呢？

元丰五年（1082），东坡在黄州的生涯进入了第三个年头，一年一度的寒食节来临了。寒食是古人非常重视的一个节日，邵雍甚至说过"人间佳节惟寒食"。但是此年的寒食在东坡眼中是怎样的一幅情景呢？请看他的《寒食雨二首》：

> 自我来黄州，已过三寒食。年年欲惜春，春去不容惜。今年又苦雨，两月秋萧瑟。卧闻海棠花，泥污燕脂雪。暗中偷负去，夜半真有力。何殊病少年，病起头已白。

> 春江欲入户，雨势来不已。小屋如渔舟，蒙蒙水云里。空庖煮寒菜，破灶烧湿苇。那知是寒食，但见乌衔纸。君门深九重，坟墓在万里。也拟哭途穷，死灰吹不起。

阴雨连绵，春寒如秋，连定惠院后山上那株娇艳的海棠花上也溅满了污泥。江水大涨，好像就要漫进门来。水汽弥漫，小屋竟像在波涛中飘浮摇荡的一叶扁舟。东坡闭门不出，他把潮湿的芦苇塞进破灶，煮一点蔬菜来充饥。抬头看见几只乌鸦衔着纸钱飞过，才想起今天原来是寒食。这一切，哪里有丝毫"佳节"的影子？更要命的是，东坡的心态比天气更加阴沉、凄冷。自己远离了朝廷，也远离了家乡，进不能辅佐君主实现治国平天下的理想，退不能回乡隐居祭扫先人的坟墓。这种进退两难的处境，比穷途痛哭的阮籍更加不堪。无情的岁月不断地流逝，人到中年的自己就像久卧病榻的少年人，等到大病初愈，才发现满头青丝都变成了白发，生命已在不知不觉中悄然流逝。

同年九月的一个夜晚，东坡与友人在雪堂聚饮。半夜时分，友人陪着醉醺醺的东坡返回临皋亭。走到家门口，听到家里看门的小童鼾声大作，东坡举手敲门，也无人答应。于是东坡信步走到江边，看着浩渺无际的江面，忽然心有所感，就吟了一首《临江仙》：

> 夜饮东坡醒复醉，归来仿佛三更。家童鼻息已雷鸣。敲门都不应，倚杖听江声。
>
> 长恨此身非我有，何时忘却营营？夜阑风静縠纹平。小舟从此逝，江海寄余生。

东坡吟成此词后，乘着酒兴与友人高歌数遍，然后各自分手。不想第二天众口喧腾，说东坡昨夜写了这首词以后，把官帽、官服挂在江边的树上，驾着一叶扁舟，长啸而去了。消息传到州府，知州徐大受大吃一惊。东坡虽是他的好友，但毕竟是朝廷交给地方上看管的罪人，如今竟擅自逃跑了，这还了得！他立刻赶到东坡家去探看虚实，推门一看，东坡正躺在床上鼻息如雷呢。其后此词和相关的传说传到汴京，连神宗也惊疑不已。按理说东坡与几个不拘形迹的知心朋友良夜聚饮，直至醉了又醒，醒了又醉，心情尚算愉快。

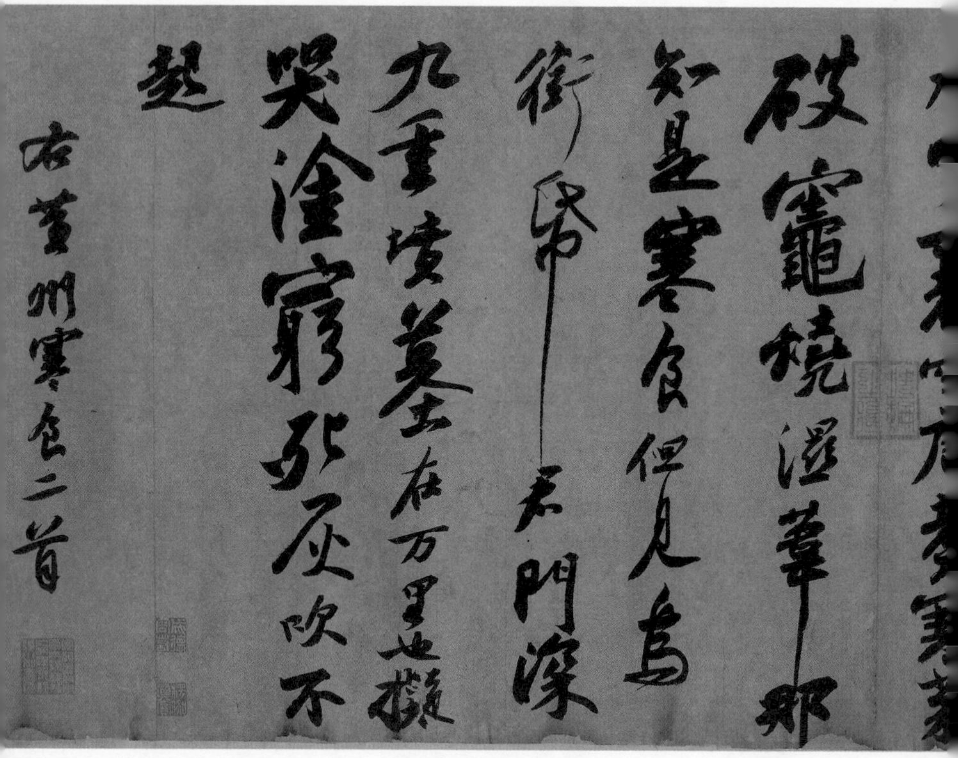

破竈燒濕葦那

知是寒食但見烏

銜紙　　君門深

九重墳墓在萬里也擬

哭塗窮死灰吹不

起

右黃州寒食二首

自我来黄州，已过三寒食。年年欲惜春，春去不容惜。今年又苦雨，两月秋萧瑟。卧闻海棠花，泥污燕支雪。暗中偷负去，夜半真有力。何殊病少年，病起头已白。春江欲入户，雨势来……

宋·苏轼　书黄州寒食诗　台北故宫博物院

饮罢归来，对着风露满江的清幽景色，也不会引起什么不快。然而此词中竟充满了惆怅和失意，字面上的旷达毕竟遮掩不住内心的那份孤寂感。试想一位诗人在夜半时分独立江边，拄着手杖倾听那澎湃的涛声。他甚至盼望着摆脱眼前的一切，驾着一叶扁舟消失在那渺无边际的烟涛之中。这不是满纸不可人意又是什么，这不是因人生失意而引起的孤寂感又是什么？

　　东坡在黄州的孤寂感是一种深刻的人生体验，它不是由一时一地的偶然机遇引起的，所以格外深广，难以排遣。东坡初到黄州时年四十四岁，离开黄州时年已四十九岁，人到中年，自然容易伤感。以谢安之尊荣，尚且一到中年就心多烦恼，何况事事都不顺利的东坡！东坡在政治上虽有不少盟友，但是近年来大多沦于沉寂，连旧党领袖司马光都绝口不谈世事，以至于东坡笑他是"年来效喑哑"。当东坡单枪匹马地奋然上书控诉新法扰民的种种弊病时，他难免会有孤掌难鸣的孤独感。当东坡因讥讽新政而身陷囹圄，接着又被发配到举目无亲的黄州后，他的孤寂感肯定会更加强烈。行吟泽畔的屈子长叹说："举世皆浊，唯我独清；众人皆醉，唯我独醒！"凡是高才卓荦、德尊一代的人，都难免陷入这种孤独感的纠缠，东坡何独不然？独宿沙滩的孤雁也好，独处深谷的海棠也好，它们都是东坡内心的孤寂感的外化。东坡在黄州所写的诗词文赋虽然不乏豪放、潇洒之作，但即使是气壮山河的"赤壁怀古"词中也夹杂着沧桑变幻、人生如梦的低沉叹息，即使是潇洒绝俗的前、后《赤壁赋》中也充溢着对广漠宇宙的惆怅情思，它们分别从时间和空间的不同维度表达了一种难以名状的深沉的寂寞之感。从总体倾向来看，这种寂寞感使东坡的诗文减少了几分潇洒，增添了几分沉郁。黄州的贬谪生涯使东坡的人生观变得更加成熟，也使东坡的文学创作变得更加深沉，黄州堪称东坡人生道路上最重要的一座里程碑。

◇　二　东坡居士

　　东坡来到黄州后,他的生活发生了很大的变化。东坡虽然不是出身于累代簪缨之家,但是家境尚属小康,自幼没有体验过衣食之忧。入仕以后靠俸禄为生,也很少碰到捉襟见肘的窘境。然而现在不同了,他虽然还顶着"检校水部员外郎充黄州团练副使"的官职,但对于顶着这种虚衔的贬谪者,官府只发给一份微薄的实物配给来折算成薪水,他已经没有正常的俸禄可领了。东坡向来不重理财,入仕以来的俸禄随手用尽,手头没有多少积蓄。如今带着一家老小来到举目无亲的黄州,地无一垄,屋无一间,如何维持生计,成为东坡心头的沉重负担。从来不留意钱财的东坡不得不亲自算起账来:黄州的物价很低,鱼米薪炭等生活必需品都很便宜,很适合于穷人居住。但是囊中仅有少许钱财,满打满算,也只够全家人吃用年把时间。一年以后怎么办呢? 天才过人的东坡一时也想不出什么好办法,只好先从节俭做起。他与王闰之盘算、商议了一番,决定全家每天的生活费不能超过一百五十钱。于是每月初一,东坡便取出四千五百钱来,平分成三十串,挂在屋梁上。每天早晨用叉子挑一串钱下来作为当天的费用,然后就把叉子收藏起来。东坡又准备了一个竹筒,每天用剩下来的钱就扔进竹筒里积蓄起来,留着准备招待客人。一家人精打细算,过起了粗茶淡饭的俭朴生活。

　　俗话说"坐吃山空",无论如何节俭,东坡有限的积蓄也支撑不了多久。一年以后,东坡便囊中羞涩了。东坡原是一个"我生无田食破砚"的人,读书应举、做官食禄是他唯一的谋生手段。如今身为朝廷罪人,食禄的道路已经断绝,除了像陶渊明一样躬耕农亩外,别无他策。可是躬耕首先得有田地啊,他能到哪里去找一块地呢? 天无绝人之路,正在此时,故人马正卿到黄州来看望东坡。马正卿一看到东坡家徒四壁的窘境，便自告奋勇地代东坡去向黄州州府申请拨一块荒地让东坡开垦。知州徐大受本来就同情东坡的处境，如今有人出头前来申请，就批了一块废弃的营地给他。那块营地位于黄州城东门外的小山坡上，面积约有五十亩，因废弃已久，荆棘丛生，瓦砾遍地，实在不适合耕种。然而饥不择食，饥饿的威胁已迫在眉睫的东坡便动手来开垦这块不毛之地，希望它能让全家人足以糊口。

元丰四年（1081）春天，东坡带领全家老少开始垦荒，热心肠的马正卿也加入其中。他们先捡去混杂在草丛和泥土中的大小瓦砾，然后芟除荆棘和野草，一连忙碌了几个月。东坡与家人从前没有干过农活，初尝躬耕的滋味竟然就是开荒，天气又干燥、炎热，大家都累得筋疲力尽。幸亏几个家僮稍为强壮一些，当地的土著潘丙、郭遘和古耕道也闻讯赶来帮忙，总算把荒地平整得像块农田的样子。一天，家僮放火焚烧枯草，忽然发现了一口掩埋在草丛里的暗井。东坡听了大为兴奋，有了水源，种庄稼就不愁灌溉了，至少在地里劳作的家人们就有水可喝了！他兴冲冲地跑去察看暗井，发现井水的源头是顺着山岭流淌下来的，原来山岭背面有一口十亩见方的水塘。连月干旱，水塘一直处于半干涸状态，昨夜一场大雨，塘水涨溢，就顺着山坡流淌到暗井来了。

荒地开垦出来了，种上什么庄稼呢？东坡绕着荒地走了几圈，从未躬行过稼穑之事的他认真地思考着，马正卿、潘丙等人也跟在后面七嘴八舌地出主意。这块地虽然不大，地势却相当复杂，高低起伏，或干燥或潮湿。那片低湿的洼地显然适宜种水稻，东边的高地很干燥，可以栽上枣树和栗树。东坡向来爱竹，甚至认为"无竹令人俗"，他很想再种上一些竹子来美化环境，但又担心竹鞭在地下到处乱窜，纵横滋蔓，那就会妨碍庄稼。眼下的燃眉之急毕竟是收获粮食给全家人填饱肚子，种植竹子的念头只好作罢。当然，既然这片山坡将成为自己的衣食之源，那就干脆把家也安在这里，所以得事先留出一小块空地来盖房屋。商议已定，时令已是深秋，水稻的种植季节早就过去了，只好先种一茬麦子再说。于是东坡在地里播下麦种，不到一个月，青青的麦苗就破土而出，很快就覆盖了难看的黄土。毕竟是抛荒多年的荒地，它的地力竟养得这么好！东坡正在兴奋，一位旁观的老农却告诉他，你要想多打麦子的话，就切勿让麦苗长得太过茂盛，最好放些牛羊到麦地里来践踏一番，才有望丰收。东坡听到这番闻所未闻的道理，连声向老农道谢，表示丰收后一定不会忘记他的一番好意。

　　东坡开垦的荒地一向人迹罕至，连个地名也没有。现在东坡把这块荒地开垦出来了，就想为它起个地名。他想既然它位于黄州城东的山坡上，就不妨叫作"东坡"。他又想到唐人白居易谪居忠州时，非常喜爱忠州城外的"东坡"，还曾作诗咏之："朝上东坡步，夕上东坡步。东坡何所爱，爱此新成树。"自己一向仰慕白居易那种乐天知命、随遇而安的人生态度，既然如今也在黄州的东坡上开荒安家，何不就此自号"东坡"呢？于是东坡为自己起了一个很快就会名扬天下的别号——"东坡居士"，并写了《东坡八首》以记录他开荒的经历。其中的一、四两首如下：

　　　　废垒无人顾，颓垣满蓬蒿。谁能捐筋力，岁晚不偿劳。独有孤旅人，天穷无所逃。端来拾瓦砾，岁旱土不膏。崎岖草棘中，欲刮一寸毛。喟然释耒叹，我廪何时高？

　　　　种稻清明前，乐事我能数。毛空暗春泽，针水闻好语。分秧及初夏，渐喜风叶举。月明看露上，一一珠垂缕。秋来霜穗重，颠倒相撑拄。

但闻畦陇间，蚱蜢如风雨。新春便入甑，玉粒照筐筥。

前一首实写开荒的辛劳，后一首虚写来年种稻的过程，无论是实是虚，都生动地展现了东坡开荒种地的情景及心态。后一首中有两条自注："蜀人以细雨为'雨毛'。稻初生时，农夫相语：'稻针出矣！'""蜀中稻熟时，蚱蜢群飞田间，如小蝗状而不害稻。"东坡的家乡眉山地处成都盆地，盛产水稻，东坡自幼就对田间地头的情景和农夫野老的言谈都很熟悉，此时他盘算着要在地里种稻，幼时关于水稻的所见所闻便浮现心头。东坡不像王维、孟浩然那样把田园生活写得悠闲自在、充满诗意，他最关心的是何时才能堆满他的粮囤，何时才能让箩筐里装上玉屑般的白米。东坡把田间劳作的辛苦、庄稼丰收的喜悦刻画得栩栩如生，这才是真实的田园生活。试看后一首对水稻在抽秧、拔节、分蘖、结穗各个阶段的情态的描写，若非老于农亩者，焉能如此细腻入微！虽然东坡要等到十一年以后才开始写"和陶诗"，但《东坡八首》其实是比"和陶诗"更像陶诗的作品，堪称古代田园诗中的杰作。《东坡八首》不是一个士大夫在酒足饭饱之余站在田埂上旁观农民劳作，然后加以赞叹或怜悯的诗作，而是他亲自挽起双袖、手持耒耜从事稼穑时的真实感受。它们既不像王维描摹乡村风光的《渭川田家》，也不像白居易揭露农民疾苦的《观刈麦》，它们在精神和形式上都酷肖陶渊明自述其陇亩生涯的那些作品，这是贬谪生涯给东坡的诗歌创作带来的一股清风。

当然，正像东坡的老师欧阳修所说的，"诗穷而后工"，东坡诗歌的进步是付出了沉重代价的，那就是亲身感受生活的艰辛。东坡种植的第一季麦子获得了丰收，次年种的水稻却因先旱后涝而歉收，所获仅够全家糊口而已。所以东坡仍需勒紧裤带，节制口腹之欲，他写了一张座右铭以自警："东坡居士自今日以往，早晚饮食，不过一爵一肉。有尊客，盛馔则三之，可损不可增。有召我者，预以此告之。主人不从而过之，乃止。一曰安分以养福，二曰宽胃以养气，三曰省费以养财。"为了养成节俭的习惯，素喜美食的东坡不但限制自己在家里的饮食，而且告诫友人请他用餐时也不可铺张，否则的话，就拒绝前去做客！他为自己的行为寻找了三条理由，前两条当然也不是毫无道理，但最关键的显然还是第三条，因为他囊中羞涩，必须厉行节俭。幸好东坡在黄州结交的朋友中并无王诜那样的豪富之人，他们能拿出来招待东坡的无非是家常便饭而已。有一天东坡在监仓刘唐年家里吃到一种油煎的米粉饼，又香又酥，东坡啧啧称赞，就问刘唐年："为甚酥？"意思是"这是什么酥"。没想到这是刘家自制的粗点心，刘唐年自己也说不出它叫什么名字。东坡又问："为甚酥？"在座的客人大笑，说那就叫它"为甚酥"吧。又有一天，东坡到潘大临家里品尝潘家自酿的酒，酒味很酸，东坡笑着说："莫不是做醋时错着了水吧！"于是提议把潘家的酒命名为"错着水"。其后东坡还曾写诗向刘唐年乞讨煎饼，说："已倾潘子'错着水'，更觅君家'为甚酥'！"

友人招待东坡尚且如此简朴，东坡在家里的自奉当然只有粗茶淡饭了。幸而东坡一向对烹调颇为留意，他一到黄州，稍微观察其地形后，就心知此地的物产一定很丰富，绕着州城蜿蜒流过的长江肯定盛产鲜鱼，漫山遍野的竹林里似乎飘出笋香。稍后东坡又得知这一带盛产柑橘，芋头能长到一尺长，猪羊肉都很便宜，鱼蟹简直不需要讨价还价。于是东坡就用那些便宜的原料做起美食来，他发明了一种用鲜鱼和白菜心做的鱼羹，还发明了日后名闻天下的"东坡肉"，他亲自撰写了《猪肉颂》把他的发明公之于众："净洗锅，少著水，柴头罨烟焰不起。待他自熟莫催他，火候足时他自美。黄州好猪肉，价贱如泥土。贵人不肯吃，贫人不解煮。早晨起来打两碗，饱得自家君莫管！"即使鱼肉全无，东坡也能用蔬菜做出一道"有自然之甘"的"东坡羹"来，其具体的制作方法保存在东坡写的《东坡羹颂》里，虽然东坡把此羹吹嘘得神乎其神，但仔细考察他所用的原料，不过是白菜、萝卜、蔓菁、荠菜或菜瓜、茄子，其方法也不过是用生油涂抹锅边及碗底，再把揉洗掉汁水的蔬菜放进沸汤熬煮，上面则用瓷碗倒扣盖住，再把饭甑架在上方一起蒸熟，想来也不过是聊胜于无的普通菜羹罢了。难怪"东坡肉"传遍宇内，"东坡羹"却无人问津。其实"东坡肉"也好，"东坡羹"也好，都是东坡在黄州时穷极无聊之际的苟且之计，否则的话，为何他在杭、湖那样的鱼米之乡做官时反倒什么菜肴也没有发明！

东坡在黄州的生活还有一重困难，就是住房紧张。他刚到黄州时与苏迈两人寄居在定惠院里，总算有个栖身之所。一旦全家到达黄州，东坡立即陷入了"居大不易"的窘境。此时东坡的乳母任采莲已经七十多岁，三个儿子中苏迈已经娶妻，苏迨、苏过却只有十来岁，再加上家僮侍女，一家老少二十多口，总不能都寄居在寺庙里吧？幸亏老友朱寿昌正在与黄州相邻的鄂州任知州，他出面与黄州的地方官斡旋，让东坡一家临时借住在临皋亭里。临皋亭本是专供三司衙门的长官巡视时居住的官邸，如今东坡以罪人之身得以借住，已是分外之福。可是临皋亭虽然门对大江，环境幽美，但是房屋并不大，东坡一家住在里面拥挤不堪。元丰三年（1080）夏天，陈季常想来看望东坡，东坡获讯后既为故人来访感到高兴，又为如何招待客人大伤脑筋。因为他只能让客人住在那间酷热难当的西晒房里，否则就只好借宿在停泊门口的一条船上了。所以还在开荒尚未结束的时候，东坡便决计在那里盖几间房子。第二年正月，东坡便趁着农闲动手盖房。新居的地址与东坡开垦的那块"东坡"相邻，原是废弃已久的养鹿场，地势高敞，视野宽旷，东坡对此非常满意。

他到处张罗建筑材料，连用来葺房顶的茅草都是亲率家人到野外去割来的。马正卿和黄州的一帮土著朋友也纷纷前来帮忙，大家呼着号子一齐举杵，工地上热闹非凡。众人拾柴火焰高，忙乱了一个多月，五间住房终于在春雪纷飞之时落成了。东坡非常高兴，把正中的堂屋命名为"雪堂"，在四周的墙壁画上雪景，并亲自书写了"东坡雪堂"的匾额挂在门上。雪堂毗邻东坡家的耕地，看守庄稼非常方便。更令东坡满意的是，雪堂地势高敞，坐在堂内纵目眺望，北山横斜、溪流潺潺的美景尽收眼底。东坡怡然自得地环视四周，觉得这与陶渊明诗中盛赞的"斜川"不分上下，他更加认定自己就是陶渊明的后身了！于是他把陶渊明的《归去来辞》进行了一番改写，翻新成《哨遍》一词，让家僮在田间歌唱。东坡自己也一边犁田，一边敲着牛角高唱道："归去来，谁不遣君归？觉从前皆非今是！"

到了元丰五年（1082）十月，东坡的同年好友蔡承禧接任淮南转运副使，而黄州正在他的管辖范围之内。蔡承禧巡视黄州，特地到临皋亭看望东坡，他看到故人居处狭隘，便捐资帮东坡添盖新屋。次年五月，三间新屋在临皋亭附近的高坡上建成，东坡给它们取名"南堂"。从此，东坡一家的居住条件才得以改善。当然，东坡好客，又为天下的士人所归心，常常有人不远千里前来寻访，有些客人在他家一住数月乃至期年，所以他的住处仍然不够宽敞。不过他总算有了自己的书斋，也能邀请朋友们在雪堂里聚饮谈笑了。

东坡刚到黄州时，心情一度非常苦闷，他甚至写信给友人说："黄州真在井底！"但渐渐地他开始随遇而安了，他结交了越来越多的平民朋友，他拥有了足以为全家遮蔽风雨的住所，他逐渐适应了日出而作、日入而息的陇亩生涯。他一步步地从乌台诗案的阴影中走了出来，发现原来在官场之外还有更广阔的天地。光阴一年又一年地悄然流逝，重返政坛的希望越来越渺茫，东坡必须规划在黄州的久留之计了。于是他开始求田问舍，想购买一块肥沃一点的土地，好为全家人提供丰足的衣食之源。元丰五年（1082）三月七日，东坡在几个朋友的陪同下到沙湖去相田。沙湖距离黄州城三十里，那儿土地肥沃，尤其适合种稻，据说下一斗稻种就能收获十斛谷子，东坡听了便欣然前往。春季的天气，阴晴不定，东坡出门时让家僮带了雨具，但上路后风和日丽，毫无雨意，家僮就先行一步，东坡与友人落在后面。不料突然天色转阴，风雨骤至。大家都被淋得狼狈不堪，只有东坡从容不迫地一边吟啸，一边徐步前行。但见他手持竹杖，脚蹬芒鞋，步履轻快，毫无惧色。到了下午众人踏上归途时，雨散云收，斜阳复出。他们回望来时风雨萧瑟的地方，那儿早已安谧如常了。东坡的沙湖之行没有买成田，但是催生了一首《定风波》：

> 莫听穿林打叶声，何妨吟啸且徐行。竹杖芒鞋轻胜马，谁怕？一蓑烟雨任平生。
> 料峭春风吹酒醒，微冷，山头斜照却相迎。回首向来萧瑟处，归去，也无风雨也无晴。

如果说风雨是坎坷人生的象征，晴朗是通达人生的象征，那么"也无风雨也无晴"就意味着平平淡淡的人生，也意味着平和、淡泊、安详、从容的君子人格。经历过玉堂金马的荣耀和银铛入狱的耻辱，又在黄州的躬耕生涯中备尝生活艰辛的东坡居士已经炼就一种宠辱不惊、履险如夷的人生态度，不期而至的雨丝风片又能奈他何？

黄州赤壁

◇　三　赤壁风月

黄州是个山环水绕的小城，自然风光雄奇而又秀丽。从东坡所住的临皋亭出门前行八十余步，便是滔滔东流的大江，江面宽阔，水天相接，白天波光帆影，夜晚风露浩然。哪怕东坡闭门坐在南堂里，只要把西窗推开，便能看到浩渺的江水。即使是从雪堂通往临皋亭的那条普普通通的黄泥小径，在东坡眼里也是趣味盎然。东坡白天常在雪堂读书或会客，入夜才回到临皋亭与家人相聚。一个雨后初霁的夜晚，东坡独自行走在崎岖不平的山路上，雨水把山坡冲洗得一尘不染，雨后的月亮也分外明亮。路上已经没有行人，万籁俱寂，只有东坡手里的竹杖敲击路上的瓦砾发出铿然的声响，那是多么悦耳啊！

　　当然，黄州的名胜首推赤壁，相传那儿就是三国时周瑜大破曹军的古战场。赤壁又名赤鼻矶，整座山崖都呈绛红色，千尺峭壁直插江中，汹涌的江水从下面奔腾而过，激起无数浪花。此外，江对岸武昌的寒溪、西山也是风景绝佳之处，那儿连山绝壑，溪水淙淙，长林古木遮天蔽日，清幽绝伦。正像湖南永州的奇特山水自古不为外人所知，等到柳宗元亲临其境才誉为奇观一样，黄州一带的江山已在春风秋雨和晨曦夕霞中沉睡了数千年，它们期盼着一位天才文学家的光临和品鉴。它们终于等到了一位数百年才得一见的天才，那就是东坡。东坡自幼热爱自然，子由后来回忆说："昔余少年，从子瞻游，有山可登，有水可浮，子瞻未始不塞裳先之。有不得至，为之怅然移日。至其翩然独往，逍遥泉石之上，撷林卉，拾涧实，酌水而饮之，见者以为仙也。"东坡入仕以后流宦各地，每到一处，都会在公务之暇尽情地游览当地的名胜。如今东坡到黄州来了，他的身份已不是地方长官，他不再有公务缠身，他有更多的时间和精力去深入自然。更重要的是，此时的东坡已被逐出了朝廷，远离魏阙本来就意味着接近江湖，何况东坡对充满钻营和倾轧的官场产生了整体性的厌恶，他必定会以十倍的热情投入大自然的怀抱，从而用更加细腻的眼光去观察山峦江河和草木虫鱼的奥秘，用更加体贴的胸怀去体悟隐藏在风雨云霞中的生命律动。从这个意义来说，经历了乌台诗案的东坡与自古无人赏识的黄州山水相得益彰，于是一系列题咏山水的杰作诞生了。

　　博学多才的东坡当然知道黄州的赤壁并非"赤壁大战"的真正战场，他在写给范子丰的信中说："黄州少西，山麓斗入江中，石色如丹。传云曹公败所，所谓'赤壁'者。或曰非也。"虽作疑信之词，但其实是疑多于信。然而当东坡亲临赤壁，亲自伫立在高耸的石矶上望着滚滚东流的长江时，觉得如此险要的地形真是天然的好战场，当年万舰齐发、烈焰映空的战争场景便如在目前。古代的英雄人物已随着那滔滔不绝的江水永远流逝了，但他们曾经在历史舞台上纵横驰骋，多么威武雄壮，多么风流潇洒！命途坎坷的自己则年近半百尚一事无成，往昔的雄心壮志都已付诸东流，若与少年英发的周郎相比，更使人感叹无端。于是东坡举杯酹月，写了一首慷慨激烈的怀古词：

> 大江东去，浪淘尽、千古风流人物。故垒西边，人道是、三国周郎赤壁。乱石穿空，惊涛拍岸，卷起千堆雪。江山如画，一时多少豪杰！
>
> 遥想公瑾当年，小乔初嫁了，雄姿英发。羽扇纶巾，谈笑间、樯橹灰飞烟灭。故国神游，多情应笑我，早生华发。人生如梦，一樽还酹江月。

这首《念奴娇》里其实蕴含着郁积在东坡心头的失意之感——人生如梦的思绪、年华易逝的慨叹，情绪相当低沉。但是这些情愫映衬在江山如画的壮阔背景下，又渗透进了面对历史长河的苍茫感受，顿时变得深沉、厚重，不易捉摸。而对火烧赤壁的壮烈场面与英雄美人的风流韵事的深情缅怀又给全词增添了雄豪、潇洒的气概，相形之下，东坡本人的低沉情愫便不像是全词的主旨。也就是说，此词中怀古主题是占主导地位的，词人的身世之感则是第二位的。东坡将它题作"赤壁怀古"，可谓名副其实。正因如此，虽然后人对此词的情感内蕴见仁见智，但大家公认它是东坡豪放词的代表作。从此以后，黄州的赤壁便成为人们凭吊三国英雄的最佳场所，而真正的赤壁战场——嘉鱼县东北江滨与乌林隔江相对的那个赤壁，反倒无人问津了。黄州赤壁何幸，它在沉睡千载之后终于得到了东坡的青睐！

　　使赤壁与东坡结下不解之缘，也使赤壁名扬天下的更好作品是两篇《赤壁赋》。元丰五年（1082）的秋季与冬季，东坡连续两次携带友人到赤壁游览，良辰、美景俱备，嘉宾、贤主相得，于是东坡兴会淋漓，写下了传诵千古的前、后《赤壁赋》。闻一多评张若虚的《春江花月夜》说："在这种诗面前，一切的赞叹是饶舌，几乎是亵渎。"东坡的前、后《赤壁赋》也是如此，与其饶舌或亵渎，不如让读者直面原文。林语堂在《苏东坡传》中只把两篇赋的大意译成英文，此外几乎不置一词，真是绝顶聪明的做法。笔者不够聪明，仍想稍微饶几句舌，但仅作串讲而不予赞叹，希望不至于亵渎了东坡。

金·武元直　赤壁图　台北故宫博物院

《赤壁赋》全文如下：

　　壬戌之秋，七月既望，苏子与客泛舟游于赤壁之下。清风徐来，水波不兴。举酒属客，诵明月之诗，歌窈窕之章。少焉，月出于东山之上，徘徊于斗牛之间。白露横江，水光接天。纵一苇之所如，凌万顷之茫然。浩浩乎如冯虚御风，而不知其所止；飘飘乎如遗世独立，羽化而登仙。于是饮酒乐甚，扣舷而歌之。歌曰："桂棹兮兰桨，击空明兮溯流光。渺渺兮予怀，望美人兮天一方。"客有吹洞箫者，倚歌而和之，其声呜呜然，如怨如慕，如泣如诉。余音袅袅，不绝如缕。舞幽壑之潜蛟，

舟舉匏尊以相屬寄蜉
蝣於天地渺浮海之一粟
哀吾生之須臾羨長江云
無窮挾飛仙以遨游抱
明月而長終知不可乎驟
得託遺響於悲風蘇子
曰客亦知夫水與月乎逝者
如斯而未嘗往也盈虛者
如彼而卒莫消長也蓋將
自其變者而觀之則天地
曾不能以一瞬自其不變
者而觀之則物與我皆無
盡也而又何羨乎且夫天地
之間物各有主苟非吾之
所有雖一毫而莫取惟

宋·苏轼　书前赤壁赋　台北故宫博物院

泣孤舟之嫠妇。苏子愀然，正襟危坐，而问客曰："何为其然也？"客曰："'月明星稀，乌鹊南飞。'此非曹孟德之诗乎？西望夏口，东望武昌。山川相缪，郁乎苍苍。此非孟德之困于周郎者乎？方其破荆州，下江陵，顺流而东也，舳舻千里，旌旗蔽空，酾酒临江，横槊赋诗，固一世之雄也。而今安在哉？况吾与子渔樵于江渚之上，侣鱼虾而友麋鹿。驾一叶之扁舟，举匏尊以相属。寄蜉蝣于天地，渺沧海之一粟。哀吾生之须臾，羡长江之无穷。挟飞仙以遨游，抱明月而长终。知不可乎骤得，托遗响于悲风。"苏子曰："客亦知夫水与月乎？逝者如斯，而未尝往也。盈虚者如彼，而卒莫消长也。盖将自其变者而观之，则天地曾不能以一瞬；自其不变者而观之，则物与我皆无尽也，而又何羡乎？且夫天地之间，物各有主，苟非吾之所有，虽一毫而莫取。惟江上之清风，与山间之明月，耳得之而为声，目遇之而成色，取之无禁，用之不竭，是造物者之无尽藏也，而吾与子之所共适。"

客喜而笑，洗盏更酌。肴核既尽，杯盘狼藉。相与枕藉乎舟中，不知
东方之既白。

　　后人绘《赤壁图》，往往在东坡的舟中画上黄庭坚与佛印，[1] 其
实这两人都没有到黄州与东坡同游的经历。东坡赋中那位吹箫之客
是杨世昌，他原是绵州（今四川绵阳）武都山的道士，与东坡谊属
同乡。杨世昌是个出家人，就像闲云野鹤一般的悠闲自在，这年夏
季他云游庐山，顺路到黄州看望东坡。杨世昌多才多艺，既通星相
历法，又善画山水，更擅长弹琴、吹箫，东坡与他一见如故。七月
十六日，东坡邀了几位朋友泛舟于赤壁之下，杨世昌也带上洞箫一同
前往。面对着伟丽的江山与知心的朋友，东坡心情愉快，不由得吟
起《陈风·月出》："月出皎兮，佼人僚兮。舒窈纠兮，劳心悄兮！"
仿佛受到东坡的召唤，一轮明月从东山顶上冉冉升起。月光下的景
物披上了一层薄纱，江面变得更加辽阔、苍茫，一叶孤舟便出没在
万顷烟波之中。东坡与客人都飘飘然有神仙之概，杨世昌随即吹箫
助兴。不料箫声呜咽，东坡愀然变色，诘问杨世昌为何箫声如此
悲凉，于是引出了主客二人的一番对话。主客对话本是从汉赋以来
一脉相承的传统写法，但东坡笔下却能推陈出新。与《念奴娇·赤
壁怀古》一样，《赤壁赋》中也充满了复杂的情愫，主客两人的一番
对话其实都是东坡的内心独白。不同的是，东坡缅怀的古人从周瑜
变成了曹操。在赤壁之战发生的前夕，曹操亲率十万雄师沿江东下，
这位"昼携壮士破坚阵，夜接词人赋华屋"的一世之雄对着滔滔大
江横槊赋诗，是何等的威武雄壮、风流潇洒！但如今安在哉？名垂

[1]　清人宋长白云："今画家作赤壁图，不画道士，而画一僧，指为佛印，且又指一人为黄山谷，
　　不知何所据耶？"（《柳亭诗话》卷二一）

青史的英雄尚且如此，更不用说我辈混迹于渔樵的普通人了。相对于千年流淌不尽的长江和亘古如斯的明月，人身是多么的渺小，人生又是多么的短促！然而此时的东坡已暂时搁置了儒家建功立业的淑世情怀，他转而用庄子的相对论的眼光来看待宇宙万物。江水东去，昼夜不息，然而万里长江依然在原地奔流。月圆月缺，变幻不定，然而无论光阴如何流逝，那轮明月何尝有半点减损？世间万物均同此理：从变化的角度来看，连天地都是瞬息万变的不定之物；从不变的角度来看，我们与外物都是永恒的存在，又何必羡慕长江和明月呢？

《后赤壁赋》全文如下：

是岁十月之望，步自雪堂，将归于临皋。二客从予，过黄泥之坂。霜露既降，木叶尽脱。人影在地，仰见明月。顾而乐之，行歌相答。已而叹曰："有客无酒，有酒无肴，月白风清，如此良夜何？"客曰："今者薄暮，举网得鱼，巨口细鳞，状似松江之鲈，顾安所得酒乎？"归而谋诸妇。妇曰："我有斗酒，藏之久矣，以待子不时之须。"于是携酒与鱼，复游于赤壁之下。江流有声，断岸千尺。山高月小，水落石出。曾日月之几何，而江山不可复识矣。予乃摄衣而上，履巉岩，披蒙茸，

宋·乔仲常　后赤壁赋图　美国纳尔逊－阿特金斯艺术博物馆

踞虎豹，登虬龙，攀栖鹘之危巢，俯冯夷之幽宫。盖二客不能从焉。
划然长啸，草木震动，山鸣谷应，风起水涌。予亦悄然而悲，肃然而恐，
凛乎其不可留也。反而登舟，放乎中流，听其所止而休焉。时夜将半，
四顾寂寥，适有孤鹤，横江东来，翅如车轮，玄裳缟衣，戛然长鸣，
掠予舟而西也。须臾客去，予亦就睡，梦一道士，羽衣翩跹，过临皋
之下，揖予而言曰："赤壁之游乐乎？"问其姓名，俯而不答。呜呼噫嘻，
我知之矣！畴昔之夜，飞鸣而过我者，非子也耶？道士顾笑，予亦惊悟。
开户视之，不见其处。

东坡作文，变化多姿，即使是同样的题材，也定会有不同的主
题和表现形式，两篇《赤壁赋》堪称典范。东坡后一次携友游览赤
壁在数月之后，时已入冬，景物萧瑟，唯一不变的是天上的明月，
于是便从明月写起。是夜东坡已准备回家了，因为"霜露既降，木
叶尽脱"的萧条冬夜并不是出游的好时机。然而行走在黄泥坂上的
东坡看到自己的人影，抬头一望，正见明月当天，觉得不该辜负了

如此的良夜。正巧同行的客人在黄昏时分刚捕得一尾鳜鱼，[1]夫人王闰之又很凑趣地取出一斗收藏已久的好酒，于是东坡就兴冲冲地带着酒肴，重游赤壁。冬季江水大落，原来没在水中的岩石顿现峥嵘，耸立岸边的赤壁变得更加峭拔。距离上次游览才过了三个月，江山风景居然面目全非了！于是东坡舍舟登岸，挽起衣襟，攀上赤壁危崖，俯视幽深的江水。他在山顶上独立长啸，四周的山谷回声震荡，划破了夜空的寂静。他忽然觉得寂寞与恐惧，便下山回到船上，解开缆绳，让船随意漂流。半夜时分，一只孤零零的仙鹤从江东飞来，它戛然长鸣，掠过船头向西飞去。不久客人辞去，东坡也就入睡，他梦见一位身穿羽衣的道士，问他此游兴致如何。与前赋不同，《后赤壁赋》中仅有写景叙事而没有一字一句的议论。然而这仅仅是一篇普通的游记吗？当然不是，全文的叙事由真入幻，开头像一段洋溢着生活气息的纪实小品，结尾却是充满了梦幻色彩的浪漫遐想，分明是富有象征意义的比兴手法。然而此赋究竟蕴藏着什么意义呢？它是否包含着深刻的人生哲理呢？在萧瑟的冬夜乘舟游于绝壁之下，还独自一人攀上险峻陡峭的山崖，东坡究竟在寻求什么？那种"悄然而悲、肃然而恐"的心情真是山鸣谷应的夜景所引起的，还是折射着他对现实社会的某种感受？让小舟在江中放任自流，与《庄子》中所描摹的无心触物的"虚舟"有无关系？玄裳缟衣的仙鹤与羽衣蹁跹的道士究竟是一是二，这个超凡脱俗的意象是否象征着可望而不可即的自由境界？我们说不清楚，但我们感受得到，东坡在写景叙事之外别有寄托，这是一位智者面对着江山风月所悟出的人生的真谛。它不可言说，但其意无穷。

---

[1]　朱翌《猗觉寮杂记》卷三云："《后赤壁赋》：'举网得鱼，巨口细鳞，状似松江之鲈。'多不知为何等鱼。考之乃鳜也。《广韵》注'鳜'：'巨口细鳞。'《山海经》云：'鳜，巨口细鳞，有斑彩。'以是知东坡一言一句，无所苟也。"朱氏推测合理，故从之。

◇ 四 "东坡五载黄州住"

古语说得好："艰难困苦，玉汝于成。"五年的黄州生涯不仅为东坡的诗文注入了新的活力，而且使他的人生态度更加坚毅、沉稳。从这个意义上说，不仅"东坡居士"这个别号产生于黄州，连东坡这个人物也是诞生在黄州。

黄州并非真正的世外桃源，东坡也不是真正的世外高士。经历了乌台诗案的东坡毕竟不是从前那个心高气傲、睥睨公卿的英迈朝士了，一百三十个铁窗生涯的日日夜夜在他心灵上留下了沉重的阴影。几年前沈括将东坡"词皆讪怼"的诗稿上呈神宗，东坡听说后还与刘恕开玩笑说："这下不用发愁没人进呈皇上了！"如今的东坡不再有那样的豪情逸致了，他来到黄州后不敢多写诗文，故人沈辽求东坡为其诗集作序，又求为其所居的"云巢"作记，蜀中的中江（今四川中江）县令程建用来信求作亭记，东坡一概谢绝。好友滕元发来信请他写一篇《萧相楼记》，东坡回信推辞说："记文固愿挂名，岂复以鄙拙为解。但得罪以来，未尝敢作文字。"后来成都胜相院的僧人来求他作《经藏记》，东坡屡辞不得，勉强写了，还写信给滕元发说明理由："《经藏记》皆迦语，想酝酿无由，故敢出之。"蔡承禧捐资助建的南堂落成后，东坡作《南堂五首》以志喜并寄给蔡承禧，还附言"乞不示人"。友人傅尧俞遣人来求近作，东坡亲书《赤壁赋》寄之，但叮嘱他"深藏不出"。即使是给弟子写信，东坡也担心会惹来什么意外，他曾给李之仪写了一封长信，结尾再三叮咛："自得罪后，不敢作文字。此书虽非文，然信笔书意，不觉累幅，亦不须示人。必喻此意！"东坡的恐惧心理并不是杯弓蛇影，而是有真实原因的。李定等人眼睁睁地看着东坡逃脱了死罪，哪肯善罢甘休？元丰三年（1080）十二月，朝廷使淮南转运使追查东坡在徐州任上没有及时觉察李铎、郭进等人谋反一事，已到黄州一年的东坡上奏申辩，说明了当时曾派程棐缉盗的事实，但直到次年七月才降旨免罪。其实东坡在李铎起事前早就专门上书陈述当地的治安态势，并献治盗之法，可谓未雨绸缪，但李定等人蓄意谋害东坡，吹毛求疵，捕风捉影，无所不用其极。在这种形势下，东坡岂敢掉以轻心。东坡自比"惊起却回头"的孤鸿，绝不是无病呻吟。后人往往过分夸大了东坡性格中旷达乐观的一面，甚至误认为他在黄州时也总是心情愉快。其实东坡曾在给赵晦之的信里明言："处患难不戚戚，只是愚人无心肝尔，与鹿豕木石何异！"

然而东坡素来把范仲淹的名言"先天下之忧而忧"当作座右铭，他身在黄州的山巅水涯，其心却无时不在关心着朝政和国事。元丰四年（1081），西夏发生内讧，宋王朝乘机伐夏，经王珪、蔡确等人议定，分兵五路大举进攻西夏。没想到小胜之后，灵州（今宁夏青铜峡）、永乐（今陕西米脂西北）两次大败接踵而至，数十万人全军覆没。东坡对这场战事非常关心，曾写信问滕元发说："西事得其详乎？虽废弃，未忘为国家虑也。"等到败讯传来，东坡悲愤交加，他不敢有所议论，便借着书写友人张舜民诗作的机会哀悼阵亡将士："白骨似沙沙似骨，将军休上望乡台！"东坡已经没有资格向朝廷贡献意见，便用间接的方式予以表达，他曾多次为人代拟奏章，还曾写信给章惇说徐州地处南北襟要，自古就是用武之地，但是"兵卫微弱"，提醒官居参知政事的老友多予注意。泸州附近的少数民族乞弟叛乱，东坡写信给淮南转运副使李琮，详细论述讨平乞弟的方略，指出必须恩威并用，方能事半功倍，并让李琮转告朝廷。

当然，此时东坡更多的注意力转向了民间疾苦。东坡一向关注民生，他在各地做官时常常深入穷乡僻壤访贫问苦。但是身为通判或知州的东坡即使轻车简从、态度和蔼，也难以深入到百姓中间。

他在徐州时曾到农村劝农，那些村姑们虽然没有躲进闺房，但她们匆匆地抹上红妆，穿着节日才穿的茜罗裙，簇拥在篱笆门口"看使君"，她们是不会对这位贵客说出心里话的。如今的东坡不同了，他已经混迹于渔樵农夫之间，正像他写给李之仪的信中所说："得罪以来，深自闭塞。扁舟草履，放浪山水间，与渔樵杂处，往往为醉人所推骂，辄自喜渐不为人识。"既然喝醉的平头百姓胆敢"推骂"东坡，既然邻居的老农敢于指点东坡如何种麦，他们与他交谈时就不会有任何顾忌。于是东坡真正地深入民间，他终于能近距离地仔细观察百姓的衣食住行和悲欢休戚了。

黄州有很多渔民，他们以江河为田，以鱼虾为粮，全家人都住在搭建在木排上的竹棚里，活像是一群食鱼为生的水獭，当地人称呼他们为"鱼蛮子"。有一天东坡遇到一个"鱼蛮子"，便饶有兴趣地与他交谈一番，结果发现他们的生活非常艰辛。由于长年生活在狭小低矮的竹棚里，鱼蛮子的个子都很矮小，而且一个个弯腰驼背的。他们正是没有田地可以耕种，才不避寒暑生活在风雨飘摇的水面上。他们最怕朝廷下令对渔舟征收赋税，所以再三叮嘱东坡不要告诉朝中那些善于聚敛的大臣！

黄州还有"溺婴"的陋俗。元丰五年（1082）正月，寓居武昌的蜀人王天麟来访，偶然说起岳州、鄂州一带的百姓一般只养育二男一女，如再有生养，就在婴儿刚落地时浸在冷水里淹死，女婴惨遭溺死的尤其多。有些父母溺婴时心有不忍，便转过身去，闭着双眼用手按住浸在水里的婴儿，婴儿咿咿哑哑的挣扎好一阵才断气。东坡听说后，难过得几天吃不下饭，他做梦都没想到会有这样的人间惨剧！于是他立即写信给鄂州知州朱寿昌，希望他运用官府的力量严厉禁止这个陋俗。后来东坡又发现原来黄州也有"溺婴"之习，便与热心肠的古耕道商议，由古耕道出头组织了民间慈善团体"育儿会",向本地富户募捐,每户每年出钱十千,多捐不限。东坡虽然囊中羞涩,也带头认捐十千。募来的钱款用以购买粮食、布匹、棉絮等育婴用品,然后寻访那些无力抚养婴儿的穷苦人家,给予救济,以阻止溺婴。东坡认为,只要婴儿落地几天内不被溺杀,则父母的恩爱已经产生,以后即使鼓励他们杀婴,也断断不肯下手了。果然,经过育儿会的努力,黄州的溺婴之风终于得以铲除。

东坡在黄州时经济拮据,处境艰难,若是常人,不知要如何的痛不欲生、怨天尤人,然而东坡却以随遇而安的心态对待逆境,以坚毅刚强的意志克服困难,他不但啸傲于赤壁风月,而且继续关心国计民生。人们都把东坡在黄州的行为归因于旷达的人生观,此说固然有理,但更重要的原因却是东坡的道德修养和淑世情怀。刚毅近仁,仁者必刚,高尚的道德修养和深挚的淑世情怀使东坡具有一副"铁石心肠"。他在黄州写给滕元发的信中自称:"平生为道,专以待外物之变。非意之来,正须理遣耳!"可见乌台诗案虽然来得非常突然,但东坡的内心却早储备了足以应对各种灾祸的精神力量。东坡刚到黄州时,好友李常来信安慰其不幸遭遇,东坡在回信中自表心迹说:

> 示及新诗,皆有远别悯然之意,虽兄之爱我厚,然仆本以铁心石肠待公,何乃尔耶?吾侪虽老且穷,而道理贯心肝,忠义填骨髓,直须谈笑于死生之际。若见仆困穷,便相于邑,则与不学道者大不相远矣。兄造道深,中必不尔,出于相好之笃而已。然朋友之意,专务规谏,辄以狂言广兄之意尔。兄虽怀坎壈于时,遇事有可尊主泽民者,便忘躯为之,祸福得丧,付与造物!

正因东坡具有如此心胸,他才能在艰难困苦的窘境中保持乐观旷达的潇洒风神，旷达仅为其表，坚毅才是其里。所以东坡在开荒种地的余暇并不一味地放浪山水、啸傲风月，他也抓紧时机读书、著书，那间四壁画满雪景的雪堂成为东坡这位"素心人"潜心学术的书斋。东坡对人说他在黄州"专读佛书"，其实他也认真地研读经史。有一次黄州的州学教授朱载上前来访问，家僮进去通报了，却不见东坡出来。朱载上在外等候了好久，东坡才匆匆走出，并道歉说刚才正在做当天的功课，故此耽搁了一会。朱载上没想到名满天下的东坡竟然还要做功课，便好奇地探问其内容。东坡说是手抄《汉书》。朱载上说像东坡这样的天才，读书过目不忘，哪里还用抄书？东坡笑着摇头，说他已是第三遍抄《汉书》了。他介绍其抄书的方法是，第一遍每一段落取三字为题，第二遍取两字为题，如今则取一字为题。东坡还让朱载上任意从书架上取下一册《汉书》，随意翻开一页，举出该段中的一个字，东坡便接着此字倒背如流。朱载上钦佩不已，他后来教训其子朱新仲说："东坡尚且如此刻苦，你这种中等天资的人岂能不下苦功！"东坡向来留意经学，他对王安石的《三经新义》非常不满，如今摆脱了公务的烦扰，便动手撰写《论语说》《易传》等著作。元丰五年（1082），东坡写完了《论语说》五卷，装订成册后寄给文彦博，托他保管书稿。《易传》本是苏洵未及完成的遗稿，东坡认为《易经》本是一部忧患之书，如今身在忧患之中，正好可以动手续写《易传》，但是全书要到十八年后南迁儋州时方才定稿。

由于东坡在黄州时不敢多作诗文，便把兴趣转移到填词和书画上来。东坡以前也喜爱书画，只是时间有限，不能多作。如今谪居多暇，前来求字求画的人又多，东坡几乎每天都要挥毫泼墨，如今留传世间的东坡墨迹，以写于黄州的为最多。东坡还慷慨地把书画作品随意赠人，在东坡写于黄州时期的书信中，涉及赠书赠画的不胜枚举。家住武昌的王齐愈有一个儿子名叫王禹锡，他酷爱东坡的书法，由于东坡常到王家做客，王禹锡是个年轻人不知顾忌，便任意向东坡乞求墨宝。三年下来，他居然积储了两大箱的东坡墨迹。后来王禹锡要到汴京进太学读书，临行前把收藏东坡墨迹的两口箱子牢牢地锁好，再交给父亲保管，弄得王齐愈哭笑不得。东坡在黄州饱看了风雨晦明中竹丛树林的各种姿态，他的画技有了长足的进步，笔下的枯木、竹石深得自然之趣。有一天东坡渡江到王齐愈家做客，乘着酒兴挥毫画竹数幅。有人问他为何画中之竹如此清瘦，东坡作词回答说："记得小轩岑寂夜，廊下，月和疏影上东墙。"原来他是参照着月光下的竹影作画的，难怪一枝一叶无不栩栩如生。当然，东坡笔下那些挺拔瘦劲的竹子和夭矫盘曲的枯木其实是自我人格的外化，这正是文人画最宝贵的内在精神。

东坡在黄州写信告诉老友王巩："文字与诗，皆不复作。"他没有提到词，是否偶然的疏忽呢？不是的，东坡在黄州作文作诗都比较少，只有词的数量不减反增。东坡一生中写诗的时间长达三十九年，平均每年作诗超过六十首。东坡一生中写词的时间有二十九年，平均每年作词仅有十首。他在黄州生活了四年零三个月，平均每年作诗不足四十三首，低于一生的平均数。但此期每年所作的词却多达十九首，远高于一生的平均数。尤其值得注意的是，东坡在黄州所写的七十九首词中，名篇之多，远非其他时期可比，黄州堪称东坡词创作的巅峰时期。由于词在当时人的眼里只是遣情娱兴的小道，它不会包含什么政治内涵或重大意义，所以乌台诗案中受到追查的作品全都是诗文，即使是刻意要对东坡文字吹毛求疵的御史们也没有到东坡的词作中去寻找什么罪证。这样，当东坡怀着忧谗畏讥的心情来到黄州后，词就成为他抒情述志的最佳文体了。元丰五年（1082）三月，东坡前往蕲水访友，在途中夜饮酒家，醉后踏着月光走到一条溪桥上，酒力发作，就在桥畔倒头便睡。次日清晨醒来，在桥柱上题了《西江月》一首：

> 照野弥弥浅浪，横空隐隐层霄。障泥未解玉骢骄，我欲醉眠芳草。
>
> 可惜一溪风月，莫教踏碎琼瑶。解鞍欹枕绿杨桥，杜宇一声春晓。

东坡到达蕲水以后，与友人同游清泉寺，发现一条清澈见底的兰溪竟然向西而流，不由得联想起那有名的古诗"百川东到海，何时复西归。少壮不努力，老大徒伤悲"，又想起白居易的诗句"黄鸡催晓丑时鸣，白日催年酉时没"，便写了一首《浣溪沙》：

> 山下兰芽短浸溪，松间沙路净无泥，潇潇暮雨子规啼。
>
> 谁道人生无再少，门前流水尚能西，休将白发唱黄鸡！

这两首词的内容和主题都是很适宜用诗来表达的，东坡却以词代诗，这分明是有意识的文体选择。当然，这也说明东坡在任何环境中都保持着旺盛的创作热情，诗也好，词也好，只是他倾吐心声的不同文学样式而已。

东坡在黄州一住五年，但他始终是朝野注目的人物。元丰六年（1083）四月，曾巩逝世。恰巧东坡这年春天害了红眼病，已有一个多月闭门不出，于是人们纷纷相传东坡与曾巩同日而死。消息传到汴京，神宗向正在身边的蒲宗孟打听，蒲说外面是有这个传说，但不知真假。正要吃饭的神宗放下饭碗，连声叹息说："人才难得，人才难得！"后来方知消息不确神宗便有起用东坡之意。元丰七年（1084）正月，神宗亲书手札："苏轼黜居思咎，阅岁滋深，人才实难，不忍终弃。"并下诏改授东坡汝州团练副使，也就是让东坡"量移"得离汴京近一些，有人认为这是将要起用东坡的一个信号，其实不确。东坡离开黄州后沿江东下，曾于真州、南都一带徘徊数月之久，其间数度上表乞求于常州居住，皆无回应。假如神宗果真想起用东坡，何必如此拖延？到了元丰八年（1085）正月，朝廷终于下旨授东坡为"检校尚书水部员外郎、汝州团练副使、不得签书公事、常州居住"，四十天后神宗就去世了。日后子由为东坡作《墓志铭》称东坡请求居常之表"朝入，夕报可，士大夫知上之卒喜公也。会晏驾，不果复用"，只是为尊者讳而已。事实上神宗并无起用东坡之意，更说不上什么"卒喜公"。神宗的最后决定是让年已半百的东坡顶着与"黄州团练副使"并无二致的虚衔"居住"于常州治下的宜兴乡村，实质就是终身废弃不用。就像公开承认东坡是"奇才"的李定一心置东坡于死地一样，承认东坡"人才实难"并不影响神宗禁止东坡重返朝廷。当然，对于东坡来说，量移汝州的朝廷诰命毕竟让他获得了部分的人身自由，他终于可以离开谪居五年的黄州了。消息传开，人们纷纷为东坡饯行，前来求字求画的人更是络绎不绝，东坡一一应承，忙得不亦乐乎。借住了四年的临皋亭和借种的荒地当然要归还给官府，东坡自己建造的雪堂则留给好学的潘大临、大观兄弟居住。东坡又委托潘丙照看乳母任采莲的坟墓，让那位慈祥的老人安宁地长眠于此。四月上旬的一天，东坡率领全家离开黄州前往武昌。他们在茫茫夜色中渡过长江，突然，从江北的黄州城传来了隐隐的鼓角之声，这声响夹杂在澎湃的江涛声中，显得格外悲壮，但在东坡耳中，这熟悉的鼓角声是多么亲切！黄州，这座早被东坡认作第二故乡的小山城，它在东坡的人生历程中是多么重要的一座里程碑啊！

◆ 第九章　东坡在惠州、儋州

　　元祐八年（1093）九月初，垂帘听政长达八年的太皇太后高氏病逝，十七岁的哲宗开始亲政，朝中政局又酝酿着巨大的变化。元祐年间的大臣，尤其是宰相司马光、吕公著、吕大防、范纯仁、刘挚、苏颂等人，在政治上都倾向旧党，凡事都奏请高太后断决，丝毫不把十来岁的哲宗放在眼里。由于"元祐更化"是以"母改子政"的形式出现的，等于是宣布了神宗新政的死刑，这就埋下了日后重新肯定神宗之政的再度变更的隐患。加上哲宗登基后一直受到高太后和众大臣的冷落，心中愤懑不平，更会产生要与元祐之政反其道而行之的逆反心理。东坡对此早有预感，元祐元年（1086）司马光大刀阔斧地废除新法的时候，东坡便提醒他要预防后患，可惜司马光根本不听，还厉声说："天若祚宋，必无此事！"八年转瞬即逝，局势的变化不幸为东坡所料中。高太后一死，隐忍多年的狂童宋哲宗立即发动"绍述"，即全面恢复神宗之政。东坡在高太后逝世前就已获准出知定州，九月下旬出京前，请求面辞哲宗，没想到他亲自教诲多年的少年皇帝竟然拒绝接见。东坡只好留下一封奏章劝谏哲宗切勿"轻有改变"，他预感到一场更加猛烈的政治风暴即将来临。果然，次年闰四月，正在定州的东坡便接到了"以左朝奉郎知英州军州事"的谪命，踏上了南迁的漫长道路。东坡在南迁途中又连续接到"再降左承议郎知英州军州事""合叙复日不得与叙、仍知英州""落左承议郎、责授建昌军司马、惠州安置、不得签书

公事"和"落建昌军司马、贬宁远军节度副使、惠州安置"的四道
诏命。短短的五个月内竟然连下五道诏命，不但把东坡的品级一降
再降，而且连东坡根本来不及赴任的实授的英州（今广东英德）知
州和虚授的建昌军（今江西南城）司马等职也先授后革，可见章惇
等人打击政敌时不择手段、气急败坏的疯狂程度。正是在这种黑云
压城的险恶形势中，东坡走向了另外两个贬谪地——惠州和儋州。

◇ 一　南迁途中

　　王闰之已于元祐八年（1093）八月在汴京去世，当东坡接到南
迁之命后，便以年近花甲的老家长的身份独自带领着一大群儿孙离
开定州动身南下。英州远在岭南，是世所公认的瘴疠之地，东坡不
想把全家人都带到那里去，于是他绕道汝州，与刚被谪为汝州知州
的子由相晤，并向弟弟请求接济。子由慷慨解囊，赠给东坡七千
贯钱，帮助兄长安排全家的生活。东坡此前曾在宜兴购置了一点田
产，于是决定让长子苏迈带领部分家人回宜兴居住。六月东坡来到
江宁，遵照王闰之的遗嘱，把她生前佩戴过的首饰施舍给清凉寺，
并绘了佛像一并护送入寺，以此追荐与他患难与共的贤妻。一家人
在此挥泪分手，苏迈带领妻小与老弱家仆东归宜兴，东坡率其余的
家人继续前往英州。半个月后，东坡到达当涂（今安徽当涂），接
到朝廷的第四道命，他的贬谪地由英州改为更加荒远的惠州，官
职也由实授的知州改成"不得签书公事"的虚衔罪官。东坡觉得形
势越来越险恶，他不想让儿孙都跟随自己到惠州去经受折磨，便临
时改变计划，让儿孙们都回宜兴去与苏迈一起生活。两个儿子与儿
媳都哭着请求与老父亲同行，经过再三商议，东坡决定只带幼子

苏过、侍妾朝云和两个女仆继续南下，其余家人包括苏迨一房以及苏过的妻儿都返回宜兴。苏迨临行前对白发苍苍的父亲依依不舍，东坡亲自书写了从前写的六篇赋，赠给这个擅长楚辞体的次子以作纪念。

八月初，东坡一行来到彭蠡湖边，在一个名叫"分风浦"的地方泊船刚定，夜已三更。突然岸上人声鼎沸，火光冲天，一拨官军冲到岸边，声称奉命前来收缴东坡乘坐的官船。此地荒无人烟，根本无法租到私人船只，如果缴去官船，东坡如何渡过烟波浩渺的彭蠡湖呢？于是东坡与带队的官员好言商量，请求宽限半日，让自己连夜起程，待明天中午到了人烟稍稠的星子（今江西星子）再缴还官船。那个官员总算答应了这个请求，但是此地距离星子尚有很远的路程，半日之间如何能赶得到？东坡情急之下，便望空向龙神"济顺王"默默地祈祷，说自己久在江湖，与龙王算是故人，请求他速降顺风，让自己不至于露宿荒郊。说来也怪，东坡默祷刚毕，突然狂风大作，艄夫赶紧升帆，船便箭一般的飞驶而去。次日中午，东坡已经经过星子到达豫章（今江西南昌），于是缴还官船，改租私船继续南下。东坡的这段经历见载于惠洪的《跋顺济王记》，但也可能是百姓出于对东坡的同情而杜撰出来的一个故事。

八月七日，东坡的船进入赣江。赣江长三百八十里，中间要经过十八处险滩，其中尤以惶恐滩最为险恶，过往的舟船倾覆无数。幸而今夏雨水充沛，江水上涨，由暗礁引起的鱼鳞状波纹稍微减少。风劲帆鼓，船便箭一般地冲过了这处令人毛骨悚然的险滩。东坡面对着湍急的江水，顿生乡思，并由"惶恐滩"的地名联想起蜀道上的"错喜欢铺"，百感交集，便作诗一首：

七千里外二毛人，十八滩头一叶身。山忆喜欢劳远梦，地名惶恐泣孤臣。长风送客添帆腹，积雨浮舟减石鳞。便合与官充水手，此身何止略知津！

　　九月，东坡翻越大庾岭。大庾岭从古以来就是内地与岭南的分界线，从中原南下越过此岭，便进入蛮荒瘴疬的地区了。北宋建国以来，素有不杀大臣的惯例，臣子犯罪，贬谪岭南就是最重的惩罚。元祐四年（1089），蔡确在安州作"车盖亭诗"，谏官奏称蔡诗内含讥刺高太后之意。高太后大怒，大臣文彦博等主张把蔡确贬往岭南。东坡向高太后上了一道密奏，认为若深罪蔡确，有累太后仁德之名，宜由皇帝下诏逮捕治罪，再由太后下诏赦免之。宰相范纯仁也对另一位宰相吕大防说："我朝自从乾德以来，从来没有大臣被贬至岭南，经过大庾岭的道路长满荆棘已有七十年了。如果在我们的手上把此路重新开启，万一将来政局有变，只怕我们自己会重蹈覆辙！"可惜朝廷未能听从东坡与范纯仁的意见，蔡确仍被贬往岭南的新州（今广东新兴）。如今新党卷土重来，章惇、安焘等人出任宰执，对旧党进行疯狂的报复，在短短的一两个月里，便将"元祐党人"三十多人全部贬往边远地区。奇怪的是，从未担任过宰执重位，也从未对新党有过任何过激行为，且与哲宗有"八年经筵之旧"的东坡竟成为远贬岭南的第一人。东坡觉得眼下的朝廷已经失去了理智，是非忠奸已失去了标准，自己曾在那个污浊不堪的红尘世界中度过了几十年，如今该是宠辱两忘、得失俱泯的时刻了。于是东坡消除了忠而见谤的怨愤之心，也泯灭了垂老远谪的悲愁之感，他决心斩断前缘，追求精神上的新生。他傲然挺立在大庾岭上，朗声高吟道："一念失垢污，身心洞清净。浩然天地间，惟我独也正。今日岭上行，身世永相忘。仙人抚我顶，结发受长生。"

　　大庾岭上果然人迹罕至，草木繁密。东坡一行在林间穿行，忽然看见两个道人，他们一见来客，便匆匆避入林中的一所茅屋。东坡认为两人定是异人，便对押送的使臣建议跟过去看看。果然两位道人都气宇不凡，他们询问东坡是何人，使臣回答是"苏学士"。两人又问："莫非是苏子瞻？"使臣点头称是，还说："苏学士的得是由于文章，其失也是由于文章。"道人相视而笑，说："文章哪里会懂什么荣辱，倒是富贵从来都是靠不住的。"东坡听了深以为然，他叹息说："何处的山林里没有有道之士啊！"

　　几天之后，东坡来到韶州（今广东韶关）的曹溪边，走进了心仪已久的南华寺。南华寺是六祖慧能开坛讲法的宝刹，堪称禅宗圣地，寺中的住持重辩长老初逢名闻天下的东坡，相见恨晚。两人论禅说理，终日不厌。重辩还抓住这个好机会，请东坡大书"宝林"二字作为寺门匾额。东坡的父母亲和妻子王闰之都崇佛，弟弟子由尤喜研读佛典，受他们的影响，东坡一向对佛教怀有好感，与禅宗"五家七宗"中的云门、临济两宗都有很密切的关系。随着人生阅历的加深和人生坎坷的加剧，东坡越来越深地浸润于佛教思想，并对那种神秘的宗教境界产生了越来越浓的亲切感。如今他亲身来到南华寺，当面礼拜藏有六祖真身的大鉴塔，不觉感动得泪如雨下。东坡想起了关于六祖慧能与惠明的一番问答：当年慧能得到了五祖弘忍秘密传予的衣钵，南行至大庾岭，被军官出身的惠明追上。惠明向慧能求法，慧能问惠明："不思善，不思恶，正与么时，哪个是明上座本来面目？"惠明听了顿时大悟，回答说："惠明虽在黄梅，实未省自己面目。今蒙指示，如人饮水，冷暖自知。"[1]是啊，万法无常，生灭之速有如闪电。自己本是三世修行之人，只因一念之失，才被

[1]　见《六祖大师法宝坛经（曹溪原本）·自序品第一》。按：惠明，在法海本《坛经》中作惠顺，然法海本中尚无此段对话，东坡在《南华寺》一诗中明言"明上座"，故知东坡所读之《坛经》当为曹溪原本，也即契嵩本。

责谴到尘世来受苦，何不早日皈依净界，潜心向佛，以恢复自身的本来面目？

又过了数日，东坡来到清远县（今广东清远），此行的目的地惠州已遥遥在望了。东坡遇到一位姓顾的秀才，便向他打听惠州的风土。顾秀才告诉东坡，惠州气候宜人、物产丰富："江云漠漠桂花湿，海雨翛翛荔枝然。闻道黄柑常抵鹊，不容朱橘更论钱。"唐代韩愈南谪潮州（今广东潮州），走到泷江（今广东罗定）时向驿馆小吏询问潮州的情况，小吏的一番话使韩愈谈虎色变："下此三千里，有州始名潮。恶溪瘴毒聚，雷电常汹汹。鳄鱼大于船，牙眼怖杀侬！"潮州与惠州都濒临南海，其风物竟会如此天差地别？莫非是那位"泷吏"居心不良，故意渲染潮州的蛮荒可怕来吓唬韩愈；而这位顾秀才却心地善良，有意美化惠州来安慰东坡？还是韩愈本人心怀恐惧，故而对潮州视若畏途；而东坡却心胸旷达，故而把惠州想象得十分美好？我们说不清楚，我们只知道东坡于十月二日到达惠州后，发现那里的人情比风物更加美好，风尘仆仆的东坡受到父老们的热情欢迎，连当地的官吏也来嘘寒问暖，他们不明白大名鼎鼎的苏学士为何被放逐南来。东坡大感欣慰，仿佛他不是飘泊到举目无亲的异地，而是回到了阔别多年的故乡，便作诗志喜：

仿佛曾游岂梦中，欣然鸡犬识新丰。吏民惊怪坐何事，父老相携迎此翁。苏武岂知还漠北，管宁自欲老辽东。岭南万户皆春色，会有幽人客寓公！

◇ 二 "报道先生春睡美"

　　东坡虽是朝廷发配来的流人,惠州知州詹范却对他以礼相待。说来也巧,詹范与已故的黄州知州徐大受原是挚友,也许他早就从亡友那里了解到东坡的为人,所以他也与徐大受一样,对发配到自己管辖地区的东坡视若亲友。他不顾新党权臣的熏天气焰,先让旅途劳顿的东坡在三司行衙的合江楼里住下。这合江楼位于东江与西江的汇流之处,朱甍雕栏,背山面江,东坡推开窗户,就可眺望到碧海青山,更不用说楼下奔流而过的清澈江水了。东坡深知自己的罪人身份,不宜久居官廨,为了不给地方上添麻烦,六天后便主动搬到对江的嘉祐寺去安身,借住在寺内的松风亭里。嘉祐寺的住房当然不如合江楼那么富丽,但是环境却更加清幽。东坡每天听听寺里的晨钟暮鼓,有时也在寺后的小山上漫步,觉得神清气爽。松风亭位于小山顶上,亭下遍植梅花。岭南地暖,十一月底梅花就盛开了。东坡对着这冰肌玉骨的满树梅花,不由得回想起当年初贬黄州,在蒙蒙细雨中路经春风岭,也看到满山遍野的梅花。难道这国色天香的梅花是专为安慰自己这个流人而开放的? 不同的是,当年的东坡忧愁填胸,对未来的人生道路感到茫然无措,如今的东坡却以"曾经沧海难为水"的平和心态看待即将降临的苦难,他已经炼就一副不忧不惧的金刚不坏之身了。松风亭所在的小山虽不高,但对于年近六旬的东坡来说,也很难一口气爬上山顶。有一次,东坡外出返家,才走到半山腰就觉得双腿酸软,抬头仰望,松风亭还在树林的末梢之上,不禁发愁何时才能到达亭子。忽然他改换了一种思路,顿时烦恼全消。东坡在一篇短文里记下了他的心态:

　　余尝寓居惠州嘉祐寺,纵步松风亭下。足力疲乏,思欲就床止息。

仰望亭宇，尚在木末，意谓如何得到？良久，忽曰："此间有甚么歇不得处？"由是心如挂钩之鱼，忽得解脱。若人悟此，虽两阵相接，鼓声如雷霆，进则死敌，退则死法，当恁么时，也不妨熟歇。

是啊，一切目标都是人们自己制定的，一切禁忌都是人们自己设置的，人们所以会焦虑、烦恼、忧伤、悲痛，都是由于他们把目标和禁忌看作固定的、僵死的、绝对不可更改的，因此自寻烦恼。假如认识到目标和禁忌都是可以改变的，那么解铃自有系铃人，任何困难都会迎刃而解，任何烦恼也就一扫而空了。

东坡在惠州时把这种人生观发展到了极致。在旁人看来，此时的东坡已经身陷绝境：他已臻垂暮之年，却以戴罪之身远贬南荒，不但还朝无望、返乡无期，而且家人也离散在万里之外。……凡此种种，人何以堪？但在东坡看来，上述的种种烦恼都不足挂齿。绍圣二年（1095）四月，东坡写信向道潜（参寥）叙述自己在惠州的生活：

> 某到贬所半年，凡百粗遣，更不能细说。大略只似灵隐天竺和尚退院后，却住一个小村院子，折足铛中罨糙米饭吃，便过一生也得。其余，瘴疠病人。北方何尝不病？是病皆死得人，何必瘴气？但苦无医药，京师国医手里死汉尤多。参寥闻此一笑，当不复忧我也。

具体到衣食住行的各项生活内容，东坡一概以这种态度对待之。东坡在惠州数度迁居，他刚到惠州时曾在合江楼住过几天，后来迁至嘉祐寺。到了绍圣二年（1095）三月，东坡的姐夫程之才以广南东路提点刑狱的身份到惠州巡察，在合江楼与东坡相晤。程之才得知东坡初来时曾经住过此楼，现在却栖身佛寺，就命令惠州的地方官让东坡搬回合江楼居住。从栖身寺院改成住进三司行衙的合江楼，旁人也许会觉得幸运，东坡却认为两者并无什么差别，他说：

> 绍圣元年十月二日，轼始至惠州，寓居嘉祐寺松风亭。杖屦所及，鸡犬相识。明年三月，迁于合江之行馆。得江楼廓彻之观，而失幽深窈窕之趣，未见所欣戚也。峤南岭北，亦何以异此？

惠州城小人贫，市场萧条，东坡又是初来乍到的流人，当然难以得到可口的饭菜，但是他善于苦中作乐，特意写信给子由，介绍他刚发明的一道佳肴：

> 惠州市井寥落，然犹日杀一羊。不敢与仕者争买，时嘱屠者，买其脊骨耳。骨间亦有微肉，熟煮热漉出（不乘热出，则抱水不干），渍酒中，点薄盐，炙微焦食之。终日抉剔，得铢两于肯綮之间，意甚喜之，如食蟹螯。率数日辄一食，甚觉有补。子由三年食堂庖，所食刍豢，没齿而不得骨，岂复知此味乎？戏书此纸遗之，虽戏语，实可施用也。然此说行，则众狗不悦矣！

东坡的这种生活态度的精神本质是什么？是什么思想源泉赋予东坡坚不可摧的精神力量？对此，人们众说纷纭：儒家、道家、佛家，或三教兼融。我认为东坡确实对儒、道、佛三家思想都曾汲取其精华为我所用，但他在兼收并蓄的基础上更进一步，从而创造了独特的人生观，东坡的人生观只属于他自己。道家本来是鄙视物质而独重精神的，老子对物质享受持批判态度，认为"五色""五音""五味"等享受会使人迷失本性。庄子既主张相对主义，认为美恶之间并无根本差别；又提倡"无待"，即摆脱对物质世界的依赖。佛家本来有禁欲主义的色彩，黄卷青灯的佛门弟子一心礼佛，对红尘世界中的物质享受无动于衷。以内心顿悟为宗旨的禅宗更是对外部世界不屑一顾，东坡到惠州后，他的方外之友佛印曾来信劝他："二三十年功名富贵转眄成空，何不一笔勾断？"连功名富贵都全无价值，更不用说区区的物质享受了。儒家虽然不摒弃精致的物质生活，但他们极端鄙视不符合道义的富贵荣华，崇尚"饭蔬食，饮水，曲肱而枕之"的俭朴生活，主张以"穷且益坚"的态度对待人生中的困境。东坡对上述思想都有所汲取，但又渗入了他自己对生活的独特领悟。东坡并不反对美好的衣食，要是惠州市井上能买到上好的羊肉，他肯定也会大快朵颐。但是在没有羊肉可吃的实际环境中，从羊脊骨上剔下来的一点"微肉"也能使他津津有味，以至于美如蟹螯。东坡并不泯灭物体间的差别，他很清楚合江楼有开阔显敞的景观，嘉祐寺则有幽深宁静的环境。但是他善于发现各种事物的异量之美，且能取其长而弃其短，所以在他看来，栖身寺院与借居官廨皆有可取之处。同理，岭南、岭北各有所长，居于岭北不必欢欣，居于岭南也无需悲伤。更重要的是，东坡有意忽略物质条件的差异不仅仅为了避免忧能伤人的恶果，也不仅仅出于对"士志于道而耻恶衣恶食者，未足与议也"的儒家信念的认同。由于东坡所遭受的艰难困苦全都来源于政敌的迫害，他的漠视苦难就意味着对黑暗势力的蔑视，他的安贫乐道就意味着对自身人格精神的坚持。绍圣三年（1096）八月，东坡在惠州的生涯已进入第三年，此时他的红颜知己朝云刚刚去世，东坡的处境简直是雪上加霜。可是当章质夫来信表示慰问时，东坡却回答说："数日前，飓风淫雨继作，寓居墙穿屋漏，草市已在水底，蔬肉皆缺。方振履而歌商颂，书生强项类如此，想闻此当捧腹掀髯一绝倒也！"[1]"书生强项"，这就是东坡直面苦难而发出的骄傲的宣言。

有意思的是，东坡的生活态度所传达出来的这种意义，远在汴京的章惇之流竟也有相当准确的领会，并有十分迅速的反应。绍圣四年（1097）初春的一天，东坡在嘉祐寺里美美地睡了一晚，次日作诗咏之：

> 白头萧散满霜风，小阁藤床寄病容。报道先生春睡美，道人轻打五更钟。

此诗传到汴京，章惇狞笑着说："苏子瞻竟还这么快活！"就立即下令把东坡贬往天涯海角的儋州。[2]可见东坡的乐观旷达其实是以刚毅坚韧为内核的，他在逆境中发出的爽朗笑声其实是对政治迫害的严正抗争。这种傲视苦难的笑声中当然包含着幽默感，但其精神内蕴却是对黑暗势力的不屈和抗争，所以幽默中蕴含着严肃的态度，潇洒中蕴含着坚毅的追求。这种笑声是东坡心态的真实流露，章惇气急败坏地把东坡再贬海南，他确实听出了东坡笑声中的含意。东坡的弟子黄庭坚说："子瞻谪岭南，时宰欲杀之。饱吃惠州饭，细和渊明诗。"他更加深刻地领会了东坡笑声的意义。

---

[1]《庄子·让王》记载曾参居卫时的生活状态："捉衿而肘见，纳履而踵决，曳縰而歌商颂，声满天地，若出金石。"东汉时洛阳令董宣不畏强暴，坚决不向纵奴作恶的湖阳公主俯首，被汉光武帝称为"强项令"。东坡用此二典，表示自己坚强不屈的意志。按：东坡用《庄子》此典时常将"曳縰"写作"振履"，如"商颂空振履"（《诸公饯子敦轼以病不往复次前韵》）、"何妨振履出商音"（《次韵郑介夫》）。翁方纲注后者云"句兼用《汉书》郑尚书履声事"，《汉语大辞典》"振履"条从而释东坡此句说："商音，指郑崇谏阻封傅太后以弟商事。"皆误。

[2]绍圣三年（1096）二月，程之才被召回京。同年四月，东坡自合江楼迁回嘉祐寺栖身。次年二月十四日，白鹤峰新居落成，东坡自嘉祐寺迁入新居，"春睡美"之诗当作于正月或二月的上半月。同年闰二月十九日，朝廷下旨贬东坡为琼州别驾，移昌化军安置。可见从东坡写诗到朝廷下旨，其间不足两月。

◇ 三　从惠州到儋州

　　东坡贬至惠州后，朝廷对元祐旧臣的迫害并未到此为止。章惇等人不断地施行各种新旧招数来加强对政敌的管束与迫害，例如严令地方官员不得优待逐臣，又如在朝廷颁行大赦令时公然宣告元祐臣僚永不赦免。对于东坡，章惇等人更有别出心裁的迫害手段。绍圣二年（1095），章惇故意委派与东坡有宿怨的程之才任广南东路提点刑狱，以行借刀杀人之计。绍圣四年（1097），章惇借口仁化与惠州相邻，撤销了苏迈即将赴任的仁化县令的职务，以免东坡得到儿子的照料。虽然章惇的毒计未能完全得逞，程之才以及惠州的前后两任知州詹范、方子容都对东坡照顾有加，邻近的广州的前后两任知州章质夫、王古，还有循州知州周彦质等，则是与东坡情义颇笃的旧雨新知，但是在当时的大气候和大环境中，东坡在惠州的处境仍是十分艰难的。此时的东坡毕竟已届垂暮之年，体弱多病，绍圣二年（1095）秋天痔疮发作，当地又缺医少药，东坡痛苦不堪，辗转呻吟长达一百天。后来他采纳一位道士的建议，用控制饮食的方法来治病，具体方法是禁止一切有滋有味的食物，每天只吃早晚两顿淡面，饿得不行时再稍微吃点胡麻茯苓粉，用"主人枯槁"的代价来换取病虫的"自弃去"。绍圣三年（1096）七月，与东坡相伴二十多年的朝云突然病逝。对东坡来说，这真是雪上加霜的沉重打击。生长于西子湖畔的朝云其实早在东坡南谪之前就有机会离去的，但她因敬爱东坡而自愿相随南迁，如今竟葬身于万里之外的蛮风瘴雨之地，这怎能不让东坡伤心欲绝。转眼到了重九，东坡独登白鹤峰远眺，只见黄茅弥望，大风一吹，起伏的草浪一直延伸到天边。朝云的坟墓就在远处丰湖畔的栖禅寺旁，那本是东坡常去盘桓的地方，可是如今他却不忍前去探看，他知道那儿只有寒鸦在树头哀鸣。

　　如果说痔疮发作给东坡带来肉体的痛苦，朝云病逝给东坡带来心灵的痛苦，那么屡次迁徙则给东坡带来了居无定所的无穷麻烦。东坡到惠州后，先在合江楼住了几天，然后移至嘉祐寺，五个多月后又搬回合江楼，住了十个月后又迁至嘉祐寺。原来绍圣三年（1096）正月，程之才被召将还，离开了这位地方大员的帮助，东坡势必不能继续借住公廨了。况且朝廷已明令元祐旧臣永不叙用，东坡北还的希望已经断绝，正好此时苏迈正在谋取岭南的差遣，东坡就盘算着乘此机会让两房儿孙都来惠州团聚，只留苏迨一房在宜兴生活，于是在惠州自建住房的事就迫在眉睫了。经过一番考察，东坡在惠州治下的归善县城东边的白鹤峰上找到一块空地。白鹤峰北临东江，那块空地原是白鹤观的旧址，早已夷为平地，附近仅有一两户人家，环境十分幽静。于是东坡买下此地，决心卜居于此，世世代代长作岭南人了。他与苏过仔细规划，反复讨论，确定需要建房二十间，才够一家老少居住。筹划已定，苏过就前往河源购买木材、雇请工匠，不久就开工建房。东坡要在白鹤峰建房的消息传出，知州方子容即慷慨解囊给予资助，惠州的百姓纷纷前来相助，连不问世事的僧人道士也赶来出力。东坡每天上山，亲自在工地上指挥、监工。经过将近一年的辛苦，白鹤峰新居终于落成了。

　　白鹤峰新居虽然比不上合江楼的富丽堂皇，但是它整饬雅洁，宜于家居。除了足够一家三代二十余口人安身的居室外，新居里还建有正厅"德有邻堂"和书斋"思无邪斋"。正厅相当宽敞，是东坡接待宾客的地方，故取名于孔子所说的"德不孤，必有邻"。其实白鹤峰上一共只有两家邻居：以酿酒为生的林行婆和老秀才翟逢亨，他们对东坡非常友好，东坡也常常信步走到他们家去访问。白鹤峰上没有水源，从前林、翟两家的饮水都需到山下的江边汲取。东坡家里人口多，就在新居里凿了一口井，并邀请邻居们共享井水。东坡已在惠州一带结交了不少好朋友，他盼望着此后可在这里与友人谈诗论书。新居刚落成，新任知州方子容就前来参观，成为走进"德有邻堂"的第一位嘉宾。"思无邪斋"是东坡读书作诗的地方，故取名于孔子对《诗经》的评语。书斋里开有宽大的窗户，推窗一望，几百里的江山烟云尽收眼底，好像是镶嵌在墙壁上的巨幅山水画。

绍圣四年（1097）二月，东坡派遣苏过前去迎接苏迈一行，自己则兴致勃勃地从嘉祐寺搬进白鹤峰新居。这座新居不但渗透着东坡的一番心血，而且几乎耗尽了他的全部积蓄，以至于他不得不开口向官府请求领取"宁远军节度副使"之虚衔的折支券来变卖现钱。但是东坡心里十分高兴，他终于有了属于自己的安身之所，他的儿孙们即将前来与他团聚，对于一个尝够了颠沛流离之苦的花甲老人来说，还有什么比这更为高兴的事情呢？于是东坡作诗赞美新居之美："南岭过云开紫翠，北江飞雨送凄凉。酒醒梦回春尽日，闭门隐几坐烧香。""门外橘花犹的烁，墙头荔子已斓斑。树暗草深人静处，卷帘欹枕卧看山。"一个月后，苏迈、苏过率领两房家小到达惠州。此时苏迈的长子，也就是东坡的长孙苏箪已经二十岁，那个被东坡称为"作诗孙"的次孙苏符也已十七八岁了。苏过的妻子范氏及其子苏籥也随同前来，万里相隔已历三载的一大家子终于欢聚一堂，东坡兴奋地作诗志喜："旦朝丁丁，谁款我庐？子孙远至，笑语纷如。剪鬏垂髫，覆此瓠壶。三年一梦，乃复见余！"早已习惯于惠州风土的东坡感到十分欣慰，从此可以世世代代长作惠州人了！

没想到东坡在白鹤峰新居里只住了三个月零三天，就接到了再贬海南的朝命。绍圣四年（1097）四月十七日，知州方子容亲自前来，向东坡传达朝廷的诰命，内容是"责授琼州别驾，昌化军安置，不得签书公事"。为了安慰东坡，方子容还讲述了两个多月前其妻沈氏梦见僧伽菩萨将要护送东坡过海的事，说这都是命中所定，不必过于烦恼。东坡听到这个从天而降的坏消息，虽然感到非常意外，却毫不慌乱。东坡幼时，苏洵以"夏侯太初论"为题让他作文，东坡在文中说："人能碎千金之璧，不能无失声于破釜；能搏猛虎，不能无变色于蜂虿。"苏洵对此联非常称赏，因为它说理精警：人们对于突然降临的灾难总会大惊失色。苏洵大概没有料想到，东坡不仅能领会到上述道理，而且能在实践中克服这种常人皆难避免的缺陷。东坡在自己辛苦经营的白鹤峰新居里只住了三个月，他与相离多年的儿孙们只团聚了两个月，竟然又要离开新居和儿孙，前往更加荒远的海南，这个打击与意外发生的"破釜"或突然出现的"蜂虿"有什么不同？然而东坡既不失声，也不变色，他坦然地回答方子容说，凡事确是早有定数的，自己能得到僧伽菩萨的护送，真是前生有缘。送走方子容后，东坡立即着手准备前往海南。他再次致书官府催领折支款以充盘缠，又安顿苏迈一家及苏过的妻儿留在惠州，自己依然只带苏过一人前往儋州。两天之后，东坡就踏上了新的贬谪之路。苏迈率领东坡的三个孙儿一路送到广州，在西江边与东坡痛哭诀别。一个六十二岁的病弱老人，将要渡过波涛掀天的大海前往蛮荒的海南，不但儿孙们都有不祥的预感，连东坡本人都觉得这很可能就是死别了。东坡在广州与即将降调袁州（今江西宜春）的王古匆匆一别后，又写信向他自表心事：

> 某垂老投荒，无复生还之望。昨与长子迈诀，已处置后事矣。今到海南，首当作棺，次便作墓，乃留手疏与诸子：死则葬于海外，庶

几延陵季子嬴博之义。父既可施之子,子独不可施之父乎! [1]生不挈棺,
死不扶柩, 此亦东坡之家风也!

　　就在东坡再贬儋州的同时, 子由也被再贬雷州。事情来得太仓
促, 兄弟两人来不及互通消息便匆匆启程, 东坡走到苍梧(今广西
苍梧)才得知子由已行至藤州了。于是东坡写信给弟弟, 相约再见
一面。几天后两人在梧州通往藤州的路上相遇, 然后结伴一同前往
雷州, 子由将被"安置"在那里, 东坡则将从那里渡海。兄弟两人
故意迟迟而行, 尽量多相聚几天。一天他们在路旁的小店里进餐,
端上来的两碗汤面粗劣不堪, 子由觉得难以下咽, 便放下筷子叹
息, 东坡却狼吞虎咽, 很快吃得精光, 他大笑着说:"九三郎! 难道
你还想细细地咀嚼吗?"二十多天后, 兄弟两人来到雷州。四天之
后, 离别的时刻终于来临了。临别前的一个夜晚, 两人对床而眠。
东坡的痔疮又发作了, 躺在床上呻吟不已。子由也彻夜未眠, 他背
诵了陶渊明的《止酒诗》, 劝告兄长从此戒酒, 东坡表示听从, 并
当即写了《和陶止酒》留别弟弟, 两人都痛切地预感到这就是他们
此生中的最后一面了。第二天, 也就是绍圣四年(1097)六月十一
日, 东坡在海边挥泪告别子由, 登上海船, 驶向了波涛汹涌的茫茫
大海。

---

[1] 嬴、博是春秋时齐国的两个地名。《礼记·檀弓下》:"延陵季子适齐, 于其反也, 其长子死,
葬于嬴博之间。"后人用作死葬异乡的典故。东坡意谓既然父亲能葬子于异乡, 儿子当然也
能葬父于异乡。"施"是"施行"的意思。王水照、崔铭著《苏轼传》把这理解成:"苏轼异
常冷静, 他用佛家布施的观念劝告孙们, 说古时候做父亲的能把儿子施舍出去, 做儿子
的为什么不能施舍父亲呢?"(第557页)恐属望文生义。

◇ 四 "梦里似曾迁海外"

海南岛在当时隶属于广南西路，共置琼州（今海南海口）、朱崖军（今海南三亚西）、昌化军、万安军（今海南万宁）四个政区。东坡的贬所"昌化军"的治所就是从前的儋州，熙宁六年（1073）废州为军，但人们依然称它为儋州。儋州地处岛屿的西北角，此地气候炎热，但冬季的海风却相当寒冷，山里林木阴翳，水汽上蒸而难以散发，以致常年郁积，非雨即雾。儋州的空气和饮水都含有毒素，是名副其实的瘴疠之地，中原人士一向视为十去九不还的鬼门关。章惇等人把六十二岁的东坡贬往儋州，其险恶用心路人皆知，东坡当然心知肚明，他在儋州谢表中说："臣孤老无托，瘴疠交攻。子孙痛哭于江边，已为死别；魑魅逢迎于海上，宁许生还？"简直就是对章惇意图的公开回应。

东坡在琼州登岸后，琼州通判黄宣义前来谒见，东坡见其态度友善，就把今后的邮递收转之事委托给他，因为琼州与雷州隔海相望，是从岛上渡海北去的惟一港口，从此以后，东坡与亲友的书信往来、物品递送都必须依赖这个通道了。安排好此事后，东坡即从陆路前往儋州。他乘着软轿行走在高低起伏的山路上，举目北眺，只见水天相接的茫茫大海，心想这下真是到了途穷的绝境了，此生还能北归中原吗？软轿不停地颠簸，东坡渐渐进入了梦乡。他在梦中吟起诗来："千山动鳞甲，万谷酣笙钟。"突然一阵风雨，东坡从梦中惊醒，发现海风把山上的林木吹得波涛起伏，深谷里传来阵阵松涛，像是无数的乐器在合奏。他不由得陷入了沉思：难道是天上的群仙知道我终将北归，所以奏乐相庆？他们听到了我在梦中所吟的诗句，肯定会感到奇怪：这个老态龙钟的东坡竟然还能吟出这样的佳句来！

七月二日，东坡与苏过来到儋州。儋州的荒凉贫穷完全超出了东

儋州东坡书院

坡的想象，他在次年写信给友人程全父说："此间食无肉，病无药，居无室，出无友，冬无炭，夏无寒泉。然亦未易悉数，大率皆无耳！"除了"大率皆无"，儋州还有令中原人士头痛之极的困难，即风俗迥异，语言不通。原来儋州的居民大多是黎族百姓，他们的语言在北方人听来简直像鸟叫一样，他们的额角上刺着青色的图案，他们不爱耕种而以卖香为生，他们生了病不请医生而让巫师来祈祷，这一切都使东坡感到自己确实身处"化外"了。那么，东坡如何在这样的恶劣环境中生存下去呢？让我们循着"大率皆无"的次序逐一细察。

儋州不但缺少肉食，连米面等物亦需从北方海运而来，有时天气恶劣海船停航，或年成欠佳粮价飞涨，东坡便有断炊之忧。元符二年（1099）四月，东坡竟与苏过一同修习"龟息法"，想要学会忍饥不食的妙法来对付缺粮。儋州的饮食习惯也与北方迥然不同，百姓平时食芋饮水，荤腥则以海鲜为主。这对一向生活在北方的东坡来说，真是难以适应的饮食习惯。然而东坡以随遇而安的态度对待异方风物，他不但与当地百姓同样以薯芋为主粮，而且克服他一向怕腥的习惯，努力去适应那些平生闻所未闻的奇怪海产。唐人韩愈南贬潮州，曾对南方的奇异食物甚感恐惧，勉强食用了蚝、蛤以后竟然"腥臊始发越，咀吞面汗骍"。东坡则不然，他不但兴致勃勃地品尝海味，而且作文赞美之："己卯冬至前二日，海蛮献蚝。剖之，得数升，肉与浆入水，与酒并煮，食之甚美，未始有也。又取其大者，炙熟，正尔啖嚼，又益□煮者。海国食□蟹、□螺、八足鱼，岂有献□。每戒过子慎勿说，恐北方君子闻之，争欲为东坡所为，求谪海南，分我此美也。"此文以幽默的语调对朝中权臣进行了旁敲侧击的辛辣讥刺，同时也表达了东坡对于艰苦饮食条件的超然态度。

　　儋州缺少医药，当地人一旦生病，便请巫师前来杀牛祈祷，东坡记载这种习俗说："病不饮药，但杀牛以祷，富者至杀十数牛。死者不复云，幸而不死，即归德于巫。以巫为医，以牛为药。间有饮药者，巫辄云：'神怒，病不可复治。'亲戚皆为却药，禁医不得入门，人牛皆死而后已。"东坡既顾惜无辜被杀的耕牛，又哀悯不治而死的病人，就亲笔书写柳宗元的《牛赋》，附上长跋，交付琼州僧人道赟传播于众，希望借以改变这种落后的习俗。在这种情境下，年老多病的东坡只能自行设法对付疾病。他亲自收录各种验方，亲自在山野里采集药草，如有海南不产的药物，就向北方的亲友求援。除了自行医治外，东坡还发明了简单易行的保健三法，即晨起梳头、中午坐睡和夜晚濯足。每天清晨梳头百遍，午餐后趺坐在蒲团上闭目养神，这都是容易做到的养生之法。濯足则是在当时的条件下的不得已之举，东坡向来喜欢沐浴，儋州却缺少沐浴的设备，东坡只得改全身沐浴为濯足，具体方法是在瓦盆里轮流倒进冷水和热水，泡脚半个时辰。他甚至发明了干浴的方法，就是在入睡前用双手按摩全身。

　　东坡刚到儋州时，暂时借住在伦江驿馆里。这个驿馆虽是官府的公廨，却破旧不堪，不蔽风雨。每逢夜雨，东坡总得一夕三迁。如果刮风，则一觉醒来枕前堆满了黄叶。后来新任昌化军使张中到任，派人修葺一番，情况才稍得改善。可惜半年之后，湖南提举常平官董必受命按察岭南，这董必迫害政敌心狠手辣，一到岭南就派人过海来查处张中为东坡修缮伦江驿馆之事，东坡当即被从驿馆里驱逐出来。父子二人无处栖身，只好在城南的桃榔林中买地建房。幸亏邻居黎子云、符林两家的子弟十余人都来帮助运砖畚土，专程从潮州来儋向东坡问学的士人王介石更是像奴仆一样不辞辛劳，连军使张中也亲自参加劳作，终于盖起了几间屋子。新屋里家具器物一应俱无，邻居们又从自己家中匀出一点送给东坡，总算安了一个被东坡称作"桃榔庵"的新居。这处新居根本无法与惠州的白鹤峰新居相比，它既狭隘又低湿，房前屋后一片蛙声，野鸟的窠就筑在窗前，每当烟雨迷濛的时分，东坡就觉得它活像獠人所居的洞穴。然而东坡对这个简陋的居所安之若素，作诗自贺说："且喜天壤间，一席亦吾庐。"迁居的那个晚上，东坡听到邻居家儿童的琅琅书声，大为欣喜，情不自禁地与孩子们同声朗诵起来。

儋州地方偏僻，文化落后，东坡的邻居都是黎族百姓，要是换了别的士大夫被贬到这里，一定会感到万分的落寞凄凉。东坡却不然，他一到贬所，立即与当地的百姓融成一片。如果说黎子云、符林等人还算是读过书的士人，那么其他的"诸黎"则是真正的劳苦百姓，他们以平民特有的真诚与坦率来接待东坡这位来自远方的迁客，东坡也以平等、亲切的态度与他们交往，双方很快就建立了亲密无间的关系。一天东坡应邀到友人家去小酌，喝得醉醺醺的不认得回家的路了。他一路向人打听，"诸黎"就指点他："你只要沿着路上的牛粪走就得了，因为你家就在牛栏的西边呀！"那些扎着小发髻的顽童也对东坡十分友好，他们嘴里吹着葱管，成群结队地在东坡身后跟来跟去。儋州的百姓在生活上给予东坡许多帮助，东坡则投桃报李，为当地百姓兴办教育，提高他们的文化水平，并改良他们的生活习俗。东坡在儋州收了不少学生，他亲自编写教材，又亲自进行讲授，在他的指点下，海南土著土人的文化水平得到巨大的提升。东坡还劝告当地百姓要发展农耕，多种水稻。他又劝导男子要多承担繁重的生产劳动，不要一味地依赖妇女。他还劝导黎、汉两族人民和睦相处，不要互相仇视。三年之后，东坡已经结交了一大批平民朋友。元符三年（1100）东坡离开儋州时，左邻右舍莫不依依惜别，东坡已被乡亲们认作他们中的一员了。

　　海南的气候，既炎热又潮湿，自然环境相当恶劣。元符元年（1098）九月，秋雨连绵，一天东坡惊讶地发现室内的帏帐上爬满了白蚁，原来帏帐已经彻底腐烂了。物尚如此，人何以堪！东坡慨叹不已，便信手写下自己的思绪："岭南天气卑湿，地气蒸溽，而海南

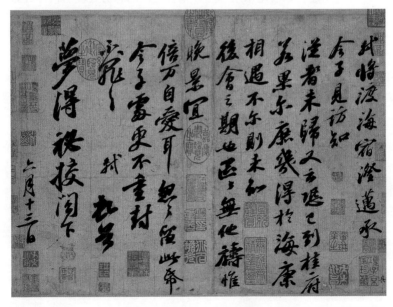

宋·苏轼　渡海帖　台北故宫博物院

尤甚。夏秋之交，物无不腐坏者。人非金石，其何能久？然儋耳颇有老人，年百余岁者往往而是，八九十者不论也。乃知寿夭无定，习而安之，则冰蚕火鼠，皆可以生。吾当湛然无思，寓此觉于物表，使折胶之寒无所施其冽，流金之暑无所措其毒，百余岁岂足道哉！彼愚老人者，初不知此，特如蚕鼠生于其中，兀然受之而已。一呼之温，一吸之凉，相续无有间断，虽长生可也。"东坡用什么办法来抵御如此恶劣的气候与环境呢？其实他别无良策，他的办法就是随遇而安，用顺其自然的态度来对待眼前的处境。这种态度看似消极，其实不然，因为在根本无法改变现实处境的前提下，人们确实只能凭借这种超越心态才能最大程度地保护自己不受外界的戕害。否则的话，恶劣的环境施害于外，恶劣的心境施害于内，内外夹攻，脆弱的生命就危乎其危了。[1]

综上所述，东坡用来战胜"大率皆无"的恶劣处境的精神武器就是旷达乐观的心态和坚毅刚强的意志，就是抽身一步天地宽的积极人生观，试看他在元符元年（1098）九月写的一篇短文：

> 吾始至南海，环视天水无际，凄然伤之，曰："何时得出此岛耶？"已而思之，天地在积水中，九州在大瀛海中，中国在少海中，有生孰不在岛者？覆盆水于地，芥浮于水，蚁附于芥，茫然不知所济。少焉水涸，蚁即径去，见其类，出涕曰："几不复与子相见！岂知俯仰之间，有方轨八达之路乎？"念此可以一笑。

若把此文与东坡在惠州写的《记游松风亭》对照一下，就可看

---

[1] 对于东坡在海南的恶劣生活环境，苏子由在《再祭亡兄端明文》中有沉痛的追述："大庾之东，涨海之南。黎蜒杂居，非人所堪。瘴起袭帷，飓来掀檐。卧不得寐，食何暇甘！"

出东坡对待逆境的态度在原有的基础上又有了提升。他在前往松风亭的途中停下歇息，是出于随遇而安的态度，也就是安于目前情境的客观存在。而他在海岛上摆脱忧伤心境的方法却是跳出目前情境的有限范围，置身于更广阔的时空背景来考察它，也就是以一种超越的心态来对待眼下的困境。正因如此，东坡就在精神上始终处于居高临下的优势地位，他就能傲视一切苦难。虽然章惇之流一心盼望着东坡在海南的绝境中忧郁而卒，东坡却悠然自得地背着大瓢在田间边走边歌。三年以后，尽管海南的瘴雨蛮风严重地损害了东坡生理上的健康，北归途中的他已经面呈土色，鬓发尽脱，[1] 但是他在精神上依然健全刚强，依然是那个乐观旷达、潇洒自在的东坡，他站在大庾岭头傲然长吟："梦里似曾迁海外，醉中不觉到江南！"原来在他看来，充满苦难的海南远谪不过是一梦而已。

◇　五　"细和渊明诗"

东坡五十九岁南迁惠州，六十五岁渡海北归，次年逝世，岭海七年是他生命中的最后一个阶段，也是最为艰难困苦的一个阶段，然而也是其生命之光最为光辉灿烂的一个阶段。建中靖国元年（1101）五月，即将走到生命尽头的东坡在金山寺自题画像说："心似已灰之木，身如不系之舟。问汝平生功业，黄州惠州儋州！"[2] 如论仕途功

---

[1] 朱彧《萍洲可谈》卷二中记载其父朱服之言云："余在南海，逢东坡北归，气貌不衰，笑语滑稽无穷。视面，多土色，腷耳不润泽。别去数月，仅及阳羡而卒。东坡固有以处忧患，但瘴雾之毒，非所能堪尔。"黄庭坚《病起荆江亭即事》其七云："玉堂端要直学士，须得儋州秃鬓翁。"任渊注："东坡归自岭海，鬓发尽脱。"（《山谷诗集注》卷一四）

[2] 此据东坡诗查慎行注引《金山志》。据杨万里说，他曾在金山寺亲睹这幅东坡像，东坡的亲笔自赞是："目若新生之犊，身如不系之舟。试问平生功业，黄州惠州崖州。"（见《诚斋诗话》）周必大所见之东坡题诗略同（参看第十二章第四节），不知究以何本为是，录以待考。

名，此语当然是自嘲。如论文学业绩和人生意义，则此语堪称的评。如果说黄州时期的东坡正处壮年，故而爆发出耀眼的生命火花，尚是情理中事；那么岭海时期的东坡已经日暮途穷，竟然也能创造出余霞满天的晚年辉煌，真可谓文化史上的一大奇观。

　　岭海时期的东坡虽然身处极其险恶的困境，但他的淑世情怀并未消减。东坡在惠州时除了关心本地的公众事务外，还曾向广州知州王古献计，用大竹筒把蒲涧山滴水岩的优质水源引至广州城内，从而解决了广州百姓的饮水困难。他还建议王古设立病院以防疾疫，救活了许多百姓。东坡在惠州时还为当地的修桥等事慷慨解囊，几乎把前些年的积蓄用之一空。他写信给重辩法师自述其散财的动机："久忝侍从，囊中薄有余资，深恐书生薄福，难畜此物。到此已来，收葬暴骨，助修两桥，施药造屋，务散此物，以消尘障。今则索然，仅存朝暮，渐觉此身轻安矣！"等到东坡再贬儋州，他已经没有余财可用，便只好运用自己的学识为当地百姓做些好事。岭海时期的东坡已无法再对朝政表示任何意见，他也不便像从前那样在诗文中嬉笑怒骂地讥刺时事，但毕竟此心尚存，有时便忍不住一吐为快，例如在惠州写的《荔支叹》：

　　　十里一置飞尘灰，五里一堠兵火催。颠坑仆谷相枕藉，知是荔支龙眼来。飞车跨山鹘横海，风枝露叶如新采。宫中美人一破颜，惊尘溅血流千载。永元荔支来交州，天宝岁贡取之涪。至今欲食林甫肉，无人举箸酹伯游。我愿天公怜赤子，莫生尤物为疮痏。雨顺风调百谷登，民不饥寒为上瑞。君不见武夷溪边粟粒芽，前丁后蔡相笼加。争新买宠各出意，今年斗品充官茶。吾君所乏岂此物，致养口体何陋耶？洛阳相君忠孝家，可怜亦进姚黄花！

从表面上看，此诗的批判锋芒似乎不如《吴中田妇叹》等诗那样犀利，其实不然。此诗开头从汉代、唐代进贡荔支而骚扰百姓的史实写起，貌似一首咏史诗，但是"我愿天公怜赤子"一笔兜转，便从借古讽今变为讥刺时事。"前丁后蔡"所指的丁谓、蔡襄，以及"洛阳相君"钱惟演，虽然都是仁宗朝人，但毕竟年代很近，几乎可以看作当代的人物。况且东坡在"今年斗品充官茶"一句下有自注云："今年闽中监司乞进斗茶，许之。"这就把矛头直指当朝的君臣了。此外，正因此诗从汉、唐一直写到本朝，其批判对象就更加广泛，其批判意识也更加深刻，它已经摆脱了一时一事的局限，从而具有更加深广的意义。在东坡写此诗后不到二十年，宋徽宗和蔡京之流便开始大肆征求花石纲，《荔支叹》简直可以移用来对这对昏君

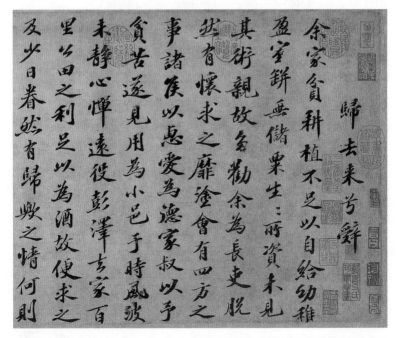

宋·苏轼（传）　书归去来辞　台北故宫博物院

奸臣进行辛辣的讽刺。

岭海地区文化落后，书籍稀缺。东坡在儋州时最大的痛苦不是缺少食物，而是无书可读。情急之下，苏过便动手抄书，东坡曾写信告诉友人程儒："儿子到此，抄得《唐书》一部。又借得《前汉》欲抄。若了此二书，便是穷儿暴富也。呵呵！老拙亦欲为此，而目昏心疲，不能自苦，故乐以此告壮者尔。"后来幸亏友人郑嘉会从惠州寄来一批书籍，东坡大喜过望，父子两人一齐动手，把书籍整理上架，从此与这些得来不易的图书朝夕相对。有了书籍，东坡便动手续写《易传》，后来又撰写《书传》，他终于利用这段空暇时间完成了从事经学著述的宿愿。等到东坡北归时，包括《论语说》在内的三部经学著作已全部完成，他自豪地告诉友人苏坚："某凡百如昨，但抚视《易》《书》《论语》三书，即觉此生不虚过！"

东坡在岭海时期的诗文进入了一个新的境界，这种境界最显著地体现于他的"和陶诗"，所以黄庭坚以"饱吃惠州饭，细和渊明诗"两句诗来概括东坡在岭南的生活，成为传诵一时的名言。黄庭坚在给欧阳元老的信中说："寄示东坡岭外文字，今日方暇遍读，使人耳目聪明，如清风自外来也。"东坡的和陶诗确实具有这种特点，只要打开诗卷，便有一股清风扑面而来。东坡早在元祐七年（1092）出知扬州时就开始写和陶诗了，但仅是偶然兴至，至于大规模地遍和陶诗，则是在南迁惠州以后。绍圣四年（1097）冬，东坡从儋州寄信给子由，请他为自己的和陶诗写一篇序言：

古之诗人有拟古之作矣，未有追和古人者也。追和古人，则始于东坡。吾于诗人无所甚好，独好渊明之诗。渊明作诗不多，然其诗质而实绮，癯而实腴。自曹、刘、鲍、谢、李、杜诸人，皆莫及也。吾前后和其诗凡百数十篇，至其得意，自谓不甚愧渊明。今将集而并录之，以遗后之君子,子为我志之。然吾于渊明,岂独好其诗也哉!如其为人,实有感焉。渊明临终,疏告俨等:"吾少而穷苦,每以家贫,东西游走。性刚才拙,与物多忤。自量为己,必贻俗患。黾勉辞世,使汝等幼而饥寒。"渊明此语,盖实录也。吾今真有此病,而不蚤自知,半生出仕,以犯世患。此所以深服渊明,欲以晚节师范其万一也。

子由接信后便写了一篇《子瞻和陶渊明诗集引》,初稿在引用东坡信中的这段话后说:"嗟夫!渊明隐居以求志,咏歌以忘老,诚古之达者,而才实拙。若夫子瞻,仕至从官,出长八州,事业见于当世,其刚信矣,而岂渊明之才拙者哉!孔子曰:'述而不作,信而好古,窃比于我老彭。'古之君子,其取于人则然。"东坡看到子由寄来的初稿后,把上面一段改写成:"嗟夫!渊明不肯为五斗米一束带见乡里小人,而子瞻出仕三十余年,为狱吏所折困,终不能悛,以陷于大难。乃欲以桑榆之末景,自托于渊明,其谁肯信之!虽然,子瞻之仕,其出入进退,犹可考也。后之君子,其必有以处之矣。孔子曰:'述而不作,信而好古,窃比于我老彭。'孟子曰:'曾子、子思同道。'区区之迹,盖未足以论士也。"[1] 若把子由初稿中的那段话与东坡的修改稿对照一下,便可看出兄弟两人的观念颇有不同,子由说陶渊明"才拙",对东坡的仕历则不无夸耀之意,东坡却对陶渊明的高风亮节极表仰慕之诚,对自己的仕历则只说所遭受的磨难,且对自己未能及早仿效渊明退隐乡里表示忏悔。联系东坡信中所说的那段话,可见他对陶渊明的高度推崇既是针对其诗,更是针对其人。无论论人还是衡艺,陶渊明都是东坡最为敬重的楷模。经过东坡的创造性阐释,陶渊明在诗

---

[1]　据费衮《梁溪漫志》卷四记载,宣和年间,蔡康祖从子由第三子苏逊处得到《子瞻和陶渊明诗集引》的原稿,东坡亲笔修改的痕迹犹在。今人孔凡礼先生把此段文字冠以"自述"之题编入《苏轼佚文汇编》卷五。

歌史上的地位第一次被提到如此的高度，以至于南北宋之际的张戒说："陶渊明、柳子厚之诗，得东坡而后发明。"的确，在东坡以前，有谁曾经把陶诗提升到整个诗歌史上最为崇高的地位呢？东坡与子由通信以后，和陶诗的写作并未停止。直到元符三年（1100）的清明节，东坡才写了最后一首和陶诗《和陶郭主簿》，三个月后他就渡海北归了，和陶诗的写作贯穿了东坡的整个岭海时期。

　　东坡为什么要写和陶诗？他为什么会在岭海时期"尽和陶诗"？从艺术的角度来看，东坡既已在诗歌艺术上超越了精丽工整的境界而复归于炉火纯青式的平淡，他那力图与古人争胜的眼光必然会越过唐诗的巅峰而追溯至较少人工雕琢而更为自然朴素的美学境界，于是陶诗就自然而然地进入了他的视野。从人品的角度来看，东坡本性恬于荣利，他是怀着致君尧舜的政治理想踏上仕途的，没想到事与愿违，不但壮志难酬，而且屡经磨难，最后竟以垂暮之年远谪海南，他当然会仰慕及早抽身归隐田园的陶渊明。既慕其人，复重其诗，于是东坡就开创了追和某位古人的全部诗作的先例——"和陶诗"。岭海时期的东坡虽然并未像陶渊明那样彻底恢复自由之身，但他毕竟远离了污浊险恶的官场，过着蓬门瓮牖、食芋饮水的清贫生活，背着大瓢在田野里放声高歌，这种生活形态真的很接近陶渊明了，这就是东坡在岭海时期大写和陶诗的原因。

　　当然，东坡的和陶诗并不是陶诗的翻版，金代的元好问就说："东坡和陶，气象只是坡诗。"这正是东坡和陶诗的最大优点：他是借陶诗的酒杯来消解自己胸中的块垒。否则的话，如果东坡把和陶诗写成江淹的拟古诗那样的作品，[1]即使酷肖陶诗又有多大价值？东坡的

---

[1]　江淹的《拟古三十首》中有一首是拟"陶征士"的，此诗风格极像陶诗，以至于后来混入陶集，被题作《归园田居其六》（陶渊明的《归园田居》原作只有五首）。有趣的是，东坡和陶时未予细察，竟把江淹此诗也和了一遍。

和陶诗是其岭海生涯的生动记录，也是其晚年心态的真实表露，试看二例：绍圣四年（1097），东坡结识了家住儋州城南的黎子云，并与众人一起捐钱帮助黎家盖了一间"载酒堂"，此后常去黎家盘桓，他在《和陶田舍始春怀古》中写道：

> 茅茨破不补，嗟子乃尔贫。菜肥人愈瘦，灶闲井常勤。我欲致薄少，解衣劝坐人。临池作虚堂，雨急瓦声新。客来有美载，果熟多幽欣。丹荔破玉肤，黄柑溢芳津。借我三亩地，结茅为子邻。鴃舌倘可学，化为黎母民。

黎家是个耕读之家，黎子云弟兄两人务农为生，家里一贫如洗，"菜肥"两句语气幽默而情感辛酸：常年蔬食，故尔枯瘦；灶中无物可煮，只好多汲井水充饥。东坡与这样的穷朋友交往密切，甚至愿意与之结邻。他真诚地希望：要是能学会黎族方言的话，就情愿永远与黎民生活在一起！

元符二年（1099）四月，昌化军军使张中因善待东坡而被贬为雷州监司，东坡作《和陶与殷晋安别》送别：

> 孤生知永弃，末路嗟长勤。久安儋耳陋，日与雕题亲。海国此奇士，官居我东邻。卯酒无虚日，夜棋有达晨。小瓮多自酿，一瓢时见分。仍将对床梦，伴我五更春。暂聚水上萍，忽散风中云。恐无再见日，笑谈来生因。空吟清诗送，不救归装贫。

东坡是朝廷流放来的罪人，身为地方长官的张中本来负有监管东坡的责任，况且当时朝廷对元祐旧臣的迫害愈演愈烈，地方官稍有善待逐臣的举动就会获罪，张中却依然与素昧生平的东坡父子结为至交，甚至在雷州知州张逢因善待子由而突遭勒停之后，张中也不改常态，[1] 如此风义，真是嵚崎磊落的奇士。穷途末路的东坡在海南得到张中的照拂，自然感到格外亲切。可惜暂时的相聚有如萍水相逢，离别的时刻很快来临。东坡年臻垂暮，身处绝境，自知此生不会有重逢的机会了，只好把因缘寄诸来生。

这样的和陶诗，在自抒怀抱、自诉生平的方面何曾受到拟古和次韵的局限？难道它们不属于东坡集中最好的抒情诗？然而它们仅仅在次韵方面与陶诗有关，或者说仅仅在题材上比较接近吗？不是的，东坡的和陶诗与陶诗原作并不一一对应，有的甚至离题万里，例如在惠州所写的《和陶和胡西曹示顾贼曹》借咏长春花以悼朝云，便与原作主题毫无关涉。但是东坡的和陶诗在整体上体现出对陶诗精神的深刻领会，从而在整体上呈现出与陶诗风貌的惊人相似，这是一种不事雕琢、朴实无华、平淡自然的诗，它在艺术上已达到炉火纯青的境界。这是一种深刻地表现原生态的生活以及诗人对于生活的真淳态度的心声，它与一切无病呻吟、为文造情的倾向彻底绝缘。这样的诗山高水深而不露声色，风花落尽而韵味无穷，这是东坡南迁岭海后出现的全新诗风。

更重要的是，东坡的这种新诗风并非仅仅体现于和陶诗，即使是岭海时期的律诗、绝句，虽然受到格律诗的种种局限而不可能像五古体的和陶诗那样朴实无华，但仍然体现出相似的风格倾向。元符三年（1100）春，东坡在儋州作《汲江煎茶》：

　　活水还须活火烹，自临钓石取深清。大瓢贮月归春瓮，小杓分江

---

[1] 张中与张逢为旧交，绍圣四年（1097）九月张中至儋州赴任时，曾为张逢捎带书信给东坡，见东坡《与张逢》第三简（《苏轼文集》卷五八）。况且雷州与儋州仅隔一海，张中对张逢勒停之事肯定会及时知闻。

入夜瓶。雪乳已翻煎处脚，松风忽作泻时声。枯肠未易禁三碗，坐听荒城长短更。

额联构句极其巧妙，颈联的比喻也新奇生动，但是全诗的风格仍然清新自然，诗中蕴含的对质朴生活的衷心热爱更让人联想起陶诗。

同年六月，东坡在北归途中经过澄迈驿，登上通潮阁眺望中原，题诗曰：

余生欲老海南村，帝遣巫阳招我魂。杳杳天低鹘没处，青山一发是中原。

此时东坡已谪居海南整整三年，他终于活到了生还的一天，当他登阁北望，看到水天相接处像头发丝一样的一痕青山，知道那就是他日夜思念的中原时，该有多么激动、伤感！然而此诗只是淡淡说来，内蕴波澜起伏的情思却完全不露声色，与陶诗貌离而神合。

东坡在海外的文章也体现出类似的倾向，例如作于元符二年（1099）的一则短文《书上元夜游》：

己卯上元，余在儋州。有老书生数人来过，曰："良月嘉夜，先生能一出乎？"予欣然从之。步西城，入僧舍，历小巷，民夷杂揉，屠沽纷然，归舍已三鼓矣。舍中掩关熟睡，已再鼾矣。放杖而笑，孰为得失？过问先生何笑，盖自笑也。然亦笑韩退之钓鱼无得，更欲远去，不知走海者未必得大鱼也。

此文可与东坡十六年前在黄州所写的《记承天寺夜游》对读：

> 元丰六年十月十二日，夜，解衣欲睡，月色入户，欣然起行。念无与乐者，遂至承天寺，寻张怀民。怀民亦未寝，相与步于中庭。庭下如积水空明，水中藻荇交横，盖竹柏影也。何夜无月，何处无竹柏，但少闲人如吾两人耳。

两文都只有百字左右，都是记一次平平常常的夜游，也都表达了身处逆境的东坡自求超脱的悠然心态，但后者尚存有意为文的痕迹，文中对清丽月色的描写精巧之极，前者却洗尽一切风花，是夜东坡本因"良月嘉夜"而出游，文中却对月色不着一字，可见岭海时期的东坡诗文已在整体上进入平淡自然而山高水深的境界了。

元符三年（1100）六月二十日，东坡从琼州渡海北归。是夜，久雨初晴，云散月出，东坡站在船头朗声长吟：

> 参横斗转欲三更，苦雨终风也解晴。云散月明谁点缀，天容海色本澄清。空余鲁叟乘桴意，粗识轩辕奏乐声。九死南荒吾不恨，兹游奇绝冠平生。

这既是脱离苦难后的自我庆贺，也是战胜黑暗势力后的胜利宣言：用心险恶的章惇之流遭受了可耻的失败，九死一生的东坡终于活着北归了。虽然东坡一年以后就逝世了，但是他已经坚定地走完了人生的最后一程，他终于用坚韧不屈的抗争获得了最后的胜利，其意义已经远远超越了绵延了整个北宋后期的这次党争。东坡的北归是光明对黑暗、善良对凶恶、正直对奸邪、文明对野蛮的全面胜利，这个胜利将载诸史册而垂之永远。

◆ 第十章　东坡与人生

　　人生短促，如何才能使"生年不满百"的一生更加丰富且具有意义？人生多变，除了生老病死的自然演变，还有顺逆交替、祸福无常的人事变迁，如何才能在变化莫测的一生中保持健康、积极的心态？对于这两个问题，历代的哲人无不绞尽脑汁进行探讨，并给出了各式各样的答案。儒家主张以"立德、立功、立言"的事业建树来实现人生的不朽，从而达到人生意义的最大值。道家主张清静无为，以顺应自然的态度追求长生，从而享受生命的最大值。宗教家则以幻想的方式来对待人生：道教既希望保持人间的物质享受，同时又追求白日飞升的仙境。佛教则主张离弃人世，以不生不灭的涅槃境界脱离苦海而归于西天极乐世界。在现实世界中，人们更是以形形色色的态度来对待人生。墨翟为了有利于天下不惜摩顶放踵，杨朱却主张"拔一毛利天下而不为"。屈原自沉汨罗以杀身成仁，张仪却朝秦暮楚绝无操守。颜回在陋巷中箪食瓢饮自得其乐，石崇却在金谷园里画卵雕薪犹嫌不足。陶渊明不肯为五斗米折腰而辞官归隐，主父偃却以"生不五鼎食，死即五鼎烹"的心态追求富贵。诸葛亮以"鞠躬尽瘁，死而后已"的精神来建功立业，马少游却认为优游乡里即足以了此一生。伯夷、叔齐不食周粟而饿死在首阳山上，冯道却"历五朝、事十帝"且自号"长乐老"。……那么，对于人生的两大问题，东坡给出了什么答案呢？东坡一生中历尽坎坷，阅尽沧桑，他既遭遇了宦海中的大起大落，也经历了人事上的悲欢离合，他究竟是如何对待人生的呢？

◇ 一　立足于性情的道德观

东坡的人生观非常复杂，举凡儒、道、释各家思想中的合理因素，他不但兼收并蓄，而且融会贯通。但是东坡的人生观又非常独特，"三教合一"不是他思考人生的终点，而只是其起点，他的人生观是自成一家的。东坡的弟子秦观曾在给傅彬老的一封信里高度评价东坡的人生观："苏氏之道，最深于性命自得之际。其次则器足以任重，识足以致远。至于议论文章，乃其与世周旋，至粗者也。阁下论苏氏而其说止于文章，意欲尊苏氏，适卑之尔！"这话深中肯綮，秦观真不愧是东坡的入室弟子。

东坡曾在《祭龙井辩才文》中明白地揭示他对"三教合一"的态度："孔老异门，儒释分宫。又于其间，禅律相攻。我见大海，有北南东。江河虽殊，其至则同。"由于这是一篇吊祭僧人的文章，所以对佛家说得更多一点，其实东坡的人生观首先是立足于儒家思想的，尤其是在关于人生的意义等重大问题上，东坡的价值判断是以儒家思想为基础而发展起来的。东坡曾耗费心血撰写了《易传》《书传》和《论语说》这三部经学著作，其中有大量关于人生观的表述。

东坡生活在一个特别重视易学研究的学术环境里。北宋是一个变古疑经的思潮此起彼伏的时代，宋以前能从思辨的角度研究《周易》的学者寥若晨星，而入宋以后，易学研究即蔚然成风，在东坡的同时代人中间，欧阳修、司马光、张载、程颐、刘牧等人都写有易学专著，学者们热切地期望着从古老的《周易》中阐发出新的义理来。东坡生长的蜀地更是易学特盛的地区，程颢、程颐的父亲程珦在汉州（今四川广汉）为官时，二程兄弟曾相随入蜀，他们在成都街头看到一个箍桶的篾匠手持一册《周易》埋头阅读，就上前与他问答，本想笑话他一番，不料那位篾匠竟然深明易学，使二程大为折服。后来袁滋专程到洛阳向程颐请教易学，程颐回答说："易学在蜀，为何不到蜀地去求之？"易学又是东坡的家学，苏洵专心治易，对爻象中刚柔顺逆之理深有心得，可惜未及成书，临终时嘱咐东坡兄弟继承遗志完成此书。东坡在凤翔的诗中有"易可忘忧家有师"的句子，就是指苏洵治易而言。

《周易》本是一部忧患之书，东坡治易也是在忧患中大获进展的。元丰年间东坡谪居黄州，便在苏洵遗稿的基础上着手撰写《易传》。后来他贬至海南，又对《易传》反复修订，终于成书。东坡自己对《易传》《书传》和《论语说》这三部书稿十分重视，视它们为平生心血的结晶。元符三年（1100）六月，刚刚渡海北归的东坡在前往合浦（今广西合浦）的途中遇到大水，桥梁、道路都被冲毁，只好改走水路。三十日夜晚，东坡乘坐的船只停泊在大海中，水天相接，星斗满天，东坡叹息说："我为什么屡遭凶险？已经渡海北归了，却再次困厄在这里！"突然他想起《易传》等三部书稿还在身边，而世上并无它本，于是取出包袱里的书稿，抚摸着它们说："老天不会让它们就此毁灭的，我们一定能渡过这道难关！"古人曾说："作《易》者其有忧患乎！"我们也可以说：作《易传》之东坡其有忧患乎！

东坡的《易传》后来成为易学史上的重要著作，清人在《四库全书总目》中指出其主要特色是"多切人事"，确实，此书多方面地表达了东坡关于社会与人生的思考，而不是拘泥于抽象地谈论哲学理念。例如关于"阴阳"与"道"等形而上的概念，东坡说："阴阳果何物哉？虽有娄旷之聪明，未有得见其仿佛者也。阴阳交然后生物，物生然后有象，象立而阴阳隐矣。凡可见者皆物也，非阴阳也。然谓阴阳为无有可乎？虽至愚知其不然也。物何自生哉？是故，指生物而谓之阴阳，与不见阴阳之仿佛而谓之无有者，皆惑也。圣人知‘道’之难言也，故借阴阳以言之，曰‘一阴一阳谓之道’。”虽然此说受到朱熹等人的批评，但是它说理明白易懂，而且稍一涉及深奥的概念后立即返回具体的事物，正是东坡谈易的特色。再如关于如何治理国家，东坡认为："世之方治也，如大川安流而就下。及其乱也，溃溢四出而不可止。水非乐为此，盖必有逆其性者。泛溢而不已，逆之者必衰，其性必复，水将自择其所安而归焉。古之善治者，未尝与民争，而听其自择，然后从而导之。"这正是东坡反对王安石剧烈变法的政治观点的哲学依据，而其说理是多么的简明、畅达！

　　东坡在《易传》中阐述得最深刻的是关于性情的内容。他说："君子日修其善，以消其不善。不善者日消，有不可得而消者焉。小人日修其不善，以消其善。善者日消，亦有不可得而消者焉。夫不可得而消者，尧舜不能加焉，桀纣不能亡焉，是岂非性也哉！君子之至于是，用是为道，则去圣不远矣！……情者，性之动也。溯而上，至于命；沿而下，至于情，无非性者。性之与情，非有善恶之别也。方其散而有为，则谓之情耳。命之与性，非有天人之辨也。至其一而无我，则谓之命耳。"在东坡看来，命是由性上溯的抽象存在，情却是由性顺势而下的自然发动，所以情就是具体可感的性，其间并无善恶之别。既然情出于性，那么情外无性，性外无情，也就是理所当然的结论了。东坡所谓的性情其实不是它物，正是人们出于自然的种种欲求，他在《扬雄论》中说："人生而莫不有饥寒之患、牝牡之欲，今告乎人曰：‘饥而食，渴而饮，男女之欲，不出于人之性也.'可乎？是天下知其不可也。圣人无是，无由以为圣；而小人无是，无由以为恶。圣人以其喜怒哀惧爱恶欲七者御之，而之乎善；小人以是七者御之，而之乎恶。由此观之，则夫善恶者，性之所能之，而非性之所能有也。且夫言性者，安以其善恶为哉！"东坡认为人们的自然欲求是圣人、小人所共有的，不同的仅是人们"御之"的态度或方法，所以性情本身是无所谓善恶的，只有在具体的表现中才能体现为或善或恶。

东坡还认为礼也是本于情的，他特地写了一篇《礼以养人为本论》来阐述他的思想："夫礼之初，缘诸人情。因其所安者，而为之节文。凡人情之所安而有节者，举皆礼也，则是礼未始有定论也。然而不可以出于人情之所不安，则亦未始无定论也。执其无定以为定论，则途之人皆可以为礼。"他还尖锐地批评后世腐儒拘泥于繁文缛节的礼学思想："今儒者之论则不然，以为礼者，圣人之所独尊，而天下之事最难成者也。牵于繁文，而拘于小说，有毫毛之差，则终身以为不可。论明堂者，惑于《考工》《吕令》之说；议郊庙者，泥于郑氏、王肃之学。纷纷交错者，累岁而不决。或因而遂罢，未尝有一人果断而决行之。此皆论之太详而畏之太甚之过也。"若与东坡讥讽程颐在司马光丧礼上的举止的言论相对照，便可看出东坡的见解是一以贯之的，他对程颐的嘲讽并非一时冲动的产物。

正因东坡把情看作人类最根本的自然属性，所以在他的人生观价值体系中，情感就具有最根本、最重要的本体论的意义。在东坡看来，政治理想也好，人伦道德也好，都应根于人情，而不应违背人情。东坡认为儒家经典都是本于人情的，他在《诗论》中说："夫六经之道，惟其近于人情，是以久传而不废。"他在《中庸论》中也说："圣人之道，自本而观之，则皆出于人情。"即使在议论朝政的奏章中，东坡也表现出重视人情的思想特征，正如曾国藩所云："古今奏议，推贾长沙、陆宣公、苏文忠三人为超前绝后。余谓长沙明于利害，宣公明于义理，文忠明于人情。"在乌台诗案中受到御史们追究的东坡文章中有一篇《灵璧张氏园亭记》，国子博士李宜之检举此文中有"古之君子不必仕，不必不仕。必仕则忘其身，必不仕则忘其君"的话，并指责东坡"教天下之人无尊君之义，亏大忠之节"。李宜之所云当然是断章取义、深文周纳，但是东坡的这两句话确实不大符合当时一般人的观念：士人当然应该出仕以实现忠君报国的理想，怎么可以"不必仕，不必不仕"呢？其实东坡完全是从其性情论出发来立论的，既然性情是人类最根本、最自然的属性，那么只有符合性情的举动才是合理的，否则的话只能是矫情伪饰或屈己从人，那就无法保持自己的真性情了。所以东坡认为出仕与否，也应该顺应自己的性情："譬之饮食，适于饥饱而已。"可惜世人不明这个道理，所以不能正确地对待出仕或不仕，东坡接着说："然士罕能蹈其义、赴其节。处者安于故而难出，出者狃于利而忘返。于是有违亲绝俗之讥，怀禄苟安之弊。今张氏之先君，所以为其子孙之计虑者远且周，是故筑室艺园于汴、泗之间，舟车冠盖之冲，凡朝夕之奉，燕游之乐，不求而足。使其子孙开门而出仕，则跬步市朝之上；闭门而归隐，则俯仰山林之下。于以养生治性，行义求志，无适而不可。"他所以推崇张氏的做法，就是因为他们或仕或隐，无不顺应其真性情，于是出仕则能从容、安详，隐居则能优游、逍遥，这样就与仕则躁进、隐则颓放的不良倾向绝缘了。如果与东坡一生的行为相对照，就可看出上述言论几乎是东坡的"夫子自道"。

从表面上看，东坡的性情论与儒家的传统观念如出一辙，《礼记·礼运》说："饮食男女，人之大欲存焉。"但是儒家又认为应该抑制这种欲念，当告子声称"食、色，性也"时，孟子即不以为然，在孟子的整个理论体系中，他也是否定这个判断的，他说："口之于味也，目之于色也，耳之于声也，鼻之于臭也，四肢之于安佚也，性也。有命焉，君子不谓性也。仁之于父子也，义之于君臣也，礼之于宾主也，智之于贤者也，圣人之于天道也，命也。有性焉，君子不谓命也。"在孟子看来，人们的种种欲望虽是出于人之本性，但是它们应该受到"命"的制约，所以不能称之为"性"。只有仁义道德才是合于"命"的，所以它们反而应被视为"性"。所以孟子的性善说其实是以后天的道德规范置换了内在于人的自然本性，这种观点的出发点当然是为了证明仁政的合理性，但是它在逻辑上也完全可以导致南辕北辙的结果，从而与荀子的"性恶论"殊途同归。程朱理学所揭橥的"存天理、灭人欲"的口号，正是与孟子一脉相承的。东坡则与之分道扬镳，他再三强调人的本性就是出于自然的真实情感，而道德也应是立足于人的性情再作向上一路的追求，他在《易传》中指出："道者，其所行也。德者，其行而有成者也。理者，道德之所以然；而义者，所以然之说也。君子欲行道德，而不知其所以然之说，则役于其名而为之尔。夫苟役于其名而不安其实，则小大相害，前后相陵，而道德不和顺矣。譬如以机发木偶，手举而足发，口动而鼻随也。此岂若人之自用其身，动者自动，止者自止，曷尝调之而后和，理之而后顺哉！是以君子贵性与命也。欲至于性命，必自其所以然者溯而上之。"的确，如果像孟子那样强调仁义道德才是人的本性，那么必然会导致以道德来制约情感的结果，由此得到的"性善"其实已是第二性的、外在于人心的，从而不具有本体论的意义。及至程、朱等人，便必需用"天理"来压抑甚至消灭"人欲"了。而像东坡那样把道德视为从人的真情实感出发"溯而上之"的结果，才可能是自然发生的，从而具有本体论的意义。试将程颐、朱熹等理学家与东坡的行为进行对照，便会觉得程、朱等人都是正襟危坐、不苟言笑的学究，与他们一再标榜的"鸢飞鱼跃"的境界尚有不小的差距。东坡曾讥刺程颐等人说："何时打破这'敬'字？"朱熹抓住此语大加诘责，其实这不但体现出二者不同的行为表现，而且说明双方的道德观的逻辑起点也是不同的。东坡平生的举止潇洒自在、无拘无束，即使在面折廷争或颠沛流离之际也不乏活泼生动的精神风貌，然而他在道德追求上所达的高度却丝毫不逊于程、朱。黄庭坚赞扬东坡"逢世爱憎怡怡，立朝公忠炯炯"，可谓知言。而黄庭坚教导子弟的一番话："视其平居，无以异于俗人，临大节而不可夺，此不俗人也。"也可视作东坡的道德观的一个注脚。清人张问陶称赞东坡说："宋时多拘儒，惟公有生气。"这颇可代表多数后人对东坡人格境界的体认。

◇　二　重视实践的认识论

东坡重视实践，不尚空谈。他偶然也会论及虚幻，例如在黄州时曾让别人以"姑妄言之"的态度来谈神说鬼，但那只是穷极无聊时以此消磨时间而已，所以他自己的态度也就是"姑妄听之"，并不当真。东坡不承认世间有"生而知之"的圣人，他认为一切知识和才能都必须来自实践。他在《日喻》中用两个寓言来说明这个道理：

> 生而眇者不识日，问之有目者。或告之曰："日之状如铜槃。"扣槃而得其声。他日闻钟，以为日也。或告之曰："日之光如烛。"扪烛而得其形。他日揣籥，以为日也。日之与钟、籥亦远矣，而眇者不知其异，以其未尝见而求之人也。道之难见也甚于日，而人之未达也无

以异于眇。达者告之，虽有巧譬善导，亦无以过于槃与烛也。自槃而之钟，自烛而之籥，转而相之，岂有既乎！故世之言道者，或即其所见而名之，或莫之见而意之，皆求道之过也。然则道卒不可求欤？苏子曰："道可致而不可求。"何谓致？孙武曰："善战者致人，不致于人。"子夏曰："百工居肆以成其事，君子学以致其道。"莫之求而自至，斯以为致也欤？南方多没人，日与水居也，七岁而能涉，十岁而能浮，十五而能没矣。夫没者，岂苟然哉，必将有得于水之道者。日与水居，则十五而得其道。生不识水，则虽壮，见舟而畏之。故北方之勇者，问于没人，而求其所以没，以其言试之河，未有不溺者也。故凡不学而务求道，皆北方之学没者也。

　　天生目盲的人当然无从知道太阳是什么样子的，因为他不具备用于实践的视觉器官，即使其他人想方设法为他讲解太阳的状态，也不可能使他获得正确的知识。同样，生于南方水乡的人自幼与水打交道，丰富的实践使他们熟知水性。北方少水，那里的勇士即使心无畏惧，且向水性好的人打听过潜水经验，但由于他缺乏实践经验，所以入水即溺。东坡认为那些不重实践而徒尚空谈或浅尝辄止不求精进的人都不可能获得真正的知识，更不用说博大精深的"道"了。

　　东坡对待各家的学说也取类似的态度，就是重视切合实际、有益于世事的理论，反对谈空说有的清谈，他写信给刘巨济说："近时士人多学谈理空性，以追世好，然不足深取。"东坡任杭州通判时，与知州陈襄（字述古）交好，两人都爱好禅学，但东坡只取禅学中有益于人生修养的内容，陈述古却专喜那些玄妙虚空的禅理，两人格格不入。东坡在给毕仲举的信中回忆这段往事说："若世之君子所谓超然玄悟者，仆不识也。往时陈述古好论禅，自以为至矣。

而鄙仆所言为浅陋。仆尝语述古：'公之所谈，譬之饮食，龙肉也。而仆之所学，猪肉也。猪之与龙，则有间矣。然公终日说龙肉，不如仆之食猪肉实美而真饱也！'"是啊，龙肉固然难得，或许真为人间之绝味，但是谁有机会一尝其味呢？庄子曾说过朱泙漫学屠龙之术的故事，此人耗费千金去学屠龙之术，但是"三年技成而无所用其巧"，因为世间根本无龙可屠。东坡的说法也许正是从庄子而来，他认为与其空谈子虚乌有的龙肉，不如饱吃实实在在的猪肉。也就是说与其沉溺于玄虚奥妙而不切实际的高论，不如掌握浅显而实用的学说并付诸实践为好。东坡还指出繁复庞杂的阐释丝毫无益于某种思想的价值，他发现西晋的袁宏在《后汉纪》中所叙述的佛教道理十分简洁，于是推导出一个结论："此殆中国始知有佛时语也。虽若浅近，而大略具是矣。野人得鹿，正尔煮食之尔。其后卖与市人，遂入公庖中，馔之百方。鹿之所以美，未有丝毫加于煮食时也！"

　　正因重视实践，东坡对于各家的思想学说都采取循名责实的态度而不尚虚名。东坡曾与宋宝国进行过一次有趣的交谈。宋宝国非常推崇王安石的《华严经解》，并认为王安石所以只取《华严经》八十卷中的一卷作解，是相中了此卷所载皆"佛语"，而它卷则为"菩萨语"。东坡诘问宋宝国，如果把几句佛语置于菩萨语中，或反过来把几句菩萨语置于佛语中，你能分辨出来吗？宋回答说不能。东坡说，不但你不能，连王安石也不能。于是东坡讲了一个故事："予昔在岐下，闻汧阳猪肉至美，遣人置之。使者醉，猪夜逸，置它猪以偿，吾不知也。而与客皆大诧，以为非他产所及。已而事败，客皆大惭。"东坡用他的亲身经历说明，世人经常会徒尚虚名而不求其实，而且身陷谬误仍毫无知觉，因为这种谬误会受到虚假名义的掩盖。东坡所以能对诸家思想作出实事求是的取舍而不受虚名的误导，除了他天才卓荦、长于思辨的先天因素外，其重视实践的人生态度也是重要原因。

东坡在人生实践中旗帜鲜明地体现了上述理论倾向。东坡的政治主张完全是从实际出发的，子由说东坡"初好贾谊、陆贽书，论古今治乱，不为空言"，确为的论。其实东坡也像所有的儒者一样，把传说中的尧舜禹三代视为最高的治世典范，他在《儒者可与守成论》中说："禹、汤、文、武之威德，亦儒者之极功，而陆贾、叔孙通之流，盖儒术之粗也。"然而在现实政治中，东坡并不奢谈尧舜，无论是向神宗上书，还是为哲宗进讲，他谈论得最多的还是汉、唐以来明君良相的事迹。他还把陆贽的奏议编集进呈，让哲宗作为行政之典范。众所周知，所谓尧舜之世，其实只是儒家根据他们的政治理念而虚构出来的理想境界，正像古希腊柏拉图描绘的"理想国"一样。不同的是古希腊人崇拜诸神，又偏爱哲学，所以柏拉图虚构的"理想国"是由诸神与哲学家共同统治的。中国的先民不语怪力乱神，又重视史学，故而儒家虚构的尧舜之世带有信史化的倾向。服膺儒学的东坡当然认同尧舜之治的理想，但他在实践中却把切实可行的汉、唐治世经验视为真正的典范。正因如此，东坡虽然对道家、佛家都有相当的好感，但是他在涉及政治或人伦时却只取二氏与儒家相通的部分，对那些玄妙空虚的教义及繁琐的清规戒律则弃之若敝屣。东坡在《六一居士集叙》中指出："自汉以来，道术不出于孔氏，而乱天下者多矣。晋以老庄亡，梁以佛亡，莫或正之。"又指责时弊说："欧阳子没十有余年，士始为新学，以佛老之似，乱周孔之真，识者忧之。"东坡对当时士大夫沉溺于佛老的思想状态持严厉的批判态度，他在《议学校贡举状》中说："今士大夫至以佛老为圣人，鬻书于市者，非庄老之书不售也。读其文，浩然无当而不可穷。观其貌，超然无著而不可挹。岂此真能然哉？盖中人之性，安于放而乐于诞耳。使天下之士，能如庄周齐死生，一毁誉，轻富贵，安贫贱，则人主之名器爵禄，所以砺世摩钝者，废矣。陛下亦安用之？而况其实不能，而窃取其言以欺世者哉！"他还尖锐地批评佛教徒沉溺于清规戒律和无稽空言而无益于世的行为，甚至在一篇为佛寺所作的《中和胜相院记》中说："佛之道难成，言之使人悲酸愁苦。其始学之，皆入山林，践荆棘蛇虺，袒裸雪霜。或刲割屠脍，燔烧烹煮，以肉饲虎豹鸟乌蚊蚋，无所不至。茹苦含辛，更百千万亿年而后成。其不能此者，犹弃绝骨肉，衣麻布，食草木之实，昼日力作，以给薪水粪除，暮夜持膏火薰香，事其师如生。务苦瘠其身，自身口意莫不有禁，其略十，其详无数。终身念之，寝食见之，如是，仅可以称沙门比丘。虽名为不耕而食，然其劳苦卑辱，则过于农工远矣。计其利害，非侥幸小民之所乐，今何其弃家毁服坏毛发者之多也！意亦有所便欤？寒耕暑耘，官又召而役作之，凡民之所患苦者，我皆免焉。吾师之所谓戒者，为愚夫未达者设也，若我何用是为。刬其患，专取其利，不如是而已，又爱其名。治其荒唐之说，摄衣升坐，问答自若，谓之长老。吾尝究其语矣，大抵务为不可知，设械以应敌，匿形以备败，窘则推堕溟漾中，不可捕捉，如是而已矣。"东坡所以对佛道二家持有如此严厉的批判态度，并不是像韩愈辟佛那样一心为了维护儒学的正统地位，而是由于他在政治上极为重视利国利民且切实可行的思想理论，所以不能容忍佛、道二家谈空说有而不切实际的虚无观念。

东坡一生中无论在朝在野，也无论顺境逆境，他总是脚踏实地地从事实践，从不沉溺于无所事事的虚无缥缈之境。他在给毕仲举的信中说："学佛老者，本期于静而达，静似懒，达似放，学者或未至其所期，而先得其所似，不为无害。仆常以此自疑，故亦以为献。"正因东坡对佛、道二家的流弊保持着足够的警惕，所以他尽管与许多僧人、道士有亲密无间的交往，尽管对佛经、道藏有广泛的涉猎，却很少受到消极的影响，那种在习禅学道之士身上容易产生的懒散、放逸等缺点在东坡的行为中是不见踪影的。我们不必说在徐州城头浑身泥浆地指挥抗洪或在西湖筑堤工地上与民工同食陈仓米饭的知州，即使作为安坐在翰林院里待诏草制的学士或是栖身于不避风雨的桄榔庵里的逐客，东坡也始终勤勉地对待人生，从不虚度光阴。除了政治上的奋发有为，东坡一生中留下的学术著作、文学作品以及书画作品，其数量之多，质量之高，都达到了惊人的程度。如果不是惜时如金的话，东坡怎么可能在短短的一生中做出如此巨大的贡献？元符三年（1100）六月，东坡渡海北归，次年七月底卒于常州。此时的东坡已进入了生命的最后一程，衰老多病，旅途困顿，又因政局尚未明朗而为定居何地费尽踌躇，但就是在这一年中，东坡依然创作了大量的诗文与书画作品。他几乎每到一地都作诗咏怀，每到一地都挥毫题字，还写了许多书札、题跋。元符三年十一月，东坡行至曲江（今广东曲江），一叶扁舟搁浅在河滩上，四周都是湍急的江水，东坡却神色自若地在倾斜的舟中写字。他自述这段经历说："将至曲江，船上滩欹侧，撑者百指，篙声、石声荦然。四顾皆涛濑，士无人色，而吾作字不少衰，何也？吾更变亦多矣，置笔而起，终不能一事，孰与且作字乎？"此事不但体现了东坡处变不惊的度量，而且体现了他自强不息的精神，既然人在船中无法做其他事情，不如抓紧时机来写字，至于眼皮底下的惊涛骇浪和凶险暗礁，则一概置之度外。次年五月，东坡返至金陵，即写信给程之元，请他代购程奕笔一百枝、越州纸二千幅，要不是东坡在两个月后遽然辞世，他不知还要创作出多少书画作品来！

　　古代的文人往往鄙薄生产劳动，甚至把有利于国计民生的技术发明也视为奇技淫巧而不屑一顾。东坡则与众不同。作为书画家的东坡不但对笔墨纸砚的制造工艺了如指掌，而且曾亲自动手制墨。作为地方官的东坡不但关心农业生产，对水利、灭蝗、农具、良种等技术孜孜以求，热心推广，而且对开矿、冶炼等工业技术也留意研求，以求有利于民生。至于日常生活中的各种技艺，诸如医药、酿酒、烹饪、服装等，东坡简直是无一不精，且多有发明。东坡对园艺也兴趣甚浓，他曾作文介绍种松之法，从收集种子到选择种植的季节、地点以及培植、养护，交代得一清二楚。他还记录了蜀中嫁接果树的方法，强调接合之处要涂上用一种特殊的芋头捣成的胶汁。绍圣四年（1097），谪居惠州的东坡写信给广州知州王古，建议把离城二十里的山泉用大竹管引入广州城，以解百姓的缺水之虞。他在信中详细介绍了竹管引水的关键技术，例如为了避免两根竹管的接榫处漏水，要在细的一头缠上麻丝，再涂上一些漆。几天后，东坡又去一信，建议在每根竹管上钻一个绿豆大的小孔，再用小竹钉塞紧。日后水管堵塞的话，只需逐一拔去竹钉，便可查清堵在何处。二十世纪七十年代，笔者和一群知青伙伴在淮北的一个小镇上安装自来水。县自来水公司的工人师傅指导我们如何避免水管接榫处漏水，其关键技术竟然与九百年前东坡所说的一模一样！东坡勤于实践、重视技术的精神，于此可睹一斑。

东坡《易传》阐释乾卦的《象辞》中"天行健，君子以自强不息"一句说："夫天岂以刚故能健哉？以不息故健也。流水不腐，用器不蠹。故君子庄敬日强，安肆日偷。强则日长，偷则日消。"此几句话是东坡终身遵循的座右铭，他正是以"自强不息"的积极态度来对待人生的，他的一生是始终努力实践的一生。

◇ 三　愉快的生活态度

东坡一生中经受的磨难可谓多矣！他曾感慨万分地说："退之诗云：'我生之辰，月宿直斗。'乃知退之得磨蝎为身宫，而仆乃以磨蝎为命宫，平生多得谤誉，殆是同病也。"他还在《谢惠生日诗启》中自称："摄提正于孟陬，已光初度；月宿直于南斗，更借虚名。"南宋的葛立方因而慨叹说："则是东坡亦磨蝎为身宫，而乃云磨蝎为命，岂非身与命同宫乎？寻常算五星者，以谓命宫灾福，不及身宫之重。东坡以身、命同宫，故谤誉尤重于退之。职銮坡而代言，犯鲸波而远谪，退之之荣悴，未至如是也！"古人以出生时月亮所在的宫位为"身宫"，以上升星座为"命宫"，而磨蝎座向被认为是"主得谤誉"的星座，东坡身、命两宫俱值磨蝎，[1] 当然会遭受到比韩愈更多的诽谤与磨难。然而东坡一生中心情忧伤哀怨的时候并不太多，他更多地以一副乐观、愉快的面容出现于世人面前，以至于林语堂把他写的东坡传记题作"一位愉快的天才"（A gay Genius），这又是什么原因呢？

东坡热爱生活，善于享受生活的各种乐趣，即使是平凡简朴的生活，他也觉得滋味无穷。东坡是位老饕，[2] 无论是珍馐奇肴还是普通的食品，东坡都会津津有味地品尝，还时时著于诗文公诸同好。古今诗人题咏食品既多且好者，东坡堪称是第一人。熙宁年间，东坡受人诬陷出任杭州通判，他在赠给孙莘老的诗中却说："三年京国

---

[1]　林语堂《苏东坡传》中说东坡命宫所属之星座是"Scorpio"，宋碧云、张振玉两种中译本皆译作"天蝎座"，这是林语堂把"磨蝎"误作"天蝎"了。其实"磨蝎"一作"摩羯"，乃据梵文 Makara 音译而来，西人称 Capricorn，磨蝎座与天蝎座在黄道十二宫中的位置尚隔着一个人马座（Sagittarius），不能混为一谈。

[2]　东坡曾作《老饕赋》，在历数"尝项上之一脔，嚼霜前之两螯"等美食后又云："盖聚物之夭美，以养吾之老饕。"（《苏轼文集》卷一）盖自称也。

宋·赵佶（传） 写生翎毛图 大英博物馆

厌藜蒿，长羡淮鱼压楚糟。今日骆驼桥下泊，恣看修网出银刀。"似乎离京来杭得此美食是他的宿愿。元丰年间，东坡贬谪黄州，作诗自嘲："自笑平生为口忙，老来事业转荒唐。长江绕郭知鱼美，好竹连山觉笋香。"绍圣年间，东坡南迁惠州，因其地盛产荔枝而作诗自庆："日啖荔枝三百颗，不辞长作岭南人！"这些诗虽然都含有牢骚之意，但是对各地食品的热爱却是出于真诚的。

　　东坡是位美食家，他擅长品鉴食物中的精品。江南的河豚，鲜美无比，但是其肝脏、卵巢都有毒，烹调不得法的话就会毒死人。东坡的朋友李常虽是江南人，却从来不食河豚，还说："河豚非忠臣孝子所宜食。"东坡却盛赞河豚之美。元丰八年（1085）五月，东坡在常州闲居。当地有一位乡绅家擅长烹煮河豚，听说东坡爱吃河豚，就邀请他来家品尝。全家的妇女儿童都躲在屏风后面，希望听到东坡说一声赞美的话。可是东坡举筷大嚼，一言不发，屏风后面的人大失所望。忽然东坡放下筷子，说："也值一死！"于是举家大喜，他们烹煮的河豚终于得到东坡的品题了。东坡还写了一首小诗："竹外桃花三两枝，春江水暖鸭先知。蒌蒿满地芦芽短，正是河豚欲上时。"此诗虽是题画诗，但生活气息非常浓郁，末句说春江水暖河豚即将浮上水面，不知东坡写此句时有没有联想到放在盘中的河豚即将端上桌面？岭南的荔枝，堪称果中极品。绍圣二年（1095）春，东坡在惠州初食荔枝，作《四月十一日初食荔支》一诗赞之："海山仙人绛罗襦，红纱中单白玉肤。不须更待妃子笑，风骨自是倾城姝。"还加了一条自注说："荔支厚味高格两绝，果中无比，惟江鳐柱、河豚鱼近之耳。"品尝了一种水果，竟至于作诗纪其日月，可见东坡对荔枝是如何的珍视！幸好惠州盛产荔枝，价贱易得，东坡得以大饱口福。

　　然而东坡并不刻意追求珍味，他对普通平凡的食物同样充满兴趣。东坡在黄州时生活贫困，得不到什么珍奇的食物，但他对当地出产的价格极贱的猪肉和鲤鱼、鲫鱼都很喜爱，并亲自下厨用这些普通的原料做成好菜。相反，东坡在元丰六年（1083）九月得到了一尾珍贵的娃娃鱼，却立即放生于长江。除了后人所称的"东坡肉"，东坡还发明了一道鱼羹，并写了题为《煮鱼法》的菜谱把烹调之法公之于世：将活杀的鲫鱼或鲤鱼放入冷水，加盐，盖上一层白菜心及葱白，煮到半熟再加生姜、萝卜汁和料酒，起锅前再放进橘皮丝。直到元祐四年（1089），东坡还在杭州亲手烹制这道鱼羹来招待仲天贶等友人。同年十一月二十八日的傍晚，雨雪霏霏，东坡请友人王箴来家小酌，微醺后的东坡亲自掌勺做了一道鲜美的"荠青虾羹"，所用的原料不过是荠菜和河虾而已。东坡南谪惠州后，生活十分艰苦，他向别人借了半亩地种上蔬菜，便与苏过两人终年食菜。东坡赞美那些清水煮成的菜羹说："味含土膏，气饱风露，虽粱肉不能及也！"他还写诗嘲笑晋代那位每天吃饭要耗费一万钱的何曾说："秋来霜露满东园，芦菔生儿芥有孙。我与何曾同一饱，不知何苦食鸡豚？"

　　东坡对衣服的态度也是如此。东坡很注重服饰，他在元祐年间曾自行设计了一种顶短、檐高的桶状帽子，汴京城里的士大夫争相仿效，风行一时，人称"子瞻帽"。有一次皇宫里演戏，著名的伶人丁仙现头上戴着一顶"子瞻帽"上场，与其他优伶互相嘲戏。丁仙现说："我的文章，你辈都是望尘莫及的。"别人诘问为什么，丁说："你们没看见我头上的'子瞻'吗？"观众大笑，连哲宗皇帝都回过头去看东坡。东坡并不只爱锦袍玉带，他对于士大夫所鄙夷不屑的僧俗之衣也照穿不误。元丰七年（1084），东坡在金山寺与客会饮，他披了一件木棉裘，有人说木棉裘是商人才穿的，显得俗气，东坡却不以为意，还作诗说："江东贾客木棉裘，会散金山月满楼。夜半潮来风又熟，卧吹箫管到扬州。"金山寺的住持佛印赠给东坡一件衲衣，东坡也高兴地收下了。直到东坡任颍州知州时，陈师道还亲眼看到东坡披着这件衲衣会客。东坡贬至海南后，更是以入乡随俗的态度接受当地土著的服装，有时他头戴笠帽，身披蓑衣，脚蹬木屐，俨然是一个老于田亩的老农。后世的画家喜画"东坡笠屐图"，并非出于虚构。东坡甚至模仿土著用椰子壳做了一顶尖顶的"椰子冠"，还自豪地写诗告诉子由说："更著短檐高屋帽，东坡何事不违时！"

东坡平时没有声色狗马的爱好，也许是老年寂寞时格外需要宠物，他到儋州后却养了一条大狗，名叫"乌嘴"。"乌嘴"夜晚看守门户，甚为凶猛。白天却很驯良，还认识常来串门的客人。东坡很喜欢"乌嘴"，即使它偶然偷肉也不用鞭子打它。元符三年（1100）六月，东坡遇赦北归，"乌嘴"也一路随行。一天东坡来到澄迈驿，路过一条长桥。"乌嘴"放着好好的桥不走，却跳入水中泅渡过河，路人大吃一惊。东坡很高兴，写诗咏之，希望它能像晋人陆机家的良犬"黄耳"那样远寄家书。

由此可见，东坡对于物质生活的态度是相当独特的。儒家并不排斥物质享受，孔子甚至说过"食不厌精，脍不厌细"的话，然而他们决不接受"不义而富且贵"的物质享受，而且能在箪食瓢饮的简朴生活中不改其乐，这就是后儒赞叹不已的"孔颜乐处"。东坡继承了这种精神，但又与孔、颜同中有异。孔子与颜回以"固穷"的心态对待简朴乃至贫困的生活，是出于对自身道德人格的自信，有时甚至是出于对导致其穷困简朴生活的外在环境的抗争，东坡在遭受政治迫害而贬逐蛮荒时也有类似的心态，但他更多的时候却是出于对简朴生活自身的热爱，他常常以一种近于审美愉悦的态度去拥抱生活，他对平凡、简朴的物质生活倾注了更多的感情。所以东坡的心态更加平和，更加真诚，也更加贴近普通人的切身感受。即使剥离了"不义而富且贵"的道德因素，东坡对那种穷奢极欲的生活也极为反感。东坡的挚友王定国生活豪奢，东坡曾写信规劝他："粉白黛绿者，俱是火宅中狐狸、射干之流，愿深以道眼看破。此外又有一事，须少俭啬，勿轻用钱物。"东坡的前辈韩维退休后声称要以酒色的享受来自娱晚年，东坡听说后就托韩维的女婿王寔转达规劝之意。东坡自己虽曾有过锦衣玉食的生活经历，但是他真心喜爱的却是简朴的生活。熙宁年间，东坡在杭州任通判，官场里宴席频繁，东坡心里厌烦，呼为"酒食地狱"。元祐年间，东坡以龙图阁学士的身份出任杭州知州，身份如此显赫的他依然生活简朴。[1]东坡从简朴的日常生活中获得的不仅是幸福感，而且有美感。元丰年间，东坡在黄州写信给居乡务农的表兄子安说："此书到日，相次岁猪鸣矣。老兄嫂团坐火炉头，环列儿女，坟墓咫尺，亲眷满目，便是人间第一等好事，更何所羡！"东坡谪居海南，有时米粮匮乏，苏过就用山芋做成一道"玉糁羹"，东坡赞美说："天上酥陀则不可知，人间决无此味也！"他还用诗句形容此羹说："香似龙涎仍酽白，味如牛乳更全清。"东坡曾住杭州，他在元祐七年（1092）作《青玉案》词送苏坚返吴，词中说道："春衫犹是、小蛮针线，曾湿西湖雨。"一味由苏过用山芋做成的羹汤，一件由朝云亲手缝制的旧衣裳，都是再平常不过的物品，可是在东坡的笔下，它们是多么美好，多么深情绵邈！

东坡热爱自然，每到一处都要遍游当地的山水。元丰八年（1085）十月十五日，东坡赴任登州知州，五天后接到朝命，召为礼部郎中。登州濒临大海，当地最著名的景观就是海市蜃楼。东坡很想见识一下闻名已久的海市奇观，可是当地父老说：海市一般只在春夏季节才

---

[1] 宋施德操《北窗炙輠录》卷上："东坡性简率，平生衣服饮食皆草草。至杭州时，常喜至祥符寺琴僧惟贤房间憩。至，则脱巾褫衣，露两股榻上，令一虞候搔之。起视其岸巾，止用一麻绳约发尔。"

会出现，如今已是冬天，不可能再看到了。东坡觉得非常遗憾，就到海神广德王的庙里去祈祷，没想到第二天海市就出现了。东坡大喜，作诗纪之：

> 东方云海空复空，群仙出没空明中。荡摇浮世生万象，岂有贝阙藏珠宫。心知所见皆幻影，敢以耳目烦神工。岁寒水冷天地闭，为我起蛰鞭鱼龙。重楼翠阜出霜晓，异事惊倒百岁翁。人间所得容力取，世外无物谁为雄。率然有请不我拒，信我人厄非天穷。潮阳太守南迁归，喜见石廪堆祝融。自言正直动山鬼，岂知造物哀龙钟。伸眉一笑岂易得，神之报汝亦已丰。斜阳万里孤鸟没，但见碧海磨青铜。新诗绮语亦安用，相与变灭随东风。

绍圣元年（1094）闰四月，东坡在定州接到南谪之命，匆匆南下，他不无遗憾地想起自己北来定州后总是风沙漫天，还没有清楚地看过太行山，如今被贬岭南，以后恐怕再也没有机会了。没想到南行走到临城（今河北临城），忽然天清气爽，向西眺望太行山，连山上的树木都纤毫毕现，历历可数，更不用说雄伟秀丽的冈峦崖谷了。东坡不禁又一次联想到韩愈途经衡山适逢秋雨阴晦，向山神祈祷后竟然云开雾散的故事。如果说东坡在登州时将要入朝升任要职，他兴致勃勃地观赏海市是"人逢喜事精神爽"的人之常态，那么他路经临城时正在前往蛮荒僻远的岭南，竟然也有如此浓郁的兴致来眺望太行山色，就只能说是出于对山水景物的由衷爱好了。

东坡不仅观赏山水，品题山水，他还用以人巧补天工的方式增添山水之美，比如名扬天下的杭州西湖，其中的"苏堤春晓""三潭印月"等景点就直接出于东坡亲自筹划的浚湖工程。无独有偶，元祐六年（1091）东坡调任颍州知州，那里也有一个西湖，就是欧阳修曾写下十首《采桑子》来吟咏的美丽湖泊。所以东坡在颍州谢表中说："出典二邦，辄为西湖之长。"秦观也赠诗东坡说："我公所至有西湖。"东坡还制订了疏浚颍州西湖的计划，因任期过短而未及实施。及至绍圣年间，东坡南迁惠州，发现州城西边的丰湖景色幽美，便也称之为西湖。朝云死后，便埋葬在湖畔的松林中。后来惠州人民为了纪念东坡，将丰湖正式改名为西湖，并把湖中长桥称作"苏公堤"，"苏堤玩月"从此成为惠州一景。清代诗人丘逢甲有诗说："东坡到处有西湖，老尚湖堤遣姓苏。不是湖光胜杭颍，那教留冢葬名姝！"

　　东坡对山水自然的热爱是全方位的，也就是说他不仅喜爱那些雄伟壮丽的名山大川，也喜爱默默无闻的普通山川；他不仅在人称"东南山水窟"的杭州游兴浓厚、诗兴勃发，他对密州的桑麻之野和平冈荒山也怀有一份爱抚的心情。要不是见诸东坡的题咏，密州的马耳、常山岂会广为人知？黄州的赤壁又何以成为名震天下的名胜？润州的金山寺虽然自南朝起就是海内名刹，但它近于城市，游人熙攘，历代诗人并未留下多少题咏的名篇，唐诗中仅张祜的"树影中流见，钟声两岸闻"一联稍为有名而已。东坡却非常欣赏金山寺那江天一览的景色，平生多次来游，还留下了千古绝唱《游金山寺》：

　　我家江水初发源，宦游直送江入海。闻道潮头一丈高，天寒尚有沙痕在。中泠南畔石盘陀，古来出没随涛波。试登绝顶望乡国，江南江北青山多。羁愁畏晚寻归楫，山僧苦留看落日。微风万顷靴文细，断霞半空鱼尾赤。是时江月初生魄，二更月落天深黑。江心似有炬火明，飞焰照山栖鸟惊。怅然归卧心莫识，非鬼非人竟何物？江山如此不归山，江神见怪惊我顽。我谢江神岂得已，有田不归如江水。

东坡不仅写出了金山寺独立江中、青山满目的佳景，而且描绘了是夜江心火光的自然奇观，"江山如此"四字，渗入了多少深情！如果说金山寺是地处"人境"的名胜，那么僻处鄱阳湖口的石钟山堪称远离红尘的幽绝境界，元丰七年（1084），东坡离开谪居四年的黄州东下，途经鄱阳湖口，乘便游览石钟山，写出了游记散文中的绝代精品《石钟山记》：

《水经》云："彭蠡之口，有石钟山焉。"郦元以为下临深潭，微风鼓浪，水石相搏，声如洪钟。是说也，人常疑之。今以钟磬置水中，虽大风浪不能鸣也，而况石乎！至唐李渤始访其遗踪，得双石于潭上，扣而聆之，南声函胡，北音清越，桴止响腾，余韵徐歇，自以为得之矣。然是说也，余尤疑之。石之铿然有声者，所在皆是也，而此独以钟鸣，何哉？元丰七年六月丁丑，余自齐安舟行适临汝，而长子迈将赴饶之德兴尉，送之至湖口，因得观所谓石钟者。寺僧使小童持斧，于乱石间择其一二扣之，硿硿焉，余固笑而不信也。至暮夜月明，独与迈乘小舟至绝壁下，大石侧立千仞，如猛兽奇鬼，森然欲搏人。而山上栖鹘，闻人声亦惊起，磔磔云霄间。又有若老人欬且笑于山谷中者，或曰："此鹳鹤也。"余方心动欲还，而大声发于水上，噌吰如钟鼓不绝，舟人大恐。徐而察之，则山下皆石穴罅，不知其浅深，微波入焉，涵澹澎湃而为此也。舟回至两山间，将入港口，有大石当中流，可坐百人，空中而多窍，与风水相吞吐，有窾坎镗鞳之声，与向之噌吰者相应，如乐作焉。因笑谓迈曰："汝识之乎？噌吰者，周景王之无射也。窾坎镗鞳者，魏庄子之歌钟也。古之人不余欺也。"事不目见耳闻，而臆断其有无，可乎？郦元之所见闻，殆与余同，而言之不详。士大夫终不肯以小舟夜泊绝壁之下，故莫能知。而渔工水师，虽知而不能言。此世所以不传也。而陋者乃以斧斤考击而求之，自以为得其实。余是以记之，盖叹郦元之简，而笑李渤之陋也。

　　后人重视此文，大多着眼于东坡揭橥的凡事未经目见耳闻，不可臆断其有无的道理。的确，与东坡的理趣诗一样，此文以具体的叙事、写景来凸显哲理，说理深刻、清晰。又因诉诸读者的审美愉悦而非逻辑推演，所说的道理就像"润物细无声"的春雨一样悄悄地沁人心脾。相形之下，王安石的《游褒禅山记》也是从游山经历导出哲理的名文，但缺乏优美的写景和生动的叙事，就稍嫌枯燥乏味了。虽然东坡关于石钟山名称的结论不一定正确，清人曾国藩多次实地考察石钟山后，提出此山"形如覆钟"故得此名的解释，更为合理，但是东坡得出的道理却是不易之论。[1] 更加重要的是，此文绘声绘色地重现了月夜探幽的过程与雄奇幽峭的景色，使人读后恍若亲临其境，从而获得森然魄动的独特审美享受。游人如织的金山寺在东坡眼中却有清奇绝俗的景色，人迹罕至的石钟山在东坡眼中却是寻幽探奇的胜境，原因就在于东坡总是以愉悦的心情来拥抱大自然，在他看来，普天下的山山水水无往而非名胜。

◇　四　平易近人的智者

　　才智超群的人往往会孤独无友。从主观上说，他们孤芳自赏的傲慢心态会拒人于千里之外；从客观上说，普通人也会对他们鹤立

---

[1] 从清咸丰四年（1854）至十一年（1861），曾国藩率湘军水师与太平军在湖口一带作战长达八年，"石钟山之片石寸草，诸将士皆能辨识"，遂指出"乃知钟山以形言之，非以声言之。郦氏、苏氏所言，皆非事实也"（《曾文正公全集·读书录》卷九）。有趣的是，曾氏的结论虽与东坡异，但同样证实了"事不目见耳闻，而臆断其有无，可乎"的道理。

鸡群的高大形象敬而远之。东坡却是个绝对的例外。东坡天才卓绝，除了吕惠卿大概没人会持异议。不说东坡在政事与学术上的非凡表现，单看他在写诗作文及日常谈笑中的敏捷机灵，便可知其才华横溢，世所罕见。相传王安石作《字说》，认为汉字的左右偏旁都有意义，他曾告诉东坡："'波'者水之皮。"东坡应声而答："那么'滑'就是水之骨了！"王安石又问东坡："'鸠'字从'九'，可有什么根据？"东坡又应声而答："当然有啦，《诗经》中说：'鸤鸠在桑，其子七兮。'加上爹妈，恰是九个！"又相传东坡曾在元祐年间充任"伴辽使"，在馆驿中与辽使应酬。当时宋、辽两国间没有战事，双方使者往来不绝，常常作诗唱和并相互争胜。辽使素闻东坡的大名，心知与他赛诗必败无疑，就想用一副在辽国无人能对的对子来刁难他。这副对子的上句是"三光日月星"，下句首字必须用数字，而且一定是"三"之外的数字，可是应与"日月星"相对的却只有三个字，堪称无解的绝对。不想东坡一听就回答说："如果我能对而你不能，未免有碍贵国的体面。'四诗风雅颂'是天生的好对，就先让给你吧。"辽使正在瞠目结舌，东坡又说："我还有一对：'四德元亨利。'"辽使记得《周易》的开卷第一句是："乾，元亨利贞。"心想这下可抓住东坡的疏漏了，他正要起身辩难，东坡又说："请免开尊口。你以为我忘了最后一个字吗？我们两国是兄弟之邦，你可得回避我朝仁宗皇帝的名讳啊！"原来宋仁宗名祯，按当时的避讳习惯，"贞"字也在讳字之列，是不能说出口的。东坡在顷刻之间就以谈笑风生的方式击破了辽使的刁难，这是何等的机智！

如果说上述二事都是传说，那么我们再看几则记载确凿的事例：

元丰七年（1084）四月，东坡即将离开黄州。友人为东坡饯行，营妓李琪在席上向东坡求诗。东坡平日参加宴会，常常乘醉泼墨，并随意赠送给在座的客人，在旁服侍的营妓也常有所获。李琪是个知书识字的聪明姑娘，东坡也很喜欢她，可是李琪为人木讷，从未得到过东坡的墨宝。如今东坡快要走了，李琪就上前向东坡敬酒，并解下领巾请东坡题诗。东坡提起笔来写下两行大字："东坡五岁黄州住，何事无言及李琪？"然后掷下笔继续与人谈笑。座中的客人都很纳闷，觉得这两句诗立意平凡，又没有终篇，不知东坡葫芦里卖什么药。等到酒席将散，李琪再次央求东坡，东坡大笑，提笔续写了两句："恰似西川杜工部，海棠虽好不留诗。"众人拍案称绝，原来海棠是蜀中名花，可是杜甫居蜀五年，却从未写诗咏过海棠。[1] 东坡用此典故，言下之意是李琪实为黄州营妓中才貌最佳者，可是自己居住黄州五年从未给她题诗。即兴之作却用典如此精切，立意如此巧妙，不是才气横溢的话怎能办到？

元丰七年（1084）七月，东坡在金陵与王安石相晤。王安石邀请东坡游览蒋山，两人走进一所寺庙，在方丈里饮茶。王安石看到案上有一方大砚，就提议与东坡集古人的诗句来联句咏之。东坡应声说："好，我先说一句：'巧匠斫山骨。'"[2] 王安石沉思久之，觉得难操胜算，就站起来说："这不是什么急事，不如乘着好天气一览蒋山之胜。"当时在场的田昼后来说："王荆公平时最喜欢以集句来难住别人，别人往往推辞说不会，没想到东坡是不能以此来慑服的！"

元祐六年（1091）六月，东坡在翰林院。一天，黄庭坚、秦观等

---

[1] 杜甫没有写过咏海棠的诗，后人议论纷纷。晚唐郑谷最早注意到此事，其《蜀中赏海棠》诗云："浣花溪上堪惆怅，少陵无心为发扬。"（《郑谷诗集笺注》卷二）宋人王安石咏梅说："少陵为尔牵诗兴，可是无心赋海棠。"（《与微之同赋梅花得香字三首》之二，《王荆文公诗集注》卷三一）宋人李颀甚至说："杜子美母名海棠，子美讳之，故杜集中绝无海棠诗。"（《古今诗话》）陆游的意见最称稳妥："广平作梅花赋，少陵无海棠诗。正自一时偶尔，俗人平地生疑。"（《六言杂兴》之六，《剑南诗稿校注》卷五六）

[2] "巧匠斫山骨"为唐人刘师服诗句，见于《石鼎联句》，《全唐诗》卷七九一。一说《石鼎联句》全诗皆为韩愈代拟。

人在馆中赏画，黄取出一幅李伯时画的《贤己图》，图中有一群人围着桌子正在博弈，盆中五颗骰子业已转定，只有一颗还在旋转。投骰的那个人俯在盆前张口大叫，旁观者也神情激动。大家都觉得画中人物栩栩如生，交口称赏。此时东坡正巧从外面进来，他朝画上瞧了一眼，就说："伯时是天下之士，为何要仿效闽人说话呀？"众人不解，请问其故。东坡说："四海的语音，说'六'字都是合口音，只有闽音才是张口音。现在盆中五颗骰子都是六点，只有一颗还在旋转，投骰的人一定是在呼叫'六'字。但是他大张着嘴叫唤，这不是闽音又是什么？"李伯时听了，含笑称是。[1]

　　元祐八年（1093），东坡出任定州知州。门人李之仪应邀前往，与孙子发、滕兴公、曾仲锡等人一起做东坡的幕僚。贤主嘉宾，常相宴集。从容谈笑之间，常让官妓在旁随意唱曲，东坡等人循其曲谱即席填词。一天，一个歌女故意在东坡座旁唱了一曲《戚氏》，让东坡在仓促之间为这首漫长的曲谱配词，以验证东坡是否果真具有天下所仰慕的才华。当时东坡正与宾客谈论穆天子的故事，于是他就以此为内容，一边听曲，一边撰词。一曲唱毕，东坡的词也正好终篇。事后东坡只改正了五六个字，这首《戚氏》就此流传于世。[2]

---

[1]　"六"在《广韵》中属"屋"韵，其中古音的音韵地位为通摄合口三等屋韵，合口音发音时嘴唇呈圆形。宋代多数方言均如此，惟闽音"六"为开口音，也即东坡所说的"张口"。据北京大学中文系语言教研室编《汉语方音字汇》（语文出版社 2003 年），各地现代方言中的"六"字皆为合口音，惟闽方言中的厦门话、潮州话为开口音。按：此条承鲁国尧教授指教，特此致谢。

[2]　上面四则轶事分别载于何薳《春渚纪闻》卷六、朱弁《曲洧旧闻》卷五、岳珂《桯史》卷二和李之仪《姑溪居士文集》卷三八《跋戚氏》。按：何薳之父何去非为东坡知交，曾得东坡之荐，何薳所记东坡事迹当闻于其父。朱弁被《四库全书总目》评为"深于史事有补，实非小说家流也"（卷一二一）。岳珂也被《四库全书总目》评为"诸条皆比正史为详备，所录诗文，亦多足以旁资考证。在宋人说部中，亦王明清之亚也"（卷一四一）。李之仪所记则为其亲身经历。所以四则轶事皆属可信。

　　如此天才横溢的一位智者，当然会得到全社会的仰慕。文人学士是不必说了，他们簇拥在东坡周围，希望亲聆东坡的指点，并获得东坡亲笔濡染的墨宝。他们争相呈献自己的作品，希望得到东坡的品题。即使在东坡身处逆境的时候，人们对东坡的仰慕也依然如故。东坡流落在黄州、惠州和儋州三处贬所时，许多士人不远万里前往探望、请益，便是明证。元丰七年（1084）四月，刚离开黄州贬所的东坡来到庐山。此时的东坡虽得量移汝州，但并未撤消原有的处分，他的身份仍是一名罪官。可是东坡一入庐山，满山僧众奔走相告："苏子瞻来了！"东坡既感诧异，又觉欣慰，作诗说："芒鞋青竹杖，自挂百钱游。可怪深山里，人人识故侯。"庐山的各处寺庙争相迎请东坡，请他题诗、撰碑或书写匾额。开先寺、栖贤寺、白鹤观、慧日院、东林寺……隐藏在苍松翠柏中的名刹名观都留下了东坡的足迹，也留下了他的墨宝。一天，东坡在佛印等人的陪同下游览某寺，同读一碑。事后东坡问同游者有谁记得碑文，众人都没记住，只有佛印的一个侍者能背诵十之七八，东坡感到惊奇，问知他名叫"自顺"，就随口说道："逆则烦恼，顺则菩提。"丛林盛传东坡此语，自顺从此得到"顺菩提"的美称。又有一天，东坡在庐山黄龙峰北麓的温泉看到壁上有一首署名"可遵"的题诗，甚为欣赏，便乘兴和诗一首。消息传开，可遵大喜过望，便追踪前往。可遵追上东坡后，声称自己又写了一首绝句，可以题在东坡新作的《栖贤三峡桥》诗之后。东坡见其人轻狂鄙俗，深悔误和其诗，便不予理睬。妄自尊大的可遵竟跑到栖贤寺，要把自己的绝句题在壁上。栖贤寺的僧人大骂着把他撵走，原来他们正忙着磨砻碑石，准备铭刻东坡的题诗呢。

　　元符三年（1100）十月，东坡从海南北归，路经广州，谢民师携带自己的著作拦道求见。东坡看了其作品，大加称赏，说其文犹如"上等紫磨黄金"。谢民师大喜，他的族人因此把谢的文集题作

《上金集》。东坡离广后舟行至清远县的峡山寺，得到谢民师的书信，回信盛赞谢的诗文"大略如行云流水，初无定质，但常行于所当行，常止于所不可不止，文理自然，姿态横生"。又进而申述己意："孔子曰：'言之不文，行而不远。'又曰：'辞达而已矣。'夫言止于达意，即疑若不文，是大不然。求物之妙，如系风捕影，能使是物了然于心者，盖千万人而不一遇也。而况能使了然于口与手者乎？是之谓辞达。辞至于能达，则文不可胜用矣。"东坡的这封信成为文学批评史上的重要文献，谢民师其人也因此信而名垂青史。

东坡的名声早已溢出士林之外，普通平民也对他敬礼有加。元丰七年（1084）十月，东坡途经扬州，在平山堂上当众挥毫作词。身在现场的张嘉甫日后为释惠洪描述当时的盛况说："时红妆成轮，名士堵立，看其落笔置墨，目送万里，殆欲仙去尔！"建中靖国元年（1101）六月，东坡乘船前往常州。天气炎热，东坡强支病体坐在敞篷的船舱中。他头戴小冠，身穿半臂，形容憔悴。船在运河里缓缓行驶，数以千计的百姓夹河相随，争着一睹东坡的风采。东坡笑着说："莫非要看杀苏轼否？"

虽然享有如此巨大的声望，东坡却始终平易近人，既不像有些才子那样恃才傲物、目空一切，也不像有些理学家那样道貌岸然、壁立千仞。元祐年间，已成文坛盟主的东坡想去拜访词人晏几道，晏几道傲慢地表示拒绝："今日政事堂里有一半人是我家旧客，我都无暇接见他们！"东坡却不以为忤。建中靖国元年（1101），东坡南归途经九江，想去谒见当地的名士王元甫，王推辞说："我不见士大夫已有五十年了。"东坡也不以为忤，还写了一则题跋称扬王元甫的诗。东坡乐于成人之善，即使对身份卑微的人也从无鄙视之意。熙宁五年（1072），东坡在杭州任通判时，曾在梵天寺看到僧惠诠所题的五言小诗，深赏其清幽宛转，就在其后次韵题诗一首，那位"佯狂垢污"的僧惠诠从此以诗知名。元丰元年（1078），东坡在徐州亲笔书写子由所撰的《黄楼赋》，写到一半有事外出。营妓马盼盼正站在一旁观看东坡写字，她平时就喜欢临摹东坡的书法，便乘机偷偷地写了接下去的"山川开合"四个字。东坡回来一看，哈哈大笑，提笔略为润色，不再重写，后来竟照此刻石。东坡的平易近人，于此可睹一斑！

东坡的诗文和书画都享有盛名，他随意挥洒的尺绢片纸都被人们视若珍宝。可是东坡从不自矜自夸，他对前来求字求画的人几乎是来者不拒，即使对普通百姓也一视同仁。元祐六年（1091），东坡在杭州知州任上。一天有人到州衙诉讼，控告某人欠他买绫绢钱二十贯而拖着不还。东坡把被告叫来盘问，被告说他家素以制造绢扇为生，因遭父丧，加上今年阴雨寒冷，扇子卖不出去，所以无力还债，并非有意拖欠。东坡就让他回家取二十把白团扇来，当场挥毫泼墨，在扇上写下行书、草书，画上枯木、竹石，然后交给被告，让他出售还债。被告刚出衙门，聚在衙前看热闹的人们蜂拥上前，抢购一空。每把扇子卖得一千钱，扇匠顷刻之间就还清了债务。此前一年，东坡刚到杭州知州任上，管理税务的官吏押来一个逃税人。此人名吴味道，是从南剑州（今福建南平）进京赶考的考生。他随身携带着两大捆货物，上面竟贴着由东坡署名运往"京师苏侍郎宅"的封条。"苏侍郎"指苏子由，此时官居门下侍郎。东坡问吴味道所带何物，吴说他家境贫寒，离家前用乡亲们为他凑的盘缠买了一些当地的土产建阳纱，想运到汴京出售获利。但是沿途需经过关卡无数，为了避免抽税，就冒用了东坡兄弟之名。东坡听了深为同情，就让书吏撕去旧封，换上新的封皮，写明送交"东京竹竿巷苏侍郎宅"，还亲手写了一封信让吴味道带给子由，以确保沿途不被抽税。弄假成真的吴味道感激涕零，次年他科举登第后即到杭州来面谢东坡。[1]

东坡不但在士大夫阶层里交游遍于天下，对平民百姓也怀着平等、亲切的态度。熙宁六年（1073），东坡到於潜县（今浙江临安於潜镇）去巡视，看到在县令刁璹的治理下百姓安居乐业的情景，心情舒畅。他作诗吟咏当地的村姑：“青裙缟袂於潜女，两足如霜不穿屦。觕沙鬓发丝穿杼，蓬沓障前走风雨。老濞宫妆传父祖，至今遗民悲故主。苕溪杨柳初飞絮，照溪画眉渡溪去。逢郎樵归相媚妩，不信姬姜有齐鲁！”这不是居高临下的怜惜，而是发自内心的赞美。只有具有平民意识的东坡，才会以完全平等的态度来吟咏一位蓬头赤脚的村姑。

平易近人是东坡性格中十分可贵的一个特点，古代文化史上受到后人尊敬的伟人不在少数，但很少有人具有像东坡那样巨大的亲和力，原因就在于此。如果说许多伟人如同拔地而起的陡峭奇峰，人们只能遥相瞻仰而无从攀缘的话，那么东坡就是一座坡度平缓的高峰，它的高度绝对不逊于任何其他山峰，但是人们可以沿着缓缓上升的山路逐步登上顶峰。笔者曾多次走进眉山的三苏祠，当我一步步走近那尊栩栩如生的东坡雕像时，胸中油然而生的情愫既是崇敬，更是亲切，因为东坡早以平易近人的姿态走进了我们中间。

◇　五　东坡的精神家园

人生苦短，古人常把人生看作一次短暂的逆旅。汉末的古诗中

---

[1]　平易、坦率的性格也使东坡容易受人欺骗，例如元祐初轻信乔仝谎言而赠予财物，以及晚年误交妄人姚丹元且赠诗多篇，详见叶梦得《避暑录话》卷上。

郏县三苏坟

说："人生天地间，忽如远行客。"陶渊明在自祭文中说："陶子将辞逆旅之馆，永归于本宅。"李白更扩展此意说："夫天地者，万物之逆旅也。光阴者，百代之过客也。"虽然人生短促得像一次短暂的旅行，人们的精神追求却没有止境，于是他们理所当然地要寻觅一个永久的归宿地，来寄托他们的精神，各种宗教所虚构的天堂、乐土便应运而生。当然，中国古代的士大夫由于受儒家淑世精神的影响太深，很少有人能像王维那样全心全意地皈依佛门，于是较常见的便是李白的做法，他一方面努力追求建功立业，希望以生前功业的建树来实现死后的不朽；另一方面又寄意于宗教乃至神话，幻想着"先期汗漫九垓上，愿接卢敖游太清"的逍遥境界。与李白一样，东坡也是一位潇洒绝俗的风流之士，他同样鄙弃荣华富贵而追求理想境界，他同样爱与僧侣、道士交游并深深地浸润于各种宗教，但是东坡从不向往海外仙山或西方净土，他明确地声称："我欲乘风归去，又恐琼楼玉宇，高处不胜寒。起舞弄清影，何似在人间！"据说宋神宗读到此句时感动地说："苏轼终是爱君。"其实东坡深切依恋的对象不仅是君主，也不仅是家人，而是整个人间。

人生的归宿在何处？东坡一生中无时不在思索其答案。他的思索既有空间向度的，也有时间向度的，前者往往会导向某个地点，后者的终点则是身后的精神归宿。让我们沿着这两个向度来看看东坡心中的归宿地到底在何处。

东坡热爱故乡，虽然他的大半生都在异乡飘泊，至死未得归乡，但是故乡的一山一水、一草一木都是他梦魂萦绕的对象，更不用说那"明月夜、短松冈"的亲人坟茔了。嘉祐八年（1063），东坡在凤翔便常常思念故乡，此期的诗句如"西南归路远萧条，倚槛魂飞不可招""忽闻啼鵙惊羁旅，江上何人治废田""何时归耕江上田，一夜心逐南飞鹄"都表达了浓浓的乡情。此时的东坡年方二十八岁，而且离乡还不足三年！绍圣四年（1097），东坡谪居海南，年过花甲的他明知此生绝无还乡的可能了，却依然难忘此愿："还乡亦何有，暂假壶公龙。峨眉向我笑，锦水为君容。""故山不可到，飞梦隔五岭。"次年的寒食佳节，东坡又望乡而叹："老鸦衔肉纸飞灰，万里家山安在哉！"乡情和乡愁是东坡诗词中的一大主题，诸如"试登绝顶望乡国，江南江北青山多""江汉西来，高楼下、蒲萄深碧。犹自带、岷峨雪浪，锦江春色"的深情绵邈之句不胜枚举。元祐五年（1090），正在杭州任知州的东坡忽生乡愁，作诗寄给眉州老乡蔡子华：

故人送我东来时，手栽荔子待我归。荔子已丹吾发白，犹作江南未归客。江南春尽水如天，肠断西湖春水船。想见青衣江畔路，白鱼紫笋不论钱。霜鬓三老如霜桧，旧交零落今谁辈。莫从唐举问封侯，但遣麻姑更爬背。

　　后人论及此诗，往往会关注末联巧用蔡泽、蔡经的典故来暗切蔡子华的姓氏，其实此诗所蕴含的浓郁乡情更值得注意，在东坡心目中，故乡的山水物产和风土人情都是那么可爱，竟使得身居西子湖畔的诗人日夜思归！

　　然而东坡的思想自由通脱，他的情感既执着又潇洒，"蜀江水碧蜀山青"的故乡固然是其情之所系，远离故乡的其他地方也使他安之若素。从理智上说，东坡向有"四海为家"的人生态度，他在《潮州韩文公庙碑》中称颂韩愈说："公之神在天下者，如水之在地中，无所往而不在也。"在东坡看来，像韩愈这样的人物本是天下之士，虽然平生行踪限于某些地方，但其神灵却是无所不在的。东坡是当时的文坛盟主，其成就与声誉皆与韩愈不相上下，时人即以韩愈视之，东坡自己也不无自矜地说："前生自是卢行者，后学过呼韩退之。"[1]天下之士当然应以四海为家，东坡就是以这种襟抱对待一生中转蓬般的流宦和流徙的。

　　从感情上说，东坡对各个地方都有天然的认同感和亲切感，甚至每到一处陌生地方都有恍若旧游之感。熙宁四年（1071），东坡生平第一次来到杭州，但他恍然觉得这里的湖山都是旧曾相识。他在《和张子野见寄三绝句》中写道："前生我已到杭州，到处长如到旧游。"他还在写给钱塘主簿陈师仲的信中追忆说："在杭州尝游寿星院，入门便悟曾到，能言其院后堂殿山石处，故诗中尝有'前生已到'之语。"寿星院的僧人乘机编造出东坡前身是此寺僧人的故事，甚至说东坡还没走到后堂就知道那里的石阶有多少级云云，其实都是依据

---

[1]　这二句诗在东坡诗集中出现两次，分别见于《答周循州》（《苏轼诗集》卷三九）和《赠虔州术士谢晋臣》（《苏轼诗集》卷四五），可见东坡对别人呼他为韩愈是颇为得意的。

郏县三苏纪念馆

东坡自述的经历敷演而来。[1] 如果说东坡对杭州的亲切感是受了该地的明山秀水的激发，那么他对黄州等荒凉僻远的贬谪之地也有类似的亲切感就只能归因于其人生态度了。元丰四年（1081），东坡在黄州写信给赵昶说："某谪居既久，安土忘怀，一如本是黄州人，元不出仕而已。"绍圣元年（1094），东坡来到惠州，作诗抒感说："仿佛曾游岂梦中，欣然鸡犬识新丰。"[2] 元符三年（1100），已在儋州度过三个年头的东坡遇赦北归，临行前作诗留别黎民表说："我本海南民，寄生西蜀州。忽然跨海去，譬如事远游。"黄州、惠州、儋州都是东坡被命运偶然抛往的荒僻之地，尤其是地处岭南的后面两个地

---

[1] 何薳《春渚纪闻》卷六云："钱塘西湖寿星寺老僧则廉言：先生（砺锋按：指东坡）作郡倅日，始与参寥子同登方丈，即顾谓参寥：'某生平未尝至此，而眼界所视，皆若素所经历者。自此上至忏堂，当有九十二级。'遣人数之，果如其言。即谓参寥子曰：'某前身山中僧也。今日寺僧皆吾法属耳。'"

[2] 据《西京杂记》卷二载，刘邦登基后于长安之东仿照其家乡丰县建造新丰，"并移旧社，衢巷栋宇，物色惟旧。士女老幼，相携路首，各知其室。放犬羊鸡鸭于通途，亦竞识其家"。

方，自古以来就被视作流人的鬼门关。唐人韩愈被贬潮州，将到潮州时就作诗说："潮阳未到吾能说，海气昏昏水拍天。"到达潮州后上表自诉："居蛮夷之地，与魑魅为群。"柳宗元被贬到柳州（今广西柳州），作诗抒感说："海畔尖山似剑铓，秋来处处割愁肠。若为化得身千亿，散上峰头望故乡。"东坡被贬往的惠州、儋州比潮州、柳州更加偏僻蛮荒，可是他不但随遇而安，而且视他乡亲如故乡，这是多么潇洒、通脱的人生态度！

俗谚说："树高千丈，叶落归根。"东坡当然也想回归故乡。元祐八年（1093）八月十一日的黎明时分，年近六旬的东坡在等待早朝时打瞌睡，梦见自己回到了眉山纱縠行的故宅，还取笔写了一篇文章，内有"坐于南轩，对修竹数百、野鸟数千"的句子，醒来后怅惘久之。但是东坡既然把四海之内都视同桑梓，他回归的目的地就无往而不可了。元祐四年（1089），东坡第二次来到杭州，他在谢表中说："江山故国，所至如归。"元丰七年（1084），东坡即将离开黄州，作《满庭芳》以述怀：

归去来兮，吾归何处，万里家在岷峨。百年强半，来日苦无多。坐见黄州再闰，儿童尽、楚语吴歌。山中友，鸡豚社酒，相劝老东坡。

云何。当此去，人生底事，来往如梭。待闲看、秋风洛水清波。好在堂前细柳，应念我、莫剪柔柯。仍传语，江南父老，时与晒渔蓑。

东坡虽然思念位于岷江峨眉之间的家乡，但是业已入仕的他身不由己，于是便把贬谪之地黄州视为第二故乡。在东坡的笔下，黄州的风土人情是多么可亲！他对黄州的依恋之情又是多么深挚！此时的东坡即将离开黄州，于是他谆谆嘱托黄州的父老乡亲代他照料他亲手栽种的细柳，代他晾晒曾为他遮蔽风雨的蓑笠，因为他将来还会回到黄州，就像回归故里一样。东坡对异乡的热爱是从内心奔涌出来的，既非无可奈何的权宜之计，也非强自排遣的自我慰藉。东坡总是以平和、愉快的心态去拥抱人生，既然简陋的物质生活都能使他感到津津有味，既然普通的山川风景都能使他流连忘返，那么异乡的风土人情当然也使他觉得亲切可爱。所以"四海为家"这句话在别人口中也许带有几分无奈或悲慨，在东坡心目中却洋溢着发自内心的愉悦感。从出生地眉山到终老之地常州，从玉堂金马的汴京到棘篱柴门的儋州，从湖山秀丽的杭州到黄尘漫天的定州，东坡都留下了吟咏当地自然风光与风土人情的动人诗篇，还留下了与当地人民亲密相处的动人故事。几年前笔者到常州去凭吊东坡临终前所居的"藤花旧馆"，住在那座老屋里的寻常百姓还能深情地讲述东坡的故事。在他们看来，东坡就是他们的邻居，就是本地的乡贤。我深受感动，就拟了一副对联："此地殁东坡，岂惟灵气钟西蜀；当年渡南海，乃乘雄风起北溟。"是啊，天下之大，何处不能成为东坡的归宿之地，哪里不是东坡的精神家园？

　　从时间的向度来看，东坡的精神归宿也同样指向人生。像东坡那样聪慧灵秀的人物，当然会深入思考生存与死亡的意义，也必定会上下求索超越生死大限的精神归宿。古往今来，除了坚持通过生前事业的建树以实现死后不朽的宗旨的儒家，人们只要一思考死后的问题，便难免要进入宗教的领域。庄子是最喜欢谈论死亡问题的先秦哲人，他认为死亡是人生的自然终点："夫大块载我以形，劳我以生，佚我以老，息我以死。"由于这种人生观缺乏终极意义作为价值支撑，所以必然导致对死亡的恐惧。庄子对死亡的态度是自相矛盾的，他赞赏髑髅的话："死，无君于上，无臣于下，亦无四时之事，从然以天地为春秋，虽南面王乐不能过也。"但是他也认同神龟"宁生而曳尾涂中"而不愿"死而留骨为贵"的态度。所以庄子大讲养生，千方百计地延迟死亡的到来，后代的道教把庄子认作始祖之一，实出必然。佛教本来就是为了解脱生老病死的人生苦难而产生的，它精心构建了一个西方极乐世界，这是诱导芸芸众生皈依佛门的最大引力。东坡与佛、道二教都有密切的关系，东坡的生死观受到两种宗教的深刻影响，由此增强了人生无常、人间如梦的观念。熙宁七年（1074），东坡路经秀州本觉寺，发现他的故交文长老已经病逝，作诗悼之：

> 初惊鹤瘦不可识，旋觉云归无处寻。三过门间老病死，一弹指顷去来今。存亡惯见浑无泪，乡井难忘尚有心。欲向钱塘访圆泽，葛洪川畔待秋深。

由于主题是追悼僧人，诗中多用佛教术语，第三句追忆自己与文长老交往的全过程：熙宁五年（1072）以来，东坡三次路经本觉寺，文长老的状态则由老转病，又因病而死。第四句则用佛家关于过去、现在与将来的"三世"观念来表达对时光迅速流逝的感受。这种人生虚幻如梦的感觉在东坡的诗词中经常出现，尤其是当他遭遇逆境或面临亲友死亡的时候。可是东坡从未因此遁入空门，也没有成为吃斋念佛的名副其实的"居士"。元祐八年（1093），好友吴子野到汴京来谋求度牒，要想出家，东坡劝止他说："不须如此，在家出家足矣。"在东坡看来，只要摒弃名利的欲念，保持内心的清静，也就等于出家了。所以东坡赞扬范镇说："范景仁平生不好佛。晚年清慎，减节嗜欲，一物不芥蒂于心，真却是学佛作家。然至死常不取佛法。某谓景仁虽不学佛而达佛理，虽毁佛骂祖，亦不害也。"可见尽管东坡对佛教多有好感，但他只想把佛教思想作为人生的一帖清凉剂，对佛门宣扬的西方乐土则敬而远之。东坡平生曾多次到佛寺施舍父母的遗物，还曾捐资修造佛像，来为父母祈求冥福。但这只是出于对父母的追思，并不表明东坡果真相信轮回之说。

东坡对道家也颇有好感，平生与道士交往不绝。东坡还曾修习道家的养生之术，晚年曾写信劝子由同习"龙虎铅汞"之功。然而正像黄庭坚所说："东坡平生好道术，闻辄行之，但不能久，又弃去。"东坡并不真的相信道家的长生之术，他讲求养生的目的只是维护身体健康而已。东坡的文集中记录了多种养生之法，如服黄连、食胡麻，乃至梳头、沐浴等，他甚至写信给王定国说："御瘴之术惟绝欲练气一事，本自衰晚当然，初不为御瘴而作也。某其余坦然无疑，鸡猪鱼蒜，遇着便吃，生病老死，符到便奉行，此法差似简要也。"这种顺应自然的养生之道，与道教的长生之术貌同实异。东坡根本不想追求长生不老，他追求的目标只是健康的人生。

由于人生在时间向度上的终点是死亡，人们在临终之前必须对自己的精神归宿作出最终的抉择。建中靖国元年（1101）七月，东坡走到了人生的尽头。东坡自知大限来临，便从容地向诸子交代后事。二十六日，东坡的方外之友武康县（今浙江德清西）隆教院的长老维琳前来探望，[1] 对东坡说了一首偈语，东坡回答说："与君皆丙子，各已三万日。一日一千偈，电往乃能诘。大患缘有身，无身则无疾。平生笑摩什，神咒真浪出。"维琳不懂"神咒"的含义，东坡就讨了笔来写给他看："昔鸠摩罗什病亟，出西域神咒，三番令弟子诵以免难，不及事而终。"这说明东坡明确表示对佛教迷信的摒弃，他根本不想借助宗教的虚妄力量来延长自己的生命。到了二十八日即东坡生命中的最后一天，东坡要求沐浴，并换上朝衣，从容地等待死神

---

[1]　维琳，湖州武康人，元祐年间东坡任杭州知州时曾邀请其住持径山寺（见《苏轼诗集》卷四五《答径山琳长老》李尧祖注）。

的降临，当时侍候在病榻旁的有故友钱世雄和维琳等人。宋人傅藻的《东坡纪年录》记载说，在东坡的弥留之际，他的听觉和视觉已经失去，维琳凑在东坡的耳旁大声说："端明宜勿忘！"东坡勉强回答说："西方不无，但个里著力不得。"钱世雄又说："固先生平时履践，至此更须著力。"东坡说："著力即差。"说完他就断气了。释惠洪的《跋李豸吊东坡文》则记载说，钱世雄对东坡说："端明平生学佛，此日如何？"东坡回答说："此语亦不受。"两种记录稍有不同，但都说明在东坡的弥留之际，尽管释维琳与钱世雄竭力劝诱，东坡仍然拒绝皈依西方净土。所谓"个里著力不得""著力即差"，意即不承认世人可以凭借皈依宗教的方法让灵魂进入虚幻的天国，也即表示他无论是生前还是死后，都不愿把自己的精神寄托于虚无缥缈的仙山佛国。三年以前，东坡就在《和陶神释》诗中宣称过："仙山与佛国，终恐无是处。"可见东坡临终时拒绝皈依宗教的态度绝非出于偶然，而是经过深思熟虑的人生选择。早在元祐元年（1086），即东坡五十一岁那年，弟子秦观就在给友人傅彬老的信中说："苏氏之道，最深于性命自得之际。"东坡临终时的表现证明秦观的这个判断是何等的准确、深刻！只有以澄明透彻的人生观领悟了生命意义的人，才可能在弥留之际仍有足够的定力来抵御皈依天界的诱惑。东坡就是这样的一位豪杰之士，他始终以脚踏实地的态度对待人生，他以清醒的理性精神阐释了生命与死亡的意义。一句话，东坡的精神家园始终都在人间。

◆ 第十一章　东坡与文艺

　　东坡在政治与学术等方面都有杰出的建树，即使他只是一位政治家或学者，已足以名垂青史了。然而东坡更伟大的贡献却是在文学艺术方面，文学与艺术才是东坡充分发挥其巨大创造力的广阔天地。如果把文学与艺术两方面的成就综合起来予以考察的话，东坡堪称千古独步，整个中国文化史上没有第二个人可以与他并驾齐驱。在古文方面，东坡是"唐宋八大家"之一，也是宋代最杰出的古文家之一。[1]在诗歌方面，东坡在北宋诗坛上与黄庭坚齐名，在整个宋代则与陆游齐名，堪称宋代最杰出的诗人。[2]在词的方面，东坡与辛弃疾并称"苏辛"，是宋词最高成就的代表。在书法方面，东坡与黄庭坚、米芾、蔡襄并称"宋四家"。在绘画方面，东坡的墨竹及枯木怪石在绘画史上享有盛名，他还是文人画的开创者。试问古往今来，几曾有过以一人之身在这么多的艺术领域内登峰造极的巨匠？是何等超凡入圣的灵心慧性，使东坡能在如此广泛的艺术领域内从心所欲、游刃有余？

---

[1]　明初朱右编《八先生文集》，选唐代韩愈、柳宗元和宋代欧阳修、王安石、曾巩、苏洵、苏轼、苏辙等八人的古文，书不传。后茅坤编《唐宋八大家文钞》，始称八人为"唐宋八大家"，后人仍之。在宋代的六大家中，以东坡的古文成就为最高。

[2]　东坡与黄庭坚并称"苏黄"，起于元祐末年间，晁说之《跋鲁直尝新柑帖》云："元祐末有'苏黄'之称。"（《嵩山文集》卷一八）东坡与陆游并称"苏陆"，或始于清初的汪琬，他说："宋诗以苏子瞻、陆务观为大家。"（《蓬步诗集序》，《尧峰文钞》卷二九）乾隆年间，署名乾隆御撰的《唐宋诗醇》于宋代诗人中仅选东坡与陆游两家，稍后的赵翼亦有"宋诗以苏陆为两大家"（《瓯北诗话》卷六）之语。

◇ 一　融入生命的艺术气质

东坡的艺术气质与艺术才华都是与生俱来的。据说东坡呱呱落地后，家乡的彭老山上的草木忽然全部枯死，等到东坡死后此山才重现苍翠。[1] 难怪李廌在哀悼东坡的疏文中说："名山大川，还千古英灵之气。"也许正是雄伟秀丽的蜀地山川钟灵毓秀，才赋予东坡以超群拔俗的艺术气质与元气淋漓的艺术才华。

东坡幼时接受了严格的教育，饱读经史。他很早就开始习作诗文，且表现出惊人的才华。他在十岁时所写的《夏侯太初论》中已有"人能碎千金之璧，不能无失声于破釜；能搏猛虎，不能无变色于蜂虿"的警句，若非天才埕涌，一个十岁的少年怎能写出如此深刻老辣的文字？东坡少时的诗作虽未保存下来，但从他二十四岁时在出蜀途中所写的诗歌已经相当成熟的情形来推测，他肯定早就精于此道了。除了诗文，东坡也酷爱书画，他在这方面与胞弟子由颇异其趣。东坡日后回忆说："方先君与吾笃好书画，每有所获，真以为乐。惟子由观之，漠然不甚经意。"子由也回忆说："予兄子瞻少而知画，不学而得用笔之理。"东坡爱好绘画也许是受了其父亲的影响，因为苏洵性喜收藏绘画，但是苏洵自己并不作画，而东坡不但喜爱观画，而且擅长作画，这就青出于蓝而胜于蓝了。至于书法，则更是东坡由衷喜爱的一门艺术。据晁补之说，东坡少时曾把重要的经史典籍全部手抄了一遍。东坡抄书的方式是，每一部书用不同的书体来抄写，这样既精熟了经典，又练习了各体书法。待到东坡以一鸣惊人的姿态登上文坛时，他其实已是拥有多方面才能

---

[1]　南宋张端义《贵耳集》卷上："蜀有彭老山，东坡生则童，东坡死复青。"金人刘祁《归潜志》卷九则云："昔东坡生，一夕眉山草木尽死。"当是传闻异辞。

的一位文艺全才，他不久就以盖世的创作实绩震惊了北宋的文坛、诗坛、词坛、书坛和画坛。若究其源头，东坡的艺术活动都发轫于其少年时代。更准确地说，东坡的艺术才能孕育于其与生俱来的艺术气质。

东坡一生中从未间断过文学创作，他的文学创作肯定是为人生而进行的，但其中并无太强的功利目的，因为创作本身就会给东坡带来莫大的愉悦感。东坡曾对刘景文与何去非说："某平生无快意事，惟作文章，意之所到，则笔力曲折无不尽意。自谓世间乐事，无逾此者。"不要说作赋时苦思冥索以至于"梦五脏出地"的扬雄与辛苦觅句而被其母叹为呕出心肝的李贺了，即使是李白那种天才挥洒的文学家，也没听说过有谁以写作为世间最大乐事的。正因如此，东坡的创作精力是最旺盛的。无论在何时何地，也无论在何种处境，东坡总是不可抑制地产生创作的冲动。这种冲动有时表现为骨鲠在喉式的心声吐露，但更多的时候则是情不自禁的习惯行为，就像好酒的人总要时时喝上一杯，爱好音乐的人总要时时哼上一曲，东坡则必须时时拿起笔来写作，文学创作已经成为他的生活内容的不可分割的一部分了。

元丰二年（1079）八月，东坡被关进御史台的监狱。经过三个多月铁窗生涯的煎熬，受过了无数次侮辱人格、折磨肉体的审讯，九死一生的东坡竟然又在牢房里写起诗来。如果说写给子由的绝笔诗和哀悼曹太后的挽词是非写不可的，那么题咏御史台庭院里的榆、槐、竹、柏的四首诗有什么必要在此时此地来写呢？[1]难道他已经忘记了自己获罪入狱的直接起因就是写作诗文？东坡当然不会忘记，可是

---

[1]《御史台榆槐竹柏四首》中有三首写到霜雪，其中咏槐的一首有句云："忆我初来时，草木向衰歇。……淹留未云几，离离见疏荚。栖鸦寒不去，哀叫饥啄雪。"咏柏的一首则云："幽囚无与乐，百日看不已。"可见作于岁暮。

对于他来说，写作就是其生命的一部分，只要一息尚存，他就无法放下手中的诗笔。当然，东坡的这四首诗一定是用腹稿的形式保存下来的，因为咏柏诗中"应见李将军，胆落温御史"二句分明是讥讽李定、舒亶等人的，[1] 当时万万不能让他们得知。东坡一走出御史台的牢门就作诗说"试拈诗笔已如神"，明人瞿佑慨叹说："方以诗得罪，而所言如此！"其实东坡在狱中犹自作诗，出狱之后重拈诗笔又有什么可奇怪的！

东坡被贬海南时已年过六旬，生活又异常艰辛，但依然写作不止。元符二年（1099），东坡写信给刘沔说："幼子过，文益奇。在海外孤寂无聊，过时出一篇见娱，则为数日喜，寝食有味。"苏过的作品竟能使东坡如此欣喜，其中当然包含着后继有人的慰藉，但也体现出东坡对文学创作的由衷喜爱。有时东坡并无明确的题材要写，也会信手写下一些断句。有一次东坡来到姜唐佐家里访问这位好学的海南青年，恰逢唐佐外出，东坡看到桌上有一张揉得皱巴巴的包灯心纸，便拿起来抹抹平，信笔在纸上写满了字，让姜唐佐的母亲交给唐佐。日后释惠洪在姜家亲眼看到了这张纸，上面醉墨淋漓地写着："张睢阳生犹骂贼，嚼齿空龈；颜平原死不忘君，握拳透爪。"这两联句子显然并未成篇，也没有完整的意思，但透过对前代坚毅忠贞之士的颂扬，仍能曲折地表达出东坡的某种情愫。当然，它们也可能是东坡平时储存在胸中的文字，一时兴至便信手写了下来，因为他实在太喜爱写作了。

东坡对书画的兴趣也不减于诗文。治平元年（1064），初入仕途

---

[1]　"李将军"指唐代雪夜破蔡州的名将李祐，"温御史"指当时的侍御史温造。据《旧唐书》记载，李祐因进马违制受到温造的弹奏，自称"今日胆落于温御史"。查慎行注云"温御史指李定、舒亶辈"，甚确。王文诰说"此二句用将军之姓、温之官，合为李御史，乃专指李定也"，并驳斥查注"非是"，过于穿凿，不可取。

的东坡在凤翔的几所古寺里见到唐人王维与吴道子所绘的壁画，他常常匹马入寺，循着墙壁徘徊终日。熙宁六年（1073），东坡在杭州向当地的僧人借观燕文贵的山水画卷，直到一年后即将离任时才归还。熙宁七年（1074），东坡在润州甘露寺里看到隋代陆探微画的狮子天神屏风，深为赞赏。他移官密州后即派画工前往临摹，并把摹本置于盖公堂内。二十多年后甘露寺失火，陆探微的原画化为灰烬，幸亏密州存有摹本，才使陆画免于湮灭。元丰五年（1082），东坡在黄州向远在安州（今湖北安陆）的滕元发借观李成的《十幅图》，滕元发非常珍视此画，乃派专人送画前来，东坡得画大喜，复书致谢，并约定归还的日期。元祐七年（1092），正在汴京的东坡获悉王诜藏有唐人韩幹画的马，乃提议用自己珍藏多年的仇池石来换取那幅韩幹马。总之，东坡只要有机会看到名画，总会反复观赏，若是壁画便流连忘返，若是纸本便设法借观，真可谓爱画如痴。东坡欣赏书法更是一项日常性的活动，只要看他题跋过的前人或同时书家的法帖之多，便可窥其一斑。仅以现存的东坡题跋和其他书法评论来看，他曾品题过的书家就有：钟繇、蔡邕、王羲之、王献之、卫夫人、庾翼、萧子云、羊欣、智永、李世民、欧阳询、李邕、张旭、怀素、颜真卿、柳公权、杨凝式、徐浩、欧阳修、苏舜元、苏舜钦、蔡襄、王安石、黄庭坚、秦观、米芾等人，几乎构成了一部书法简史。

当然，东坡不仅是一位书画的鉴赏者和评论者，他还极其热诚地投身于书画的创作。与文学创作一样，写字作画是东坡生活中不可或缺的内容，他在书画创作中获得了极大的自我满足。试看当时人留下的几则记录：

东坡任徐州知州时，有一位州学教授叫舒焕。东坡离任后，舒焕曾与新来的教授李昭玘同登黄楼，情不自禁地回忆起东坡的流风

唐·韩幹   照夜白图   美国大都会艺术博物馆

余韵:"此苏公燕集之地也。酒后喜为文章,尽箧中无留纸,如方盘大斛,泻出珠贝,照烂磊落,铄手夺目。众人排捽,争先取之,惟恐其攫之不多也。"[1]

东坡在湖州时曾与友人方竹逸同赏文同画的竹石,三年以后,

---

[1]   见李昭玘《上眉阳先生》(《乐静集》卷一〇)。按:舒焕,字尧文,东坡在徐州时常与之唱和,称之为"舒教授"。

方竹逸的友人金镜有事前往黄州，方氏遂托金镜捎去素绢一端，向东坡求画。金镜在东坡画的竹石图卷上题跋说："越三载壬戌，先生谪黄州，仆亦有事于黄。竹逸先生寄此卷素，以乞先生竹石。至则先生往蕲水，候旬余始还。得拜觌于临皋亭中。握手问故。饮半酣，述前望游赤壁之胜，起而抚松长啸，朗诵《赤壁赋》一过。仆知先生兴酣矣，遂出卷顶恳，蒙慨然挥洒。复书'春夜行蕲水，过酒家饮酒，乘月至溪桥上，解鞍少休'《西江月》词一阕赐仆。"[1]

　　元祐末年，东坡在翰林院供职，闲时常常挥毫泼墨，作品则任由同僚取去。据当时任右司谏的吕希哲回忆说："苏公名重一时，在迩英直舍，凡写一字，画一竹石，必为同列争求去。虽吴公安诗方严，犹争取之。"[2]

　　建中靖国元年（1101），东坡渡海北归，途中在虔州停留了几个月。除了开方、舍药外，东坡也常为人写字作画。"每至寺观，好事者及僧道之流，有欲得公墨妙者，必预探公行游之所，多设佳纸，于纸尾书记名氏，堆积案间，拱立以俟。公见即笑视，略无所问，纵笔挥染，随纸付人。至日暮笔倦，或案纸尚多，即笑语之曰：'日暮矣，恐小书不能竟纸，或欲斋名及佛偈者幸见语也。'及归，人人厌满，忻跃而散。"[3]

　　上述事例一方面说明了东坡的平易近人，另一方面也体现出东坡对书画艺术的由衷热爱。就像吟诗作文一样，写字绘画也是东坡不可须臾离之的日常习惯。对书画的热爱又衍生出对文房四宝的钟

[1]　见明李日华《六研斋笔记·三笔》卷一。

[2]　见朱熹《三朝名臣言行录》卷八。

[3]　何薳《春渚纪闻》卷六《馈药染翰》。按：黄庭坚曾写信指示王直方："子瞻明日必来，当设砚席于清凉处，多堆佳纸俟之。张武笔其所喜也。"（见李日华《六研斋笔记·三笔》卷二）可见时人惯用此法获取东坡的墨宝。

情，东坡对其他的财物从不留意，惟独对纸墨笔砚非但不能忘情，而且爱之成癖。东坡深赏名扬海内的南唐澄心堂纸，还认为蜀中以布机上多余的经线制成的"布头笺"的纸质亦冠于天下。东坡也欣赏越纸与天台玉版纸，以及成都所产的麻楮纸和扬州六合所产的麻纸，还认为后两种纸的质地绝佳与产地的水质有关。

东坡对毛笔的质量也极为留意，他在汴京时曾与黄庭坚等人讨论过郎奇笔、徐偃笔的优劣，他特别欣赏宣州的诸葛笔和钱塘的程奕笔，认为后者用来得心应手，"使人作字，不知有笔"。元祐元年（1086），中书舍人钱勰出使高丽归来，赠给黄庭坚一支猩猩毛笔。这种罕见的毛笔柔中有刚、运转如意，东坡非常喜爱，每次从黄庭坚的书案边走过，都要情不自禁地拿起此笔写个痛快。绍圣三年（1096），东坡在惠州用二十个钱买了两支笔，结果很不好用，不由得长叹一声："岭南无笔！"流贬海南后的东坡用完了随身携带的旧笔后，只好勉强使用当地产的鸡毛笔。元符三年（1100），东坡渡海北归来到广州，在广南东路提举常平孙磬的家里重新用诸葛笔写字，竟激动得如睹故人。

东坡也喜欢收藏砚台，他的藏品中既有传世四百年的唐许敬宗砚，也有在黄州沙湖民家获得的吕道人沉泥砚，他平生题识过的名砚还有凤咮砚、令休砚、淄端砚、青州石末砚、龙尾砚、红丝砚等。然而东坡藏砚的目的在于使用，他说："砚之美，止于滑而发墨，其他皆余事也。"所以东坡蓄砚并不贪多务得，绍圣二年（1095），东坡在岭南写信给黄庭坚说："或谓居士：'吾当往端溪，可为公购砚。'居士曰：'吾两手，其一解写字，而有三砚，何以多为？'"正因如此，东坡常常把收藏的砚台赠给别人，见诸记录的就有赠卵砚给道潜、赠月石砚给范百禄、赠涵星砚给范祖禹、赠歙砚给晁说之、赠龙尾砚给侄儿苏远等。元符三年（1100），东坡即将离开海南，临行前把珍藏的一方端砚送给姜唐佐以作留念。

东坡还喜欢蓄墨，尤其钟爱质量上乘的李廷珪墨和李承宴墨。与其他文具一样，东坡蓄墨的目的也在于使用，他曾根据书写的效果来评定各家墨的优劣。徐州士人寇钧国家藏墨甚富，东坡任徐州知州时曾往寇家参观其藏品，他当场用十三种墨分别书写了十三首杜诗，在各篇杜诗下写上墨工的姓名，然后评定墨质的等第，结论是李廷珪所制的小挺墨为最佳。元祐二年（1087），王晋卿一下子赠给东坡名墨十余种，东坡大喜，当即试研写字，细观墨色之深浅。从前东坡在黄州时，曾有四五个友人同时送来了不同的酒，东坡把那些酒搀合在一个容器里，称为"雪堂义樽"。想起这段往事，东坡忽发奇想，准备把十多种墨捣成一体，制成一种"雪堂义墨"。当然，东坡深知自己一生中是用不了那么多的藏墨的，他想到晋人阮孚的名言"一生当着几两屐"，不禁叹息说："不知当用几丸墨？"他还自嘲说："吾有佳墨七十丸，而犹求取不已，不近愚耶！"他又想起亡友石昌言生前好墨，且不许人磨，有人嘲笑他说："子不磨墨，墨当磨子。"于是东坡写了一句感慨万分的诗："非人磨墨墨磨人！"东坡的墨缘中还有一个有趣的小故事：元符元年（1098），金华人潘衡长途跋涉到儋州来访问东坡，并在那里滞留一年。次年冬季，潘衡在东坡家里设灶制墨。没想到半夜失火，东坡的房屋差点化为灰烬。次日清晨在余烬里觅得几两松煤，潘衡用牛皮胶和之，所做的墨不够坚挺，只能制成手指般大小的小墨锭，东坡大笑。但因潘衡其人不远千里前来相访，东坡重其情谊，仍为其墨亲笔题跋，称之为"海南松煤东坡法墨"。二十年后，潘衡的制墨技术大有长进，就以东坡亲传制墨秘法的名义来销售其墨，竟然风行一时，这真是制墨史上的一段佳话。

孔子说："知之者不如好之者，好之者不如乐之者。"东坡对文学艺术确已达到"乐之"的程度，吟诗作文、写字绘画已经成为其生活内容不可分割的组成部分。请看元祐年间翰林院中的东坡在黄庭坚笔下的一个剪影："元祐中锁试礼部，每来见过，案上纸不择精粗，书遍乃已。性喜酒，然不能四五龠已烂醉，不辞谢而就卧，鼻鼾如雷。少焉苏醒，落笔如风雨，虽谑弄皆有义味，真神仙中人。此岂与今世翰墨之士争衡哉！"再看元丰八年（1085）东坡离开黄州后在兴国军（今江西阳新）的一位民妇眼中留下的印象："修躯鬓面，衣短绿衫，才及膝。曳杖谒士民家，无择。每微醉，辄浪适，欢相迎曰：'苏学士来！'来则呼纸作字，无多。饮少已，倾斜高歌，不甚着调。"[1] 可见无论在何时何地，也无论其处境如何，东坡永远处于兴会淋漓的艺术氛围中，他的举手投足无不散发着艺术的气质，他的一謦一咳或随意挥洒都能产生艺术珍品。一句话，东坡其人就是艺术的化身。

◇ 二　灵活通脱的文艺思想

东坡的思想通脱而潇洒，不拘一格。东坡在文艺创作上多方面的才华又使他善于打通各种不同的艺术门类来进行体会与思考，从而达到融会贯通的境界。所以东坡的风格论与创作论都贯穿着一种"通"的精神，前者的具体表现是对不同风格的兼收并蓄并进而交融相济，后者则表现为在各种不同的艺术门类之间进行功能移植与风格渗融。"通"本是古人非常重视的一种思想境界，《易·系辞上》

---

[1]　见王质《东坡先生祠堂记》，载《雪山集》卷七。按：东坡于元丰八年四月遇赦离黄，东归途中曾在兴国军的富川停留了三天，王质此语乃得于当地一位民妇在三十年后的回忆。

就有"极数知来之谓占，通变之谓事"的说法，唐人孔颖达解释说："物之穷极，欲使开通，须知其变化，乃得通也。"东汉的王充也说："博览古今者为通人。"又说："海不通于百川，安得巨大之名？"由于中国古代的文艺门类繁多，风格丰富多彩，若非像东坡那样的文艺全才，若非像东坡那样具有洒脱的胸怀和自由的思想，要想达到"通"的境界谈何容易！如果从"通"的角度来考察中国古代的文艺思想家，东坡堪称古往今来的第一人。

东坡的性格豁达旷远，他善于以"静故了群动，空故纳万境"的宽广胸怀去接纳千变万化的大千世界。嘉祐四年（1059），二十四岁的东坡扬帆出峡，作诗说："入峡喜巉岩，出峡喜平旷。吾心淡无累，遇境即安畅。"十四年后，东坡来到杭州，作诗题咏西湖说："水光潋滟晴方好，山色空蒙雨亦奇。欲把西湖比西子，淡妆浓抹总相宜。"又过了两年，东坡在景色朴野的密州修了一座超然台，他说："凡物皆有可观。苟有可观，皆有可乐，非必怪奇玮丽者也。"东坡论艺最重自然。他推崇吴道子的画艺："道子画人物，如以灯取影，逆来顺往，旁见侧出，横斜平直，各相乘除，得自然之数，不差毫末。"他赞同文同的观点："与可论画竹木，于形既不可失，而理更当知。生死新老，烟云风雨，必曲尽真态，合于天造，厌于人意，而形理两全，然后可言晓画。"他论文说："夫昔之为文者，非能为之为工，乃不能不为之为工也。山川之有云雾，草木之有华实，充满勃郁，而见于外，夫虽欲无有，其可得耶！"既然文学艺术的创作都应符合自然的状貌和自然所蕴含的规律，那么最高的艺术境界当然也应是合于自然的。东坡自评其文说："吾文如万斛泉源，不择地而出。在平地滔滔汩汩，虽一日千里无难。及其与山石曲折，随物赋形，而不可知也。所可知者，常行于所当行，常止于所不可不止，如是而已矣。"东坡评谢民师的诗文说："大略如行云流水，初无定质，但常行于所当行，常止于所不可不止。文理自然，姿态横生。"大千世界中的景物不但形形色色、丰富多彩，而且每一种景物的自身就是千变万化、不主一格的，舒卷自如的行云也好，随物赋形的流水也好，它们根本没有固定的形状，又怎能有一定的姿态？既然东坡对人对己都把行云流水视为诗文的最高艺术境界，当然就不可能把某种风格定于一尊，他赠诗给道潜说："咸酸杂众好，中有至味永。诗法不相妨，此语当更请。"的确，味道单一的食品难以成为佳肴，咸酸搭配才能形成"至味"。艺术的苑圃也是一样，万紫千红才能构成满园春色。

正是出于这种思想，东坡在风格论上绝对不取那种固守某家某派的藩篱而不越雷池一步的保守态度，相反，他对千姿百态的各种风格都能欣赏、接受并给予恰如其分的评价。即使是与东坡本人的风格大异其趣的另类风格，也不会因此受到排斥。以诗歌为例，东坡本人的诗风或平易晓畅、或飘逸奔放，在唐代诗人中与李白、白居易等人较近，而与杜甫、韩愈那种强弓硬弩的诗风距离较远。但是东坡不但高度评价杜甫、韩愈的诗歌成就，认为杜、韩的造诣分别居于李白、白居易之上，而且时时模仿杜、韩的风格来写诗，他的《次韵张安道读杜诗》极像杜诗，其《石鼓歌》则极像韩诗，分明是仿效杜、韩诗风的结果。在唐代的大诗人中，风格与东坡诗风距离最远的大概要算孟郊了。东坡曾评孟郊与贾岛的诗风是"郊寒岛瘦"，他还在《读孟郊诗》中公然表示对那种奇峭奥僻、寒俭苦涩的诗风的不悦："我憎孟郊诗！"可是接下去说的一句却是"复作孟郊语"，的确，东坡的两首《读孟郊诗》堪称后代模仿孟郊诗风最为成功的范例，试读其一：

夜读孟郊诗，细字如牛毛。寒灯照昏花，佳处时一遭。孤芳擢荒秒，苦语余诗骚。水清石凿凿，湍激不受篙。初如食小鱼，所得不偿劳。又似煮蝤蛑，竟日持空螯。要当斗僧清，未足当韩豪。人生如朝露，日夜火消膏。何苦将两耳，听此寒虫号。不如且置之，饮我玉色醪。

　　无论是意境还是语言，都酷肖孟诗，可见东坡对孟郊诗风的体会是何等的深刻、细微，也可见东坡虽然不喜欢孟郊诗风，但他并不否认其独特的审美价值。

　　东坡对异量之美所持的宽容态度，必然会导致对艺苑中百花齐放的呼唤，也必然会导致对某种风格倾向一统艺坛的局面的严重不满。在书法方面，杜甫曾说过："书贵瘦硬方通神。"杜甫此语本是对蔡邕书法的遒劲刚健的风格的推崇，但如果说书苑中只有瘦硬的风格才有价值，那就流于偏执了。所以东坡反驳说："杜陵评书贵瘦硬，此论未公吾不凭。短长肥瘦各有态，玉环飞燕谁敢憎？"应该承认，东坡对老杜的反驳是十分有力的，既然燕瘦环肥都能得到人们的赏爱，为什么在书法方面就只能肯定一种风格倾向呢？在诗文方面，东坡对熙宁、元丰年间由于王安石强行统一思想而导致的文风单调的情形非常不满。元祐元年（1086）春，东坡刚进入汴京，便写信给张耒说："文字之衰，未有如今日者也。其源实出于王氏。王氏之文，未必不善也，而患在于好使人同。自孔子不能使人同，颜渊之仁，子路之勇，不能以相移。而王氏欲以其学同天下！地之美者，同于生物，不同于所生。惟荒瘠斥卤之地，弥望皆黄茅白苇，此则王氏之同也。"的确，王安石本人的诗文写作达到了很高的水平，而且创造了独特的风格，对此，东坡深为心折。元祐元年四月，王安石去世后不久，东坡奉敕祭祀汴京城西南的西太一宫，看到王安石题在壁上的两首六言绝句，注目久之，赞叹说："此老野狐精也！"意谓王安石才智过人，无所不能。东坡还次韵王诗说:"闻道乌衣巷口,而今烟草萋迷。"言下不无惋惜、缅怀之意。东坡对王安石诗才的赞叹与对王氏造成文坛上"弥望皆黄茅白苇"的谴责几乎发生在同时,可见他是对事不对人,他深恶痛绝的是王安石凭借政治力量统一文风的举措,因为那会使得文坛上千人一面,并进而造成一片荒芜。本应是百花争艳的文坛竟然变成一片黄茅白苇,这对于崇尚自由、提倡风格多样化的东坡来说当然是难以容忍的事情。

在东坡看来,文学艺术领域内各种不同的风格倾向宛如春兰秋菊,各有千秋,他还进而认为这些风格之间并不是壁垒森严、毫无干涉,而是可以互相渗融,彼此打通的。东坡论艺,本重奇趣,他评柳宗元诗说:"诗以奇趣为宗,反常合道为趣。"所谓"反常合道",就是既符合艺术规律,又要打破常规。比如各体书法都有约定俗成的风格倾向,一般人总是认为真书应该端庄,草书应该潇洒,大字宜宽松,小字宜紧密,作为书法大家的东坡当然熟精此理,但他又说:"凡世之所贵,必贵其难。真书难于飘扬,草书难于严重,大字难于结密而无间,小字难于宽绰而有余。"东坡提出书法艺术应该突破字体常规风格的束缚,应在一种字体通常所具备的风格中渗入不同的甚至是相反的风格因素,这种风格论的核心精神正是一个"通"字。东坡在评论绘画、诗文时也有同样的观点,他评鄢陵王主簿的花鸟画"疏淡含精匀",他评韦应物、柳宗元的诗歌"发纤秾于简古",他评诸葛亮的《出师表》"简而尽,直而不肆",都体现出打通两种相异乃至相反的风格倾向并渗融成一种更高境界的新风格的精神。

东坡所倡导的让两种互相对立的艺术风格互相渗融的诸多例证中,以"清"为一方、以"雄"为另一方的情况特别多,也特别引人注目。关于书法,东坡说:"颜鲁公平生写碑,惟《东方朔画赞》为清雄。"关于绘画，东坡说："山水以清雄奇富、变态无穷为难。"关于诗，东坡说："（张方平）诗文皆清远雄丽，读者可以想见其为人。"关于文，东坡说："独念吾元章迈往凌云之气，清雄绝俗之文，超妙入神之字。"众所周知，作为风格概念的"清"，内涵十分复杂，但无疑包含色泽淡雅、文辞省净、思虑明晰几层含义，同时也隐含着单薄、柔弱的倾向，古人用"清"字组成的风格术语如"清新""清丽""清婉""清朗"等，大多属于"阴柔之美"的范畴。而作为风格概念的"雄"字则具有强劲、壮大、豪放等含义，古人常用"雄"字组成的风格术语有"雄浑""雄放""雄迈""沉雄"等，大多属于"阳刚之美"的范畴。所以"清"与"雄"实为一对互相对立的风格概念，它们相当典型地代表着"阴柔"与"阳刚"这两种风格范畴。在常人看来，"阴柔之美"与"阳刚之美"本是艺术风格的两极，它们是不可能同时出现在一个艺术作品中的。换句话说，一件艺术作品的风格或"清"或"雄"，非"清"即"雄"，但不能同时兼备"清""雄"两种风格，惟独东坡喜用"清雄"一词。最值得注意的是，东坡所说的"清雄"并不是在一件艺术作品中杂糅两种风格，而是把"清"与"雄"互相渗融，从而生成一种浑然一体的新风格。也就是说，在东坡看来，"阴柔之美"与"阳刚之美"不但可以互相吸收，互相补充，而且可以融合成一种全新的美学风格。东坡认为颜真卿的书法、张方平的诗和米芾的文都具有"清雄"的风格，并不是说他们的艺术作品中杂糅了两种不同的风格，而是说他们在创作中成功地把阴柔与阳刚两种美学倾向互相渗透、互相融合，从而形成了一种统一的新风格。

东坡推崇"清雄"的风格倾向，提倡让两种互相对立的风格融为一体，也是为了防止人们对某一种风格过于偏爱而走向极端。东坡曾称赞诸葛亮的《出师表》"简而尽，直而不肆"，又赞扬思聪的诗"雅逸可爱，放而不流"，他还指出"好奇务新，乃诗之病"，又说"豪放太过，恐造物者不容人如此快活"，可见他一再提倡"清雄"，就含有以"清"来矫正过于"雄"或以"雄"来矫正过于"清"，也即防止风格偏执的用意。也就是说，东坡是想以阴柔之美的风格因素来防止阳刚过甚或以阳刚之美的风格因素来防止阴柔过甚，从而避免执于一偏、各趋极端的风格缺陷。东坡曾与子由讨论书法艺术，他所推崇的风格是"端庄杂流丽，刚健含婀娜"，分明就是这种风格论的体现。

"通"的精神在东坡的文艺思想中还有另一种表现，那就是打通不同的艺术门类。书画与诗文，本是截然不同的两种艺术门类。一般地说，前者是以具体的视觉形象构成的造型艺术，后者却是用抽象的语言文字组成的语言艺术。如果用十八世纪的德国人莱辛的话来说，绘画是空间艺术，而诗歌则是时间艺术，因为"时间上的先后承续属于诗人的领域，而空间则属于画家的领域"。[1] 总之，在一般人的眼里，书画与诗文确是两类不同的艺术门类，它们的功能判然有异，它们的风格也各有侧重。然而在东坡看来，一切艺术都有内在的一致性，所有的艺术门类之间都有相通之处。换句话说，东坡认为各种不同的艺术门类之间并没有森严的壁垒，它们在功能与风格上都是可以互相渗透、融合的。东坡在这方面没有留下太多的理论表述，但他的一些零星言论仍如吉光片羽，闪耀着睿智的思想火花。东坡评王维的《蓝田烟雨图》说："味摩诘之诗，诗中有画；观摩诘之画，画中有诗。"这则评语无数次地被后人引用，几乎成了对

---

[1] 莱辛的《拉奥孔》出版于 1776 年，其副标题是"论画与诗的界限"。有趣的是，在莱辛以前，西方的学者大多持诗画一致说，例如古希腊诗人西摩尼德斯说："画是一种无声的诗，诗是一种有声的画。"（参看胡经之主编《西方文艺理论名著教程》，第 202 页，北京大学出版社 1986 年。）

王维的诗歌与绘画的定评。王维其人，在诗歌与绘画两方面都达到了杰出的艺术水平，他曾不无自负地声称："宿世谬词客，前身应画师。"王维身兼诗人与画师的特殊身份使东坡此评格外引人注目，其实东坡的这个观念曾多次表述过。他曾题韩幹画马说："少陵翰墨无形画，韩幹丹青不语诗。"他还曾题咏欧阳修收藏的石屏风说："古来画师非俗士，摹写物象略与诗人同。"他又赞扬文同精通诸艺："与可之诗，其文之毫末；诗不能尽，溢而为书，变而为画，皆诗之余。"这些话有着相近的意思，就是诗文和书画这两大艺术门类在根本的艺术精神上是可以互相贯通的。

东坡的这个观念首先是从艺术创作的功能来着眼的，所谓"摹写物象"，也即对客观世界作艺术反映，这本来是一切艺术活动都具有的功能，但由于中国的古人特别重视诗的地位，所以东坡说画师"摹写物象略与诗人同"。[1] 艺术活动的另一重要功能是抒发情志，东坡认为这也是书画与诗文共同拥有的。元丰七年（1084）六月，东坡途经当涂，在郭祥正家的墙壁上画了一幅竹石，并作诗叙述其作画过程说："空肠得酒芒角出，肝肺槎牙生竹石。森然欲作不可回，吐向君家雪色壁。"又自嘲说："平生好诗仍好画，书墙涴壁长遭骂。"东坡先前曾自述其作诗心态："言发于心而冲于口，吐之则逆人，茹之则逆余。以为宁逆人也，故卒吐之。"[2] 可见在东坡看来，绘画也好，作诗也好，都是起因于胸有块垒、一吐为快的创作

---

[1] 中国的古人非常重视诗歌对于物象的表现功能，刘勰在《文心雕龙》的《物色》篇中说："是以诗人感物，联类不穷。流连万象之际，沉吟视听之区。写气图貌，既随物以宛转；属采附声，亦与心而徘徊。"元稹则认为"模与物象"是李白与杜甫诗歌的主要成就之一（见《唐检校工部员外郎杜君墓系铭》，《元氏长庆集》卷五六）王安石也高度表彰杜诗"丑妍巨细千万殊，竟莫见以何雕锼"的成就（见《杜甫画像》，《临川先生文集》卷九）。

[2] 见《思堂记》。按：此文作于元丰元年（1078），见《苏轼文集》卷一一。东坡后来在《录陶渊明诗》中重申此言，见《苏轼文集》卷六七。

冲动，也就是说它们同样具有抒情述志的强大功能。正因如此，东坡认为文同的艺术创作是一个整体："诗不能尽，溢而为书，变而为画。"当然，由于东坡更重视诗歌，所以他说文同的书、画"皆诗之余"。

在文学的范畴之内，东坡一向持众体互通的观点。他的这种观点主要体现在创作实践中，有时也形诸理论。东坡的同时代人多有"尊体"的思想，比如王安石评文章时"常先体制而后文之工拙"，[1]黄庭坚则认为"诗文各有体，韩以文为诗，杜以诗为文，故不工尔"。[2]东坡却从无此论，他常常把诗与文视为一体，所以评论他人的文学创作时常常诗文并称，比如评黄庭坚："鲁直诗文如蝤蛑江瑶柱，格韵高绝，盘飧尽废。然不可多食，多食则发风动气。"他有时甚至诗、文不分，比如他在《南行前集叙》中畅论了一通"夫昔之为文者，非能为之为工，乃不能不为之为工也"的道理，又说到他们父子三人在途中的作品："盖家君之作，与弟辙之文皆在，凡一百篇，谓之《南行集》。"这篇序中共有六个"文"字，却没有一个"诗"字，然而集中所收的作品全是诗歌，可见东坡心目中，诗只是"文"的一类，诗、文之间并无截然的界限。对于诗与词的区别，宋人多有苛严之论，东坡却认为诗、词一理，他曾写信给蔡景繁推崇其词作："颁示新词，此古人长短句诗也。"他还赞扬张先的词说："微词宛转，盖诗之裔。"相对于陈师道、李清照等人认为诗、词是截然不同的两种文体的保守观念，东坡的说法简直是空谷足音。

各种艺术门类之间的森严壁垒既已打通，东坡便能够对它们进行综合的思考，由于这种思考忽略了各种艺术门类自身的个性特征

---

[1]　见黄庭坚《书王元之〈竹楼记〉后》，《豫章黄先生文集》卷二六。

[2]　见陈师道《后山诗话》。

而特别关注它们的共性，从而有利于深刻揭示某些深层次的规律。东坡曾在鄢陵王主簿的花鸟画上题诗说："论画以形似，见与儿童邻。赋诗必此诗，定知非诗人。诗画本一律，天工与清新。"这个论断颇有点惊世骇俗，以至引得后人议论纷纷，南宋时有人诘问说："不以形似，当画何物？"也有人说："非谓画牛作马也，但以气韵为主尔。"[1] 与此同时，生活在北中国的王若虚则为东坡辩护说："夫所贵于画者，为其似耳。画而不似，则如勿画。合题而赋诗，不必此诗，果为何语？然则东坡之论非欤？曰：论妙在形似之外，而非遗其形似。不窘于题，而要不失其题。如是而已耳！"其实东坡只是强调绘画、作诗都不能停留在形似的水准上，而应该进而追求神似，他何尝否认形似的必要性？绘画求形似，作诗求切题，当然是对画家和诗人的基本要求，东坡赞扬优秀的画师"摹写物象略与诗人同"，正是着眼于此。然而东坡又认为，如果绘画、作诗仅求形似或切题，就不能达到神似的艺术境界，而只有后者才能使艺术作品神采流溢，元气淋漓。东坡论画，一向重视细节的传神。他曾亲眼看到一个事例：僧惟真为曾公亮画像，一开始总不够像。一天惟真又去见曾公亮，回来后非常兴奋，说："我找到窍门了！"于是他在画像的眉毛上方添上三条隐隐约约的皱纹，这下就显得非常像了。东坡还曾在灯光下观看自己的脸颊的侧影，并让人照着投在墙壁上的影子描画其轮廓，连眉目都不画，但看到此图的人都失声大笑，知道这是画的东坡。东坡由此联想到晋代大画家顾恺之关于传神写照的关键在于眼睛的名言，并补充说："目与颧颊似，余无不似者。眉与鼻口，可以增减取似也。……凡人意思各有所在，或在眉目，或在鼻口。虎头云：'颊上加三毛，觉精采殊胜。'则此人意思盖在须颊间也。优

---

[1]　见葛立方《韵语阳秋》卷一四。

孟学孙叔敖抵掌谈笑，至使人谓死者复生。此岂举体皆似，亦得其意思所在而已。使画者悟此理，则人人可以为顾、陆。"东坡所说的"意思"实即神采，他认为画人物像的关键在于抓住最能传神的细节，从而突显其特征，而不必追求"举体皆似"。东坡重视神似的实质是超越外形的层面而深入物体的"理"，也即超越物体的外在形式而深入其内在规律，因为后者更深刻地反映着事物的本质。东坡曾引述文同的观点："与可论画竹木，于形既不可失，而理更当知。生死新老，烟云风雨，必曲尽真态，合于天造，厌于人意，而形理两全，然后可言晓画。"[1]东坡自己也说过：

> 余尝论画，以为人禽宫室器用皆有常形，至于山石竹木水波烟云，虽无常形而有常理。常形之失，人皆知之。常理之不当，虽晓画者有不知。故凡可以欺世而取名者，必托于无常形者也。虽然，常形之失，止于所失，而不能病其全。若常理之不当，则举废之矣！以其形之无常，是以其理之不可不谨也。

由此可见，东坡根本没有否认形似在绘画艺术中的重要性，他强调的其实是形似与神似的统一，是由形似进至神似的完整过程。

同样，东坡也没有否认着题在诗歌艺术中的重要性，他强调的是超越"着题"的层面而深入"入神"的境界。有一个有趣的例子：宋初诗人石曼卿曾作诗题咏红梅："认桃无绿叶，辨杏有青枝。"红梅的颜色艳若桃杏，但是它开花时尚未长叶，不像桃花那样有绿叶

---

[1]　此乃苏轼为自画竹石所作之题跋，载明李日华《六研斋三笔》卷一。转引自孔凡礼《苏轼年谱》卷二一。此文《苏轼文集》未收。

相衬，它的青绿枝丫也不像杏花。若从咏物诗的角度来看，石诗描写准确，可谓"赋诗必此诗"的典型。东坡却对此诗相当不满，他专作《红梅》一诗："怕愁贪睡独开迟，自恐冰容不入时。故作小红桃杏色，尚余孤瘦雪霜姿。寒心未肯随春态，酒晕无端上玉肌。诗老不知梅格在，更看绿叶与青枝。"东坡批评石曼卿只关注红梅的外表而不知其"格"，言下之意是他自己才把握了红梅的"格"。所谓"格"，也就是品格、精神、气质。在东坡的笔下，红梅虽然开花稍晚于一般的梅花且呈红色，但她依然保持着与冰雪一样高洁的品格，她岂肯与桃杏争艳于春风！显然，这样咏红梅，才写出了她的独特风姿和精神，才体现了诗人应有的眼光与胸襟。也就是说，能这样写诗的才算一个合格的诗人。

与此相类似的观点是东坡重视诗文写作中的"辞达"，他在给谢民师的信中说：

> 孔子曰："言之不文，行之不远。"又曰："辞达而已矣。"夫言止于达意，疑若不文，是大不然。求物之妙，如系风捕影。能使是物了然于心者，盖千万人而不一遇也，而况能使了然于口与手者乎？是之谓"辞达"。辞至于能达，则文不可胜用矣。

在东坡看来，"辞达"是一个非常高的标准。只有在诗文中准确地、毫发无隐地反映出客观事物的"妙"，也即对事物的内在本质有深刻的理解和透彻的表达，才能称为"辞达"。显然，对事物的内在本质的揭示要比对外在形态的描摹更加困难，同时也是一种更高级的境界。若以绘画艺术为喻，则前者近于"神似"，后者却只是"形似"。东坡既说"论画以形似，见与儿童邻"，又说"赋诗必此诗，定知非诗人"，他正是打通了绘画与诗歌这两种不同的艺术门类的界

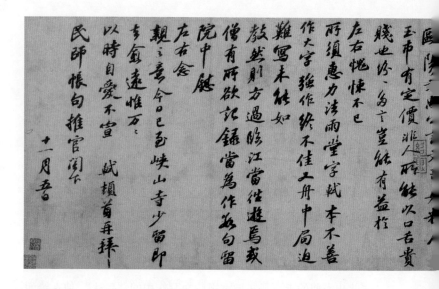

限，才能把超越"形似"以达到"神似"视为有普遍意义的艺术规律。总而言之，东坡的文艺思想所以具有灵动活泼的特征，关键在于一个"通"字。

◇　三　灵动活泼、诗情浓郁的散文

嘉祐二年（1057），初出茅庐的东坡以一篇《刑赏忠厚之至论》获得了主持进士考试的欧阳修、梅尧臣等人的青睐，并震动了整个文坛。"刑赏忠厚"的题目与东坡历来推崇的儒家仁政思想不谋而合，于是东坡下笔如有神助，文字既平易晓畅，议论又深刻透辟，正想凭借主持科举的机会打击险怪艰涩的"太学体"不良文风的欧阳修当然会如获至宝。然而东坡在文中所举的一个例证却让欧阳

宋·苏轼　答谢民师论文帖　上海博物馆

修猜疑不已，东坡写道："当尧之时，皋陶为士，将杀人，皋陶曰'杀之'三，尧曰'宥之'三，故天下畏皋陶执法之坚，而乐尧用刑之宽。"欧阳修在阅卷时就问梅尧臣："此事见于何书？"梅尧臣也记不起来，但他们都觉得这个典故用得很贴切，还以为一定是自己偶尔忘了其出处。等到放榜之后，东坡前来谢师，欧阳修就向他询问出处。东坡回答说："此事见于《三国志·孔融传》的注。"欧阳修回家后翻检《三国志》，不见此事。几天后重问东坡，东坡说："曹操灭袁绍后，把袁熙之妻赐给其子曹丕。孔融就说：'昔武王伐纣，把妲己赏给周公。'曹操惊问见于何书，孔融说：'以今日的事情来推测，当时应有此事。'尧与皋陶的事，我也是据理推测的。"欧阳修听了大惊，认为东坡善于读书，善于用书，将来的文章一定会独步天下。北宋的应试文虽然还不像后代的"八股文"那样刻板，但毕竟也是有一定规范的程式文字，东坡在考场上都敢发挥想象来增强说理的淋漓畅达，何况是日常的写作！东坡曾自评其文"高下抑扬，如龙蛇捉不住"，又说："吾文如万斛泉源，不择地而出，在平地滔滔汩汩，虽一日千里无难。及其与山石曲折，随物赋形，而不可知也。"南宋的罗大经评东坡文："横说竖说，惟意所到，俊辩痛快，无复滞碍。"都说明东坡散文具有兴会淋漓、活泼灵动的特征。

东坡作文善于随机应变，又长于无中生有，这对于考场上的举子来说，简直是一帖灵丹妙药。东坡的史论文如《留侯论》《贾谊论》等不胫而走，脍炙人口，南宋初年甚至流传着"苏文熟，吃羊肉；苏文生，吃菜羹"的口诀，后代的古文选家也格外垂青此类苏文，这是在科举时代特有的现象。其实东坡的有些史论文立论不够稳妥，甚至有标新立异乃至强词夺理的缺点，东坡散文的精华并不在此。然而东坡活泼多变的文风确实给他的散文注入了一股生机盎然的习习清风，东坡彻底打破了文各有体的传统格局，把叙事、议论与抒情等功能与相应文体的固定配置作了大幅度的变革，并常常把几种功能水乳交融地运用在一篇文章中。东坡真正达到了文无定法的艺术境，他笔下的同类题材的散文在立意、章法上绝少有雷同者，故而姿态万千，变化莫测。限于篇幅，我们只举东坡的亭台记为例。

为亭台楼阁作记，是宋代古文家非常喜爱的一类写作，东坡更是如此。东坡性喜游览风景，经常登临各地的亭台楼阁，他还喜欢自己动手建造亭台，兴会淋漓之际，难免要提笔作记。加上东坡的文名震动天下，常常有友朋乃至素昧生平的人士慕名前来为某些亭台求记。于是东坡平生写了许多亭台记，保存至今的尚有三十多篇。为亭台楼阁作记，题中应有之义无非是叙述亭台的建筑过程，描写亭台的状态或附近的景物，并抒发自己登临之际的感想，如果写作十篇以上，便难免出现雷同。可是东坡笔下的亭台记非但无一雷同，而且多姿多彩，充分体现出东坡摆脱町畦、想落天外的艺术构思，试看几种别具一格的写法：

东坡在密州时，为了纪念汉初崇尚黄老之学的贤者盖公而建了一座盖公堂，并作《盖公堂记》。此文开头细述有人偶患微疾，诸医乱下猛药，几至殒命的事例，从中推导出治国亦须清静无为的道理，然后写到汉初曹参为齐相时尊崇盖公之事。文章过半，才引出盖公其人，进而揭示建堂纪念乡贤的旨意。然而文章的意脉是多么引人入胜，其主旨是何等的清晰、透辟！作者讥刺新法扰民的言外之意也若隐若现，文外曲致，巧妙之极。

与上文相反，《墨君堂记》则是开门见山的写法，此文开篇即交代"墨君"是"墨竹"的别称，以及文同建"墨君堂"以供奉墨竹之由来，然后转写文同与竹子结下不解之缘的事迹，完全是按部就班的正常文序。然而此文也有独特之处，它对此堂的形态以及建堂的过程一字未及，全文的主要篇幅是对文同与竹子的高风亮节的歌颂，兴会淋漓，诗意浓郁，与一般的亭台记重在叙事的写法判然有别。

东坡的亭台记最显著的特点是从反面立论。一般说来，写亭台记时对建筑物或修建者颂扬一番，自是题中应有之义，但东坡的亭台记常常摆脱这种俗套，甚至故意反其道而行之。章质夫是东坡的好友，他筑室于公堂之西，名曰"思堂"，自称："吾将朝夕于是，凡吾之所为，必思而后行。"并请求东坡作记。可是东坡的《思堂记》却声称"余天下之无思虑者也"，并大谈特谈"思虑之贼人"与"不思之乐"，仅在文末用"以质夫之贤，其所谓思者，岂世俗之营营于思虑者乎"一语来作虚晃一枪式的点题，简直是名副其实的"骂题格"。王晋卿也是东坡的好友，他身为皇亲国戚却不好声色，惟酷嗜书画，特建"宝绘堂"以收藏法书、名画，恳请东坡作记。可是东坡的《宝绘堂记》却大谈君子不可留意于物的道理，进而叙述古代嗜好书画者所引起的后患，并将自己少时好之的经历作为反例来警诫对方，也是属于"骂题格"的妙文。此类亭台记中最引人注目的一篇当推《凌虚台记》：

> 国于南山之下，宜若起居饮食与山接也。四方之山，莫高于终南，而都邑之丽山者，莫近于扶风。以至近求最高，其势必得。而太守之居，未尝知有山焉。虽非事之所以损益，而物理有不当然者，此凌虚之所为筑也。方其未筑也，太守陈公杖屦逍遥于其下，见山之出于林木之上者，累累如人之旅行于墙外而见其髻也，曰："是必有异。"使工凿其前为方池，以其土筑台，高出于屋之危而止。然后人之至于其上者，恍然不知台之高，而以为山之踊跃奋迅而出也。公曰："是宜名凌虚。"以告其从事苏轼，而求文以为记。轼复于公曰："物之废兴成毁，不可得而知也。昔者荒草野田，霜露之所蒙翳，狐虺之所窜伏，方是时，岂知有凌虚台耶？废兴成毁相寻于无穷，则台之复为荒草野田，皆不可知也。尝试与公登台而望，其东则秦穆之祈年、橐泉也，其南则汉武之长杨、五柞，而其北则隋之仁寿、唐之九成也。计其一时之盛，宏杰诡丽，坚固而不可动者，岂特百倍于台而已哉！然而数世之后，欲求其仿佛，而破瓦颓垣无复存者，既已化为禾黍荆棘丘墟陇亩矣，而况于此台欤？夫台犹不足恃以长久，而况于人事之得丧，忽往而忽来者欤？而或者欲以夸世而自足，则过矣。盖世有足恃者，而不在乎台之存亡也。"既已言于公，退而为之记。

此文作于嘉祐八年（1063），当时东坡正在凤翔府作签判，《凌虚台记》就是应知府陈希亮之请而写的。陈希亮性格严冷，对待下属尤其刻薄寡恩，年少气盛的东坡与这位顶头上司的关系很不协调。后人因此认为东坡此文对陈希亮有所讥刺，明人李卓吾甚至说它是"一篇骂太守文字耳"。我觉得当时的东坡心情烦闷，难免在文中流露出几分牢骚，据说陈希亮读了此文后对东坡的不满有所感觉，当是事实。但说全文都是"骂太守文字"，则纯属误读。登高望远，吊古伤今，本是古今文人墨客常有的心态。况且东坡所说的前代在凤翔附近所建的那些著名的宫殿楼台都已湮为禾黍荆棘本是不争的事实，东坡所说的"世有足恃者，而不在乎台之存亡"也是至理名言，文章从而带有惆怅伤感的倾向又有何妨！陈希亮尽管读出了字里行间的牢骚之意，却不改一字就让人刻石立碑，就是因为此文立论甚正。否则的话，对东坡起草的官样文字都要反复删改的陈希亮岂能轻易让此文刻石流传后世！其实东坡所以要这样写，一来与他当时的心态有关，二来也是出于文学自身的考虑。只有这样的写法，才能使文章具有文气跌宕、文情历落之妙。况且东坡对凌虚台的环境之美以及太守筑台的经过及凌虚台之命名的意旨都有正面的描写，如果后面再来赞颂此台之坚固长久及主人之盛德，岂不全落俗套，那还能是东坡的手笔吗？

有的亭台既不在名胜之地，又没有重大的纪念意义，如何作记？不要紧，东坡有的是办法。请看其《喜雨亭记》：

亭以雨名，志喜也。古者有喜，则以名物，示不忘也。周公得禾，以名其书；汉武得鼎，以名其年；叔孙胜狄，以名其子。喜之大小不齐，其示不忘一也。余至扶风之明年，始治官舍，为亭于堂之北，而凿池其南，引流种树，以为休息之所。是岁之春，雨麦于岐山之阳，其占为有年。既而弥月不雨，民方以为忧。越三月乙卯，乃雨，甲子又雨，民以为未足。丁卯，大雨，三日乃止。官吏相与庆于庭，商贾相与歌于市，农夫相与抃于野，忧者以乐，病者以愈，而吾亭适成。于是举酒于亭上以属客，而告之曰："五日不雨，可乎？"曰："五日不雨，则无麦。""十日不雨，可乎？"曰："十日不雨，则无禾。"无麦无禾，岁且荐饥，狱讼繁兴，而盗贼滋炽，则吾与二三子，虽欲优游以乐于此亭，其可得耶！今天不遗斯民，始旱而赐之以雨，使吾与二三子，得相与优游而乐于此亭者，皆雨之赐也。其又可忘耶！既以名亭，又从而歌之，曰："使天而雨珠，寒者不得以为襦。使天而雨玉，饥者不得以为粟。一雨三日，繄谁之力？民曰太守，太守不有。归之天子，天子曰不然。归之造物，造物不自以为功。归之太空，太空冥冥，不可得而名，吾以名吾亭。"

此文作于嘉祐七年（1062），正是东坡到达凤翔任所的第二年。东坡性喜建筑，就在官舍的堂北修建了一座亭子，作为公务之余的休憩之所。可见此亭只是一座普普通通的建筑物，如何取名都是难事，更不用说作记了。然而正如南宋的李涂所云，东坡此文"化无为有"，他敏捷地抓住是年春夏之间的一场需雨，遂用"喜雨"二字作为亭名，全文也就从"喜雨"二字生发、展开：第一段引古为证，说明以"喜雨"名亭的由来；第二段描述亭成适逢甘霖及民众欢欣鼓舞的状态；第三段以主客对话交代自己的喜雨之情，并用一首歌曲补足以"喜雨"名亭的理由。一篇无中生有的亭台记就这样写成了，而且写得如此的笔歌墨舞，淋漓酣畅！

即使是有固定名称及意义的亭台，东坡作记时也能跳出题面，想落天外，请看其《放鹤亭记》：

熙宁十年秋，彭城大水，云龙山人张君天骥之草堂，水及其半扉。明年春，水落，迁于故居之东，东山之麓。升高而望，得异境焉，作亭于其上。彭城之山，冈岭四合，隐然如大环，独缺其西一面，而山人之亭适当其缺。春夏之交，草木际天。秋冬雪月，千里一色。风雨晦明之间，俯仰百变。山人有二鹤，甚驯而善飞。旦则望西山之缺而放焉，纵其所如，或立于陂田，或翔于云表，暮则傃东山而归。故名之曰"放鹤亭"。郡守苏轼，时从宾客僚吏往见山人，饮酒于斯亭而乐之，揖山人而告之曰："子知隐居之乐乎？虽南面之君，未可与易也。《易》曰：'鸣鹤在阴，其子和之。'《诗》曰：'鹤鸣于九皋，声闻于天。'盖其为物，清远闲放，超然于尘垢之外，故《易》、诗人以比贤人君子、隐德之士。狎而玩之，宜若有益而无损者，然卫懿公好鹤则亡其国。周公作《酒诰》，卫武公作《抑》戒，以为荒惑败乱无若酒者，而刘伶、阮籍之徒以此全其真而名后世。嗟夫，南面之君，虽清远闲放如鹤者犹不得好，好之则亡其国；而山林遁世之士，虽荒惑败乱如酒者犹不能为害，而况于鹤乎？由此观之，其为乐未可以同日而语也。"山人忻然而笑曰："有是哉。"乃作放鹤、招鹤之歌曰："鹤飞去兮，西山之缺。高翔而下览兮，择所适。翻然敛翼，婉将集兮，忽何所见，矫然而复击。独终日于涧谷之间兮，啄苍苔而履白石。鹤归来兮，东山之阴。其下有人兮，黄冠草履葛衣而鼓琴。躬耕而食兮，其余以汝饱。归来归来兮，西山不可以久留。"元丰元年十一月初八日记。

此文开门见山，第一段就把放鹤亭乃何人建于何地，以及得名之由来交代得一清二楚。那么接下去的文字该如何写？南宋的洪迈说："他人记此亭，拘于题目，必极其所以摹写隐士之好鹤有何意思。"不错，洪迈所云确实是合情合理的正常写法，可是东坡毕竟是东坡，他偏偏离开本题，想落天外，先说卫懿公好鹤导致亡国，再说隐士刘伶、阮籍好酒而全身得名，既然酒的危害更甚于鹤，于是隐士之乐就得到了双重的凸显。文章的末段以"放鹤、招鹤之歌"作结，又把宕开的文意一笔兜回，即缴足题面，又显得余音袅袅，含意无穷。

上面所引的几篇亭台记有两个共同的特点，一是将叙事、议论与抒情的功能熔于一炉，几乎不能分开来进行分析；二是诗意浓郁，堪称散文诗或诗化的散文。这两点正是东坡的古文与欧阳修较近而与王安石较远的主要体现，也是东坡的古文比王安石古文更具有文学意味的主要原因。即使相对于欧阳修而言，东坡也做到了青出于蓝而胜于蓝，东坡的古文是北宋文坛上真正的"美文"。像前、后《赤壁赋》那样优美的散文诗是不必说了，即使是义正词严的碑记类文章，在东坡笔下也是诗意盎然，请看《潮州韩文公庙碑》：

> 匹夫而为百世师，一言而为天下法。是皆有以参天地之化，关盛衰之运。其生也有自来，其逝也有所为。故申、吕自岳降，傅说为列星，古今所传，不可诬也。孟子曰："吾善养吾浩然之气。"是气也，寓于寻常之中，而塞乎天地之间。卒然遇之，则王公失其贵，晋、楚失其富，良、平失其智，贲、育失其勇，仪、秦失其辩，是孰使之然哉？其必有不依形而立，不恃力而行，不待生而存，不随死而亡者矣。故在天为星辰，在地为河岳。幽则为鬼神，而明则复为人。此理之常，无足怪者。自东汉以来，道丧文弊，异端并起，历唐贞观、开元之盛，辅以房、杜、姚、宋而不能救。独韩文公起布衣，谈笑而麾之，天下靡然从公，复归于正，盖三百年于此矣。文起八代之衰，而道济天下之溺，忠犯人主之怒，而勇夺三军之帅。岂非参天地，关盛衰，浩然而独存者乎！盖尝论天人之辨，以谓人无所不至，惟天不容伪。智可以欺王公，不可以欺豚鱼。力可以得天下，不可以得匹夫匹妇之心。故公之精诚，能开衡山之云，而不能回宪宗之惑。能驯鳄鱼之暴，而不能弭皇甫镈、李逢吉之谤。能信于南海之民，庙食百世，而不能使其身一

日安于朝廷之上。盖公之所能者，天也。所不能者，人也。始，潮人未知学，公命进士赵德为之师。自是潮之士，皆笃于文行，延及齐民，至于今，号称易治。信乎孔子之言："君子学道则爱人，小人学道则易使也。"潮人之事公也，饮食必祭，水旱疾疫，凡有求必祷焉。而庙在刺史公堂之后，民以出入为艰。前守欲请诸朝作新庙，不果。元祐五年，朝散郎王君涤来守是邦，凡所以养士治民者，一以公为师。民既悦服，则出令曰："愿新公庙者听。"民欢趋之。卜地于州城之南七里，期年而庙成。或曰："公去国万里而谪于潮，不能一岁而归，没而有知，其不眷恋于潮，审矣。"轼曰："不然。公之神在天下者，如水之在地中，无所往而不在也。而潮人独信之深，思之至，焄蒿凄怆，若或见之。譬如凿井得泉，而曰水专在是，岂理也哉！"元丰七年，诏封公昌黎伯，故榜曰"昌黎伯韩文公之庙"。潮人请书其事于石，因作诗以遗之，使歌以祀公。其词曰："公昔骑龙白云乡，手抉云汉分天章，天孙为织云锦裳。飘然乘风来帝旁，下与浊世扫秕糠，西游咸池略扶桑。草木衣被昭回光，追逐李杜参翱翔，汗流籍湜走且僵。灭没倒景不可望，作书诋佛讥君王，要观南海窥衡湘。历舜九疑吊英皇，祝融先驱海若藏，约束蛟鳄如驱羊。钧天无人帝悲伤，讴吟下招遣巫阳，爟牲鸡卜羞我觞。于粲荔丹与蕉黄，公不少留我涕滂，翩然被发下大荒。"

　　元祐七年（1092）二月，东坡正在颍州知州的任上，潮州知州王涤派专人前来送信，请求为新落成的韩愈庙撰写碑文。东坡平生不肯轻易为人撰写碑文，大约王涤对此也有所闻，所以他不但寄来了潮州士民请求重修韩愈庙的投牒和新庙的图样以打动东坡，还请东坡的友人钱勰、吴子野等人出面代为说项。没想到东坡一口答应，只是当时他已接到调任扬州的朝命，交接之际杂事猬集，故复信要求稍缓时日。是年三月，东坡到达扬州不久，便撰成此文，交付一直守在身边等待文稿的信使带回潮州，并附信给王涤，详细交代碑文宜如何刻石："卷中者，乃某手书碑样，止令书史录去，请依碑样，止模刻手书。……仍不用周回及碑首花草栏界之类，只于净石上模字，不着一物为佳也。"可见东坡对此文十分重视，而此文也确实是东坡精心结撰的古文名篇。据说东坡曾反复斟酌如何开头，试写了数十稿都不满意，一天忽然想出"匹夫而为百世师，一言而为天下法"两句，开头既高屋建瓴，下文便势如破竹，全文遂一气呵成。此文气势之雄伟、立论之精微、说理之畅达、文意之跌宕、层次之分明，都得到后人的盛赞，不用多说。值得强调的是文中渗透着深挚的感情，并具有浓郁的诗意。东坡在宋代文坛上的地位本与韩愈相当，时人即以韩退之呼之，况且东坡在朝勇于犯颜直谏，平生多得谤议，数度遭受贬谪，都与韩愈的生平非常相似。就在不久之前，东坡还受到朱光庭、贾易等人的恶意诬陷。当他写到"能驯鳄鱼之暴，而不能弭皇甫镈、李逢吉之谤。能信于南海之民，庙食百世，而不能使其身一日安于朝廷之上"等句子时，既是对韩愈坎坷命运的深沉感慨，又何尝不是对己身遭遇的黯然自伤？正因此文的字里行间渗透着作者的身世之感，所以文势格外的跌宕起伏，语气也格外的悲壮苍凉。无论是对韩愈的同情与歌颂，还是对自身的感慨与慰藉，都使此文情怀深挚，诗情浓郁，结尾那首"柏梁体"的长歌更有一唱三叹的余韵，于是一篇严正肃穆的碑文竟具有散文诗的风调，体现出鲜明的东坡本色。

　　如果说那些立论严正、意义重大的奏议、史论等都能体现东坡的本色，那么他随意挥洒的书简、题跋等"小品文"就更能展示其性情了。请看东坡刚到黄州时写给秦观的信（节录）和他即将离开黄州时赠别王文甫的一篇短文：

　　所居对岸武昌，山水绝佳，有蜀人王生在邑中。往往为风涛所隔，不能即归，则王生能为杀鸡炊黍，至数日不厌。又有潘生者，作酒店樊口。棹小舟径至店下，村酒亦自醇酽。柑橘椑柿极多，大芋长尺余，不减蜀中。外县米斗二十，有水路可致。羊肉如北方，猪牛獐鹿如土，鱼蟹不论钱。岐亭监酒胡定之，载书万卷随行，喜借人看。黄州曹官数人，皆家善庖馔，喜作会。太虚视此数事，吾事岂不既济矣乎！

　　仆以元丰三年二月一日至黄州，时家在南都，独与儿子迈来郡中，无一人旧识者。时时策杖至江上，望云涛渺然，亦不知有文甫兄弟在江南也。居十余日，有长而髯者，惠然见过，乃文甫之弟子辩。留语半日，云："迫寒食，且归车湖。"仆送之江上，微风细雨，叶舟横江而去。仆登夏隈尾高丘以望之，仿佛见舟及武昌，乃还。尔后遂相往来。及今四周岁，相过殆百数，遂欲买田而老焉。然竟不遂。近忽量移临汝，念将复去此而后期不可必，感物凄然，有不胜怀者。浮屠不三宿桑下，有以也哉！

前者写黄州的风土人情和自己随遇而安的旷达性情；后者写自己刚到黄州时举目无亲的困窘之状、稍后获交知己的欣慰心情，以及离开黄州时的恋恋不舍之意。我们在千载之后阅读这些文字，东坡的音容笑貌宛在目前。

让我们再看一篇游记体的短文：

　　黄州定惠院东小山上，有海棠一株，特繁茂。每岁盛开，必携客置酒，已五醉其下矣！今年复与参寥师及二三子访焉，则园已易主。主虽市井人，然以予故，稍加培治。山上多老枳木，性瘦韧，筋脉呈露，如老人项颈。花白而圆，如大珠累累，香色皆不凡。此木不为人所喜，稍稍伐去，以予故，亦得不伐。既饮，往憩于尚氏之第。尚氏亦市井人也，而居处修洁，如吴越间人，竹林花圃皆可喜。醉卧小板阁上，稍醒，闻坐客崔成老弹雷氏琴，作悲风晓角，铮铮然，意非人间也。晚乃步出城东，鬻大木盆，意者谓可以注清泉，瀹瓜李。遂夤缘小沟，入何氏、韩氏竹园。时何氏方作堂竹间，既辟地矣，遂置酒竹阴下。有刘唐年主簿者，馈油煎饵，其名为甚酥，味极美。客尚欲饮，而予忽兴尽，乃径归。道过何氏小圃，乞其丛橘，移种雪堂之西。坐客徐君得之将适闽中，以后会未可期，请予记之，为异日拊掌。时参寥独不饮，以枣汤代之。

　　定惠院后小山上的这株海棠，东坡一到黄州就与她结下了不解之缘。以后每逢花期，东坡都要携客来此，在繁花似锦的海棠树下一醉方休。"已五醉其下矣！"这句话既洋溢着对海棠的缱绻深情，又渗透着对岁月流逝的惆怅、惋惜，这五年的光阴毕竟是在贬谪之地无所事事地打发的啊。可是这种惆怅之感稍纵即逝，下文便转入了对此次游赏的叙述。这是在元丰七年（1084）的三月三日，几天后东坡便接到了"量移汝州"的朝命，但此时尚不知情。这天东坡邀请正在黄州的道潜、已经去世的州守徐大受的弟弟徐大正等人同往定惠院观赏海棠，又信步走进相邻的几户民家的园林游玩、休憩，兴尽方归。应即将离开黄州的徐大正之请，东坡信笔写下了这篇短文。这真是一篇率意挥洒的妙文！在上巳节赏海棠花，可谓良辰美景。由东坡邀请道潜（即参寥）等人同游，可谓贤主嘉宾。然而东坡对这些内容点到即止，对"上巳节"甚至一字不提，[1]却用主要篇

---

[1]　东坡有诗题云："上巳日与二三子携酒出游，随所见辄作数句，明日集之为诗，故辞无伦次。"（《苏轼诗集》卷二二）王十朋注引《志林》中记游文字（砺锋按：即《记游定惠院》，文字稍异），末云"元丰七年三月初三日也"。

幅叙述此日所经历的种种琐事，包括"鬻大木盆"、食"油煎饵"等俗事，然而这些琐事是多么富有生活气息！文中对道潜等人着笔极少，却有意点明小山园的主人及尚氏等都是"市井人"，然而这些市井人是多么善良、风趣！东坡曾提倡诗文写作应"以俗为雅"，此文就是一个范例。阅读此文，就像观看东坡所画的枯木怪石，虽然故作枯率之笔，却蕴含着无穷的意趣。文中对海棠的国色天香一字未及，反倒细细描写"筋脉呈露，如老人项颈"的枳木。对道潜的谈吐一字未及，反倒写他以枣汤代酒的举止。文章顺着时序信笔写来，毫无安排之痕，却娓娓动听，不觉平板。要问此文成功的奥秘竟在何处？我认为就在于东坡用"以俗为雅"的眼光把日常生活中的平凡内容进行了升华，从而进入了诗的境界。

东坡有些小品文的篇幅非常短小，其意境颇似诗中的绝句，试从其书信与题跋中各选一则：

> 岁行尽矣，风雨凄然。纸窗竹屋，灯火青荧。时于此间，得少佳趣。无由持献，独享为愧，想当一笑也。

> 仆醉后，乘兴辄作草书十数行，觉酒气拂拂，从十指间出也。

前一则是写给友人毛维瞻的短信，寥寥数语，却写景抒情俱臻妙境。后一则是自作草书后的题跋，醉态可掬，趣味盎然。说这样的短文是散文诗，谁曰不然？

◇　四　清雄奔放、奇趣盎然的诗

宋、金时人评论东坡诗，常拈出一个"新"字。陈师道评当时的三大诗人说："王介甫以工，苏子瞻以新，黄鲁直以奇。"元好问也说："苏门果有忠臣在，肯放坡诗百态新？"细味其意，他们似乎对东坡诗的"新"隐含不满。对此，后人多有驳议，清人赵翼反诘说："新岂易言！意未经人说过则新，书未经人用过则新。诗家之能新，正以此耳。若反以新为嫌，是必拾人牙后，人云亦云，否则抱柱守株，不敢逾限一步，是尚得成家哉？尚得成大家哉？"的确，正如赵翼所言，东坡"才思横溢，触处生春，胸中书卷繁富，又足供其左旋右抽，无不如志。其尤不可及者，天生健笔一枝，爽如哀梨，快如并剪，有必达之隐，无难显之情，此所以继李、杜后为一大家也"。东坡的诗歌以全新的风貌使人耳目一新，从而在创造宋诗的生新面貌的过程中做出了重大的贡献。但是如果只论新奇，只论风格个性的独特程度，那么王安石、黄庭坚、陈师道三家也许比东坡更为引人注目。由于东坡具有较强的艺术兼容性，他在理论上与创作中都不把某一种风格推到定于一尊的地位。所以东坡的诗歌基本上避免了宋诗尖新生硬和枯燥乏味的两大缺点，从而在总体成就上超越了同时代的其他诗人，并获得了最广大的读者群的热爱。清人李调元说："余雅不好宋诗，而独爱东坡。"就是一个显例。

那么，东坡诗的最大特征究竟是什么呢？东坡曾说："诗以奇趣为宗，反常合道为趣。"这两句话虽是针对柳宗元的《渔翁》诗而发，但也可看作东坡的夫子自道。"奇趣"二字，真是极其巧妙、稳妥的搭配。"奇"即"新奇"，是诗人自成一家的必要条件。但如果奇而无趣，则容易趋于极端，就像"山谷体"不免过于生新瘦硬，"后山体"不免过于朴拙枯槁一样。"趣"其实就是南朝人钟嵘所说的"滋

宋·苏轼　李白仙诗　日本大阪市立美术馆

味"，或今人所说的"意味"。东坡说"反常合道为趣"，意谓"趣"必然是合于艺术规律的，但又必然是打破常规的，这正是使诗歌成为"有意味的形式"的关键，也是使诗歌引人入胜的根本原因。东坡才情奔放，写诗时常常随意挥洒，而且在题材方面几乎无所禁忌，为何还能写出那么多优美动人的长篇短什？奥秘就在"奇趣"二字。

作诗的首要之务是选择题材。东坡笔下的题材之广阔，堪称前无古人。当然并不是所有的题材都能产生好诗的，北宋前期的梅尧臣曾把"虱""有鸦啄蛆"等写进诗中，堕入恶趣，遭人指责。东坡搜索诗材的视野与梅尧臣一样广阔，但他绝不是有见辄书，而是用敏锐的审美眼光对外物进行淘洗、抉择，从而在大千世界中择取合适的事物入诗，从而使诗歌的题材领域得到了恰到好处的大幅度扩展。东坡偶尔也咏及一些从未入诗的题材，比如"牛矢"（即牛屎）：

> 半醒半醉问诸黎，竹刺藤梢步步迷。但寻牛矢觅归路，家在牛栏西复西。

以"牛矢"入诗，要是让连"糕"字都不敢用的唐代诗人看到了，肯定要瞠目结舌。[1] 但是东坡直录老乡的口语，是多么的生动有趣！全诗因而洋溢着泥土的气息，难道不是一首活泼自然的好诗！东坡还独具慧眼地从诗人们比较陌生的生活中发掘新颖的题材，例如前人很少咏及农具，一些常见的农具如锄、犁等物也只是作为农村生活的点缀而被写进田园诗或悯农诗中，它们自身则很少成为吟咏的对象。东坡却写过专篇来吟咏水车、秧马等新式农具，而且写

---

[1] 据唐韦绚《刘宾客嘉话录》记载，刘禹锡尝于重阳节作诗，本想用"糕"字，因"六经中竟未见有'糕'字"，遂不敢用。北宋诗人宋祁嘲笑他说："刘郎不敢题糕字，虚负诗中一世豪!"（《九日食糕》，《景文集》卷二四）

得灵动有趣。东坡集中还有咏煤的《石炭》，咏人参、地黄等药草的《小圃五咏》等作品，这些诗既新颖，又具美感，堪称成功的题材开拓。

东坡更大的贡献是将平凡、常见的生活内容升华进入诗的境界。经过他的生花妙笔，那些在常人笔下定会显得枯燥乏味的事物竟充满了灵气和趣味。在东坡笔下，举凡笔墨纸砚等文化用品，茶酒肴馔等生活用品，以及亲友过往、酒食相邀等生活细节，无不成为绝妙的诗料。请看一首《豆粥》：

> 君不见滹沱流澌车折轴，公孙仓皇奉豆粥。湿薪破灶自燎衣，饥寒顿解刘文叔。又不见金谷敲冰草木春，帐下烹煎皆美人。萍齑豆粥不传法，咄嗟而办石季伦。干戈未解身如寄，声色相缠心已醉。身心颠倒不自知，更识人间有真味？岂如江头千顷雪色芦，茅檐出没晨烟孤。地碓春粳光似玉，沙瓶煮豆软如酥。我老此身无著处，卖书来问东家住。卧听鸡鸣粥熟时，蓬头曳履君家去。

如果说笔墨纸砚是文化用品，饮酒品茶是文人雅事，以它们为题材的诗容易具有风雅的意趣，那么豆粥其物不过是一种充饥的俗物罢了，它能产生什么美感呢？然而东坡此诗竟是如此的兴会淋漓，趣味盎然！他先写了两个有关豆粥的历史故事：东汉光武帝刘秀（字文叔）初起兵时，一次行军至滹沱河下游的芜蒌亭，天寒乏食，部将冯异（字公孙）送来豆粥，才得饥寒俱解。西晋的豪富石崇（字季伦）与人斗富，炫耀厨艺，其家烹煮豆粥竟能一声令下便立刻办妥。东坡指出，刘秀困于干戈扰攘，石崇溺于声色享受，他们哪里能领会豆粥的真味？只有自己身处江湖，心态悠闲，才能细细品味米光似玉、豆软如酥的豆粥。但愿长住江边茅屋，每天清晨都到东家去享用豆粥！此诗前半用了两个典故，但都出之以生动的叙事和情景描写，毫无炫学夸博之嫌。后半对江村晨景与农家晨炊的刻画更是优美细腻，诗意盎然。可以毫不夸张地说，经过东坡审美观照的豆粥，已经完全进入诗的意境了。

东坡的写景诗也体现出同样的题材倾向。前人吟咏山水，大多具有较强的倾向性，比如谢灵运专咏浙中的奇山秀水，杜甫则钟情于秦陇夔巫的雄伟山川。东坡却大异其趣，他当然也爱咏名山大川，元丰七年（1084）路经匡庐奇秀时即写了《开先漱玉亭》《栖贤三峡桥》那样的奇警之作，但是平淡无奇的淮山淮水也使他写出了《出颍口初见淮山是日至寿州》这首名篇：

> 我行日夜向江海，枫叶芦花秋兴长。长淮忽迷天远近，青山久与船低昂。寿州已见白石塔，短棹未转黄茅岗。波平风软望不到，故人久立烟苍茫。

熙宁四年（1071）深秋，东坡离开汴京前往杭州，由颍口（今安徽寿县正阳关）入淮，作诗纪行。东坡因受政敌诬告而自请外任，这是他入仕以来第一次受到沉重的打击，心情抑郁，首句中微露此意，正如王文诰所评："此极沉痛语，浅人自不知耳。"然而次句便转入描写淮上秋景以及诗人在淮河上缓缓行舟的感受，全诗仍是一首以写景为主的纪行诗。此诗平淡无奇，然而东坡自己对它钟爱非常，时隔二十三年之后，东坡还亲笔书写此诗，跋云："予年三十六，赴杭倅过寿，作此诗。今五十九，南迁至虔，烟雨凄然，颇有当年气象也。"一首少作，到二十多年后还能唤起诗人的鲜明记忆，可见它在描摹"气象"上是极为成功的。清人汪师韩评此诗"有古趣兼有逸趣"，方东树则说它"奇气一片"，然而它奇在何处，趣在何方呢？

长长的淮河平静地流向天边，远处的青山在船舷的衬托下高低起伏。
波平风软，舟行甚缓，虽然寿州的白石塔早已映入眼帘，小舟却总
是转不过那个长满了黄茅的小山岗……如此平淡无奇的景色，如此
枯燥乏味的旅行，怎么会构成一首奇趣盎然的好诗呢？奥秘就在于
东坡以饶有兴趣的审美目光来观照淮山淮水，它们就被赋予了生气
和趣味。同理，东坡以充沛的情感看待此次旅行，始而怅惘，转而
开朗。稍生厌倦，又怀希望。情感的波动与景物的转移互相映衬，
就产生了不同寻常的"逸趣"。变平凡为奇警，这正是东坡的过人
本领。

　　东坡热爱生活，无论身处何种环境，他都能饶有兴趣地观赏周
围的事物，细细品味平凡生活中那些有意味的内容，并将它们提升
到诗歌的意境中来。别林斯基有言："谁要是为诗所激动，嫌恶生活
中的散文，只有从崇高的对象才能获得灵感的话，他还算不得一个
艺术家。对于真正的艺术家，哪儿有生活，哪儿就有诗。"[1]东坡就是
一位"真正的艺术家"。请看数例：熙宁五年（1072）的一个冬日，
正任杭州通判的东坡独游吉祥寺，作诗说："井底微阳回未回，萧萧
寒雨湿枯荄。何人更似苏夫子，不是花时肯独来？"次年的一个秋
日，东坡来到双竹寺，在住持湛师的卧房题诗一首："暮鼓朝钟自击
撞，闭门孤枕对残釭。白灰旋拨通红火，卧听萧萧雨打窗。"元丰六
年（1083）的一个冬夜，东坡独自行走在黄州东坡的山路上，作诗
说："雨洗东坡月色清，市人行尽野人行。莫嫌荦确坡头路，自爱铿
然曳杖声。"杭州的吉祥寺本以牡丹著称，在阳春三月时当然是游人
如织，但寒雨潇潇中的古寺有何趣味？一位老僧在方丈之室中自拨
炉火，独听雨声，岂不是孤寂无聊？在一条山石荦确的山径上独自夜

---

[1]　《亚历山大·普希金的作品》，《别林斯基论文集》，第 112 页，新文艺出版社 1958 年。

行，又有多少诗兴可言？然而一旦经过东坡的观照，这些琐细、平凡的生活情景顿时变得灵动、鲜活，充满诗意。我们阅读这些小诗，不但恍若亲历其境，而且恍若亲感其情，一位热爱生活、兴趣盎然的东坡恍在目前，他那坦率乐易的性格与孤芳自赏的神情也变得清晰可睹。东坡的诗笔简直具有化陈腐为新奇的魔力！我们再看一首同类题材的长诗：

> 天欲雪，云满湖，楼台明灭山有无。水清石出鱼可数，林深无人鸟相呼。腊日不归对妻孥，名寻道人实自娱。道人之居在何许？宝云山前路盘纡。孤山孤绝谁肯庐，道人有道山不孤。纸窗竹屋深自暖，拥褐坐睡依团蒲。天寒路远愁仆夫，整驾催归及未晡。出山回望云木合，但见野鹘盘浮图。兹游淡薄欢有余，到家恍如梦蘧蘧。作诗火急追亡逋，清景一失后难摹。

熙宁四年（1071）十一月底，东坡来到杭州任通判。十二月初八，东坡前往孤山寻访惠勤等僧人。惠勤是欧阳修的故人，东坡此次寻访即是遵欧公之嘱，但正如诗中所坦诚的，他是"名寻道人实自娱"。然而那天正是腊日，本是合家团聚祭祀的节日，东坡却离家出游，意欲何为？况且在一个雪意昏昏的日子里独游山寺，究竟有何乐趣？请看诗人的描述：一路上寂寥无人，惟见鱼鸟。山路曲折而遥远，寺庙简陋而冷清。正如诗中所说，"兹游淡薄"，这实在称不上是赏心悦目的游览。可是东坡却自得其乐，而且是"欢有余"！即使在仆夫的催促下走出山来，还依依不舍地回头眺望，只见苍茫的暮色中几只野鹘正绕着宝塔盘旋。此情此景，在他人眼中也许真是淡薄少味，东坡却视之为美好的"清景"，以至于一回家就急如星火地写诗记之，生怕这段诗情稍纵即逝。经过东坡的描写，一次平淡无奇甚至有点枯燥无味的游历竟定格为滋味无穷的珍贵回忆，一个平凡琐屑的生活细节也就被充分地"诗化"了。在东坡的一生中，经他之手而得到"诗化"的生活内容何其多也！虽然是八百年后的德国人海德格尔说出了"诗意地栖居在大地上"的名言，但像海氏那种热衷名利的人要做到这点谈何容易！只有东坡这样的诗人，才真正实现了对现实生活的诗意提升，从而充满诗意地栖居在这个古老的诗国中。

正因东坡作诗以"奇趣"为宗旨，所以他触手生春，妙趣横生，即使是一般的题材也能才思飞扬，想落天外，丝毫不受题目的束缚，最典型的表现是其题画诗。例如《虢国夫人夜游图》，所咏的是唐代张萱的名画。唐玄宗与杨氏姐妹荒淫误国的故事，已经是诗家反复吟咏过的陈旧主题了。东坡要咏此画，也无法避开这个老主题。此诗的前半对杨氏姐妹的游乐生活略作点染，并以"明眸皓齿谁复见，只有丹青余泪痕"二句归结到题画之意，诗意已经完备。然而东坡笔锋一转，又联想到陈后主、隋炀帝的同类史实，这真是想落天外，正如纪昀所评："收得澹宕，妙于不粘唐事，弥见千古一辙之慨。"又如《李思训画长江绝岛图》，全诗把画中之景落实为大孤山、小孤山一带的真实山水，生动有趣。以实境喻画的手法早在杜甫诗中已见端倪，但像东坡这样对题画一层不着一字，则尚属首创。更值得注意的是，此诗最后运用民间传说来描写小孤山这座长江绝岛："峨峨两烟鬟，晓镜开新妆。舟中贾客莫漫狂，小姑前年嫁彭郎！"这个拟人的写法使全诗顿生精彩，极为风趣，堪称画龙点睛之笔。纪昀讥评此诗"末二句佻而无味"，既暴露了这位馆阁学者的保守观念，也说明东坡的奇思妙想是多么不同寻常。东坡最著名的题画诗是《书王定国所藏烟江叠嶂图》：

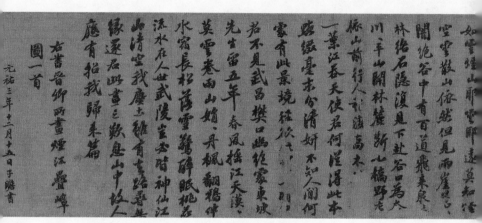

宋·苏轼　书王定国所藏烟江叠嶂图　上海博物馆

江上愁心千叠山，浮空积翠如云烟。山耶云耶远莫知，烟空云散山依然。但见两崖苍苍暗绝谷，中有百道飞来泉。萦林络石隐复见，下赴谷口为奔川。川平山开林麓断，小桥野店依山前。行人稍度乔木外，渔舟一叶江吞天。使君何从得此本？点缀毫末分清妍。不知人间何处有此境？径欲往买二顷田。君不见武昌樊口幽绝处，东坡先生留五年。春风摇江天漠漠，暮云卷雨山娟娟。丹枫翻鸦伴水宿，长松落雪惊昼眠。桃花流水在人世，武陵岂必皆神仙？江山清空我尘土，虽有去路寻无缘。还君此画三叹息，山中故人应有招我归来篇。

　　创作此画的王晋卿与收藏此画的王定国都是东坡的好友，两人都在乌台诗案中受东坡牵连而遭谪罚，却始终不改对东坡的情谊。元祐元年（1086），三位好友先后回到汴京，劫后重逢，欢欣何如！王晋卿善画，王定国善草书，东坡既善画又善书，二王又好收藏，于是无数的艺术珍品在他们之间往来交流，堪称书画收藏史上的一段佳话。元祐三年（1088）十二月十五日，东坡在王定国家里看到王晋卿精心绘制的《烟江叠嶂图》，挥毫题诗，写下了这首古今题画诗中的绝唱。此诗的结构极其严谨：前段先以十二句描写自然界的"烟江叠嶂"，然后用"使君何从得此本"两句点明题画之意；后段则用十二句再度宕开，抒发自己归隐江山的意愿，然后又用"还君此画三叹息"两句回归咏画的主题。在如此严谨的结构中，却跳动着何等活泼的情思！全诗入手擒题，充分展开对实景的描写，诗人的视线由远及近，由高转低，不断地转换视角；景物则云散山现，泉飞川奔，其中还点缀着行人、渔舟等运动着的物体，极尽动态之美。后半转入抒情，诗人深情地回忆在黄州度过的五年，那里的风景是多么幽美！"春风"以下四句对四季景色的历时性描绘，完全打破了绘画只能描绘瞬间状态的局限，从而使此画具备了时间的深度，同时也注入了浓郁的诗意。更重要的是，这样写题画诗，最大程度地凸现了诗的抒情功能。东坡对贬谪生涯的深情回忆和无限感慨、对自然美景和自由生活的由衷热爱，都洋溢在字里行间，感人至深。一首题画诗竟能营构出如此浓郁的抒情氛围，可见东坡追求"奇趣"的努力是何等的成功！

说到东坡诗的"奇趣"，很容易联想起"理趣诗"这个名词。长期以来，人们在分析宋代的"理趣诗"时常把"理"字看成重点，仿佛理趣诗的价值就在于诗歌中蕴含着某种精妙的哲理，从而具有认识价值或思想意义。其实不然。理趣诗固然蕴含哲理，但真要从哲学史或思想史的角度来看，那些哲理的价值毕竟是相当有限的。比如邵雍的《伊川击壤集》，几乎篇篇与理有关，是理学家所写的货真价实的理趣诗，朱熹却说："康节之学，其骨髓在《皇极经世》，其花草便是诗。"在朱熹看来，邵雍的诗只是其哲学体系的外部装饰而已，并无重要的思想价值。其他宋代诗人的理趣诗也是如此，那些诗里蕴含的哲理再高明，也不可能比用散文写成的哲学著作更加周密、精微，因为说理的功能毕竟不是诗体的强项。所以理趣诗的核心价值不在"理"而在"趣"，只有洋溢在字里行间的趣味才是理趣诗成功的关键。东坡的理趣诗就是如此。"欲把西湖比西子，淡妆浓抹总相宜"蕴含着真正的美可以呈现各种不同的外部形态的道理，"竹外桃花三两枝，春江水暖鸭先知"蕴含着长期浸润于某种事物方能及时觉察其变化征兆的道理，应该承认这些道理自身并不特别精警，东坡的过人之处在于他把这些道理表达得格外生动、真切。东坡以优美的诗句为中介，使这些道理随着读者的审美愉悦而沁入人心，从而避免了哲学家的逻辑推演所带来的枯燥和艰涩，这就是东坡理趣诗中的"趣"。当然，东坡诗中的理趣还有更高水准的表现，请看脍炙人口的《题西林壁》：

> 横看成岭侧成峰，远近高低各不同。不识庐山真面目，只缘身在此山中。

元丰七年（1084）四月，东坡离开黄州东下，途经庐山，盘桓将近一月，最后与东林寺的长老广惠同游西林寺，作诗题壁。[1] 此时的东坡对庐山的名胜游览殆遍，对庐山的整体面貌了然于胸，于是以胸有成竹的姿态写出此诗。黄庭坚读后慨叹说："此老于般若横说竖说，了无剩语。非其笔端有口，安能吐此不传之妙哉！"佛家所谓"般若"，是指理解一切事物的大智慧，黄庭坚认为这首诗中就蕴含着这样的大智慧。近人陈衍更明确地说："此诗有新思想，似未经人道过。"的确，前人虽已表述过类似的意思，比如汉代的《盐铁

---

[1]　东坡于元丰七年四月二十四日初入庐山北麓，几天后即匆匆赶往筠州与子由相晤，至五月十二日前后重至庐山（自南麓入山），直到六月初才离开，前后一共在庐山盘桓了将近一个月。

论》中说过"从旁议者与当局者异忧"，唐人白居易也有"觉悟因旁喻，迷执由当局"的诗句，但是远远不如东坡所说的那样精警。但我依然觉得此诗最大的优点不在于它揭示了一个哲理，而在于它把这个哲理表达得如此的清晰、准确、生动。东坡不但避开了逻辑的论证，而且省略了他要表述的哲理自身，前两句是叙事：诗人身入庐山，四处览胜，发现庐山的面貌竟是移步换景，千姿百态。后两句仿佛是说理，但依然是就事论事，只字不离游览庐山之事。用前人的话说，这真是"一字不落理障"！正因如此，此诗所蕴含的哲理就是寄寓在诗歌意象中的深层意义，就是诉诸读者体悟的言外之意，它不但真切灵动从而使读者易于领会，而且意蕴丰富从而使读者联想无穷。如果从"理趣诗"的角度来评价此诗的话，它的价值既在于精警的哲理，更在于兴会淋漓的趣味，这正是东坡所推崇的"奇趣"。

　　在选题、立意各臻其妙的前提下，东坡又充分调动各种艺术手段来增加诗中的奇趣。东坡生当北宋，其时古典诗歌在艺术形式上的积累已经极为丰厚，才大学富的东坡对诗歌艺术技巧的掌握达到了炉火纯青的程度，他得心应手、举重若轻地运用各种技巧来表达其主题，抒发其情思，精益求精，奇外出奇，令人叹为观止。

　　东坡在谋篇时才思飞扬，常常有想落天外的奇思妙想突然插入，从而波澜迭起。例如《石鼓歌》依次叙述了石鼓的形貌与来历后，忽然写到石鼓在秦代的遭遇，说石鼓在暴秦肆虐时隐没不见，这是"神物义不污秦垢"，奇峰突起，淋漓酣畅。又如《荔支叹》先写汉、唐时进贡荔枝给人民带来的灾难，从而引出"莫生尤物为疮痏"的感叹，至此题意已足，因为宋代并无进贡荔枝的弊政，此题本属咏史性质。然而东坡笔锋一转，突然联想起本朝的贡茶、贡花之事，于是波澜突现，全诗的旨意就从咏史变成了借古讽今。突兀而来的奇思妙想会给读者的阅读心理带来震撼，从而产生荡人心魄的美感。熙宁四年（1071），东坡路经颍州时前往看望退休在家的欧阳修。欧公出示一块石屏风，且命东坡作诗。欧阳修是识拔东坡的恩师，他本人又写过《菱溪大石》那样语奇意深的咏物名篇，在欧公面前写诗，东坡当然要刻意经营，于是他写道：

> 何人遗公石屏风，上有水墨希微踪。不画长林与巨植，独画峨眉山西雪岭上万岁不老之孤松。崖崩洞绝可望不可到，孤烟落日相溟蒙。含风偃蹇得真态，刻画始信天有工。我恐毕宏韦偃死葬虢山下，骨可朽烂心难穷。神机巧思无所发，化为烟霏沦石中。古来画师非俗士，摹写物象略与诗人同。愿公作诗慰不遇，无使二子含愤泣幽官。

　　石屏上有天然的纹理，状如松树，东坡由此联想到峨眉雪松以及古代的画松高手，这也许仍是寻常的构思。然而东坡又说这是毕宏、韦偃葬身之处的山石，状如松树的纹理正是画松高手难以泯灭的艺术灵魂的化身，并敦请欧公写诗来安慰他们生前的不遇，这样的神来之笔使此诗顿然生辉，妙趣横生。

　　东坡擅长用韵，他在密州咏雪用"尖""叉"二字作为韵脚，从此"尖叉韵"就成为险韵诗的代名词。他又善于写次韵诗，集中的次韵诗竟多达作品总数的三分之一，而且大多押韵稳妥，有时甚至胜过原唱。即使在那些既非险韵、也非次韵的诗中，东坡的用韵艺术也极见匠心，试看其《法惠寺横翠阁》：

> 朝见吴山横，暮见吴山纵。吴山故多态，转折为君容。幽人起朱阁，空洞更无物。惟有千步冈，东西作帘额。春来故国归无期，人言秋悲春更悲。已泛平湖思濯锦，更看横翠忆峨眉。雕栏能得几时好？

不独凭栏人易老。百年兴废更堪哀,悬知草莽化池台。游人寻我旧游处,但觅吴山横处来。

纪昀评曰:"短峭而杂以曼声,使人怆然易感。"让我们看看此诗押韵的情况:前面八句是五言句,押仄声韵,是谓"短峭"。第九句起变为七言句,韵脚也变成舒缓的平声,是谓"曼声"。最巧妙的是后半首在两组押平声韵的四句诗之间插入押上声韵的"雕栏"两句,"好""老"两个韵脚的声调悠长且先抑后扬,读来简直像是两声长叹。全诗的声调与情愫的变化配合得天衣无缝,从而在声、情两方面强化了"使人怆然易感"的效果。反复吟诵此诗,不难体会到声情并茂的奇趣。

东坡善用比喻,诸如"春雨如暗尘""春风如系马,未动意先骋""归来平地看跳丸,一点黄金铸秋橘""人似秋鸿来有信,事如春梦了无痕""欲知垂尽岁,有如赴壑蛇。修鳞半已没,去意谁能遮"等等,别出心裁,层出不穷。东坡的比喻自然妥帖,使人读来浑然不觉,比如"黑云翻墨未遮山,白雨跳珠乱入船"中的"墨""珠"二字,又如"长风送客添帆腹,积雨浮舟减石鳞"中的"腹""鳞"二字,初读简直不会注意它们是比喻。东坡还有一个绝技,就是连用多个比喻来形容一个对象,前人或称"博喻",或称"比喻中的车轮战术",例如他描写徐州郊外的百步洪:"有如兔走鹰隼落,骏马下注千丈坡。断弦离柱箭脱手,飞电过隙珠翻荷。"四句中连用七喻,真可谓妙喻连生,意味无穷。

东坡也善用典故,他才大学富,又机敏灵变,几乎任何题材都能找到恰如其分的典故。东坡在颍州时常与同僚即席唱和,欧阳叔弼自谦诗才不够敏捷,经常袖手旁观。元祐七年(1092),即将离任的欧阳在别筵上忽然作诗一首,风致颇似陶诗,满座皆惊,东坡在

东坡樂府卷上
眉山蘇軾子瞻

水龍吟

古來雲海茫茫道山絳闕知何處人間有
城居士龍蟠鳳翥清淨無為坐忘遺照八篇奇
語向玉簡東望蓬萊晚霧有雲駕驂風馭行
盡九州四海笑紛紛落花飛絮臨江一見謫仙
風采無言心許八表神遊浩然相對酒酣箕踞
待垂天賦就騎鯨路穩約相將去

又贈趙昞之吹遶待兒

楚山俯竹如雲異村秀出千林表龍鬚半剪鳳
膺微漲玉肌勻繞木落淮南雨晴雲夢月明風
蜩自中即不見相伊去後知君員秋多少聞
道嶺南太守後堂深綠珠嬌小綺窗學弄梁州
初遍霓裳未了嚼徵含宮泛商流羽一聲雲杪

又次韻章質夫楊花詞

似花還似非花也無人惜從教墜抛家傍路思
量却是無情有思縈損柔腸困酣嬌眼欲開還
閉夢隨風萬里尋即去處又還被鶯呼起不

元刊东坡乐府

和诗中说："平生魏公筹，忽斫郢人垩。"上句是用晋人魏舒之典：魏舒是将军钟毓的长史，钟毓平时喜与部将比赛射箭，魏舒常在一边计筹，谁都不知道他善射。一次参赛的人太少，钟毓就让魏舒也来充数。没想到魏舒态度闲雅，百发百中，举座愕然。东坡选用此典，其精确性无以复加。东坡还擅长连用数喻，比如在戏咏词人张先娶妾的诗中，八句中竟连用七个典故，而且典故中的人物全都姓张，虽属文字游戏，但其用典之广博、精确，可睹一斑。这种做法与"博喻"的性质非常相似，前人未有名之者，我姑且称它为"博典"，它的实质是连用多个典故来多层次地揭示所咏对象的性质。当然，东坡用典的最大优点是使诗意表达得既准确又深微，典故自身则如水中着盐，不露痕迹。元符三年（1100）六月二十日的夜晚，东坡渡海北归，作诗说："云散月明谁点缀，天容海色本澄清。"这里暗用晋代谢重与司马道子夜坐观月的典故：谢以为碧天银月"不如微云点缀"，司马道子说："卿居心不净，乃复欲强滓秽太清耶！"[1] 这两句诗自然天成，读来几乎不觉得中含典故，但是东坡对那些心地龌龊的政客的讥讽之意却深深地渗透在字里行间。

东坡还善于对仗，他的对仗极其工整，例如"谏苑君方续承业，醉乡我欲访无功"一联中，"承业"是隋人乐运的字，"无功"是唐人王绩的字，不但以人名相对，而且字面上也锱铢不爽。又如"山忆喜欢劳远梦，地名惶恐泣孤臣"一联，不但以地名相对，而且"喜欢"与"惶恐"在字面上也对得若合符契。然而东坡的对仗最为人称道的长处还不是工整，而是不拘一格，灵活生动。绍圣二年（1095），东坡在惠州贬所接到老友章质夫的来信，说给他送来了六壶好酒。书信已到，酒却杳无踪影，东坡寄诗戏之："岂意青州六从事，化为乌有一先生。"上句用晋代桓温的主簿称好酒为"青州从事"之典，下句用司马相如赋中虚构之人名"乌有先生"，不但字面上非常工整，而且用流水对法消解了对仗工整引起的呆滞之感。至于脍炙人口的"三过门间老病死，一弹指顷去来今"一联，不但巧用数字对，[2] 而且上句写了人生的三种状态，下句对之以时间的三个流程，意脉流畅，虽非流水对而胜似流水对。东坡的七律一气流转，摇曳生姿，正得益于其高超的对仗手法。

东坡运用艺术技巧，正像韩信将兵，多多益善，指挥如意，且

[1]　绍圣二年（1095），东坡在惠州作《题合江楼》云："青天孤月，故是人间一快。而或者乃云不如微云点缀，乃是居心不净者常欲滓秽太清。"（《苏轼文集》卷七〇）可见他熟知此典。

[2]　按："三过门间老病死"一句的句法结构类似于上文所说的"三光日月星"，即句首有一个"三"字，句尾则是三个独立的事物，若按对仗的常规，下句几乎无从着手。东坡用佛家形容时间迅速的"一弹指顷"来包容三个时间阶段，巧妙之极。

神出鬼没，无迹可睹。例如东坡咏病鹤的句子"三尺长胫阁瘦躯"，用"阁"字（同"搁"）形容无精打采的病鹤，惟妙惟肖，但并不显得格外用力。再如东坡阻风泊舟于金山，作诗说："塔上一铃独自语：明日颠风当断渡。""当""断""渡"三字宛肖铃声，但它们用在句中是多么自然！又如东坡叙述潭有潜蛟，虎来饮水时被蛟吞食之事，只用十字："潜鳞有饥蛟，掉尾取渴虎。"不但绘声绘色，而且把来龙去脉交代得一清二楚。这些技巧已达到出神入化的程度，但它们在东坡笔下仿佛都是出于不经意之间。变化无穷、奇外出奇的艺术手段使东坡诗从篇章到字句都充溢着奇趣，它们是东坡的诗歌引人入胜的重要原因。

◇　五　以诗为词与逸怀浩气

说到东坡的词，流行最广的一个评语便是"以诗为词"。"以诗为词"这句话，在今人听来未免有些奇怪：词就是古典诗歌的一种样式，"以诗为词"难道不是作词的题中应有之义？然而在事实上，词曾经长期被人视为与五七言诗判然有异的另类文体，"以诗为词"也就被视为不合规范的"破体"之举。陈师道最早指出东坡词的这个特点："退之以文为诗，子瞻以诗为词，如教坊雷大使之舞，虽极天下之工，要非本色。"这句话褒贬参半，且以贬义为主。[1] 稍后的

---

[1] "雷大使"指雷中庆，徽宗时以舞蹈艺术擅名于教坊，"世皆呼之为雷大使"（见《铁围山丛谈》卷六）。至于为何说雷大使之舞"虽极天下之工，要非本色"？颇难理解。清末沈曾植就曾反诘："然则雷大使乃教坊绝技，谓非本色，将外方乐乃为本色乎？"（见《海日楼札丛》卷七）有人推测宋时歌舞或以女子表演为当行，故雷之演艺虽工而非本色；或者雷之舞艺有创新而突破传统者，详见顾易生等著《宋金元文学批评史》，第581页，上海古籍出版社1996年。

李清照更明确地把东坡词贬为"皆句读不葺之诗尔"。对此，南宋的胡仔大为不满，他反驳陈师道说："余谓后山之言过矣。子瞻佳词最多，其间杰出者如……皆绝去笔墨畦径间，直造古人不到处，真可使人一唱三叹。若谓以诗为词，是大不然。"其实，如果东坡本人听到"以诗为词"这个评语的话，他根本不会以此为忤的。东坡曾说友人蔡景繁的词是"古人长短句诗"，又说张先的词是"微词宛转，盖诗之裔"，这些话中丝毫没有贬低的意思。晁补之和张耒两人也曾当着东坡的面评价其词："先生小词似诗。"东坡又何尝感到不满？其实"以诗为词"不但是东坡词作的最大特色，而且是东坡对词史做出的最大贡献。陈师道、李清照指出东坡"以诗为词"的特点并没有错，但是他们那种墨守成规、不许越雷池一步的"尊体"观念却是不可取的。随着以铁板铜琶伴奏的"大江东去"的高亢歌声在词坛上日益嘹亮，陈师道、李清照竭力维护的词体之藩篱终于被东坡词风的洪流彻底冲决了。

东坡是如何以诗为词的呢？我们先从东坡作词的过程说起。

东坡的诗歌创作开始得很早，现存的诗歌始于嘉祐四年（1059），其年东坡二十四岁，那些保存在《南行集》中的少作已经相当成熟了。然而东坡在此后很长一段时间内仍未开始写词，东坡词中最早的可编年的作品始于熙宁五年（1072），距离嘉祐四年已有十三年之久了。[1]东坡作词始于任杭州通判期间，此时他与词坛老宿张先交往甚密，这可能是东坡开始留意于词的一个触因。东坡最初的几首词辞意都较稚嫩，可见即使是才气过人的东坡，也不是生而

---

[1]　朱祖谋《东坡乐府》、龙榆生《东坡乐府笺》及曹树铭《苏东坡词》中编年最早的东坡词都始于熙宁五年（1072），惟独薛瑞生著《东坡词编年笺证》（三秦出版社1998年）中有十三首词编在嘉祐五年（1060）至熙宁四年（1071）之间，经过仔细检查，我觉得薛书编年的理由并不充分（详见拙文《从苏词苏诗之异同看苏轼以诗为词》，载《中国文化研究》2002年夏之卷），故不采其说。

知之者。经历了一二年的练笔，东坡的词作才渐入佳境。熙宁七年（1074），东坡的词作数量突增到四十六首之多，而且写出了《沁园春·赴密州早行马上寄子由》的名篇。次年在密州写出了《江神子·乙卯正月二十日夜记梦》《江神子·密州出猎》，下一年又写出了《水调歌头·丙辰中秋欢饮达旦大醉作此篇兼怀子由》，元丰元年（1078）又在徐州写了《永遇乐·彭城夜宿燕子楼梦盼盼因作此词》和《浣溪沙·徐门石潭谢雨道上作五首》。这段时间，也就是东坡从三十八岁至四十四岁的六年，是东坡词创作的第一个高潮时期。

东坡词创作的第二个高潮时期是从四十五岁至五十岁的六年，也即东坡被贬黄州直至被召还京之前的人生低谷期。此时的东坡刚遭遇了以诗得祸的"乌台诗案"，故而对诗文写作心有余悸，便把写作的重心转向不大可能被御史们深文罗织的词上面来。也就是说，当忧谗畏讥的东坡在定惠院里感到孤独迷茫时，当他面对着滚滚东去的大江缅怀古代的英雄人物时，宁愿选择词这种不太受人关注的文体来抒怀述志。黄州时期的东坡词中名篇特别多，诸如《卜算子·黄州定惠院寓居作》《西江月·黄州中秋》《水龙吟·次韵章质夫杨花词》《定风波》（莫听穿林打叶声）、《浣溪沙·游蕲水清泉寺寺临兰溪溪水西流》《西江月》（照野弥弥浅浪）、《念奴娇·赤壁怀古》《临江仙·夜归临皋》等，都是脍炙人口的作品。[1]

在第一个时期内，东坡正在努力地从传统的婉约词风的牢笼内突围而出。例如作于熙宁七年（1074）的《少年游·润州作代人寄远》："去年相送，余杭门外，飞雪似杨花。今年春尽，杨花似雪，

---

[1] 按：上述两个时期其实是紧密相连的，不过在元丰二年（1079）七月以后东坡因入狱而中断了六个月，而他的词风也因此发生了变化，所以我把它分成两个阶段。

犹不见还家。对酒卷帘邀明月，风露透窗纱。恰似姮娥怜双燕，分明照、画梁斜。"虽然还是写的男女相思的传统主题，但已经透露出新的气息：它以清丽的字句和高洁的意境洗清了以往笼罩在爱情词上的绮罗香泽，从而使词中的情思更加纯洁、清新，更加接近诗的意境。更显著的主观努力见于熙宁八年（1075）作于密州的《江神子》：

> 老夫聊发少年狂，左牵黄，右擎苍，锦帽貂裘，千骑卷平冈。为报倾城随太守，亲射虎，看孙郎。
>
> 酒酣胸胆尚开张。鬓微霜，又何妨。持节云中，何日遣冯唐？会挽雕弓如满月，西北望，射天狼。

黄犬苍鹰的雄健意象，挽弓射星的豪放举动，这在以往的词苑中几曾现过身影？无怪东坡写出此词后，抑制不住内心的兴奋，写信告诉好友鲜于子骏说："近却颇作小词，虽无柳七郎风味，亦自是一家。呵呵！数日前，猎于郊外，所获颇多。作得一阕，令东州壮士抵掌顿足而歌之，吹笛击鼓以为节，颇壮观也。"这当然是东坡对自己开拓新词风的自我肯定，同时也说明他刚开始在传统词风之外尝试着另辟新境，他对柳永词的造诣还是心存敬畏的。清人刘熙载引用东坡此信后说："一似欲为耆卿之词而不能者。"刘氏的理解可谓失之毫厘，我觉得东坡的言下之意不是"欲为耆卿之词而不能"，而是"欲与耆卿一比高下而不能"。东坡并不想模仿柳永（字耆卿）的词风，而是想在柳词境界之外另辟一境，不过当时还不够自信罢了。

第二个时期是东坡在词的创作上获得突飞猛进的巅峰期。我们且不说《念奴娇·赤壁怀古》那种前无古人的豪放之作，即使是仍然属于传统的婉约题材的词中，东坡也不再对"柳七郎风味"有任何歆慕了。元丰四年（1081），友人章质夫寄来一首调寄《水龙吟》的杨花词，此词写得婉媚绮丽，宛然柳七风味："燕忙莺懒花残，正堤上柳花飘坠。轻飞点画青林，谁道全无才思。闲趁游丝，静临深院，日长门闭。傍珠帘散漫，垂垂欲下，依前被、风扶起。兰帐玉人睡觉，怪春衣、雪沾琼缀。绣床旋满，香球无数，才圆却碎。时见蜂儿，仰粘轻粉，鱼吹池水。望章台路杳，金鞍游荡，有盈盈泪。"东坡当即次韵和之：

> 似花还似非花,也无人惜从教坠。抛家傍路,思量却是,无情有思。萦损柔肠，困酣娇眼，欲开还闭。梦随风万里，寻郎去处，又还被，莺呼起。

> 不恨此花飞尽，恨西园、落红难缀。晓来雨过，遗踪何在，一池萍碎。春色三分，二分尘土，一分流水。细看来，不是杨花点点，是离人泪。[1]

王国维说这首东坡词"和韵而似原唱"，非常准确。更重要的是，章词依然是传统的婉约风格，东坡词却一洗原作的"织绣功夫"，正如晁冲之所评："东坡如毛嫱、西施，净洗却面，与天下妇人斗好，质夫岂能比耶！"东坡对传统的婉约词风进行了彻底的改造，语言清丽而近白描，情感清纯而去浓艳，他已与柳永的词风彻底地分道扬镳了。

东坡"以诗为词"，是不是泯灭了诗与词的区别，从而消减了词

---

[1] 此词前人皆系于元祐二年（1087），是时东坡与章质夫都在汴京，实误。薛瑞生先生据东坡写给章质夫的书信等材料考定此词作于元丰四年（详见《东坡词编年笺证》卷二），坚确无疑，堪称定谳。

体自身的特征和长处呢？我的答案是否定的。我们不妨从题材走向
与风格倾向两个方面来考察这个问题。

如果东坡不折不扣地持"以诗为词"的态度来写词的话，那么
东坡词在题材走向上应该与诗毫无区别，应该同样地对广阔的社会
现实与人生百态都有所反映。有些后人确实是这样评价东坡词的，
比如清人刘熙载就说："东坡词颇似老杜诗，以其无意不可入，无事
不可言也。"然而这种说法其实是夸张的，虽然东坡词的内容非常广
阔，其取材之视野远较前人为宽广，但是与东坡诗相比，东坡词的
题材毕竟要狭窄一些。首先，在自抒怀抱方面，如果说东坡诗所展
现的自我是非常完整的，那么东坡词所展现的却只是其全部个性的
一部分，即忠厚、仁爱、洒脱、旷达等因素。至于狂放不羁、恃才
傲物、疾恶如仇、桀骜不驯等因素，在东坡诗中有非常充分的流露，
在其词中却相当罕见。熙宁七年（1074），东坡在赴密州的途中写了
一首《沁园春》：

> 孤馆灯青，野店鸡号，旅枕梦残。渐月华收练，晨霜耿耿；云
> 山摛锦，朝露漙漙。世路无穷，劳生有限，似此区区常鲜欢。微吟罢，
> 凭征鞍无语，往事千端。
>
> 当时共客长安，似二陆初来俱少年。有笔头千字，胸中万卷；
> 致君尧舜，此事何难。用舍由时，行藏在我，袖手何妨闲处看。身长健，
> 但优游卒岁，且斗尊前。

金人元好问对此词的著作权极表怀疑，他说："'野店鸡号'一
篇，极害义理，不知谁所作。世人误为东坡，而小说家又以神宗之
言实之云：'神宗闻此词，不能平，乃贬坡黄州。且言：教苏某闲处
袖手，看朕与王安石治天下。'安常不能辨，复收之集中。如'当时

共客长安……'之句，其鄙俚浅近，叫呼眩鬻，殆市骉之雄醉饱而后发之。虽鲁直家婢仆且羞道，而谓东坡作者，误矣！"[1] 元氏此话毫无根据，此词在东坡词的各种版本中都有，不能因词意浅近就说它不是东坡所作。那么元好问为什么要怀疑它呢？原因在于：此词中所抒写的那种人生志向以及有志难酬的牢骚之情，在东坡诗中比比皆是，不足为奇。例如作于此前两年的《戏子由》诗中说："读书万卷不读律，致君尧舜知无术。……居高志下真何益，气节消缩今无几。文章小技安足程，先生别驾旧齐名。如今衰老俱无用，付与时人分重轻！"又如作于其后两年的《薄薄酒》中说："五更待漏靴满霜，不如三伏日高睡足北窗凉。……生前富贵，死后文章，百年瞬息万世忙。夷齐盗跖俱亡羊，不如眼前一醉是非忧乐两都忘！"这些诗句中的牢骚之情难道与《沁园春》中所说的有什么不同？难道这些诗句中的满纸不可人意不是更加直露，更加无所顾忌？但是这种情愫一旦入词，就显得格外刺眼，即使在东坡词中也是如此，所以元好问要判它为伪作。元好问所说的"小说家言"，确实是齐东野语，此词在当时肯定没有引起宋神宗的注意，否则的话，在乌台诗案中肯定会涉及它，东坡就更难得到神宗的宽恕了。李定诸人对东坡的罗织所以没有涉及此词，一来词在当时根本不受人重视，二来东坡亦只是偶一为之，他的其他词作中没有出现过这种"嬉笑怒骂"的文字。元好问怀疑它，当是看出了它与整体的东坡词风有异。前文说过，东坡作诗的态度是："言发于心而冲于口，吐之则逆人，茹之则逆余，以为宁逆人也，故卒吐之。"但是东坡在作词时显然没有持这样的态度，一言以蔽之，东坡是把个性中较为温柔

---

[1] 见《东坡乐府集选引》,《遗山文集》卷三六。按：安常指孙镇，曾撰《东坡乐府注》，元氏的《东坡乐府集选》就是依孙本而成。

敦厚的一面展现在词作中了。换句话说，在东坡心目中，词虽然具有与诗同样的抒情述志的功能，但是它毕竟已在长期的发展过程中形成了婉约的特性，它所抒发的情愫应该比诗更温婉一些。所以东坡偶然在这首《沁园春》中直吐心声后，便没有再写过类似风格的词。

其次，在反映社会生活的方面，东坡词与东坡诗有更大的区别。后人往往过分夸大了东坡在开拓词的题材范围方面的贡献，从而对东坡词中涉及社会生活的作品给予过高的评价，其实东坡词在这方面是不能与东坡诗同日而语的。例如农村题材，在东坡诗中颇多刻画农民疾苦的名篇，如《山村五绝》《吴中田妇叹》等，但东坡词中则基本没有涉及。即使是写作年代与《山村五绝》相当接近的《浣溪沙·徐门石潭谢雨道上作五首》，虽然词中出现了"旋抹红妆看使君，三三五五棘篱门，相排踏破茜罗裙"的村姑和"牛衣古柳卖黄瓜"的老农，还写到了农人生活的艰辛："垂白杖藜抬醉眼，捋青捣麨软饥肠，问言豆叶几时黄？"从而以充满泥土气息而在词苑别开生面，但它们毕竟不具备《山村五绝》等诗的批判意识。其实很少涉及民生疾苦并非东坡词独有的不足，即使南宋的辛弃疾等词人也没有在这方面有多大的开拓，说明此类题材确实不太适合词这种文体。

所以从总体上说，东坡词中所反映的社会生活面是远远不及东坡诗来得广阔的。东坡的"以诗为词"不在于把词的题材范围开拓得与诗一样广阔，而在于把诗中习见的某些题材移植到词苑中去，同时又用诗中已发育得相当充分的手法、意境来改造词中原有的题材，从而把在韦庄、李煜、欧阳修等人的笔下已见端倪的词之诗化的倾向提高到前所未有的高度。

虽然在词体产生的最初阶段，就有文人加入了它的作者行列，但长期以来，词主要是以"歌者之词"，也即由歌儿舞女所演唱的歌词而存在的。即使是韦庄和欧阳修诸人的词作，也很少像他们的诗作那样具有浓郁的个人抒情性质。东坡之前的文人词很少能够进行准确的编年，原因即在于词与作者的生平行事缺乏紧密的联系。东坡改变了这种情形。东坡词虽然也有一部分难以编年，但是其主体部分的作年却是班班可考的。东坡词是东坡生平行事的忠实记录，是他心底波澜的鲜明写照。举凡宋代士大夫的日常生活内容，如游览、宴饮、唱酬、节庆、亲友离别、宦海浮沉、生老病死以及它们所引起的喜怒哀乐，这些宋诗中常见的内容在东坡词中应有尽有，而当时其他词人却没有如此广阔的题材涵盖面。且看东坡黄州词中的名篇:《卜算子·黄州定惠院寓居作》抒写逐臣孤独无依的心情，《西江月·黄州中秋》写岁月流逝及迁谪之感，《临江仙·夜归临皋》抒归隐之情，《定风波》(莫听穿林打叶声)写游览过程及淡泊情怀,《念奴娇·赤壁怀古》写登临怀古的情思,《西江月》(照野弥弥浅浪)写醉卧溪桥的生活插曲……我们读了这些词后，东坡在黄州的生活和心态如在目前。试问在东坡以前或同时的词人中，有谁曾在词中展现过如此丰富、如此鲜明的生活情景？换句话说，如果我们只读词作，那么即使韦庄、李煜、欧阳修、晏几道、秦观等士大夫词人也只写到了他们生活的一小部分内容，只有东坡词才为我们全景式地展现出东坡居士在黄州时心怀苦闷又能自我排遣，从而徜徉于江山风月之间的鲜活面容。不管我们把这说成是以诗为词，还是说成词的诗化，反正在东坡笔下，诗与词在反映文人的生活状态以及抒写他们的心态的功能上已没有太大的差别，这是词史上前所未有的新气象。

　　另一方面，以歌儿舞女为描写对象，以男女相思为吟咏内容，这些词中固有的传统题材并没有被东坡彻底抛弃，不过东坡采取了取其材而变其质的方法，从而把传统的婉约词雅化了，也就是诗化了。东坡在这方面的成就不如前一方面引人注目，但事实上却付出了更加艰辛的努力，因为这种传统在词史上的惯性太强大了，要想改变其轨道谈何容易！即使是东坡的老师欧阳修，身为一代名臣和一代文宗，在诗文中所展现的自我形象是何等严肃、刚正，可是他的词却不免有许多艳情绮语，与柳永词如出一辙，以至于维护欧公的人硬要说那些词是来自仇人的栽赃。那么东坡是如何对婉约词风进行彻底改造的呢？

　　我们不妨从东坡对柳永词的评价说起。在总体上，东坡对卑俗绮艳的柳永词风是相当不满的，当秦观作词沾染柳词风气时，东坡就直截了当地予以批评。但是东坡对部分柳词的高远意境则持很高的评价。他说："世言柳耆卿曲俗，非也。如《八声甘州》云：'霜风凄紧，关河冷落，残照当楼。'此语于诗句不减唐人高处。"可见东坡对柳词中写羁旅行役的名篇是十分喜爱的。众所周知，柳词中关于男女相思的名篇几乎都是与羁旅行役有关的，其中奥秘在于柳永专写男女密约幽期的词往往会堕入庸俗乃至猥亵的鄙陋之境，但一旦他把男女相思的背景从青楼洞房转向江湖旅途，红烛罗帐就变成了清风明月，氤氲香烟就变成了潇潇夜雨，喃喃情语就变成了鱼雁传书，倚红偎翠就变成了独对孤灯。于是，词中的情就实现了升华，词中的景就得到了净化，柳词的意境也就从淫靡卑俗转变成清新高远了。试看柳词名篇如《八声甘州》（对潇潇暮雨洒江天）、《雨霖铃》（寒蝉凄切）等，无不如此。柳词的这点奥秘，其实也就是词的诗化，不过在他笔下仅是偶一为之而已。东坡说"霜风凄紧"诸句"于诗句不减唐人高处"，正透露出其中消息。东坡对婉约词的改造正是朝着这个方向着手的，试看其《鹊桥仙·七夕》：

　　缑山仙子，高情云渺，不学痴牛骏女。凤箫声断月明中，举手谢，时人欲去。

　　客槎曾犯，银河微浪，尚带天风海雨。相逢一醉是前缘，风雨散，飘然何处？

　　陆游跋此词云："昔人作七夕诗，率不免有珠栊绮疏惜别之意。惟东坡此篇，居然是星汉上语，歌之曲终，觉天风海雨逼人。学诗者当以是求之。"明明是一首词，陆游却称之为"诗"，可见它的意境与诗无异。正如陆游所说，七夕的题材向来与男女离别相思有关，因为牛女鹊桥相会的传说早已深入人心，东坡所用的词牌"鹊桥仙"即由此传说而来。东坡的弟子秦观有一首同调同题的名篇，就以"柔情似水，佳期如梦，忍顾鹊桥归路"的美丽句子描写牛郎、织女的缱绻深情。东坡的七夕词却别出心裁，不但公然声称"不学痴牛骏女"，而且用王子乔七夕候人于缑山以及古人乘槎泛至天河得遇织女的神话传说来取代之，这就把爱情主题转换成对离世独立的高洁情怀的歌咏，全词的风格也就变得豪放、飘逸。陆游歌唱此词后觉得"天风海雨逼人"，正是对其豪放风格的体认。此词的小序一作"七夕送陈令举"，原来这是东坡在七夕送别友人所作，难怪它一洗此调此题原有的艳情绮语，变成抒写高洁情怀的"星汉上语"了。

　　如果说《鹊桥仙·七夕》已经不能算是传统的婉约题材了，那么我们再看一首确实是描写女性生活的《贺新郎》：

　　乳燕飞华屋。悄无人、桐阴转午，晚凉新浴。手弄生绡白团扇，扇手一时似玉。渐困倚、孤眠清熟。帘外谁来推绣户，枉教人、梦断瑶台曲。又却是，风敲竹。

　　石榴半吐红巾蹙。待浮花浪蕊都尽，伴君幽独。秾艳一枝细看取，芳心千重似束。又恐被，秋风惊绿。若待得君来向此，花前对酒不忍触。
共粉泪，两簌簌。

　　宋人解此词，或谓为歌伎秀兰而作，或谓为侍妾榴花而作，都
是齐东野语，毫无根据。[1]又有人说它"盖以兴君臣遇合之难"，也
是穿凿附会。[2]词中分明写了一位冰清玉洁的绝代佳人，她虽然不像
杜甫诗中的佳人那样隐居于深山空谷，但也处于一个幽静、雅洁的
环境中，传统的婉约词中常见的罗帐、红烛、鸳枕、绣被等"闺房
意象"一扫而空，代之以乳燕入屋，桐阴满庭的清幽景物。虽有石
榴半吐，但这种五月方开的花仿佛不愿与俗艳的桃杏为伍，故而带
有几分寂寞的意绪，以至于女主人公担心秋风骤至，枝头便只剩绿
叶。这位女子当然也沉浸在相思之中，风敲竹枝，竟以为有人叩门。
然而这种情愫是多么的高洁、清纯！我们已不能称它为"艳情"。
词中对女子的容貌只用"扇手一时似玉"一笔带过，况且那柄洁白
的团扇还暗含着秋后遭人遗弃的象征意义。这与柳永词中"层波细
剪明眸，腻玉圆搓素颈"之类的句子相比，简直有天渊之别。正因
此词在整体上洗清了传统婉约词中香艳浓烈的脂粉气，才会使人想
到它有寄托。我们虽不必把它落实为"兴君臣遇合之难"，但如
果说那位幽姿绰约的佳人形象中寄寓着某种高洁的情怀，就像杜诗
中那位"天寒翠袖薄，日暮倚修竹"的佳人一样，恐怕不算"过度
阐释"。

　　东坡对词史的最大贡献在于把"歌者之词"转变成"诗人之词"，
即使在婉约的题材上也是如此。试看其《蝶恋花》：

[1]　详见《苕溪渔隐丛话》后集卷三九引《古今词话》、陈鹄《耆旧续闻》卷二，文繁不录。
[2]　说见宋项安世《项氏家说》卷八。

花褪残红青杏小。燕子飞时，绿水人家绕。枝上柳绵吹又少，天涯何处无芳草。

墙里秋千墙外道。墙外行人，墙里佳人笑。笑渐不闻声渐悄，多情却被无情恼。

这首词是婉约词吗？当然是。词中描写了一位天真烂漫的可爱少女，她在燕飞水绕的园子里兴高采烈地荡着秋千，全不管春光已逝，花落絮飞。而墙外匆匆经过的行人听到墙里传出的清脆、娇柔的笑声，心里顿生几缕情思。清人王渔洋说："'枝上柳绵'，恐屯田缘情绮靡，未必能过。孰谓坡但解作'大江东去'耶？""屯田"就是柳永，可见人们承认这是典型的婉约词，它在"缘情绮靡"的方面甚至胜过柳永。然而此词的主人公是那位偶然映入词人眼帘的少女吗？[1] 显然不是。杜牧有诗云："南陵水面漫悠悠，风紧云轻欲变秋。正是客心孤迥处，谁家红袖倚江楼？"心怀愁思的旅人在途中突然瞥见美丽的异性，特别容易凸现心头的孤寂感。东坡此词也是如此。时节是春去夏来，境遇是人在天涯，词人的所见所闻莫不增添心头的烦恼：红花凋谢，青杏结子，枝上的柳絮也飘飞将尽。偏偏在此时从园墙里边荡出一架秋千，又传来了少女的欢声笑语！惆怅、寂寞之感油然而生，于是他责怪墙里的佳人是如此无情！这里有什么绮思、艳情吗？没有。充溢全词的只是时光流逝、天涯流落引起的落寞、委屈心情。难怪朝云在惠州时刚想唱此词就泪流满面，作为东坡的闺中知己，她清楚地领会了东坡的言外之意！这样的婉约词，其抒情性质已与一般的诗歌毫无二致。

---

[1] 欧阳修《浣溪沙》中有"绿杨楼外出秋千"的名句，东坡肯定熟知此句，他多半是看见了随着秋千荡出墙头的少女。当然，东坡也可能仅仅听到了墙里少女的笑声。

　　在长期充满脂粉香气的婉约词苑中，东坡的此类词作真是空谷足音，甚至连他的弟子也难以理解。晁补之就说："眉山公之词短于情，盖不更此境耳。"陈师道则说："宋玉不识巫山神女而能赋之，岂待更而后知。"言下之意是东坡虽然没有丰富的情爱经历，也应凭想象而写出艳情词。对此，金人王若虚予以痛驳："呜呼，风韵如东坡，而谓不及于情，可乎？彼高人逸士，正当如是。其溢为小词，而间及于脂粉之间，所谓滑稽玩戏，聊复尔尔者也。若乃纤艳淫媟，入人骨髓，如田中行、柳耆卿辈，岂公之雅趣也哉！"[1] 的确，东坡的婉约词中不是没有写到男女之情，但是他所写的绝不是绮靡的艳情，试看其《永遇乐·彭城夜宿燕子楼梦盼盼因作此词》：

> 明月如霜，好风如水，清景无限。曲港跳鱼，圆荷泻露，寂寞无人见。纮如三鼓，铿然一叶，黯黯梦云惊断。夜茫茫，重寻无处，觉来小园行遍。
>
> 天涯倦客，山中归路，望断故园心眼。燕子楼空，佳人何在，空锁楼中燕。古今如梦，何曾梦觉，但有旧欢新怨。异时对，黄楼夜景，为余浩叹。

　　唐代名妓关盼盼得到尚书张愔的宠爱，张愔死后，关盼盼感念旧情，誓不改嫁，在徐州张氏旧第的燕子楼中独居十多年。白居易曾作《燕子楼诗》以咏其事。[2] 东坡夜宿燕子楼，又梦见关盼盼，要是让别人来写此词，不知会有多少绮思艳语！然而东坡却把它写成了怀古伤今的主题，充溢全词的是对宦海生涯的厌倦、对岁月流逝

---

[1]　按：田中行，北宋词人，其词仅存《风入松》一首，风格近于柳永。

[2]　白诗中言及"张尚书"而未言其名，前人皆以为指张建封，清人汪立名《白香山年谱》中始考证纳关盼盼者为张建封之子张愔，可从。

的伤感以及对退隐故园的期盼。至于燕子楼的故事，则只用"燕子楼空，佳人何在，空锁楼中燕"三句点到即止。前人激赏这三句的精练、空灵，[1] 其实更重要的是这样的写法洗净了脂粉香泽，词人对关盼盼的同情、追思也就显得格外的纯洁无邪。这样的词作在充溢着脂粉香气的婉约词坛上吹进了一股清风，使人耳目一新。南宋的王灼说东坡"偶尔作歌，指出向上一路，新天下耳目，弄笔者始知自振"，这当然是针对整个东坡词而言，但如果把此语理解为专指东坡的婉约词，也是非常准确的。

　　无论从主题走向还是风格倾向来看，东坡开创的豪放词与传统的婉约词大异其趣。传说东坡曾问幕下文士，自己的词与柳永的词相比如何？幕士回答说："柳永的词，只好让十七八岁的女孩儿，手持红牙板，唱'杨柳岸，晓风残月'。学士的词，须关西大汉，持铁绰板，唱'大江东去'。"东坡听了为之绝倒。的确，东坡的豪放词打破了由婉约词风一统天下的词坛格局，正如宋人胡寅所说："眉山苏氏一洗绮罗香泽之态，摆脱绸缪宛转之度，使人登高望远，举首高歌，而逸怀浩气超然乎尘垢之外。"对于这种全新的词风，人们或许会担心它流于粗豪，从而丧失词体原有的细密委宛的风格特征。东坡用他的创作实践消除了人们的疑虑，因为在东坡诗中或多或少地存在着的伤于直露、不够蕴藉等缺点，在东坡词中却基本不见踪影。上文所引的《水龙吟·次韵章质夫杨花词》《西江月·梅花》等精妙工丽的婉约词是不用说了，即使被后人视作豪放词的作品也是如此，试看《八声甘州·寄参寥子》：

---

[1]　据说东坡曾批评秦观的"小楼连苑横空，下窥绣毂雕鞍骤"之句是"十三个字只说得一个人骑马楼前过"，并举示自己的"燕子楼空"三句。当时在座的晁补之说东坡的词"三句说尽张建封燕子楼一段事"。详见徐釚《词苑丛谈》卷三。

　　有情风万里卷潮来，无情送潮归。问钱塘江上，西兴浦口，几度斜晖？不用思量今古，俯仰昔人非。谁似东坡老，白首忘机。

　　记取西湖西畔，正春山好处，空翠烟霏。算诗人相得，如我与君稀。约他年东还海道，愿谢公雅志莫相违。西州路，不应回首，为我沾衣。

　　此词作于元祐六年（1091），时东坡被召为翰林学士承旨，即将离开杭州，作词留别方外好友道潜。清人郑文焯评曰："突兀雪山，卷地而来，真似钱塘江上看潮时，添得此老胸中数万甲兵，是何气象雄且桀！妙在无一字豪宕，无一语险怪，又出以闲逸感喟之情，所谓骨重神寒，不食人间烟火气者，词境至此观止矣。云锦成章，天衣无缝，是作从至情流出，不假熨帖之工。"郑氏的体会相当准确，此词风格豪放，气魄雄大，堪称豪放词的典范之作。然而它豪放而不至粗犷，阔大而不失细腻，词中所蕴含的情感属于忠厚一路，即使有牢骚也绝无剑拔弩张之态。末句用谢安卒后羊昙过西州门而痛哭之典，虽含迟暮之感，却措辞平和，宛然一位温厚长者的和蔼口吻。这种委婉蕴藉、意在言外的风格倾向，正是东坡诗中所缺乏的。

　　况周颐说："吾听风雨，吾览江山，常觉风雨江山外，有万不得已者在。此万不得已者，即词心也。"的确，由于词体在抒情上有深微委宛的特征，词人最善领略幽微深曲的内心律动，东坡也不例外。试看他的《念奴娇·中秋》：

　　凭高眺远，见长空万里，云无留迹。桂魄飞来光射处，冷浸一天秋碧。玉宇琼楼，乘鸾来去，人在清凉国。江山如画，望中烟树历历。

　　我醉拍手狂歌，举杯邀月，对影成三客。起舞徘徊风露下，今

夕不知何夕。便欲乘风，翩然归去，何用骑鹏翼。水晶宫里，一声吹
断横笛。

　　此词被明人杨慎评为东坡集中位居第二的中秋词。它大约作于
元丰五年（1082），也即东坡写《赤壁赋》的那年。六年前，东坡在
密州写出了中秋词中的千古绝唱《水调歌头》，此词作于其后，字句
不免稍有重复，然而它仍是一首非常出色的作品。东坡流落异乡，逢
此佳节，心中该有多少忧郁、烦恼！然而词中的他乘醉狂歌，又在风
露中翩翩起舞，仿佛正在愉快地消受这良辰美景。请看东坡描绘的
那个"清凉国"是多么幽美：上有万里无云的碧空，下有浩渺无际
的秋江，月光皎洁，水天相接，简直是一个晶莹澄澈的水晶宫。整
个环境是如此的幽雅、洁净，仿佛是不染凡尘的仙境，难怪东坡恍
若自身已羽化登仙，甚至不用借助鹏翼便可乘风飞去。全词以"一
声吹断横笛"戛然作结，但词人的满腹情思随着悠扬的笛声不绝如
缕，使读者浸入无穷的遐想。若论意境之浑融、风格之蕴藉，此词要
比同类题材的东坡诗更胜一筹。正如曾为东坡词作注的宋人傅干所
说，东坡词"寄意幽渺，指事深远，片词只字，皆有根柢"，东坡在
词中注入逸怀浩气时并未破坏词体原有的委宛深密的艺术优势，反
而使它变得更加深沉隽永，因为人生感慨毕竟是比男女相思更加深
广的一种情怀。

　　总的说来，东坡的"以诗为词"是极有分寸，恰到好处的，他
对诗、词两种文体的特殊性质有准确的把握，他借鉴了诗体的题
材广阔和风格刚健这两个优点对词体进行改造，但并未忽视词体在
题材和风格上的独特性质。东坡的以诗为词既保持了词体的艺术
特质，又以逸怀浩气提升了词体的品格。清人陈廷焯认为东坡词
是"此老生平第一绝诣"，成就实在其诗文之上。笔者不想把东坡

的词与其诗文强分甲乙，但是就某种文体的发展史上所占有的地位
来说，东坡的词确实堪称"生平第一绝诣"，东坡对词史的贡献是
前无古人的。

◇ 六　别开生面的书画艺术

就像对诗文写作一样，东坡对书画创作的兴趣也是与生俱来的。
他自幼喜好书画，在书法方面用功尤其刻苦。后人看到东坡的书法
作品洋溢着强烈的艺术个性，往往会误以为他完全是凭着才气而挥
毫泼墨，其实东坡少时曾努力临摹各家法书，他曾说："笔成冢，墨
成池，不及羲之即献之；笔秃千管，墨磨万铤，不作张芝作索靖。"[1]
当然，及至书艺成熟以后，东坡确实是凭着灵感进行创作，而不像
别人那样怀着功利的目的而写字。换句话说，他人的书法或未能完
全摆脱实用的意义，东坡的书法则是纯粹的艺术活动。正因如此，
他才会有这样的古怪举止："东坡居士极不惜书，然不可乞，有乞书
者，正色诘责之，或终不与一字。"[2] 请看宋人记录的东坡在元祐年间
的书法创作的两个镜头：

一天东坡在学士院闲坐，忽然命左右取纸笔来，举笔在每张纸
上都写上陶诗二句："平畴交远风，良苗亦怀新。"或大字，或小字；
忽行书，忽草书。一气写下七八张纸后，东坡把笔一掷，叹息说：
"好，好！"便把这些纸散给左右。

元祐七年（1092）九月，东坡自扬州被召还京，路经雍丘（今

---

[1]《题二王书》，《苏轼文集》卷六九。按：此跋作年不可考，但东坡书艺成熟后非常强调突破
　　前人而自成一家，可以推测此跋当作于早年。
[2] 黄庭坚《题东坡字后》，《山谷题跋》卷五。

河南杞县）。当时米芾正任雍丘知县，乃邀请东坡赴宴。米芾事先准备了两条长桌，陈列着上好的笔、墨以及三百张纸，酒菜则置于一旁。东坡一看，哈哈大笑。主客入座后，每斟一次酒，就铺开纸来写字。两个书僮专事磨墨，还差点供不应求。到了黄昏，酒喝够了，纸也写完了。主客彼此交换了作品，各自携之而去，两人都认为这是自己平生写得最好的字。[1]

如此的潇洒脱俗，如此的兴会淋漓，这就是书家东坡的风采！

说到东坡的书法，人们往往会联想到两个问题：一是后人评论宋代书法，"尚意"一语几成定评。[2] 那么，从法度森严的唐代书法到崇尚意趣的宋代书法的转变过程中，东坡做出了什么贡献？二是北宋书坛四大家"苏黄米蔡"的名单中，黄庭坚、米芾两人都是东

---

[1]　见叶梦得《避暑录话》卷下。按：此事孔凡礼《苏轼年谱》未录。

[2]　清人梁巘云："晋尚韵，唐尚法，宋尚意，元明尚态。"（《评书帖》，载《历代书法论文选》下册，上海书画出版社 1979 年）参看曹宝麟《中国书法史·宋辽金卷》（江苏教育出版社 1999 年）中的论述。

宋·苏轼　洞庭春色、中山松醪二赋　吉林省博物院

坡的后辈，书艺也曾受东坡影响；但是蔡襄却比东坡年长二十四岁，而且东坡自己屡屡称道蔡襄的书法为"本朝第一"，为什么蔡襄反被排在四大家的末位呢？

这两个问题看起来毫无牵涉，其实它们的答案是密切相关的，因为它们都关系到宋代书法的发展过程。

经历了社会动荡、文化凋零的晚唐、五代之后，北宋初期的文化处于百废待兴的低潮时期，书法更是陷于一蹶不振的地步。欧阳修身为一代文宗，对于振兴文化怀有高度的责任感，他在文学、史学、经学、金石学诸领域都卓有建树，但在书法方面却是心有余而力不足。欧阳修早年未能留意于书学，后来在编纂《集古录》的过程中广泛收集前代的书法真迹，遂对书法产生了浓厚的兴趣。嘉祐七年（1062），年已五十六岁的欧阳修题跋范文度摹本兰亭序说："余尝集录前世遗文数千篇，因得悉览诸贤笔迹。比不识书，遂稍通其学。然则人之于学，其可不勉哉！今老矣，目昏手颤，虽不能挥翰，而开卷临几，便别精粗。"他又指出："自唐末干戈之乱，儒学文章扫地而尽。宋兴百年之间，雄文硕儒比肩而出，独字学久而不振，未能比踪唐人，余每以为恨。"可惜欧公留意书法时年已老迈，虽然他以老不倦学的精神努力学习书法，但已难有大的成就。[1]不过欧公以一代文宗的身份最早指出当代书法不振的现实，实具振聋发聩的作用。不但如此，欧阳修还对当代学人的书法进行指点评骘，他严词批评石介的随意涂鸦，高度表彰蔡襄的精于各体，都体现出当仁不让的宗主意识。更值得注意的是，欧阳修还提出了两个重要的书学理论，一是应当重视书家的人品，二是应该自成一家，他说："文字之学，传自三代以来，其体随时变易，转相祖习，遂以名家。亦乌有定法哉！"他还说："学书当自成一家之体，其模仿他人，谓之奴书！"这些观点正是日后东坡、山谷的书学思想的滥觞之源。

　　如果说欧阳修在北宋书法史上的贡献主要在于理论的阐发，那么蔡襄的贡献则完全在于实践。蔡襄的书法成就，后人议论纷纭，持论最苛的批评家甚至说他在北宋四大家中的位置原来是属于蔡京的。即使是东坡对蔡襄的高度评价，也被后人评为"是漫无边际的夸大，达到了使人惊骇的不情地步"，并怀疑为"与其是维护蔡襄，还不如说是捍卫恩师"。[2]其实问题并不如此简单。东坡揄扬蔡襄，确实受到欧阳修的影响，甚至连欧公那句"蔡君谟独步当世"的名言也是由东坡转述的。然而东坡赞扬蔡襄书艺的言论并非单文孤证，尚存于今本东坡文集的称扬蔡氏的题跋即多达八则，光明磊落的东坡岂会如此矫情！众所周知，蔡襄在宋代书法史上的作用是，在书

---

[1]　欧阳修多次说到他勤苦学书，如："自此已后，只日学草书，双日学真书。真书兼行，草书兼楷，十年不倦，当得书名。"又如："有暇即学书，非以求艺之精，直胜劳心于他事尔。"这些言论都发于晚年。即使是揄扬恩师不遗余力的东坡，对欧公的书法也只是评曰："欧阳文忠公书，自是学者所共仪型，庶几如见其人者。正使不工，犹当传宝，况其精勤敏妙，自成一家乎？"言下之意是欧公的书法实因其人方见重于世。

[2]　见曹宝麟《中国书法史·宋辽金卷》，第77页。

法凋落的北宋前期，蔡襄最早以兼师众家的姿态对前代书艺进行了全面的继承，并达到了相当精妙的水平。蔡襄醉心于书法，临池苦学，既遍学诸贤，又兼工众体，正如东坡所评："国初，李建中号为能书，然格韵卑浊，犹有唐末以来衰陋之气。其余未见有卓然追配前人者。独蔡君谟书，天资既高，积学深至，心手相应，变态无穷，遂为本朝第一。"然而蔡襄成就的局限性也由此而生，他在学习前人时贪多务得，旷日持久，遂至入而不返，难以自成家数。蔡襄在晚年自叹说："古之善书者，必先楷法，渐而至于行草，亦不离乎楷正。张芝与旭，变怪不常，出于笔墨蹊径之外，神逸有余，而与羲、献异矣。襄近年粗知其意而力已不及，乌足道哉！"[1]曹宝麟先生将此语释为"显然是鉴于追蹑张旭'出于笔墨蹊径之外'的意趣今生已全无可能才如此悲观的"，甚确。这与蔡氏在前一年所说的"学书之要，惟取神气为佳。若模像体势，虽形似而无精神，乃不知书者所为耳"可以互相印证。由此可见，蔡襄晚年有所领悟却已不及付诸实践的书学思想，正是东坡日后纵意驰骋的方向。要不是蔡襄以其实践结束了宋初书坛混乱无序的局面，东坡焉能单刀直入地迈进"尚意"的新境界？东坡屡屡把蔡襄誉为"本朝第一"，正是出于对筚路蓝缕的先行者的尊重，体现了实事求是的态度和清醒的历史意识。

与蔡襄的情况恰恰相反，东坡早在英妙之年就已领悟到当代书法应以尚意为主。治平元年（1064），二十九岁的东坡在凤翔结识文同，对书画的共同兴趣使两人一见如故。同年，东坡在长安（今陕西西安）结识书家石苍舒，应石之请作字数幅，并在题跋中对相传已

---

[1]　此语附于欧阳修《跋茶录》(《欧阳修全集》卷七三) 之后，欧跋作于治平元年（1064），蔡跋当亦作于是年，此时蔡襄年已五十三岁，距其卒年仅有三年。

久的王献之幼时执笔坚牢之事提出疑问。也就在此年，东坡在《次韵子由论书》一诗中提出了独特的书法理论：

> 吾虽不善书，晓书莫如我。苟能通其意，常谓不学可。貌妍容有颦，璧美何妨椭。端庄杂流丽，刚健含婀娜。好之每自讥，不独子亦颇。书成辄弃去，谬被旁人裹。体势本阔落，结束入细么。子诗亦见推，语重未敢荷。尔来又学射，力薄愁官笴。多好竟无成，不精安用夥。何当尽屏去，万事付懒惰。吾闻古书法，守骏莫如跛。世俗笔苦骄，众中强嵬騀。钟张忽已远，此语与时左。

四年之后，东坡又为石苍舒的醉墨堂题诗说："我书意造本无法，点画信手烦推求。胡为议论独见假，只字片纸皆藏收。不减钟张君自足，下方罗赵我亦优。不须临池更苦学，完取绢素充衾裯。"如果说"吾虽不善书"与"此语与时左"的话尚有些底气不足，那么"我书意造本无法"的宣言就已理直气壮，"下方罗赵我亦优"的自我评价也已充满自信了。

正是出于"我书意造本无法"的理论基石，东坡彻底摆脱了对前代书法名家的盲目崇拜，转以平等的心态对他们进行评论，褒者并不过奖，贬者几无怨词。张旭、怀素是唐代的草书大家，东坡却斥责说："颠张醉素两秃翁，追逐世好称书工。何曾梦见王与钟，妄自粉饰欺盲聋。有如市娼抹青红，妖歌曼舞眩儿童。"听说章惇、蔡卞每天临摹《兰亭》一本，东坡就嘲讽说："盖随人脚跟转，终无自展步分也！"东坡并不是目中无人，他推崇的前代书家有钟、王、颜、柳诸人："予尝论书，以谓钟、王之迹萧散简远，妙在笔墨之外。至唐颜、柳，始集古今笔法而尽发之，极书之变，天下翕然以为宗师，而钟、王之法益微。"显然，这种评价是着眼于整个书法史的，贯穿着通变的意识。正因如此，东坡在唐代书家中最重颜真卿，这与他论诗最重杜甫的观点相映成趣："故诗至于杜子美，文至于韩退之，书至于颜鲁公，画至于吴道子，而古今之变、天下之能事毕矣。""颜鲁公书雄秀独出，一变古法，如杜子美诗，格力天纵，奄有汉、魏、晋、宋以来风流。后之作者，殆难复措手。"众所周知，东坡虽然推重杜甫在诗歌史上的集大成地位，但由于他是怀着与唐人争胜的心态来审视一部诗歌史的，所以他的目光必然会越过杜甫而追溯至先唐，并最终停留在诗风自然朴素的陶渊明身上。同样，东坡虽然推重颜真卿在书法史上的集大成地位，但也不免会越过颜真卿而追怀钟、王那种萧散简远的书风。因为从总体上说，唐代的书法是以法度森严为主要特征的，既然东坡立意要追求"我书意造本无法"的新境界，就必然要以颜真卿为超越的对象。东坡声称："尝评鲁公书与杜子美诗相似，一出之后，前人皆废。若予书者，乃似鲁公而不废前人者也。"这里的"前人"，就是指"萧散简远，妙在笔墨之外"的钟、王而言。

　　东坡的书法师承何人？人们众说纷纭：王羲之、王献之、颜真卿、柳公权、徐浩、李邕、杨凝式……其实，东坡虽曾兼师众家，但其主导风格绝对是自我作古，自成一家的。正如黄庭坚所说："士大夫多讥东坡用笔不合古法，彼盖不知古法从何而出。杜周云：'三尺安出哉？前王所是以为律，后王所是以为令。'予尝以此论书而东坡绝倒也。"东坡评黄庭坚（黄晚年自号黔安居士）晚年的草书则说："张融有言：'不恨臣无二王法，恨二王无臣法。'吾于黔安亦云。"师生二人，真可谓惺惺相惜，莫逆于心。正由于东坡、山谷怀有如此的胸襟和气魄，他们才能满怀信心地在唐人书法已臻极境的背境中进行积极的艺术创新，从而别开生面，而不是像蔡襄那样跟着古人亦步亦趋。东坡自称："吾书虽不甚佳，然自出新意，不践古人，是一快也!"如此充满自信,气势磅礴,堪称书法史上的独立宣言。南宋的朱熹说:"字被苏、黄胡乱写坏了。近见蔡君谟一帖,字字有法度,如端人正士,方是字。"正从反面说出了苏、黄与蔡襄的区别。

东坡写字,从执笔的姿势到墨汁的浓淡都与众不同。他握笔近下且以手腕抵案而书,又喜把墨磨得极为浓稠,都与其他书家相异。李之仪描写东坡作书的状态说:"东坡每属词,研墨几如糊,方染笔,又握笔近下而行之迟。然未尝停辍,涣涣如流水,逡巡盈纸。或思未尽,有续至十余纸不已。议者或以其喜浓墨、行笔迟为同异,盖不知谛思乃在其间也。"米芾评东坡作书为"画字",也是指此而言。当然,东坡书法最引人注目的还是其独特的字体。东坡曾说:"杜陵评书贵瘦硬,此论未公吾不凭。短长肥瘦各有态,玉环飞燕谁敢憎?"联想到其字体较扁、较肥的特征,此语不啻是东坡的自我辩护之词。黄庭坚对东坡的字体不无微词,但仍高度肯定其独创性和气韵。他指出:"翰林苏子瞻书法娟秀,虽用墨太丰而韵有余,于今为天下第一。"又说:"东坡书随大小真行皆有妩媚可喜处。今俗子喜讥评东坡,彼盖用翰林侍书之绳墨尺度,是岂知法之意哉!余谓东坡书,学问文章之气,郁郁芊芊,发于笔墨之间,此所以他人终莫能及尔。"东坡自己对此也有充分的自觉,他说:"退笔如山未足珍,读书万卷始通神。"其门人李昭玘也说:"昔东坡守彭门,尝语舒尧文曰:'作字之法,识浅、见狭、学不足三者,终不能尽妙。我则心、目、手俱得之矣。'"在东坡看来,书法并不仅仅是一种技艺,如果缺少人品的支撑或学问的滋润,即使长年累月临池苦学,把古今名帖揣摩得烂熟于胸,也不可能真正进入书法的艺术殿堂。东坡的书法实践就是其理论的最好印证,诚如其子苏过所云:"吾先君子岂以书自名哉!特以其至大至刚之气,发于胸中而应之以手,故不见其有刻画妩媚之态,而端乎章甫,若有不可犯之色。

少年喜二王书，晚乃喜颜平原，故时有二家风气。"王羲之、王献之父子的书法气韵生动、姿态横生，且潇洒脱俗、各具个性，东坡从二王那里获得艺术创新精神的启迪，这是容易理解的。但是颜真卿的书艺法度森严，"我书意造本无法"的东坡又与颜书有何渊源呢？原来东坡之学习前人，与蔡襄的做法截然不同。东坡虽然对颜书极为推重，但他取为楷模的只是颜书中适合自己艺术个性的那些部分。东坡于楷书最重颜真卿的《东方朔画赞》："颜鲁公平生写碑，惟《东方朔画赞》为清雄，字间栉比，而不失清远。"他于行书则最重颜真卿的《争座位帖》："（此帖）比公他书尤为奇特。信手自然，动有姿态，乃知瓦注贤于黄金，虽公未免也。"东坡的楷书作品如《丰乐亭记》《醉翁亭记》等，皆能得《东方朔画赞》之神理，正如黄庭坚所赞："（东坡）大字多得颜鲁公《东方先生画赞》笔意，虽时有遣笔不工处，要是无秋毫流俗。"东坡的行书作品更是与《争座位帖》一脉相承，从而体现出强烈的艺术个性。

　　东坡的书法，以行书为最工，行书是最能体现东坡"尚意"精神的书体。东坡评颜真卿《争座位帖》所说的"瓦注贤于黄金"，与他评僧怀素书法所说的"本不求工，所以能工。此如没人之操舟，无意于济否，是以覆却万变，而举止自若"二语，[1] 皆本于《庄子·达生》中假托孔子的话，原文为："善游者数能，忘水也。若乃夫没人之未尝见舟而便操之也，彼视渊若陵，视舟之覆犹其车却也。覆却万方陈乎前而不得入其舍，恶往而不暇！以瓦注者巧，以钩注者惮，以黄金注者昏。"意思是善于泅水的人视水如陆，操舟时根本不担心舟会倾覆，便能从容不迫；参赌时若以瓦片下注，则无所顾忌，所以心思灵巧。的确，颜真卿的《争座位帖》乃信手所书，涂改勾勒甚多，雄奇飞动，

---

[1]　见《跋王巩所收藏真书》，《苏轼文集》卷六九。按：僧怀素字藏真。

意趣横生，这是在无意于他人之毁誉的心态下才能达到的境界，故东坡谓之"瓦注贤于黄金"。东坡的书论中有一句名言："书初无意于佳，乃佳尔。"说的也正是这个意思。在东坡自己的书法实践中，最能体现这种精神的作品无过于《黄州寒食诗》。

元丰五年（1082），也就是东坡贬谪黄州的第三个年头，一年一度的寒食节来临了。阴雨连绵，春寒如秋，东坡的心情比天气更加阴沉、凄冷。他进不能辅佐君主实现治国平天下的理想，退不能回乡隐居祭扫先人的坟墓。这种进退两难的处境，比穷途痛哭的阮籍更加不堪。于是他奋然提笔，写下了两首寒食诗。诗是第一等好诗，字更是第一等好字！此帖在当时便得到黄庭坚的高度评价，后来更被誉为"天下第三行书"，从而与王羲之的《兰亭序》、颜真卿的《祭侄文稿》齐名，交相辉映于千年书史。如果说第一首的字体还比较收敛，那么第二首的笔势便随着感情的激荡而恣意挥洒起来。"空庖"二字甚小，而才隔三字的"破灶"二字却突然增大数倍。"在万里"三字缩得更小，而"哭途穷"三字又陡然变成浓墨大字，真可谓满纸不可人意。后一首中的两笔长竖，即"破灶烧湿苇"中的"苇"字与"但见乌衔纸"中的"纸"字（东坡写作"帋"）的末笔，不但长度超常，而且笔法多变。书论家关注哪一笔是折钗，哪一笔是悬针，我则觉得它们都是一气流宕，而且越来越随意挥洒，不拘法度。也许我们无法用语言说清楚此帖的笔画所表达的具体意绪，但读帖者肯定能感受到那渗透在字里行间的抑郁、牢骚与悲怆。帖中尚存三处勾乙的痕迹，可见是一件属稿。细读此帖，不难想见东坡蜷缩在低小的茅檐下铺纸泼墨的身影。就像当年屈原呵壁问天一样，东坡以此诗此书向苍天诘问为何使自己陷此绝境。在东坡书写此帖的十八年之后，也即在东坡去世前一年，黄庭坚为此帖写了著名的题跋：

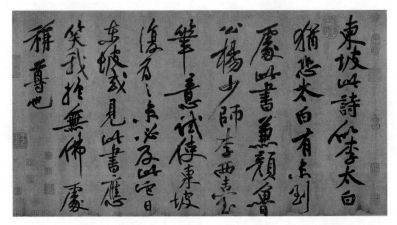

宋·黄庭坚　跋苏轼书黄州寒食诗　台北故宫博物院

东坡此诗似李太白，犹恐太白有未到处。此书兼颜鲁公、杨少师、李西台笔意，试使东坡复为之[1]，未必及此。它日东坡或见此书，应笑我于无佛处称尊也。

说此帖与李建中的书法有关，东坡也许不肯承认。但是说连东坡也不能再写出同样的作品，恐怕东坡也会心服。因为这种渗透着强烈意绪的书法杰作，完全是凭着倏然而来的灵感一气呵成的。写时既不拘绳墨，日后又怎能再现？当年王羲之乘醉写成了《兰亭序》，后来连自己都对此书之精绝惊讶不已。王羲之日后又重书此序数十百遍，却再也无法重现永和九年三月三日所创造的那个辉煌。《兰亭序》虽饱含感慨，但毕竟不像颜真卿的《祭侄文稿》和东坡的《黄州寒食诗》那样悲愤历落。《兰亭序》尚且无法重现，颜真卿就更不能写出第二份《祭侄文稿》，东坡也绝无可能写出第二份

---

[1]　各本黄集中"试"字皆作"诚"，此处据山谷手迹校改。

《黄州寒食诗》。东坡在黄州以后的书法当然继续涌现出不少佳作，晚年所达到的人书俱老的境界也十分可贵，但最能代表东坡艺术个性的作品必推《黄州寒食诗》一帖。这是东坡贡献给千年书史的不朽杰作。

东坡平生作书无数，他对自己的书法造诣也十分自信。他曾在一张赫蹄纸上信笔写道："此纸可以镵钱祭鬼。东坡试笔，偶书其上。后五百年，当成百金之直。物固有遇不遇也。"黄庭坚则在东坡写给王宣义的尺牍上题跋说："东坡道人书尺，字字可珍，委顿人家蛛丝煤尾败箧中数十年，后当有并金县购者！"其实东坡的书法作品在他生前便为时人所重，他的好友王诜便曾写信给东坡自称"吾日夕购子书不厌"。遭遇乌台诗案的东坡遇赦出狱后，还有狱吏追悔不曾乘机向东坡求书。[1]九江的刻碑工人李仲宁因专刻东坡、山谷的书法而得以温饱。[2]东坡卒后，党祸愈演愈烈，最终导致苏、黄的文集、法书都被朝廷下令严禁，然而人们仍然千方百计地保存东坡的书迹。常州报恩寺的僧人把寺内板壁上的东坡书迹用厚纸糊上，再刷上一层漆，终于保全了这些墨宝。及至党禁既弛，东坡的法书遂被天下视为拱璧，东坡的预言完全成了现实。

东坡对绘画艺术也十分喜爱，他从理论阐述和绘画实践两个方面对文人画在中国绘画史上的重要地位的确立做出了杰出的贡献。文人画的思想由来已久，南朝的谢赫曾批评刘绍祖的绘画"伤于师工，乏其士体"，唐人张彦远认为"自古善画者，莫匪衣冠贵胄、逸士高人，振妙一时，传芳千祀，非闾阎鄙贱之所能为也"，都体现出

---

[1] 此事载于王明清《挥麈后录》卷三，乃北宋末年王寀身陷御史台狱时亲闻于该狱吏之后人者。

[2] 此事载于王明清《挥麈三录》卷二。同卷还记载了李仲宁在崇宁年间坚拒刊刻包括东坡之名的"元祐奸党碑"的事迹。

轻视画工、崇尚文士画的价值倾向。然而系统地建设文人画理论的任务，则是由东坡来完成的。东坡论画，并不轻视技艺，也不排斥形似。他曾指出黄筌所画的飞鸟"颈足皆展"不合事实，因为"飞鸟缩颈则展足，缩足则展颈，无两展者"。他还认同一个牧童嘲笑著名画家戴嵩所画的斗牛"掉尾而斗"的观点，因为二牛相斗时总是把尾巴夹在两腿之间的。这都说明东坡主张绘画不能违反客观事物的真实面貌，也就是必须以形似为基本准则。郭忠恕善画楼台，且以精密合度著称，东坡曾称赞他"妙于山水屋木"。李伯时所画的《山庄图》，曾观此画者入山时如同亲历。东坡虽不认为此图纯为写实，但仍称许其艺术效果，并指出："有道而不艺，则物虽形于心，不形于手。"所谓"艺"，即指必要的技艺而言。然而，东坡最重要的理论贡献则在于重视神似与强调写意，这两者才是东坡画论的精髓。

　　我们在本章第二节中已经说过东坡关于形似与神似之辩证关系的论述以及关于诗、画相通的观念，正是这种"通"的精神，使东坡能够看清不同艺术门类的共性，他对书法、绘画都强调写意，也就是题中应有之义了。东坡认为，书法固然是书家的情怀、胸襟乃至学问人品的自然流露，绘画又何独不然？在东坡眼中，欧阳修的字，"后人观之，如见其清眸丰颊，进趋裕如也。"蔡襄的字则"如三公被衮冕立玉墀之上"。他甚至认为："书有工拙，而君子、小人之心不可乱也。"即使是未曾学书的钱公辅，东坡也认为"然观其书，知其为挺然忠信礼义人也"。同样，在东坡看来，文同所画的竹子就是君子人格的象征："风梢雨箨，上傲冰雹。霜根雪节，下贯金铁。"即使是韩幹所画的马，也"萧然如贤士大夫贵公子，相与解带脱帽，临水而濯缨"。所以东坡非常赞赏画家朱象先的话："文以达吾心，画以适吾意而已。"既然绘画与诗文一样，是抒写胸怀的艺术门类，当然应以写意为主要目的，而不应停留于徒貌外形的阶段。东坡称赞画家的话可以与此相印证："赵云子画笔略到而意已具，工者不能。""金陵艾宣画翎毛花竹，为近岁之冠。既老，笔迹尤奇，虽不复精匀，而气格不凡。"他称扬吴道子的话更清楚地表明了这个观念："道子画人物，如以灯取影，逆来顺往，旁见侧出，横斜平直，各相乘除，得自然之数，不差毫末。出新意于法度之中，寄妙理于豪放之外，所谓游刃余地，运斤成风，盖古今一人而已。"[1] 前几句是说吴道子的绘画完全符合客观事物的形貌，已达形似之最高水准。后几句则强调吴道子突破形似的束缚，进而表现"新意""妙理"，也即进入神似的更高境界。正是在这样的理论基础上，东坡提出了文人画的概念。他说："观士人画，如阅天下马，取其意气所到。乃若画工，往往只取鞭策、皮毛、槽枥、刍秣，无一点俊发，看数尺许便倦。"所谓"士人画"，也即后人所说的"文人画"。东坡认为画工的画只注意摹写物形，若以画马为例，即是"鞭策、皮毛、槽枥、刍秣"；而文士画马，则重视其神骏的意态。

　　文人画既以神似为特征，又以写意为目的，就必然带来气韵生动的优点。东坡认为"古来画师非俗士，摹写物象略与诗人同"，意即这种绘画虽然也以"摹写物象"为目的，但它一定是充满诗意的，从而成为文人学士用来表达襟怀的艺术手段。在东坡看来，这样的文人画当然高于画工之画。以画水为例，东坡曾在《画水记》中批评画工说："古今画水，多作平远细皱，其善者不过能为波头起伏。使人至以手扪之，谓有洼隆，以为至妙矣。然其品格，特与印板水纸争工拙于毫厘间耳。"他赞赏的是士人孙知微的画水："始，知微

---

[1] 《书吴道子画后》，《苏轼文集》卷七〇。按：《书吴道子画后》作于元丰八年（1085），在二十四年前，也即在嘉祐六年（1061），东坡在《凤翔八观·王维吴道子画》中曾说："吴生虽妙绝，犹以画工论。摩诘得之于象外，有如仙翮谢笼樊。吾观二子皆神俊，又于维也敛衽无间言。"我们当以前者为东坡对吴道子画艺的定论，而二者所体现的重视神似的观念则是一脉相承的。

欲于大慈寺寿宁院壁作湖滩水石四堵。营度经岁，终不肯下笔。一日，仓皇入寺，索笔墨甚急，奋袂如风，须臾而成。作轮泻跳蹙之势，汹汹欲崩屋也。"显然，这种全凭灵感而挥毫泼墨的画风与画工绝不相类。东坡的朋友蒲永升也善画"活水"，曾为东坡画水二十四幅，"每夏日挂之高堂素壁，即阴风袭人，毛发为立"。经过东坡的阐述，文人画的性质得到基本的规定，文人画的品格优于画工之画的观念也随之深入人心。

那么，东坡本人的绘画成就又如何呢？平心而论，东坡算不上是第一流的画家，他也没有在绘画艺术上投入太多的精力。东坡作画，往往是乘兴而起、兴尽即止的偶然举动。例如他曾在翰林院里画过螃蟹，虽然晁补之对之赞不绝口，但毕竟意义不大。东坡较为擅长的是墨竹与枯木怪石，不但在当时享有盛名，而且有作品传世，吉光片羽，使后人得以约略地窥见其流风遗韵。

东坡曾向文同学画墨竹，且深得文同之赞赏。竹子早被古人称为"此君"，东坡也说过"可使食无肉，不可使居无竹。无肉令人瘦，无竹令人俗"的话，其爱竹之情溢于言表。画竹当然应以自然界中的真竹为临摹对象，文同游憩于修竹满山的筼筜谷中，即有以自然为师的意图。东坡在黄州时也着意观察竹丛在风雨晦明中的种种姿态，墨竹的水平大有长进。然而东坡更关注的不是临摹自然界中的真竹，而是着意描绘其胸中那丛蓬蓬勃勃的意念之竹。东坡记录了文同教他画竹的一番话："故画竹必先得成竹于胸中，执笔熟视，乃见其所欲画者，急起从之，振笔直遂，以追其所见，如兔起鹘落，少纵则逝矣！"这段话被后人概括为"胸有成竹"的成语而别具意义，如从绘画本身而言，则往往被理解成应对竹子有全面、深切的了解方能画竹。但我觉得东坡似乎也是强调所画之竹应是存在于画家胸中的意象，否则的话，即使是在风中摇曳多姿的竹子也不会"少纵即

宋·苏轼　木石图

逝"的。东坡画竹时贯彻了文同所传授的方法，米芾曾目睹东坡画竹，从根一笔直画到顶。米芾问："为何不逐节逐节地画？"东坡回答说："竹子生时，何尝逐节逐节地生！"传说有一天东坡忽然想画竹，恰好案头仅有朱砂而无墨，他就乘兴画了一幅红色的竹子。旁人诘问："世上岂有朱竹耶？"东坡反问道："世上岂有墨竹耶？"的确，自然界中的竹子都是翠绿色的，以墨画竹并不符合真实，那么以朱砂画竹又有何不可？东坡的反诘虽是一时戏谑之语，却说出了墨竹的性质：它本是写意而非写真。

　　同样，对于东坡所独擅的枯木怪石，也应作如是观。那些虬伏豹蹲的怪石与盘曲偃蹇的枯木，与其说是对自然界中某些奇形怪状的木石的描摹，还不如说是对胸中抑郁不平之气的宣泄。元丰七年（1084）六月，东坡在当涂郭祥正家的墙壁上乘着酒兴画了一幅竹石，并作诗说："空肠得酒芒角出，肝肺槎牙生竹石。森然欲作不可回，吐向君家雪色壁。"这正是对文人画的创作动机及过程的生动说明。在东坡眼中，书法也好，绘画也好，都是抒写胸臆的艺术手段，都应以尚意为核心精神。正是在这个意义上，东坡打通了书法与绘画之间的壁垒。从东坡开始，由抽象线条构成的书法和由具体物象构成的绘画被统摄在同一种艺术精神之中，它们不但在笔法、布局等具体手段上互相借鉴，而且在意境、风格上互相渗透、融合，从而像诗文一样成为作者人格精神的外在体现。

东坡曾向后辈传授书法经验说："退笔如山未足珍，读书万卷始通神。"黄庭坚则赞扬东坡说："余谓东坡书，学问文章之气，郁郁芊芊，发于笔墨之间，此所以他人终莫能及尔。"可见除了嵚崎磊落的人格精神，浓郁的书卷气也是东坡书法出类拔萃的内在原因。东坡的绘画也是如此。东坡所画的墨竹和木石，时人赞不绝口，对画中所蕴涵的精神也有深切的领悟。方竹逸曾得东坡所画竹石，评为"竹若紫凤回风，石如白云出岫"。黄庭坚评东坡的竹石说："风枝雨叶瘠土竹，龙蹲虎踞苍藓石。东坡老人翰林公，醉时吐出胸中墨。"又评东坡的枯木说："折冲儒墨阵堂堂，书入颜杨鸿雁行。胸中元自有丘壑，故作老木蟠风霜。"米芾也说："子瞻作枯木，枝干虬屈无端，石皴硬，亦怪怪奇奇无端，如其胸中盘郁也。"甚至对东坡少有恕词的朱熹也对东坡所画的枯木怪石肃然起敬："苏公此纸，出于一时滑稽诙笑之余，初不经意。而其傲风霆、阅古今之气，犹足想见其人也。"东坡的字是文士的字，东坡的画也是文士的画，当我们观赏东坡的书法、绘画作品时，一位胸罗万卷且才气横溢、风流潇洒又忠谠鲠直的东坡居士如在目前，这是那些书匠、画匠的作品永远无法达到的艺术境界。

与东坡的书法一样，东坡画也成为价值连城的艺术瑰宝。绍圣元年（1094），东坡南谪途经南安军（今江西大余），在一个寺庙的墙壁上随意画了一幅丛竹丑石。百余年后，宁宗朝的权相韩侂胄闻知此画，下令把整堵墙壁搬运到杭州，安置在其家的阅古堂中。韩佽冑死后，这堵墙壁又被移至秘书省的内庭。至于东坡的纸本绘画作品，更被后人视同拱璧，而且成为后代文人画的最好范本。

对于东坡的绘画，后人褒贬不一。后人对东坡画的评价，往往与他们对文人画的看法密不可分。简单地说，凡是赞成文人画的人，都对东坡画揄扬备至。凡是不满文人画的人，也就对东坡画颇有微词。笔者无意于争论文人画与非文人画之短长，只想说文人画是有其独立价值的。笔者认为无论文人画还是非文人画，本质上都是人类对物体形象的艺术处理，两者之间并没有不可逾越的鸿沟，因为它们所反映的外物形象（包括人类自身的形象）必然经过了画家的淘洗、选择和加工，从而投射进了画家的某种情感。如果说绘画作品就是维系外物与画家自我的张力的平衡点，那么文人画的特征在于它更靠近画家而不是外物，而非文人画刚好相反。换句话说，文人画比非文人画更多地倾注了画家的个人情志，从而成为古代士大夫陶冶性灵的艺术门类之一。东坡的绘画理论与实践对于文人画的发展有着难以估量的巨大影响，它们堪称中国绘画史上的瑰宝。由东坡开创的文人画在后代画史上影响深远，蔚然成风。后代的文人画家，尤其是那些个性鲜明、不拘一格的画家，如南宋的米友仁，元代的王冕、吴镇、倪瓒，明代的董其昌、徐渭，乃至清代的"四僧"与"扬州八怪"，都从东坡的绘画理论与实践中汲取了丰富的艺术营养。

第十二章 永远的东坡

◆ 第十二章　永远的东坡

无论生前还是身后，东坡都赢得了巨大的名声和广泛的热爱。在政治上，东坡不但以深刻切实的政见和忠贞鲠直的风节震动朝野，而且以抗洪、治水等卓著政绩获得各地人民的衷心爱戴。在文化上，东坡以奔逸绝尘的姿态驰骋于文坛、诗坛、词坛和书坛、画坛，不但以数量巨大、水平杰出的作品雄踞于宋代文学艺术的巅峰，而且以自成一家的风格和深切洞达的理论影响着千年文化史。更重要的是，东坡不是一颗倏然划过长空随即消逝的彗星，而是一座永远矗立在华夏大地上的巍然丰碑。东坡的作品和生平是后人说不完、道不尽的热门话题，东坡其人是后人心中永不消逝的亲切记忆。

◇ 一　万众仰慕的一代文宗

东坡以横空出世的姿态驰入北宋的翰墨之林，随即得到举国上下的瞩目。科举上的一举成名，即使是在制举考试中荣获三等而暴得大名，也只能带来一时的荣耀而转瞬即逝，在东坡之前荣获制举三等的吴育就并未享有长久的名声。真正使东坡暴得大名的是他应试的策论《刑赏忠厚之至论》，一位年方二十二岁的青年在考场上限时交卷的命题作文，竟然成为被后人选入《古文观止》的古文名篇，无怪当时就得到了欧阳修、梅尧臣等人的激赏。与此同时，东坡在诗歌、书法等方面的绝代才华也已崭露头角，他因此受到前辈学人的密切关注。才识超人的地方长官张方平一见东坡便惊为天上麒麟，文坛盟主欧阳修怀着欣喜的心情注视这位来自西蜀偏僻之地的青年才俊并预言他将超越自己，这些出乎寻常的揄扬之辞使东坡很快成为新一代士林众望所归的领袖人物。

　　入仕后的东坡在朝时直言进谏、面折廷争，在地方官任上勤政爱民、兴利除弊，他的政治声望与日俱增。尽管东坡被新党视若仇敌，并受到不遗余力的排挤和打击，从而在宦海风波里上下浮沉，甚至身陷囹圄，屡谪荒远，但这些遭遇凸现了他的凛然风节，也增进了朝中的有识之士与广大的民间对他的爱戴。乌台诗案发生后，不但退居林下的范镇、张方平等奋不顾身地上书营救，正在朝中为官的吴充、王安礼等也仗义执言为东坡开脱，最后连身居深宫、病入膏肓的太皇太后曹氏都亲自出面规劝神宗，从而使东坡免于死罪。可惜当时的统治者根本无视民意，否则的话，只要到密州、徐州去听听百姓对东坡政绩的颂扬，或是到杭州、湖州去看看百姓自发为东坡所作的解厄道场，就能知道东坡在百姓心中的地位了。东坡先后被贬到黄州、惠州、儋州，他在那些偏僻荒凉、艰难穷困的环境里度过了漫长的岁月，却始终保持着乐观、旷达的心态，这固然与他的坚毅性格有关，但不可否认，当地某些深明大义的地方官员以及善良敦厚的平民百姓对他的理解和同情也给东坡提供了有力的精神支撑。东坡在黄州修建雪堂，在惠州的白鹤峰建造新居，在儋州的桄榔林中搭建茅屋，都有当地的百姓自告奋勇前来帮忙。他们成群结队，众人举杵，不但给东坡提供了遮蔽风雨的栖身之所，而且使他深切地体会到异乡风土之可亲。海南村野里的"春梦婆"，大庾岭头的白发老人，他们用朴素的语言对东坡表示了理解与同情。就像苏子由的长书短简或黄庭坚、陈师道的动人诗篇一样，这些村妇山翁的简朴话语给东坡带来了莫大的安慰。

东坡在文学艺术上的巨大才能和杰出作品更使他名满天下，万众仰慕。东坡的文学成就，堪称北宋之第一人。如果说苏子由在祭东坡文中所说的"兄之文章，今世第一"尚难免有亲情因素在内，那么以忠直见称的范祖禹在《荐讲读官札子》中所说的"苏轼文章为天下第一"就堪称天下之公论了。[1] 东坡的诗文，一篇才成，随即不胫而走，家弦户诵。乌台诗案中的御史们所以能巨细无遗地搜集到东坡的诗文作为罪证，正是东坡文集的迅速结集、刊行为他们提供了方便。早在熙宁末年，东坡的《眉山集》已经刊行于世，王安石曾据此书次韵东坡的雪诗。据乌台诗案的档案记载，元丰年间东坡的《钱塘集》已经刊行于世。东坡贬至黄州后，陈师仲又为他编成了《超然集》《黄楼集》。"超然"指密州的超然台，《超然集》所收的当是写于密州的作品。同理，《黄楼集》当是收录了写于徐州的作品。后三种集子说明东坡作品的结集几乎与杨万里一样是"一官一集"，不同的是杨万里的"一官一集"是他自己编纂的，东坡的集子却是他人所编。东坡的文集受到读者的由衷喜爱，据李廌的《师友谈记》所载，章元弼貌丑而好学，他的妻子却很美丽。新婚不久，章得到一册新刊的《眉山集》，连夜阅读以致废寝，妻子大为不满，遂至反目，终于离婚。章元弼对朋友说："这都是我读《眉山集》的缘故！"东坡的作品不但风行海内，而且传至域外。苏颂在其诗的自注中说，熙宁年间高丽使者路经杭州，求购东坡文集以归。子由在元祐年间出使辽国，辽臣告诉他《眉山集》已到达多时。于是子由

---

[1]　按：除了部分新党人士因政治偏见而不能对东坡予以公正评价外，偶尔也有因其他原因而不喜东坡诗文的人，例如诗人方惟深，就绝不喜东坡诗文。胡文仲示以东坡的佳句，方却说："做多，自然有一句半句道得著也。"时人以为此乃东坡曾讥评方氏诗文所引起的反弹。（见王大成《野老纪闻》）

作诗寄给东坡说："谁将家集过幽都，逢见胡人问大苏。"[1] 绍圣元年（1094）春，张舜民出使辽国，听说范阳书肆刻东坡诗数十首，题作《大苏小集》。[2] 东坡在朝时接待辽使，辽使竟能当场背诵东坡的诗文。即使在东坡贬至海南以后，汴京仍在印行《东坡集》，东坡生前得见此集，还发现集中有一些错字。到了宋徽宗崇宁年间，朝廷下令严禁东坡文集，悬赏告发刊行东坡集的赏金高达八十万钱，但是"禁愈严而其传愈多"，士大夫如果不能记诵东坡诗句，便自觉气馁，还会被别人指责为不够风雅。有的贵戚之家甚至趁火打劫，私自印售东坡诗文牟取暴利，每十篇东坡诗文便能换取黄金一斤。东坡曾引述欧阳修的话："文章如精金美玉，市有定价，非人所能以口舌定贵贱也。"东坡的诗文就是名副其实的精金美玉，它必然受到世人的珍视和欢迎，岂是朝廷的一纸禁令所能定贵贱的！

　　东坡的书画作品也受到广泛的欢迎，无论是精心结撰的碑铭还是随意挥洒的尺牍，东坡的字都被人们当作墨宝予以珍藏，东坡所画的墨竹或枯木怪石也被视为稀世之珍。元祐年间东坡在翰林院供职，闲暇时常常信手挥毫，写字作画，同僚们一等他停笔，便蜂拥而上，争相夺取，连性格严冷的吴安诗都上前力争。当时有位名叫韩宗儒的官员是个饕餮之徒，他每得到东坡的一封短简，便拿到酷嗜东坡书法的殿帅姚麟那儿去换取十来斤羊肉。黄庭坚闻知此事，与东坡开玩笑说："从前王羲之写字换取白鹅，人称'换鹅书'，现在二丈的字也可称为'换羊书'了！"东坡听了，开怀大笑。一天，东坡正为公事忙得不亦乐乎，韩宗儒却接连派人前来送信，希望得

<hr/>

[1] 《神水馆寄子瞻兄四绝》之三，《栾城集》卷一六。按：辽人言及《眉山集》事见《北使还论北边事札子五道》之一，《栾城集》卷四二。

[2] 见王辟之《渑水燕谈录》卷七。按：王书中又称张舜民题诗幽州馆壁，有"谁题佳句到幽都，逢着胡儿问大苏"之句。胡仔指出："此二句与子由之诗全相类，疑好事者改之也。"（《苕溪渔隐丛话》前集卷四〇）可从。

到东坡的一纸手书。送信的人站在翰林院庭中一个劲地催索东坡的回信，东坡笑着说："请回去传话：本官今日不斩羊！"

政治与文艺的双重声望使东坡得到士林的普遍仰慕。元丰二年（1079），东坡在湖州突然被捕，押解赴京，途经扬州。当时东坡面临着"欺君罔上"的不测之罪，人们避之惟恐不及，扬州知州鲜于侁却特地前往码头去看望，因御史台官吏的拒绝而未能得见。有人劝鲜于侁焚毁与东坡来往的书札文字，以免遭到牵连，鲜于侁也坚决不肯。元丰七年（1084）的年底，刚离开黄州贬所的东坡带着全家老小泊舟于泗州。此时的东坡已向朝廷请求到常州居住，但尚未得到同意，正飘泊于江淮之间。除夕之夜，子由的亲家翁、时任淮东提举常平的黄寔恰巧也泊舟于此。黄寔从船舱里向对岸眺望，看到有一个人倚着手杖孤零零地站在岸边，若有所待。定睛一看，竟是东坡！黄寔知道东坡正处艰难困窘之中，就立即派人过江送上好酒二瓶、雍酥一盒，使东坡的妻儿喜出望外。后来黄寔始终记得此事，并把它看作平生最感欣慰的两件往事之一。贾收是东坡的穷朋友，东坡到黄州后把日用的钱悬于屋梁的办法就是从贾收那儿学来的。东坡任杭州通判时与贾收结为诗友，念其家贫，就经常赠给他一些绘画作品。东坡离杭后，贾收专筑一亭名曰"怀苏亭"，并将其诗集题作《怀苏集》。士人对东坡敬爱如此，平民百姓又何独不然？元丰七年（1084）四月，东坡遇赦离开黄州，僧人道潜、百姓赵吉等人一路相送，直到庐山脚下才挥泪相别。巢谷是东坡的蜀中故人，元丰年间曾往黄州看望东坡。元符二年（1099），巢谷又不远万里地从眉山徒步前往岭南，到循州见过子由后，又欲渡海往儋州探望东坡，不幸病亡于新州道中。另有一个名叫奉忠的老僧，也专程从眉山前往海南去见东坡，因途中得病而中止。甚至素不相识的民间妇女也希望一睹东坡的风采。熙宁年间，东坡在杭州任通判。一天东坡与友人同游西湖，忽然有一艘小舟翩然驶来，舟中有一位美貌女子，自称自幼仰慕东坡，今已嫁为民妻。听说东坡游湖，特来献筝一曲，并请东坡赐词一首以为终身的荣耀。一曲奏毕，东坡即挥毫写了一首《江神子》赠送给她。[1]

　　东坡一生宦游四海，所到之处，都与当地人民结下深厚的情谊。时人既因其故乡而称东坡为"苏眉山"，又因其治所而称他为"苏杭州""苏密州""苏徐州""苏扬州"。[2] 东坡赴任登州知州，到任五天就被朝廷召还，竟已有人称他为"苏登州"。[3] 如果说上述称呼都是因东坡曾任当地长官，是出于当时的惯例，那么黄州、惠州、儋州是东坡的贬谪之所，东坡是以犯官的身份流放到那些地方的，但人们竟然也称东坡为"苏黄州""苏惠州""苏儋州"，[4] 这就充分体现出人们对东坡的爱戴了。

　　东坡一生屐痕所至，都成为人们追怀其流风遗韵的胜地，都留下了以东坡命名的地名或建筑物，有的甚至出于想象或虚构。在东坡的家乡眉山，连鳌山的栖云寺、三峰山的实相寺和华藏寺都相传为东坡读书处，甚至离眉山二百里的青神的上岩也有类似的传说，其实东坡幼时除了一度进乡校学习外，一直居家读书，几曾跑到寺庙里去闭门下帷！东坡二十四岁时随父扬帆出蜀，途经嘉州（今四川

---

[1] 此事见载于张邦基《墨庄漫录》卷一、袁文《瓮牖闲评》卷五，内容稍有出入，此据后者。按：此事也可能是后人据东坡《江神子》词意而杜撰的，今已难以断其真伪。但既然文献有载，则笔者尚不算是"姑妄言之"。

[2] 分见贺铸《登黄楼有怀苏眉山》（《庆湖集》）、张耒《送秦观从苏杭州为学序》（《柯山集》卷四〇）、刘攽《寄齐州李学士并呈苏密州》（《彭城集》卷一七）、秦观"惟愿一识苏徐州"（《别子瞻》，《淮海集》卷四）、范祖禹"早依苏扬州，匠手为砻磨"（《送秦主簿赴仁和》，《范太史集》）。

[3] 见秦观《答傅彬老简》："并蒙录示寄苏登州书。"（《淮海集》卷三〇）

[4] 分见秦观《与苏黄州简》（《淮海集》卷三〇）、周行己"平生苏惠州，气概颇自许"（《送毕之进状元》，《浮沚集》卷八）、贺铸《潘囿老出十数诗皆有怀苏儋州者因赋二首》（《庆湖遗老诗集》拾遗）。

乐山），停留数日后继续东下。后人竟在嘉州城西的苏稽山上建了一座"坡老亭"，说东坡曾读书于此。类似的建筑有常州的"景坡室"、瑞昌（今江西瑞昌）的"景苏堂"、兴国（今江西兴国）的"怀坡阁"和"怀坡楼"、儋州的"见坡室"等，不胜枚举。分宁（今江西修水）山间有一小溪，元丰七年（1084）东坡前往筠州看望子由时曾从那里渡水，乡人以此为荣，将此渡取名为"来苏渡"。南宋的吴泳因此感叹说："呜呼！当时小人媒蘖摧挫，欲置之死地，而其所经过之地，渔翁野叟亦以为光华。人心是非之公，其不可泯如此！"

黄州的雪堂，这座曾为东坡遮蔽了三年风雨的普通居室，至徽宗宣和年间由齐安知州安咏下令重修，至南宋绍兴年间又由黄州知州韩之美重建。乾道六年（1170）八月十九日，陆游在入蜀途中特地来此寻访东坡遗迹，所见如下："亭下面南一堂，颇雄，四壁皆画雪，堂中有苏公像，乌帽紫裘，横按筇杖，是为雪堂。"经历了九十年的风风雨雨，其中包括崇宁年间的党祸与靖康年间的兵燹，黄州雪堂竟然完好如新，可见任何力量都无法抹去东坡留在人们心中的记忆。儋州的载酒堂，本是当地土著黎子云家的一间客堂，此堂乃东坡与友人捐钱助建，堂名也是东坡所起，后来便成为海南名胜，从元人虞集到清人翁方纲，历代诗人题咏不绝。

东坡的诗句也成为纪念性建筑的名字，嘉兴秀水县有一座"三过堂"，即因东坡的"三过门间老病死"一句而得名；杭州西湖有"雨亦奇轩"，因东坡的"山色空蒙雨亦奇"一句而得名；惠州的东坡故居里有一小斋，匾曰"睡美处"，因东坡的"报道先生春睡美"一句而得名。甚至东坡所经之地的草木也因他而得嘉名。相传东坡经过富川（今广西富川），挥毫题壁时将余墨洒于丛竹，从此那里的竹子枝叶上都带着墨点，人称"东坡竹"。又相传东坡经过新会（今广东新会）时，曾采摘荔枝食之，吃完后以指甲掐其核，从此那儿所产的荔枝都带有指甲痕（一说东坡曾在该地栽种荔枝），得名"东坡荔"。人们对东坡的仰慕之深，于此可见一斑！

东坡的影响遍及社会的各个阶层，连盗匪也知道敬重东坡的遗迹。据洪迈《夷坚志》记载，南宋绍兴二年（1132），虔州人谢达起兵造反，攻陷惠州，官舍民居焚毁殆尽，惟独对白鹤峰的东坡故居秋毫无犯，并烹羊致奠。次年，海盗黎盛攻掠潮州，纵火焚城，但一待发现大火燃至吴复古家的"苏内翰藏图书处"，即下令救火，[1] 附近的民居因此得以保全。

"江山也要伟人扶"，历史名人的流风遗韵会使江山增色，东坡就是一个显例。因东坡而得名的名胜首推杭州西湖的苏堤，这座宛若长龙卧波的湖堤早在东坡生前就得到"苏公堤"的美称，后来简称"苏堤"，到了南宋就被誉为西湖十景之首，它是后人观赏西湖和凭吊东坡的双重胜地。人们对杭州的苏堤多半是耳熟能详，但很少有人知道湖州和惠州也各有一处"苏堤"。据《吴兴备志》记载，东坡在湖州时曾在岘山前的湖湾筑堤捍水，后人遂名此湾为"苏公湾"，名此堤为"苏堤"。又据《归善县志》记载，东坡在惠州时倡议动工且捐款助修的西新桥，系用坚硬如铁的石盐木建成，历久不毁，后人也称为"苏公堤"。

黄州的赤壁，本是一座默默无闻的江边小山。自从东坡在此啸傲风月且写出前、后《赤壁赋》和《念奴娇·赤壁怀古》等千古名篇之后，黄州赤壁不但成为名闻天下的胜地，而且在人们心目中

---

[1] 《夷坚志·甲志》卷一〇"盗敬东坡"条云："海寇黎盛犯潮州，悉毁城堞，且纵火。至吴子野近居，盛登开元寺塔见之，问左右曰：'是非苏内翰藏图书处否？'麾兵救之，复料理吴氏岁寒堂，民屋附近者赖以不蓺者甚众。"按：孔凡礼《苏轼年谱》卷三六据此说东坡"在惠，尝藏书潮州开元寺"。又说："则苏轼尝至潮也。"似误读此段文字，黎盛所谓"苏内翰藏图书处"，是指"吴子野近居"。吴复古与东坡交往甚久，可能东坡有图书寄藏于吴家，因吴复古是潮州人。至于东坡尝至潮州事，文献无征。揆诸情理，当无其事。

元·赵孟頫　赤壁二赋　台北故宫博物院

几乎成了真正的三国古战场。[1]正如六百年后的朝鲜诗人尹善道所说:"赤壁自古争战地,风流偶与苏仙遇。如无苏仙前后赋,岂得佳名天下布!"当后人来到黄州登览赤壁时,他们既想来此观赏那"乱石穿空,惊涛拍岸,卷起千堆雪"的壮丽江山,也想来此凭吊"羽扇纶巾,谈笑间、樯橹灰飞烟灭"的古代英雄,当然,更是为了来此追仰东坡的流风遗韵。正如清初的顾景星所说:"公瑾以一

[1]　明人方孝孺《赤壁图赞》中说:"群儿戏兵,污此赤壁。江山无情,犹有惭色。帝命伟人,眉山之苏。酹酒大江,以涤其污。"(《逊志斋集》卷一九)如果说这还是文人的虚拟之词,那么清人顾景星称"赤壁在黄州无疑",又称"然后知子瞻考古精当弗误也"(《重修赤壁记》,《白茅堂集》卷三七),就堪称学者的考证了。不过现代历史学家大多认为嘉鱼的赤壁才是真正的三国古战场。

旅之师，指挥破敌，实千古之快谈，英雄之盛概。而子瞻仅雍容翰墨，得之'山高月小，水落石出'之间，乃今赤壁著名在此不在彼。嗟乎，贤者于其地，顾不重哉！"时至今日，由于长江改道等原因，黄州赤壁已经距离长江两里多，也失去了断岸千尺的雄姿。几年前笔者在萧瑟秋风中登上赤壁，虽然极目远眺也看不到滚滚东流的大江，但当我走进"二赋堂"内细细观赏那刻在屏风上的千古雄文时，仍然抑制不住内心的激动，因为我毕竟亲临东坡曾经登眺的赤壁了！

杭州是东坡两度为官的地方，当地百姓感念东坡的遗泽，在西湖上修建了"三贤堂"，祭祀东坡与白居易、林逋，这是理所当然的本地风光。然而在彭泽（今江西彭泽）的"三贤祠"里竟然也供着东坡的神位，又为何故？东坡平生曾两度路经彭泽，一次是在元丰七年（1084）六月离开黄州东下时，另一次是在绍圣元年（1094）六月南谪惠州时，两次都是匆匆路过，他如何能与曾先后担任彭泽县令的晋代高士陶渊明和唐代名臣狄仁杰同在此祠享受县人的祭祀？原因无非是东坡声望盖世，正像元人刘将孙在《彭泽县学三贤祠记》中所说："东坡称元祐之全人。"天下之宝，当与天下共之。杰出的人物也一样，他们并不专属于某个地方，而是属于整个天下的。他们也并不专属于某个时代，而是属于整个历史的。东坡在《潮州韩文公庙碑》中说："公之神在天下者，如水之在地中，无所往而不在也。而潮人独信之深，思之至，焄蒿凄怆，若或见之。譬如凿井得泉，而曰水专在是，岂理也哉！"韩愈是天下之士，东坡又何独不然？明人李东阳就这样赞颂东坡："虽其体魄为颍，而魂气之无不之者……且公所谓不待生而存、不随死而亡者，将流行充塞于天地间，而况其经过寄寓之地哉！"所以东坡偶然经过的地方固然可以理直气壮地建祠纪念，即使是东坡从未涉足的地方，当地人民也完全可以建立"东坡纪念馆",谁曰不然?

建中靖国元年(1101)七月二十八日,东坡在常州病逝。讣闻传出,举国震悼。吴越百姓在集市上同声痛哭,士大夫则相吊于家。东坡的亲友、弟子无不悲痛万分。胞弟子由连写两篇祭文以示哀悼,并遵照东坡遗言,将东坡与嫂夫人王闰之合葬于汝州郏城县钓台乡上瑞里,那里有一座小山,因形状酷似峨眉而得名"小峨眉山"。正在荆州的黄庭坚不顾大病初愈,挣扎着前往参加当地士人举行的吊唁仪式,并毛遂自荐,请求为东坡的墓铭书丹。此后他将东坡的遗像悬于正厅,每日清晨焚香礼拜。正在颍州的张耒用自己的薪水在佛寺为东坡荐福,并因此而被朝廷贬往黄州。陈师道、李之仪、道潜、晁说之、潘大临、徐积、王巩、李廌等人写了追挽诗文,以抒哀思。汴京的太学生数百人与东坡并无师生之谊,却自发集中到慧林寺为东坡举哀。"文星落处天地泣",[1]青年诗人施逵的这句唁诗说出了举国同悲的真相,这是对朝廷里正在密谋进一步迫害东坡等"元祐党人"的黑暗势力的严正抗议。甚至东坡临终前斜倚着躺卧的那块"懒板"(一种木制靠背),也得到其主人陆元光家的珍视,刻铭其上,藏作传家之宝。道潜在《再哭东坡》中说:"画图虽不上凌烟,道德芬芳满世间。"的确,虽然朝廷对东坡非但无所赠恤,而且继续贬毁,[2]然而公道自在人心,东坡的嘉言懿行已在人民心中筑就一座丰碑,这是任何丑恶势力也无法摧毁的。

---

[1] 据费衮《梁溪漫志》卷七,宣和年间有一个士人不顾禁令挟带东坡集出城,为守城的士兵搜出,文集背后题有此诗,原诗是一首七律,此为首句。另据李衡《乐庵语录》卷三,此诗是崇宁、大观年间钱塘的官吏从一个游方僧人的行李中搜出来的,首句作"文星落处天为泣"。另据陈鹄《耆旧续闻》卷六,此诗是施逵(入金后改名宜生)少时所作,陈书仅录其前四句,首句作"文星落处天应泣"。当是传闻异辞。

[2] 据《宋大诏令集》卷二一○,朝廷于崇宁元年(1102)五月下诏追贬东坡为崇信军节度行军司马,还说什么:"推原罪戾,在所当诛。追削故官,置之冗散。"此时距离东坡去世已近一年,可见徽宗、蔡京这伙丑类丧心病狂到了什么程度!

◇ 二　"大苏死去忙不彻"

中国历史上有一个奇特的现象：凡是被统治者迫害诋毁的人物，过不了多久，就会得到彻底的平反。当初诋毁得越厉害，日后平反的幅度也越大，所谓"永不叙复"或"打倒在地，再踏上一只脚，让他永世不得翻身"，简直是痴人说梦。东坡就是一个显例。崇宁元年（1102），朝廷立"元祐奸党碑"，东坡的姓名赫然列于待制以上官之"首恶"。崇宁二年（1103），朝廷下诏销毁东坡文集的印版以及东坡书写的所有碑碣榜额。崇宁三年（1104），朝廷重定党籍碑，宰执之"首恶"由文彦博变成司马光，东坡则依然列于待制以上官之"首恶"。宣和五年（1123），朝廷再次下诏令福建路、四川路等地销毁东坡文集的印版。东坡简直成了十恶不赦的反面人物。然而天道好还，到了南宋建炎二年（1128），朝廷就追复东坡为端明殿学士，尽还致仕应得恩数。建炎四年（1130），高宗令东坡之侄苏迟呈进东坡著作。绍兴元年（1131），朝廷特赠东坡资政殿学士、朝奉大夫。绍兴九年（1139），朝廷诏令郏城县旌表东坡坟寺。乾道六年（1170），朝廷诏谥东坡为"文忠"。乾道九年（1173），宋孝宗亲自为东坡文集撰写序言，表彰东坡的"忠言谠论，立朝大节，一时廷臣，无出其右"的政治功绩和"雄视百代，自作一家，浑涵光芒，至是而大成矣"的文学业绩，并慨叹说："敬想高风，恨不同时！"至此，赵宋王朝全面完成了对东坡的平反昭雪。

其实东坡哪里需要朝廷来为他平反？东坡的道德文章早已传遍海内，东坡的光辉形象早已深入人心，东坡生前的名声如日中天，东坡身后的声望也历久不衰。南宋的君臣或许会以为"苏文忠公"的谥号是东坡的无上荣耀，但在我们看来，任何谥号也不如"东坡"两字更为可敬可亲。"东坡"这个名称就是一座永恒的丰碑，东坡的流风遗韵已经深深地渗入了华夏历史，他的影响必然会与日俱增。

明人董斯张有两句话说得很有趣："大苏死去忙不彻，三教九流都扯拽。"为什么东坡死后还会如此忙碌呢？人们又为何要争相"扯拽"东坡呢？

东坡的崇高声望是一笔可贵的资源，它在政治和思想文化方面都有巨大的潜在价值，所以人们趋之若鹜。南宋朝廷褒奖东坡，就是看中了东坡的政治声望。孝宗朝谥东坡为"文忠"，言下之意无非两点：一是我大宋有这样的贤臣，足以自豪；二是当今朝臣应以东坡为榜样，效忠王室。甚至某些个人也能从东坡的声望中获得好处，具有正面意义的例子是，凡是曾受东坡沾溉的士人，既能获得教益，又能获取名声。"苏门四学士"与"苏门六君子"能够名垂青史，固然与他们自身的成就有关，但不言而喻，身列"苏门"也是重要原因之一。东坡的幼子苏过，东坡的侄儿苏远，还有东坡的同乡唐庚，[1] 都被称为"小东坡"，这对他们享誉士林大有裨益。谢民师的族人摘取东坡称赞谢氏诗文如"上等紫磨黄金"的话称谢氏文集为《上金集》，谢氏从此文名大振。画家朱象先曾经东坡品题，从此自高身份，不肯轻易下笔，刘季孙因此作诗赞之："一画不轻付，俗子吾避汝。……斯人定如何？箧有东坡语！"具有反面意义的例子则是北宋末年的大宦官梁师成，此人机敏而无耻，因出身低微，便想攀一个名人做父亲。他听说东坡曾放走几个侍妾，便妄称其母亲是

---

[1] 后人对唐庚与东坡的关系颇有微词，例如清四库馆臣在《唐子西集》的提要中说"似庚于轼、辙兄弟颇有所憾"。但唐庚既称东坡的《赤壁赋》"一洗万古"，又在《闻东坡贬惠州》中慨叹"天地不能容，伸舒辄有碍"，于文于道皆服膺东坡，似不得谓之"有所憾"。

东坡的侍妾之一，当年怀着身孕离开苏家，后来生下自己。[1]梁师成还想与东坡的从孙苏元老攀亲戚，遭到拒绝。[2]宣和年间朝廷禁止东坡诗文，梁师成竟向徽宗泣诉说："先臣何罪？"梁师成的行为可谓无耻之尤，但这也说明东坡的声望有多高，在党禁正严的年代里竟然还有人要冒认他为父亲！

　　上述事例中人们与东坡的关系无论是否属于"扯拽"，它们的过程都比较简单，造成的影响也有限。后人对东坡更大规模的"扯拽"则在思想文化领域内，董斯张总结说："总是一个大苏，沙门扯他做妙喜老人，道家又道渠是奎宿。及阅《外纪》云：'在宋为苏轼，逆数前十三世，在汉为邹阳。'公入寿星寺，语客曰：'某前身是此寺僧，山下至忏堂有九十二级。'其薨也，吾郡莫君濛复有紫府押衙之梦。余戏为语曰：'大苏死去忙不彻，三教九流都扯拽！'"这段话中提到了后人"扯拽"东坡的部分史实，其实还有更多的"扯拽"事例，它们情节复杂，影响深远，需要细

---

[1]　《宋史·梁师成传》云："师成实不能文，而高自标榜，自言苏轼出子。"今人曾枣庄先生认为："如果事出无因，无论怎样'标榜'，恐怕也不至于认人为父，何况正处于'禁诵轼文'之时。"（《三苏研究》，第 56 页，巴蜀书社 1999 年）这真是"君子可欺以其方"，其实梁师成这种无耻之徒，"认人为父"是他一贯的做法。据陆游《家世旧闻》卷下所载，梁师成最初自称其母亲原是文彦博的侍女，后来听说自己的相貌近于韩琦，便自称"韩公子"。"久之，有老女医言苏内翰有妾出外舍，生子为中书梁氏所乞，师成于是又尽变其说，自谓真苏氏子。"可见他早已两度"认人为父"，最后才改认东坡为生父，其言岂足置信！

[2]　此据陆游《家世旧闻》卷下。按：朱熹说："苏东坡子过、范淳夫子温，皆出入梁师成之门，以父事之。……师成自谓东坡遗腹子，待叔党如亲兄弟，谕宅库云：'苏学士使一万贯以下，不须覆。'叔党缘是多散金，卒丧其身。"（《朱子语类》卷一三〇）朱氏此语不知何据，但既说苏过对梁师成"以父事之"，又说师成"自谓东坡遗腹子"且"待叔党如亲兄弟"，实自相矛盾，清人朱彝尊因此驳之，且断言"此助洛攻蜀者谤之"（《书晁以道〈苏叔党墓志〉后》，《曝书亭集》卷五二）。又按：苏过在东坡卒后闲居颍昌长达九年，至政和二年（1112）方出仕监太原府税、郾城县令及中山府通判等微职，任所皆远离汴京，这是当时朝廷不准元祐党人的子弟入京的禁令所致，所以苏过绝无"出入梁师成之门"的可能性。至于说苏过之卒与其"多散金"有关，也属不实之词。南宋史学家王明清在《挥麈后录》卷八中专立《苏叔党不从贼胁通夕痛饮而卒》一则，记苏过之卒甚详，可参看（王明清将苏过卒年记为"靖康中"，是为小误）。

加评说。

东坡的思想非常复杂，举凡儒、道、释各家思想中的合理因素，他不但兼收并蓄，而且融会贯通。正因东坡的思想具有"三教合一"的性质，所以儒、道、释三家都能从中发现与自身合拍的部分，都可以合情合理地把这位名震遐迩的人物罗致麾下，以壮声威。东坡最重要的身份当然是儒生，但由于宋代的儒学以理学为主流，而理学家的门户观念非常森严，所以程、朱一派的理学家根本不承认东坡是他们的同道。东坡生前受到程颐门人（即所谓"洛党"）的攻击之酷烈，丝毫不亚于来自新党阵营者。东坡死后，从杨时到朱熹，程学的传人依然把东坡视若仇敌，批驳贬毁，无休无止。清人黄宗羲虽在《宋元学案》中专立"苏氏蜀学略"一章，但也只把东坡视为儒学的支流而未予足够的重视。而且儒家是"不语怪力乱神"的，更不可能编造故事来"扯拽"东坡。勉强算得上儒家"扯拽"东坡的只有前身为汉人邹阳的传说，董斯张所云是据明人王世贞所编的《苏长公外纪》，其最早出处则是何薳《春渚纪闻》卷六的《邹阳十三世》，原文如下："薳一日谒冰华丈于其所居烟雨堂。语次，偶颂人祭先生文，至'降邹阳于十三世，天岂偶然；继孟轲于五百年，吾无间也'之句，冰华笑曰：'此老夫所为者。'因请'降邹阳'事，冰华云：'元祐初，刘贡甫梦至一官府，案间文轴甚多。偶取一轴展视，云在宋为苏某，逆数而上十三世，云在西汉为邹阳。盖如黄帝时为火师，周朝为柱下史，只一老聃也。'"[1]"冰华"就是东坡去世时守候在他身边的钱世雄，何薳自称亲闻此言于钱氏，当非杜撰。邹阳是以辞赋著称的西汉文士，但其言行基本符合儒家的准则，亦可算是儒生，况且钱世雄的祭文中将邹阳与孟子

---

[1]　南宋俞文豹《吹剑三录》中亦载此事而文字稍略，当是据《春渚纪闻》而加节略者。

作对，这桩"扯拽"公案就与儒家发生了关系。今考刘攽（贡父）比东坡年长十三岁，早卒十二年，生前与东坡交好，且喜互相嘲谑，但在两人的著作中均不见此语，所以可能是出于他人的编造，也即"扯拽"。既然钱世雄在东坡祭文中提到此事，可见这桩"扯拽"公案早在东坡生前就已发生了，东坡并不是等到死后才"忙不彻"的！

道、释两家都是宗教，凡是宗教都会编造传说以自神其教，所以道、释两家"扯拽"东坡的事例较多。先看关于道教"扯拽"东坡的一个传说：崇宁、大观年间，蔡京当国，诏毁东坡文集、墨迹，但到宣和年间忽然稍弛其禁，人们误以为那是梁师成向徽宗诉求的缘故，其实不然。自号"道君皇帝"的徽宗极度迷信道教，他下令建造了一座"上清宝箓宫"作为设醮之所，常常亲自驾临。一天晚上，徽宗命道士上章给天帝，道士匍匐在地下，过了很久才起身。徽宗问他为何去了这么久，道士说："刚才臣到了天帝那里，正碰上奎宿在向天帝奏事，他奏了好久才完毕，然后臣才能呈上奏章。"徽宗又问奎宿的具体情况，道士回答："臣没听清他所奏的内容，但那位奎宿不是别人，就是本朝的端明殿学士苏轼。"徽宗听了大吃一惊，从此稍稍改变了对东坡的态度。此事在南宋广为流传，[1] 刘克庄咏元祐党祸云"稍宽末后因奎宿"，王柏赞东坡曰"奎宿精神，乌台缧绁"，都是指此而言。无论当时果真有一个道士这般装神弄鬼，还是整个故事都出于齐东野语，这都算得上道家"扯拽"东坡的一个事例了。所谓"奎宿"，又称"奎星"，即西方白虎七宿的第一宿，古人认为它是主管天下文运的神祇。说文名盖世的东坡死后上天担任

---

[1] 曾敏行《独醒杂志》卷一、陈岩肖《庚溪诗话》卷上、张端义《贵耳集》卷上皆载此事，文字稍有出入，当为传闻异辞。

奎宿，倒也编造得合情合理。对于道家来说，把深得人心的东坡拉入他们的神仙谱系，不失为明智的"扯掋"。

　　道家对东坡还有一次不太著名的"扯掋"，就是董斯张所说的"吾郡莫君濛复有紫府押衙之梦"。董斯张是湖州人，"莫君濛"指莫濛，是北宋末年的一个太学生，也是湖州人。[1] 据何薳《春渚纪闻》卷六《紫府押衙》条记载，他曾于崇宁年间听莫濛自述：莫濛梦中行于西湖，看到一个身材颀长的人气宇轩昂地在前行走，身后跟着从者多人。路人指着那人说："那就是苏翰林！"莫濛少时就认识东坡，就追上前去拜谒，说："濛自幼诵读先生的文章，很希望做先生的学生，可惜没有机会。先生既已仙逝，不知如今担任什么官职，为何身后有这么多从者？"东坡回头一看，问道："你是太学生莫濛吗？"莫濛说是。东坡说："我现任紫府押衙。"然后莫濛就从梦中惊醒了。同书中还说何薳曾看到东坡在岭南的一纸手书："夜登合江楼，梦韩魏公骑鹤相过，云：'受命与公同北归中原，当不久也。'已而果然。"如果东坡果真写过这纸手书，则莫濛所云尚非空穴来风。但揆诸情理，多半两者均出虚构。相传韩琦死后成仙，名"紫府真人"。[2] 东坡既为韩琦的神灵所召，自应在他手下任职，即所谓"紫府押衙"。据《云笈七签》卷六，"紫府真人"原是道教中的一位神祇，"紫府押衙"也应属于道教的神仙谱系，所以此事也是道教对东坡的"扯掋"。

　　佛教本来善于说故事，它用来"扯掋"东坡的故事也编得更加圆满周详，生动有趣。东坡对佛家素有好感，他喜爱游览佛寺、结

---

[1]　莫濛，《宋史》卷三九〇有传，入南宋后官至大理少卿兼详定敕令官等。《春渚纪闻》中记作"莫蒙"。

[2]　韩琦死后为"紫府真人"事，宋人笔记中记载甚多，详见赵与时《宾退录》卷六、周煇《清波杂志》卷七等。

交僧人，子由诗云："昔年苏夫子，杖履无不之。三百六十寺，处处题清诗。"就是说的东坡在杭州时遍游诸寺的情形。熙宁年间东坡初赴杭州，与那里的湖光山色及士民僧众一见如故，恍若重到旧游之地。东坡离开杭州后写诗给张先说："前生我已到杭州，到处长如到旧游。"他到黄州后又写信给钱塘主簿陈师仲说："轼于钱塘人有何恩意，而其人至今见念。轼亦一岁率常四五梦至西湖上，此殆世所谓前缘者。在杭州尝游寿星院，入门便悟曾到，能言其院后堂殿山石处，故诗中尝有'前生已到'之语。"所谓"入门便悟曾到"，可能是一种假性记忆，但当事人确实会恍若旧游，所以东坡对寿星院里的堂殿山石倍感亲切。此事在流传过程中踵事增华，最终在佛教徒嘴里形成了一个生动的故事。据何薳《春渚纪闻》卷六记载，寿星院的老僧则廉说：东坡在杭州任通判时，与道潜一起初游寿星院。东坡一登方丈之室，便回头对道潜说："我平生从未到过这里，但一眼看去，都像是从前曾经历过的。从这儿上至忏堂，当有台阶九十二级。"[1] 派人一数，果然如此。于是东坡又说："我前身就是此山中的僧人，现在寺内的众僧都是我的属下呀！"此后东坡每逢入寺，即解衣盘桓，流连忘返，云云。这个故事在后代不胫而走，其实完全是向壁虚构的。道潜初识东坡事在元丰元年（1078），其时东坡正任徐州知州，道潜专程前往徐州，上诗东坡说："野人弱龄不事事，白首丘壑甘忘情。神仙高标独未识，暂弃萝月人间行。"委宛地表达了初次求见的意思。东坡见到道潜后极为赏识，写信给文同说："近有一僧名道潜，字参寥，杭人也。特来相见。"他俩怎么可能在六七年前便结伴同游杭州寿星院呢？如果说此事发生在元祐年间东坡任杭

---

[1]　明人张岱《西湖梦寻》卷一说此事发生在杭州智果寺，台阶的级数则变成了九十三级，当是传闻异辞。

州知州时，那么此时虽然东坡、道潜同在杭州而且常相过从，但这时的东坡已是"前度刘郎今又来"，又怎么可能有"入门便悟曾到"的事情？况且则廉讲述了上面的故事后还添油加醋说，东坡初来寿星院时他还是寺内的一个小和尚，每逢盛夏季节，东坡袒胸露背在竹荫下纳凉，则廉曾亲眼看见东坡背上有黑子数颗，状若星斗。此话一听就知是胡诌的鬼话，可证则廉所云根本不可信。但由于这个故事编得相当生动，又是伪中有真（东坡确曾有"前生已到"的感觉），所以很快就流传开来。

释惠洪的《冷斋夜话》卷七中讲述了另一个东坡前身为僧的故事：苏子由贬谪筠州时，云庵禅师住在洞山，两人时常相访。另有一个聪禅师是蜀人，住在圣寿寺。一天夜里，云庵梦见自己与子由、聪禅师一同出城去迎接五祖山的戒禅师。云庵醒来后觉得奇怪，清晨就跑去告诉子由。话还没说完，聪禅师也来了。子由叫道："我正和云庵说梦，你也想来一起说梦吗？"聪禅师说："我昨夜梦见我们三人一起去迎接五祖戒和尚。"子由拍手大笑，说："世间还真有做同一个梦的人，真是奇怪！"片刻之后，东坡的书信送到了，信中说："我已到达奉新，很快便可和你见面了。"三人大喜，便出城相迎。走到离城二十里的建山寺，与东坡相遇。坐定后，两个僧人争相把昨夜的梦告诉东坡。东坡说："我八九岁时曾梦见自己是僧人，来往于陕西一带。还有先母怀孕时，梦见一个僧人来投宿，他身材颀长，一眼已瞎。"云庵听了大惊，说："戒和尚便是陕西人，一目失明。晚年离开五祖山而来到高安，在大愚寺去世。这是五十年前的事了。"惠洪还说东坡此时刚好是四十九岁，意即戒禅师死后即转世为东坡。这个故事编得更加生动、细致，所以流传更广，明人甚至创作了题为《明悟禅师赶五戒》的小说，一名《佛印长老度东坡》，说东坡原是五戒禅师转世，后遇佛印点化云云。在佛教徒看来，戒禅师本是黄梅（今湖北黄梅）五祖寺的住持，乃宋初有名的高僧，说东坡是戒禅师的后身，不但没有辱没东坡的名声，而且还提升了他的境界，惠洪就说"东坡盖五祖戒禅师之后身，以其理通，故其文涣然如水之质"。笔者不想争辩戒禅师与东坡孰高孰低，只想指出惠洪编造的这个故事也是对东坡的"扯拽"。[1] 轮回转生之事本属荒诞不经，这个故事又由四个梦拼装而成，真是梦话连篇！

　　东坡性格坦易，胸怀宽广，他对佛、道二教都有好感，与佛教的关系尤其密切，前文已有论述。与此相应，佛、道二教中的人士也对东坡非常友好。东坡在杭州时，与许多僧人结为密友，天竺寺的海月禅师（惠辩）临终时派人去请东坡，因东坡忙于公事未能即来，海月遂留下遗言，一定要待东坡到场才可合棺。四天以后，东坡匆匆赶到，海月趺坐如生，头顶尚温。东坡贬至惠州后，杭州僧人不但向佛祖祈祷让东坡早日北还，而且派遣专人前去探望。东坡的道士朋友也很多，交往不绝。然而东坡并不是虔诚的宗教徒，所以他对佛、道二教一视同仁。东坡平生写佛经甚多，但也经常书写道经。东坡游历庐山，佛寺、道观逢着便进，无所厚薄。绍圣二年（1095）正月，东坡与和尚昙颖、道士何宗一等同游罗浮道院与栖禅精舍。次年正月，东坡又带着昙颖一起去看望患病的何宗一。这种举动，简直是展示"三教合一"精神的行为艺术，岂是一个虔诚的佛教徒所能做到的！所以笔者虽然认为佛、道二教对东坡的"扯拽"并无恶意，但绝不相信这些故事。东坡既不是道教的"奎宿""紫府押衙"，也不是佛教的"戒禅师后身"或"妙喜老人"，[2] 东

---

[1] 《五灯会元》卷一七将东坡列入临济宗的"东林总禅师法嗣"之下，称之为"内翰苏轼居士"，且一字未及上述"扯拽"之事，可见严肃的佛教学者并不相信这种"怪力乱神"的传说。

[2] "妙喜老人"是佛教人士对东坡的称呼，见上引董斯张文。按："妙喜"为佛国名，见《维摩经》，东坡诗中即有"净名毗耶中，妙喜恒沙外"之句（《次韵定慧钦长老见寄》，《苏轼诗集》卷三九）。故"妙喜老人"意即信佛之老人。

坡是属于世俗的。如果说三教九流对东坡的"扯拽"有什么积极意义的话，那就是证明了东坡的崇高声望，只有深得人心的人物才会被各种流派争相拉拢。

元祐六年（1091）秋天，东坡在清澈如镜的颍水上泛舟，临流照影，吟诗说："画船俯明镜，笑问汝为谁？忽然生鳞甲，乱我须与眉。散为百东坡，顷刻复在兹。"水中的倒影为数众多且变幻不定，但真实的东坡只有一个。这个真实的东坡生前不愿白日飞升，临终时仍拒绝皈依西方净土，他生生死死都依恋着人间，他永远与我辈凡夫俗子生活在一起。

◇ 三 "东坡百世师"

东坡卒后，李之仪赞曰："载瞻载仰，百世之师。"到了南宋，孙觌也赞颂说："东坡百世师！"的确，东坡的文学创作不但光耀一时，而且泽流久远，对北宋以后的文学史产生了深远的影响。

东坡的作品拥有最广泛的读者群，连朝廷的严厉禁令都不能阻止人们对东坡作品的热爱，一旦禁令解除，东坡文集就迅速地风行海内。南宋的孝宗皇帝说："至于轼所著，读之终日，亹亹忘倦。常置左右，以为矜式。"沉沦下僚的南宋诗人陈造说："自我得苏集，玩阅几忘年。"陆游则在《老学庵笔记》中记载了当时的一首歌谣："苏文熟，吃羊肉；苏文生，吃菜羹。"可见后人不但怀着审美目的去阅读东坡，而且能从中获得实际的裨益。与此同时，东坡的诗文在北方的金国也盛行一时，以至于清人翁方纲有"苏学盛于北"之叹。正是在这种形势下，对东坡作品的编纂、注释和刊刻非常兴旺，从而产生了形形色色的东坡文集，琳琅满目，使人目不暇接。南宋的藏书家晁公武著录的东坡文集已有七种之多，它们是《东坡前集》《后集》《奏议》《内制》《外制》《和陶集》《应诏集》，合称"东坡七集"。另一位藏书家陈振孙则著录了东坡集的各种不同版本，仅《东坡别集》就有杭本、建安本、麻沙本、吉州本等。[1] 要是让南宋的读者来评选最受欢迎的文学家，东坡肯定高居榜首！

　　南宋学人在东坡作品的收集、整理上做出了很大的贡献，传世的东坡作品在南宋已大体收罗完备。更重要的是，南宋学人对注释东坡作品也非常热诚，据同门张三夕教授统计，仅东坡诗的注本就有十七种之多，而且出现了集注（有"四注""五注""八注""十

---

[1]　读者如想详细了解东坡集各种版本的情形，可读刘尚荣著《苏轼著述版本论丛》（巴蜀书社1988年）。

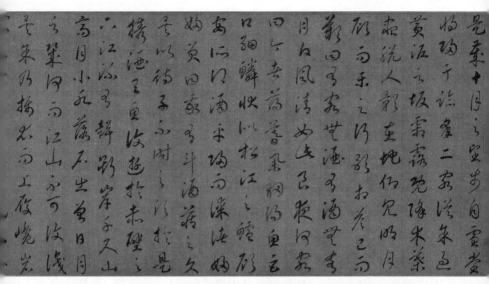

宋·赵构　书后赤壁赋　故宫博物院

注""百家注"等）、编年注（如《注东坡先生诗》）、分类注（如署名王十朋的《百家注分类东坡先生诗》）等多种形式。这些注本的质量虽然良莠不齐，但其中的佼佼者则已达到相当高的水准，例如被后人称为"施顾注"的《注东坡先生诗》，由施元之、施宿父子两代相继与顾禧合作，经过几十年的努力才完成全书。陆游在成都时曾与范成大谈论东坡诗，范让陆游为东坡诗作注，陆游却敬谢不敏，他当场举了好几个例子，说明东坡诗"意深语缓，尤未易窥测"。但陆游对"施顾注"却大加赞扬："则于东坡之意，亦几可以无憾矣。"可见此注确实出类拔萃。"施顾注"共四十二卷，除了专收翰林帖子及遗诗的第四十卷以及最后两卷《和陶诗》外，均为编年诗，东坡的大部分诗歌的写作年代都已交代清楚，这对读者准确理解东坡诗并知人论世有很大的益处。

东坡词也受到南宋学者的关注，傅干曾撰《注坡词》，顾禧也撰有《补注东坡长短句》，后者已佚而前者尚存，成为最重要的东坡词注本之一。

东坡的散文向来无人全面作注，但南宋出现的《经进东坡文集事略》则是一种重要的东坡文选注本。此书由郎晔编纂，原为进呈朝廷的《三苏文注》的一部分，后抽出单行，故得此名。全书六十卷，选文近五百篇，注释准确且条理清晰，文字校订亦胜于他本。

东坡在南宋文坛上享有崇高的声誉，并产生了巨大的影响。王十朋说："唐宋文章，未可优劣。唐之韩、柳，宋之欧、苏，使四子并驾而争驰，未知孰后而孰先，必有能辨之者。"可见东坡已被列于唐宋一流古文家的行列。吕祖谦编选的《古文关键》是南宋影响最大的古文选本之一，此书共选唐宋古文家八人，其中东坡文入选十六篇，为全书之冠。谢枋得的《文章轨范》是一部通代古文选本，东坡入选十二篇，在宋代古文家中独占鳌头。南宋学人对东坡古文的艺术成就与风格特征也有很准确的认识，比如黄震的一段话就说得十分中肯："东坡之文，如长江大河，一泻千里。至其混浩流转，曲折变化之妙，则无复可以名状。盖能文之士莫之能尚也。"

南宋人对东坡诗的成就与特点展开了热烈的讨论，对东坡诗中的比喻、用典、对仗、次韵等技巧都有非常深入的探讨，对东坡诗的成就则推为北宋第一，或与黄庭坚一起视为北宋诗风的两大代表人物。胡仔说："开元之李、杜，元祐之苏、黄，皆集诗之大成者。"吕本中则说："自古以来，语文章之妙，广备众体，出奇无穷者，惟东坡一人。极风雅之变，尽比兴之体，包括众作，本以新意者，惟豫章一人。此二者当永以为法。"这是对东坡与山谷开创一代新诗风

的贡献的高度肯定。另有一些宗唐贬宋的人，他们批评苏、黄的创
作破坏了唐诗的规范，比如张戒说："自汉魏以来，诗妙于子建，成
于李、杜，而坏于苏、黄。"严羽也指责说："至东坡、山谷，始自
出己意以为诗，唐人之风变矣。"这当然是对东坡的贬低，但由于他
们反对的正是异于唐诗的宋诗特色，所以这从反面说明东坡已被公
认为宋诗的代表。南宋诗人对东坡的诗风也有不少精到的议论，比
如陈造说："东坡仙伯之文，韩、欧伯仲。其于诗，迈往劲直之气，
溢于言外。而其严密腴丽，清而不浮，工而不露，学者与子美表里
可也。"

　　与诗文相比，东坡词在南宋的地位与影响都更值得注意。东坡所
开创的豪放词风在北宋的词坛上尚是空谷足音，没有引起多大的回
响，直到北宋末年，李清照还在批评东坡词"皆句读不葺之诗尔"。
靖康事变改变了词史的进程，铁马胡笳惊破了歌儿舞女的浅斟低唱，
婉约词风赖以生存的土壤一时不复存在，动荡的时代呼唤着与慷慨
悲凉的时代情绪相适应的新词风，于是在东坡词中初露端倪的豪放
风格受到词人的重视。靖康事变后，有人在吴江桥上题了一首次东
坡词原韵的《念奴娇》，抒发"万国奔腾，两宫幽陷，此恨凭谁雪"
的悲愤心情。东坡写出豪迈奔放的《念奴娇·赤壁怀古》已近半个世
纪，到这时才有人逐句次韵，当非偶然。同样，靖康以后才有王灼
站出来理直气壮地肯定东坡的豪放词风："东坡先生非心醉于音律
者，偶尔作歌，指出向上一路，新天下耳目，弄笔者始知自振。"[1]
也绝非出于偶然。南宋词坛上最引人注目的现象是产生了以辛弃疾
为首的豪放词派，从而使滥觞于东坡的豪放词风发展成波澜壮阔的

---

[1] 见《碧鸡漫志》卷二。按：王灼生于崇宁四年（1105）。靖康元年（1126），二十二岁的他赴
　　汴京准备参加次年的进士考试，因金兵南侵，这次考试被取消。王灼写《碧鸡漫志》的年
　　代不明，但肯定在靖康之后。

洪流。范开在《稼轩词序》中指出："世言稼轩居士辛公之词似东坡，非有意于学坡也。自其发于所蓄者言之，则不能不坡若也。"其实，无论从词史自身的发展逻辑来看，还是从南宋词的发生背景来看，东坡词风迟早要得到发扬光大，南宋的豪放词派肯定"不能不坡若也"。

金、元时代，传统文体的创作比较寥落，但是东坡的影响却十分广泛。金人王若虚对东坡的推崇甚至比宋人有过之而无不及。在古文方面，王若虚认为"文至东坡，无复遗恨矣"，还说"欧文信妙，讵可及坡"？在诗歌方面，王若虚认为"黄不如苏，不必辨而后知"。在词的方面，王若虚理直气壮地驳斥晁补之关于东坡词"短于情"的说法，王说："风韵如东坡，而谓不及于情，可乎？彼高人逸士，正当如是。""盖其天资不凡，辞气迈往，故落笔皆绝尘耳。"由金入元的元好问对东坡不无微词，但他在论诗绝句中对东坡诗风的批评是切中肯綮的，这并不影响他在总体上对东坡的高度评价。元好问的诗文创作都受东坡影响极深，清人翁方纲说"遗山接眉山，浩乎海波翻"，可谓的评。东坡的词风则对蔡松年、党怀英乃至元好问、萨都剌等金元词人产生了深刻的影响，只要把萨都剌那首次东坡"赤壁怀古"词原韵的《念奴娇·登石头城》诵读一过，便仿佛重闻由铜琶铁板伴奏的临风浩歌。

明代文坛上充溢着"文必秦汉，诗必盛唐"的复古论调，宋代诗文，尤其是宋诗，在明代备受冷落。在这种时代风气下，东坡的影响也转入衰微，王世贞甚至说："今虽有好之者，亦不敢公言于人。"然而明代文坛上宗派林立，明人立论又喜标新立异，所以某些明人对东坡诗文的推崇反而远迈前代。比如陈继儒说："古今文章大家以百数……谁不知有东坡？其人已往而其神日新，其行日益远，则千古一人而已！"袁宏道说："苏公诗高古不如老杜，而超脱变怪过之。

有天地来，一人而已！"明末的张溥甚至称东坡的作品为"宇宙第一文字"！这些说法往往是由复古派极度贬低宋代诗文的观点所触发的过激言论，正如袁宏道在给张幼于的信中的自白："世人喜唐，仆则曰'唐无诗'……世人卑宋黜元，仆则曰'诗文在宋元诸大家'。"这种矫枉过正的评价当然难称公允，但也从侧面反映了东坡的深得人心。抛开理论上的评判，明人对东坡的喜爱仍是相当普遍的。王世贞说"操觚之士鲜不习苏公文"，又称东坡为诗坛上的"广大教化主"，都说出了明人在诗文写作中普遍学习东坡的事实。明人刻书量多而质低，以至于清人讽刺说"明人好刻古书而古书亡"。但是明人刊刻东坡文集倒有不小的功绩，他们热心搜罗东坡的佚文，从而使较多的东坡作品得以保存、流传。比如明成化本《东坡七集》，就比宋刊本更加完整。又如明末的茅维刊本《苏文忠公全集》，收罗东坡古文相当完备（还收了东坡词二卷），后来成为中华书局1986年版《苏轼文集》的校勘底本。明代盛行诗文评点，印刷业又极为发达，所以出现了名目繁多的东坡选集，这些选集良莠不齐，有的巧立名目如《苏长公密语》《苏长公合作》《苏长公文燧》，有的甚至语涉不经，如《东坡问答录》中有"东坡之妹，少游之妻"的无稽之谈。但是也有一些东坡选集在选、评两方面都很精审，如袁宏道选、谭元春评的《东坡诗选》和李贽选评的《坡仙集》，都是很见手眼的东坡选本。

　　清代学术远迈前代，而且基本上始于对明代学术的反拨，清人对东坡的研究也是如此。清代的文学家与学者中，热爱东坡的现象非常普遍，只有像毛奇龄那种诗学浅薄又好持怪论的人才会对东坡大放厥词，而毛氏讥评东坡诗句"春江水暖鸭先知"之事一时传为笑谈，[1]可见毛氏贬低东坡诗的言论是多么不合潮流。李调元说："余雅不好宋诗，而独爱东坡。"那么，那些对宋诗持肯定态度的人高度推崇东坡就是题中应有之义了。

　　清人对东坡在文学艺术上的崇高成就衷心服膺，称扬备至，现在人所共知的"苏海"这个称号就是清人提出来的。南宋人李涂在《文章精义》中说："韩如海，柳如泉，欧如澜，苏如潮。"那么，从什么时候开始，"苏潮"变成"苏海"了呢？清代嘉庆年间，王文诰编撰《苏文忠公诗编注集成》后，复成《苏海识余》，书中说："'苏海'之说旧矣。绍圣四年，东坡公发惠州，迁儋耳，自新会赴新康，至古劳，河涨不可渡，休于鹤山之麓者数日。公既去，而所居遂为'坡亭'，地曰'苏公渡'，见前明陈献章诗中。邑令黄大鹏又手镌'苏海'二字于崖之上，嗣是更名苏海，至于今盖三百年矣。曩者予访公渡海轶事，尝亲至其地，察视所由，则汪洋渺弥，横无涯际。观于海者，亦足致朝宗之意焉。"据王氏所云，在东坡晚年南谪途经的新会海边，清人名其地曰"苏海"以纪念之。虽然王文诰从"苏海"引申出文学的意义，但这毕竟只是一个地名。况且黄大鹏任鹤山县令事在雍正、乾隆年间，黄并非最早提出"苏海"者。事实上最早从文学的意义上提出"苏海"之名的是清初的吴伟业。吴伟业的老师张溥编选了《苏长公文集》，且在序中称扬东坡说："真宇宙第一人物，宇宙第一文字也。"吴伟业也为此书作序，说："李耆卿评文有云：'韩如海，柳如泉，欧如澜，苏如潮。'非确论也，请易之曰：

---

[1] 按：毛奇龄曾与汪懋麟讨论东坡诗，汪举"春江水暖鸭先知"一首以为佳，毛反诘说："水中之物皆知冷暖，必以鸭，妄矣。"（《西河诗话》卷五）王士禛则记此事曰："萧山毛奇龄大可，不喜苏诗。一日复于座中詧詧。汪蛟门起曰：'竹外桃花三两枝，春江水暖鸭先知。如此诗，亦可道不佳耶？'毛怫然曰：'鹅亦先知，怎只说鸭？'"（《渔洋诗话》卷下）经过王士禛的夸张性转述，此事遂传为笑柄。参看钱锺书《谈艺录》"春江水暖鸭先知"条（第221页，中华书局1984年）。

'韩如潮，欧如澜，柳如江，苏其如海乎！' 夫观至于海，宇宙第一之大观也！"[1] 由于韩文之气势更雄于苏文，而苏文之境界更广于韩文，吴伟业将"韩海苏潮"改成"苏海韩潮"，无疑更加确切。把李涂所说的"苏如潮"改成"苏如海"，吴伟业当是历史上的第一人。[2] 稍后，孔尚任在《桃花扇》传奇中写到侯方域自称："早岁清词，吐出班香宋艳；中年浩气，流成苏海韩潮。"查慎行也有"班香宋艳才相嬗，苏海韩潮量校宽"的诗句，[3] 可见在清初，以"苏海"指称东坡的诗文成就或境界已成了学界的共识。[4] 清末的张道撰写了一部专论东坡诗的《苏亭诗话》，书中说：

余尝言古今文人无全才，惟东坡事事俱造第一流地步。六朝以前无论已，自唐而下，李太白、杜子美以诗名，而文与书法不甚爆。韩昌黎以诗、古文名，而书法无称之者。白乐天以诗名，而文与书法俱不传。陆放翁以诗名，而文与书法亦不传。此世目为诗中大家最著者也。即同时欧阳永叔、王介甫，古文为大家，诗亦名家，无书名。曾子固

---

[1] 按：吴伟业一般被视作清人，但此序实作于明亡前夕。又按：晚清俞樾引李涂语后说："然则今人称'韩潮苏潮'，误矣！"(《茶香室丛钞》卷八) 俞氏当是未见吴伟业此序。

[2] 王水照先生说："虽然最早宋人李涂的提法是'韩如潮''苏如潮'(《文章精义》)，但嗣后人们却习称'苏海韩潮'。韩文公的'驱驾气势，若掀雷挟电，撑抉于天地之间'(司空图《题柳集后》)，以'潮'作喻，至为恰当；而苏轼的文化世界，非大海之广不足以言其'波澜浩大，变化不测'(《吕氏童蒙训》)，非大海之深不足以言其'力斡造化，元气淋漓，穷理尽性，贯通天人'(宋孝宗《御制文集序》)，'苏海'遂成定评。"(《走近"苏海"》，载《王水照自选集》，第 393 页，上海教育出版社 2000 年) 王先生对"苏海"涵义的概括非常精当，但是"'苏海'遂成定评"究竟发生在何时，仍是语焉不详。

[3] 查诗见《送史徵弦前辈视学粤东》(《敬业堂诗集》卷四〇)。按：孔尚任的《桃花扇》成书于康熙三十八年 (1699)，查慎行此诗则作于康熙五十二年 (1713)。

[4] 有趣的是，李涂《文章精义》中明明说的是"韩如海，柳如泉，欧如澜，苏如潮"，包括《文渊阁四库全书》本在内的各种版本均无异文，可是四库馆臣在《四库全书总目》卷一九五《文章精义》条中却说："世称'韩文如潮，苏文如海'，及'春蚕作茧'之说，皆习用而昧其出处。今检核斯语，亦具见于是书。"可见"苏海韩潮"的说法在乾隆时期已成常识，以至于馆臣们习焉不察了。

古文为大家，并无诗名。即子由古文为大家，诗亦次乘。东坡则古文齿退之而肩庐陵，踵名父而肘难弟，故有"韩苏""欧苏""三苏"之称。诗则上接四家，空前绝后。书法独出姿格，不袭晋唐面目，与山谷、元章、君谟并号大家。至标举余艺，以雄健之笔，蟠屈为词，遂成别派，后惟稼轩克效之，并称"苏辛"。画墨竹，齐名文湖州。乃复研讲经术，作《易传》《书传》，文人之能事尽矣！若其忠直孝友，要为冠罩千古。

张道虽未引述"苏海"之称，然而如此波澜壮阔、包涵万象的文化境界和人生境界，非"海"字何以名之？

在东坡的各体文学作品中，清人最注重的当推苏诗。清代涌现的苏诗注本在数量和质量上都远迈前代，其中如查慎行的《补注东坡先生编年诗》和翁方纲的《苏诗补注》都有相当高的学术价值，冯应榴的《苏文忠诗合注》与王文诰的《苏文忠公诗编注集成》更是两部集大成式的东坡诗集注，至今无人超越。[1]清人如此用力于东坡诗的注释，是与东坡诗在清代诗坛上的巨大影响密切相关的。正如晚清的陈衍所回顾的那样："长公之诗，自南宋风行，靡然于金、元，明中熄，清而复炽。二百余年中，大人先生殆无不濡染及之者。"正是在这种风气中，清人对东坡诗展开了热烈的讨论，既热情地赞扬其长处，亦中肯地批评其短处，从而使东坡诗的真面目更加清晰地呈现在读者面前。更重要的是，清人对东坡在古今诗史上的崇高地位作了准确的定位。清人首先论定东坡是宋代的一流诗人，署为乾隆帝"御选"的《唐宋诗醇》于唐人中仅选四人，于宋人中仅选二人即东坡与陆游，可见在实际从事编选的梁诗正等人眼中，东坡与陆

---

[1]　详见王友胜《苏诗研究史稿》第六章、第七章（岳麓书社 2000 年）和曾枣庄《苏轼研究史》第五章、第六章（江苏教育出版社 2001 年）。

游是宋代的两大代表诗人，而东坡无疑是北宋惟一的代表诗人。其实在乾隆之前，汪琬早就指出："宋诗以苏子瞻、陆务观为大家。"后来的翁方纲更说："宋诗之大家，无过东坡。"晚清张佩纶则说："坡公开宋诗世界者。"清人还进而打破唐宋两代的畛域，认定东坡是古今诗歌史上的一流诗人。清初叶燮说："杜甫之诗，独冠今古。此外上下千余年，作者代有，惟韩愈、苏轼，其才力能与甫抗衡，鼎立为三。"王士禛则说："汉魏已来二千余年间，以诗名家者众矣。顾所号为仙才者，惟曹子建、李太白、苏子瞻三人而已。"叶、王二人的诗学观念迥然不同，他们开列的古今三大诗人的名单堪称两个系列，在两份名单中都赫然在目的诗人仅有东坡一人，可见东坡在清人眼中的诗史地位是无与伦比的。清人对东坡诗的肯定是建立在实事求是的基础上的，所以不同于明代袁宏道等人出于矫枉过正的过度推崇，从而更加令人信服，比如赵翼评东坡诗说："才思横溢，触处生春，胸中书卷繁富，又足以供其左旋右抽，无不如志。其尤不可及者，天生健笔一枝，爽如哀梨，快如并剪，有必达之隐，无难显之情，此所以继李、杜后为一大家也。"这段话几可视为对东坡诗的定评。

对于东坡的古文，清人也极为重视。在清代的古文选本中，东坡的地位非常突出。例如乾隆"御选"的《唐宋文醇》中，东坡一人独占十三卷，在入选的十位唐宋古文家中名列第一。又如在家喻户晓的《古文观止》中，东坡古文入选十七篇，仅次于唐代的韩愈而在宋代名列榜首。清人对东坡古文给予高度的评价，其中最有特点的是以下两点：一是肯定东坡文的情感内蕴，即使是政论文与公文性质的表启也不例外，例如《古文渊鉴》中引南宋黄震语评《上神宗皇帝书》说："其言切中民隐，发越恳到，使岩廊崇高之地，如亲见闾阎哀痛之情，有不能不恻然感动者，真可垂训万世矣。"二是肯定东坡的志墓之文从不妄作，例如王昶说："苏文忠公不喜为墓志碑铭，惟富郑公、范蜀公、司马温国公、张文定公数篇，其文感激豪宕，深厚宏博无涯涘，使顽者廉、懦者立，几为韩、柳所不逮。无他，择人而为之，不妄作故也。"这些评论发前人所未发，体现了清人对东坡古文的深刻理解。

关于东坡词，清人极其重视其历史地位，并发表了许多精辟的评论，例如刘熙载为东坡的词史地位辩护说："太白《忆秦娥》声情悲壮，晚唐五代，惟趋婉丽，至东坡始能复古。后世论词者，或转以东坡为变调，不知晚唐五代乃变调也。"前人即使肯定东坡词，也往往认为它是变调，刘氏则从整个词史的宏观角度为东坡词正名，理直气壮，令人信服。又如陈廷焯指出东坡的各体创作中，词的地位最为重要："人知东坡古诗、古文卓绝百代，不知东坡之词，尤出诗文之右。盖仿九品论字之例，东坡诗文，纵列上品，亦不过为上之中下，若词则几为上之上矣。此老生平第一绝诣，惜所传不多也。"这个惊人之论是从整个文学史来着眼的，因为孤立地看东坡词，很难说它"出诗文之右"；但如果将东坡词与东坡诗文分别置于整个词史与诗史、散文史中来考察，则此论的确很有道理。东坡的诗文虽然也有重要的文学史意义，毕竟无法与他在词史上具有开创意义的巨大贡献相比。陈廷焯

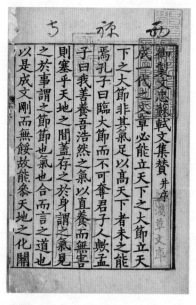

宋刻本东坡集

的这个意见目光如炬，远迈前人。

东坡的影响不但笼罩着宋以后的中国文学史，而且泽流海外，对朝鲜、日本等邻国的影响尤其深远。早在北宋元丰年间，高丽人金觐就为两个儿子取名为"金富轼""金富辙"，后来金富轼果然成为高丽著名的文人，可见东坡生前的影响就已远播异国。[1] 及至高丽朝中期，东坡诗文大行于世，正如朝鲜时代的金宗直所追述的："丽之中叶，专学东坡。"高丽高宗二十三年（1236，南宋端平三年），《东坡文集》在高丽首次刊行。以李奎报为代表的文人学士莫不熟读东坡，且在诗文写作中模仿东坡的风格。年青举子一待科举及第，即抛弃应试的时文而改习东坡诗文，以至于当时流传着这样的话："每岁榜出之后，人人以为今年又三十东坡出矣。"[2] 这种风气一直延续到其后的朝鲜时代，连著名的性理学者李退溪都写过多首次东坡原韵的诗。由于仰慕东坡，朝鲜时代的诗人还将汉江边上的一处绝壁想象为东坡泛舟的赤壁，并仿效东坡泛舟赏月，久而久之，竟成风气。李荇有诗云："拟把汉江当赤壁，何妨壬戌作庚辰。"又云："岁是壬戌也，人如赤壁然。"又云："佳境向来惟赤壁，兹游倘亦继苏仙。"一唱三叹，可见仰慕之深！这种活动还从文学创作扩展到民俗活动，从而产生了传统民歌《赤壁歌》以及"赤壁船游"的民俗，在大邱的"花园赤壁"和安东的"芙蓉台赤壁"，每逢"七月既望"，人们便乘船游赏来纪念东坡。如此盛况，连生活在东坡祖国的我都心向往之！

---

[1]　金富轼生于高丽文宗二十九年（1075），即北宋神宗熙宁八年，其时东坡才四十岁。金富轼之父金觐曾于高丽文宗三十四年（1080，即宋元丰三年）到过汴京，其时东坡年四十五岁。可见金富轼之得名当在元丰年间。

[2]　李奎报《答全履之论文书》(《东国李相国集》卷二六)，转引自洪瑀钦《拟把汉江当赤壁——韩国苏轼研究述略》(载《苏轼研究史》，第571—622页)。按：本节有关朝鲜的内容，皆据洪文，谨此说明。

东坡在日本的影响主要体现在学术研究方面，在收藏、翻印东坡诗文集的同时，日本的学人还亲自动手为东坡诗作注。在镰仓、室町时代，以"五山"禅僧为主的学人热衷于为东坡诗作注，先后出现了冠以《翰苑遗芳》《脞说》《天下白》《蕉雨余滴》等书名的东坡诗注，到后奈良天文三年（1534，明嘉靖十三年），由笑云清三将上述数书合成一编，取"江、河、淮、济之四渎，流入大洋"之义，取名为《四河入海》，成为集大成式的东坡诗注。《四河入海》中保存了较多的宋人旧注，比如在"王十朋注本"中漏收的赵次公注以及在中国久已亡佚的施宿撰东坡年谱，非常珍贵。此外，禅僧们自己所作的注中也时见胜义。到了江户时代，学人对东坡作品的关注又从诗扩展到古文，在多种古文总集中对东坡古文进行注释、评点，这种风气一直延续到近代。[1]

◇　四　"年年腊月拜坡公"

东坡既以文采风流流芳千古，也以人格精神光耀青史。东坡面折廷争的凛然风节、勤政爱民的仁爱胸怀都受到后人的高度崇敬，他在艰难处境中所凸现出来的坚强刚毅、乐观旷达的精神更得到后人由衷的钦佩。南宋初年的胡仔就指出："凡人能处忧患，盖在其平日胸中所养。韩退之，唐之文士也。正色立朝，抗疏谏佛骨，疑若杀身成仁者。一经窜谪，则忧愁无聊，概见于诗词。由此论之，则东坡所养，过退之远矣！"的确，与韩愈相比，东坡所受的贬谪、打击

---

[1] 本节有关日本的内容皆据池泽滋子《颖土声名动倭国——日本苏轼研究述略》（载《苏轼研究史》，第 623—703 页），谨此说明。

要严重得多，但是韩愈在南迁途中赠给侄儿的诗中就有"知汝远来应有意，好收吾骨瘴江边"的低沉之句，到潮州后上表朝廷，满篇尽是乞怜的哀词和颂德的谀词。东坡虽贬至海南，却能以不忧不惧的精神傲视苦难，战胜黑暗，这是何等伟岸的人格力量！南宋的楼钥在《东坡画赞》中说："出则凤鸣，处则龙卧。论议触海翻，声名塞天破。百谪九死，一毫不挫。呜呼！固已知前无古人，后有作者，殆恐无有过之者也！"真乃实至名归。

　　哲人虽逝，风范长存。东坡在后人心目中的形象不但没有随着时光的流逝而渐趋暗淡，反而越来越光辉夺目、栩栩如生。东坡生前，就常有人为他画像。为东坡画过像的北宋画家有程怀立、李得柔、僧妙善等人。熙宁七年（1074），苏州画家何充为东坡画了一幅"黄冠野服山家容"的像，

明·朱之蕃　临李公麟画苏轼像　故宫博物院

东坡作诗谢之。从元祐到绍圣，李公麟曾多次为东坡画像，其中有一幅被黄庭坚记为"按藤杖，坐盘石，极似其醉时意态"的东坡像最为有名，据说清人朱野云所临摹的底本就是此像，使今人尚得约略睹其风采。据周必大说，东坡暮年来到润州金山寺，看到他的族侄僧表祥为他绘的画像，感慨万千，挥笔题词，内有两句云："目若新生之犊，心如不系之舟。"可惜我们已经看不到这幅东坡像了，否则的话，一位目光炯炯的东坡该是何等的生气勃勃！黄庭坚题杜甫画像说"常使诗人拜画图"，东坡则除了赢得文人学者的衷心尊敬外，还得到平民百姓的热烈爱戴。熙宁九年（1076）东坡离开密州后，密州百姓绘东坡像立于城西彭氏园圃中，春秋二季前往拜谒。东坡离开杭州知州之任后，杭州的百姓家家户户都悬挂着东坡的画像，"饮食必祝"，时时为这位勤政爱民的太守祈福。套用黄庭坚的话来说，这真是"常使平

宋·马远　西园雅集图　美国纳尔逊－阿特金斯艺术博物馆

民拜画图"了。

　　传世的东坡像中最著名的有三类，第一类是《西园雅集图》，其他两类分别是"赤壁图"和"笠屐图"。最初的《西园雅集图》据说是李公麟所画，画的是元祐年间东坡与其他十五位文士在王诜家的园林里集会的一个剪影（有趣的是，李公麟本人也在画内）。后世画家如南宋的赵伯驹、马远、僧梵隆、刘松年、钱选，元代的赵孟頫，明代的仇英、李士达、陈以诚、尤求，清代的顾洛、华嵒等人都有摹本或仿作，可谓源远流长，影响深远。此图是一幅群像，东坡以"捉笔而书"的潇洒姿态出现在全图的中心，分明是暗示着其文坛盟主的地位。可惜画中人物较多，且被山林楼阁占据了太多空间，东坡的形象不够清晰。如果我们想从画像中领略东坡风采的话，还得看后两类东坡像。[1]

　　东坡的两篇《赤壁赋》把赤壁的江山风月描绘得如诗如画，并展示了东坡及其友人的潇洒形象，给历代画家提供了无限的想象空间。从北宋末年的乔仲常开始，历代画家以东坡泛舟赤壁为题材创作了为数众多的"赤壁图"。乔仲常是李公麟的弟子，其《后赤壁赋图》大约画于宣和年间，距离东坡卒年不过二十年。从那以后，绘制"赤壁图"的画家代不乏人，其中如南宋的马和之、金代的武元直、明代的文徵明和沈英、清代的黄慎和钱慧安、近代的张大千、傅抱石等人所画的赤壁图都堪称名画。笔者最欣赏武元直所画的《赤壁图》，此图背景是刀削般的千丈峭壁，壁下江流湍急，一叶扁舟就在惊涛骇浪之间漂流而下，似乎是糅合了《赤壁赋》与《念奴娇·赤壁怀古》中对赤壁的描写而成。东坡与两个友人神色安详地安坐在舟中，仿佛正在谈笑风生，那是何等的胸襟、气度！除了绘画，历代艺人还用其他样式表现这个题材，例如明人王毅用桃核刻成的"核舟"，首尾仅八分长，却栩栩如生地表现了"大苏游赤壁"的情景。清代绘制东坡泛舟赤壁情景的工艺品更多，保存至今的就有瓷雕印盒、木雕笔筒、玉雕墨床、青花瓷瓶、掐丝珐琅铜壶及手炉等，不一而足。可见东坡的形象不但存活在文人墨客的笔下，也广泛地进入了百姓的日常生活。

　　东坡戴笠著屐的形象也成为历史的定格，早在南宋，画家即经常以此为题材，可惜缺少名笔，以至于费衮叹息说："今时亦有画此者，然多俗笔也。"元人所画的"笠屐图"虽不可见，但从虞集、张雨等人题咏《东坡笠屐图》的诗中尚可想见其大概。明人仇英、唐寅

---

[1]　关于《西园雅集图》的详细情况，请看衣若芬《一桩历史的公案——"西园雅集"》（载《赤壁漫游与西园雅集》，第49—95页，线装书局2001年）。

宋·乔仲常　后赤壁赋图　美国纳尔逊－阿特金斯艺术博物馆

都画过"东坡笠屐图"，据说现在儋州东坡书院里的石刻"笠屐图"就是根据唐寅的原画刻成的，书院里的那座东坡铜像也取材于此图。仇英的"笠屐图"曾被刻石立于杭州望湖亭旁的"鸿雪轩"里，真本据传收藏在眉山的三苏祠内。清代的沈焯、任熊、任重，近代的沙馥、张大千等画家也都画过"笠屐图"。为什么后人特别喜欢让东坡头戴斗笠、脚著木屐？明人陆树声在《题东坡笠屐》中说得好："当其冠冕在朝，则众怒群咻，不可于时。及山容野服，则争先快睹。"是啊，东坡在朝时受到种种匪夷所思的诬陷排挤，贬谪在野时则得到百姓的衷心爱戴。所以腰金衣紫的东坡经常是愁眉不展的，只有在田野里负瓢行歌的东坡才会有开心的笑颜。既然后人对东坡的态度与当年的百姓完全一致，他们当然愿意让东坡以戴笠著屐的形象定格于千年青史了。在广西钦州有一座天涯亭，相传东坡曾路经此地，清人乃筑亭纪念之。亭内悬挂着一幅"东坡笠屐图"，清同治年间的知州陈起倬撰联说："蜀山公占峨眉秀，岭海人争笠屐香。"戴笠著屐的东坡才是最真实的东坡，他将永远以这个朴素亲切的形象存活在后人心中。

到了清代，在东坡诗文大行于世的背景下，临摹或创作的东坡像大量出现，翁方纲一人就收藏了三幅东坡像：李公麟画的"金山像"、赵孟坚画的"笠屐像"和明人朱完画的"广州小金山像"。翁方纲把这三幅像供奉在"宝苏室"里，朝夕礼拜。清人所绘的东坡像还有一些别出心裁的新内容，例如冯应榴在注释东坡诗时，积思成梦，竟在梦中与东坡相见，就请人画了一幅《梦苏图》。又如宋荦自幼敬慕东坡，曾亲绘东坡像，并把自己画在东坡身旁作侍立之状。翁方纲也请人把自己画在东坡身旁，并题诗自称"苏像筵前执役人"！

清人纪念东坡的另一方式是在东坡的生日举行集会。位高望重的毕沅每逢十二月十九日，就把陈老莲所绘的东坡像悬于堂上，并亲自撰写迎神曲和送神曲，然后在一片箫笛之声中率领幕僚、门人朝着东坡像罗拜。礼仪结束后举行宴会，毕沅率先挥毫作诗以追怀东坡，众宾纷纷唱和。数年下来，前后参与唱和者竟多达千余人。与毕沅同时的翁方纲也是每逢东坡生日就招客聚会，在他家的"宝苏斋"里朝拜东坡。翁方纲有诗云"年年腊月拜坡公"，可谓一时风气的实录。有的人因事错过了东坡的生日，还要设法补过。祁寯藻曾在一首诗的题目中说到某年腊月二十二日，程恩泽招集诗友为东坡补作生日之事。即使在晚清的动荡时代，这种风气依然流行。林则徐、邓廷桢谪守新疆时，还招集同人为东坡过生日，并赋诗歌颂东坡。清末的俞樾甚至意犹未足，认为世人只知为东坡过生日，而东坡的忌日（七月二十八日）却罕为人知，他认为在东坡的忌日也应举行纪念活动。

清人对东坡的敬慕绝非仅仅体现为上述活动，他们还以深厚的学术功底对东坡其人进行了深入的研究，并给予前所未有的高度评价。清初的顾炎武是以经世致用为学术最高宗旨的学者，他对东坡的政论予以高度的肯定，这是对明人只重东坡小品的风气的有力反拨。稍后，人们交口称赞东坡的人品。张问陶有诗云："长公实忠孝，笔墨乃游戏。宋时多拘儒，惟公有生气。"他指出东坡的人品实出于宋代道学家之上，堪称振聋发聩之论。清初黄州士人杜濬咏东坡说："堂堂复堂堂，子瞻出峨眉。早读范滂传，晚和渊明诗。"寥寥二十字，却简明扼要地概括了东坡的一生行藏，且突出了东坡艰辛的人生与高洁的品格。龚鼎孳、王士禛异口同声地认为此诗"说尽东坡一生"，[1] 堪称定评。正是在全面肯定东坡人品的基础上，清人对明人仅重视东坡小品文的做法深为不满，纪昀等人在《四库全书总目》中驳斥编选《东坡养生集》的明人说："轼以文章气节雄视百代，所谓飞鸿于寥廓，而弋者索之薮泽也。使轼仅以此见长，则轼亦一明季山人而已，何足以为轼乎！"对于前人或以东坡"为禅学之宗"的看法，清人阮葵生驳斥说："世人读忠孝之大文，而不信古人之为圣贤；读惝怳之剩语，辄斥君子之为异端，此学者所当戒也。"更值得注意的是，清人虽处于程朱理学占据统治地位的时代，却能对理学家关于东坡的论断深入考究，并提出异议。即使是朱熹对东坡的严词批评，清人也深表不满。陈澧说："朱子之诋苏子瞻，亦近人所不满也。"他还指出朱熹贬苏之论皆出早年，而晚年则"推重东坡如此，与昔时大不同"。江瀚也说："朱文公答汪尚书二书，排击子瞻，不遗余力。及撰《名臣言行录》，则胪其忠说大节甚具。而集中题跋，倾倒坡公者尤不一而足。"并指出朱熹贬低东坡的主要原因是担心后生仿效东坡之文以应付科举："此朱子之辨，所由万不容已也。彼谓朱子为左袒洛党者，固以小人之腹度君子之心；而道学家因朱子尝

---

[1]　龚说见顾嗣立《寒厅诗话》(《清诗话》，第 92 页，上海古籍出版社 1978 年)，王说见其
　　《跋东坡先生小字帖》(《蚕尾文集》卷七，《王士禛全集》，第 1915 页，齐鲁书社 2007 年)。

议东坡，不揆其由，遂并其平生忠节亦从而抹杀之，则又非朱子意矣。"如果说陈、江二人对朱熹还有所回护的话，那么张佩纶就对朱熹不假辞色了："朱子之学，于论苏氏极不平。……凡以二苏与洛党忤也。一念之偏，虽大贤如晦翁犹不得其正，况其下者乎？"这样的论述洗清了南宋理学家强加于东坡的不实之词，颇具平反昭雪的意义。

　　清人对东坡的生平事迹也进行了详尽深入的研究，对于一些不实的传闻则予以驳正，例如查慎行、汪师韩对东坡知贡举时向李廌泄露考题的传闻的驳斥，以及朱彝尊对苏过诣事梁师成的传闻的证伪，都为东坡及其家人洗清了不白之冤。出于崇尚实证的学术理念，清人对流传已久的"苏小妹"的故事也进行了仔细的考证和辨伪。最迟在元人吴昌龄的杂剧《花间四友东坡梦》中已有"妹曰'子美'，嫁与秦少游者是也"的说法，明人邵景詹根据旧闻编纂的《东坡居士佛印禅师语录问答》中也说"东坡之妹，少游之妻也"，可见这个传说起源甚早。虽然明人李诩在《戒庵老人漫笔》中已辨其并非事实，但是这个传说替东坡虚构了一位聪慧过人的妹妹，很符合百姓的猎奇心理，所以依然在民间广为流传。及至明末的冯梦龙为它增添了引人入胜的情节，并以《苏小妹三难新郎》的醒豁题目编进《醒世恒言》后，它更成了家喻户晓的故事。清代的学者以坚实的考证证实其为子虚乌有，[1] 对于喜爱这个故事的人来说，这样的追根究底不免有点杀风景，但对于我们更准确地了解东坡无疑是有益的。

　　由于敬爱东坡，后人对东坡生前受尽磨难的不幸遭遇深表同情，清人王士禛的两句诗说出了人们的共同心声："惠州儋耳垂万死，后生望古伤吟魂！"晚清的林昌彝甚至为东坡临终前服药不当深感惋

---

[1] 袁枚已斥其不可信（详见《随园诗话》卷一五），清末平步青更以详尽的考订证明其非事实（详见《秦淮海妻非苏小妹》，《霞外攟屑》卷九，第 658—659 页，中华书局 1959 年）。

457 第十二章 永远的东坡 ◆

惜，他仔细研究了当时的药方，指出应该换用的良药，最后叹息说：
"药不对病，以至伤生，窃为坡公惜之！"也是由于敬爱东坡，后人
对那些丧心病狂地诬陷、迫害东坡的无耻小人视若仇雠。宋末的方
回说："元丰中，李定、何正臣、舒亶弹劾之（砺锋按：指东坡），下
狱，欲置之死。至于今，此三人姓名，士君子望而恶之。"元人戴表
元则在《题蜀苏氏族谱后》中指出章惇、蔡京不齿于后人，连同族
的后人都不愿认其为先祖的史实。元末危素在《惠州路东坡书院记》
中指斥李定、舒亶诸人："罗织诬蔑，争欲致公（砺锋按：指东坡）
于死地，磨牙肆毒，不遗余力，曾不若后之盗贼！"清人宋长白甚至
愤怒地说："舒亶、李定辈肉宁足食乎！"相反，对于那些曾对东坡
援之以手的善良人士，后人无不深表敬仰。方子容（南圭）是东坡
贬谪惠州时的知州，南宋刘克庄感叹说："南圭当是时，独能调护迁
客，待之如骨肉。宁傲章、蔡之凶焰，不畏瘴疫之传染，有东都节
义之风。自惠州归，年未七十，即挂其冠，盖勇退之志素定矣。晚
年夫妇考寿，见其孙略登科显仕，抑天报欤？"巢谷、卓契顺本是两
位名不见经传的平头百姓，但南宋理学家真德秀却对他们深表崇敬：
"东坡谪岭南，故旧少通问者。在蜀惟巢元修，在吴则僧契顺，皆徒
步万里，访之于荒陬绝徼之外。元修以是登名青史，号称卓行；契
顺亦托此以传，真可敬哉！"[1]

　　在漫长的中国历史上，生前做出重大建树、身后受到广泛爱戴
的杰出文化人物不在少数，但如果把雅俗共赏、妇孺皆知作为衡量
标准的话，东坡堪称古今第一人。自南宋以来，对东坡不抱好感的
人寥若晨星。程朱一派的理学家对东坡的指责大多出于门户之见，

---

[1] 按：巢谷徒步千里前往儋州探望东坡的事迹，被南宋初年的史学家王偁记入《东都事略》卷
　　一一七《卓行传》，真氏即指此而言。元人所修的《宋史》亦列巢谷于《卓行传》（卷四五九）。

不足深究。况且朱熹虽曾严词批驳东坡的思想，但对东坡的"英秀后凋之操、坚确不移之姿"则十分钦佩，并未一概抹杀。至于朱熹之后的理学家，则真德秀赞东坡像曰"玉立者坡仙"，魏了翁称东坡"忠清鲠亮，临死生利害而不易其守"，均对东坡极为敬仰。南宋以后对东坡持非议者大多着眼于文艺作品之风格，例如明代的李梦阳、何景明对东坡诗文不屑一顾，都穆、谢肇淛则痛诋东坡的书法，持论既偏颇，也未及东坡的人品。清代的毛奇龄堪称最不喜欢东坡的人，他不但对东坡的诗文妄加雌黄，而且对自己的相貌与东坡画像相似也深以为耻，但两事都传为笑柄。《四库全书总目》中斥其为"诞妄"，实非苛论。此外，清初的王夫之和近代的章炳麟也对东坡不以为然，但两人素喜讥评古人，他们对东坡的批评也过于苛刻，且不无偏颇，实不足以影响东坡的声誉。相反，历代倾倒于东坡的道德文章的人士则不计其数。明人袁宗道作诗崇尚白居易和东坡，每到一地，必将所居之室冠以"白苏"之名，其文集亦称《白苏斋类稿》。清人翁方纲搜罗到东坡墨迹及苏诗施顾注残本后，遂名其书室曰"宝苏室"，又名"苏斋"，晚年索性自号"苏斋"，借用王士禛咏李白的"一生低首谢宣城"之句，翁方纲堪称"一生低首苏东坡"！清末林则徐因禁烟而被远贬新疆，乃作长歌追怀无罪被谪而坚强不屈的东坡，称之为"真吾师"！

　　后代的文人学士对东坡倾倒如此，平民百姓又何独不然？从元代到清代，以东坡故事为题材的戏曲不断地涌现，总数竟达三十多部。虽说这些剧本中的东坡事迹大多属于"戏说"的性质，但毕竟说明民间对东坡其人抱有极大的兴趣。而且，戏曲舞台上的东坡不是忠而被谤的忠臣，便是才智超人的才子，这正是平民百姓心目中的东坡形象。时至今日，只要稍微读过几天书的中国人，有谁不知东坡的大名？虽然历代的百姓都没有掌握"书诸竹帛"的话语权，但是他们自有独特的表达心声的方法，"东坡肉"的流行就是一个例子。笔者遍检有关文献，不见"东坡肉"得名的确凿记载。[1]然而杭州的每一个百姓都会如数家珍地告诉你"东坡肉"的来历：当年东坡在杭州领导疏浚西湖、修筑湖堤，这是为全城人民谋福祉的工程，深得百姓的拥戴。大功将成，人们都想向敬爱的苏太守赠送礼物以表感谢。他们打听到东坡爱吃猪肉，又喜饮酒，于是不约而同地给东坡送去许多猪肉和本地所产的黄酒。东坡一心惦记着在工地上辛劳的民工，就吩咐厨子把猪肉用他在黄州发明的少放水、慢火煨的方法煮烂，然后与酒一起送到工地上犒劳民工。厨子没听清楚东坡的话，以为让他把酒与肉一起煮，结果煮成了一种香气扑鼻的红烧肉。杭州百姓为了纪念东坡，就把它叫作"东坡肉"，从此成为名扬四海的一道名菜。这个口头流传的故事是杭州百姓的集体创作，也成为中国人民对东坡的集体记忆。"东坡肉"这个菜名既注册了东坡的专利权，又寄托着百姓对东坡的深厚感情，堪称中国烹饪史上的一段佳话。

当我们漫步在苏堤上观赏那碧波荡漾的西湖时，当我们品尝肥而不腻、入口即化的东坡肉时，当然会联想起天才横溢、和蔼可亲的东坡。这些物质形态的遗产诚然可贵，但是东坡留给我们的最宝贵的遗产还是体现为精神形态的思想文化。东坡的文学作品和书画作品是我们获得心灵滋润和审美熏陶的不竭源泉，东坡的人生态度

---

[1]　清人梁章钜《浪迹续谈》卷四中有《东坡肉》一则："今食品中有'东坡肉'之名，盖谓烂煮肉也，随所在厨子能为之。或谓不应如此侮东坡，余谓此坡公自取之也。坡公有食猪肉诗云：'黄州好猪肉，价贱如粪土。富者不肯吃，贫者不解煮。慢着火，少着水，火候足时他自美。每日起来打一碗，饱得自家君莫管。'"按：梁氏生于清乾隆四十年（1775），卒于道光二十九年（1849），此文当作于清嘉庆、道光年间。在笔者所见到的文献中，这是关于"东坡肉"的最早记录。又按：梁氏所录东坡语与今见于《苏轼文集》卷二〇的《猪肉颂》有异，参见本书第八章第二节。

和人格精神是我们汲取精神力量以铸造健全人格的无穷宝库。东坡拥有丰富的人生经历、巨大的创造活动和深刻的体悟、思考，它们覆盖了人生的所有角落。无论我们身处何种环境，都能受到东坡的启迪和沾溉。当我们在中秋之夜望月怀远时，心中自然会涌出"但愿人长久，千里共婵娟"的美好祝愿。当我们在人生道路中遭遇风风雨雨时，不妨听听那"一蓑烟雨任平生"的朗然长吟。即使当我们思念久别人世的亲人时，"十年生死两茫茫"的深情词句也会带来心灵的抚慰。人生在世，总会遇到顺逆穷达的变化，我们如何才能在顺境中"乐而不淫"，又在逆境中"哀而不伤"？东坡已为我们树立了榜样。人生既渺小又短促，无论用空间的还是时间的尺度来衡量，我们都是茫茫宇宙中一粒微尘般的匆匆过客。如何才能使人生充实而有意义，如何才能诗意地栖居在大地上？东坡已为我们指明了方向。清代诗人江逢辰说："一自坡公谪南海，天下不敢小惠州。"我想仿作两句："一自东坡生赤县，全球谁敢小神州？"东坡的天才吟咏为神州大地的万里江山倾注了浓郁的诗意，东坡的创造性贡献使中华文化提升到更高的境界。时至今日，如果有哪个妄自尊大的外国人对中华文化表示轻蔑，或有哪个数典忘祖的中国人对中华文化妄自菲薄，我们就可以自豪地告诉他们——

　　我们拥有东坡！我们向世界贡献了东坡！

◆ 跋一

　　我热爱东坡。我爱他的古文、诗词、书法和绘画，我更爱他这个人。可惜予生也晚，没能成为东坡的同时代人，既然"萧条异代不同时"，便只好"怅望千秋一洒泪"了。自从有了东坡，持有这种心理的代不乏人。早在金代，诗人高宪便自称："使世有东坡，虽相去万里，亦当往拜之。"清人尤侗则自许说："吾不知前生曾登苏门，在四学士之列，与髯公相对几年否？"那么，如果我侥幸与东坡同时，我又将做些什么呢？我当然不敢妄想像尤侗那样置身于四学士之列，但我肯定会像高宪一样不远万里前往拜谒。我情愿长期侍奉东坡，只要能在他身边磨墨铺纸、递茶送水，也是三生有幸。我对东坡身边的人群作过仔细的考察，我有信心到他那里当一个合格的书僮。我早就选准了下面两个"竞争上岗"的对象：一是马正卿，他曾在汴京做过"太学正"的官，学问当然远胜于我。但是马正卿辞官后跟随东坡多年，未见有何功劳可纪，以至于东坡到黄州后才作诗及之："马生本穷士，从我二十年。日夜望我贵，求分买山钱。我今反累君，借耕辍兹田。刮毛龟背上，何时得成毡？"可见马正卿最重要的贡献就是在黄州帮助东坡开荒种稻，但是收成欠佳。我曾在江南水乡种过七年水稻，插秧、割稻都是一把好手。要是让我到黄州去帮东坡种稻，一定不会输给马正卿！二是刘丑厮，他是东坡在定州时收下的一个书僮，当时是个年方十二岁的穷小子，尚未开始读书。我虽然才疏学浅，但毕竟是个文学博士，要是帮东坡翻检书籍或誊录文稿，总要比刘丑厮强一些吧。可惜这些美好的愿望只是痴想而已，东坡早在九百年前就已"羽化而登仙"了！既然如此，我除了阅读东坡，还能做些什么呢？

当我还没有成为一个以钻故纸堆为业的专业工作者的时候，我对东坡与王安石在新、旧党争中的是非恩怨还不甚了了，但在感情上已坚定地站在东坡一边了。1974年初冬，身为插队知青的我偶然路过镇江，初次走进闻名已久的金山寺。没想到刚进寺门，便看到一幅巨大的横幅标语，上面的大字触目惊心："彻底揭开反革命两面派苏轼的画皮！"寺内还张贴着许多大字报和漫画，揭露东坡的"罪行"。说东坡是"反革命"，我倒能理解，那个年头，只要与儒家沾点边的历史人物，都难逃这个恶谥。但是为什么说东坡是"两面派"呢？我好奇地浏览了几张大字报，才恍然大悟。原来东坡在新党王安石执政时反对新法，后来又在旧党司马光执政时反对全盘废除新法，所以是"两面派"。但是这样的"两面派"不正是大公无私、风节凛然的政治家吗？而且，为什么要在金山寺里批判东坡呢？难道因为东坡曾在这里写过《游金山寺》的著名诗篇，他又是金山寺高僧的座上客，所以要"就地消毒"？我百思不得其解，又不敢向旁人询问，只好把疑惑埋在心底。

天道好还，人们被迫说谎或沉默的时代终于一去不复返了，我终于可以公开说出对东坡的热爱了。可是我用什么方式来表白呢？跑到大街上去对行人宣讲东坡的事迹？还是到金山寺去张贴赞颂东坡的大字报？好像都不可行。于是写一本书来介绍东坡的念头，便在心头油然而生。杂事猬集，岁月荏苒，这个念头很久都未能付诸实施。1999年，我应春风文艺出版社之约，与弟子童强合作撰写了一本题为《苏轼》的小册子。由于出版社只让写五万字，未能畅所欲言。去年秋天，我应邀到香港浸会大学担任客座教授。我每周只要到学校去讲一次课，其余的时间都可待在位于半山腰的穗禾路宿舍里，也没有什么"科研计划"。环境十分幽静，只有小鸟偶然到窗口来窥视，终日无人打扰，连电话都很少。于是我动笔写起这本《漫话东坡》来。我把浸会大学图书馆里有关东坡的图书尽行抱回宿舍，一头扎进东坡的那个世界。以前对东坡的作品通读过好几遍了，材料比较熟悉，窗外的青山绿树和晨曦夕霞也都助我文思，下笔相当顺畅。我从去年十月底开始动笔，等到一月底离港返宁时，电脑里已经积下十万字的文稿了。回到南京大学以后，我不再有那么多的空余时间，写作的速度明显放慢下来。但毕竟全书的框架早已设定，思路也都是现成的，写作的难度并不大。又经过七个月的暝写晨抄，全书终于完稿。我总算实现了多年的宿愿，我要用三十多万字的篇幅来表达心声：我爱东坡！

◆ 跋二

书稿写完了，有些情况需要向读者作些交代。

关于东坡的著作已经汗牛充栋了，而且佳作如林。单说传记类著作，便有好几种是我很爱读的：林语堂的《苏东坡传》是东坡传记的开山之作，此书虽然有不少史实错误，但文笔清丽，对东坡性格的刻画也很生动。二十世纪八十年代，海峡两岸几乎同时出版了两种东坡传记，一是曾枣庄先生的《苏轼评传》（四川人民出版社 1982年），以条理清晰、思辨深刻为特点；二是台湾学者李一冰先生的《苏东坡新传》（联经出版事业公司 1983 年），以材料详赡、考订细密为特点。到了二十一世纪，王水照先生接连推出两种东坡传，第一种是与崔铭博士合著的《苏轼传》（天津人民出版社 2000 年），第二种是与朱刚博士合著的《苏轼评传》（南京大学出版社 2004 年）。前者是面向一般读者的通俗读物，叙事生动，颇似传记小说，但全书内容都有史料依据，并无虚构的成分。后者是南京大学的《中国思想家评传丛书》的一种，虽然也具有传记的性质，但全书主要内容是对东坡的思想进行论析，许多章节的写法与学术论文并无二致。在非传记类的著作中，曾枣庄先生的《苏轼研究史》（江苏教育出版社 2001 年）对我有重要的参考作用。以上著作我都曾仔细阅读，且从中获得许多裨益，谨此致谢。然而我受益最多的还不是上述数书，而是孔凡礼先生所著的《苏轼年谱》（中华书局 1998 年）。它是一部长达 99 万字的巨著，取材宏富，考订精密，钩沉索隐，发明甚多。我对东坡生平事迹编年的处理，基本上都是依据此书。我谨向孔先生表示深切的感谢。

既然已经有了这么多关于东坡的著作，我为什么还要撰写本书呢？最主要的原因当然是我想向东坡献上一瓣心香。一座寺庙可以接纳众多的香客，无论他们是先来还是后到，也无论他们贡献的香火是多是少，都有资格在佛像前顶礼膜拜。同理，无论别人已经写出了多么优秀的东坡研究著作，都不会妨碍我写自己的书，况且这并不是一部必须创立新说的"学术专著"。

其次，我相信我的书自有其独特之处。这本书虽以东坡的生平事迹为主要内容，却不以岁月为序。换句话说，本书在结构上有意用共时性取代了历时性，所以没有取"东坡小传"之类的书名。我觉得这样可以让读者从各个不同的侧面来观察东坡，从而获得更加全面、更加鲜明的印象。此外，本书除了东坡的政治功绩和文学业绩等荦荦大者，还广泛地涉及东坡人生中那些琐细的方方面面，有些内容诸如东坡的日常生活、东坡的平民朋友、东坡对文房四宝的爱好、东坡身后受到三教九流的"扯拽"等细节，别的著作中似乎很少涉及。总之，我并不想严格地按照学术研究的准则来评论东坡，我只想向读者介绍我心目中那位活生生的东坡，说说他的生平事迹，也说说他的喜怒哀乐。换句话说，我想描绘的东坡形象不仅是朝中大臣、地方长官、文人学士，而且是深情绵邈的丈夫、慈祥可亲的父亲、诚恳坦率的朋友、好饮而易醉的酒徒、见到好纸好墨就手痒的书家、戴着斗笠在田间踏歌的逐客、至死不肯皈依西方净土的俗人……

本书是一本通俗读物，还是学术著作？我自己也说不清楚，所以取了一个含意模糊的书名——《漫话东坡》。说它是通俗读物吧，书中却有不少考证性质的内容，还出现了许多注释。有的读者也许要会心而笑：毕竟是写惯了学术论著的大学教授写的通俗读物，写着写着就原形毕露了。说它是学术著作吧，它的主要篇幅是叙述而非论证，书中涉及的许多材料也不注明出处，完全不合时下的"学术规范"。我把本书写成了这种非驴非马的状态，完全是有意为之。我本是写惯了学术论著的人，关于东坡的学术论文也已写过八篇，我在学校里指导研究生时也一再要求他们严格遵照学术规范来写论文。然而我并不想把本书写成学术著作，我甚至有意避免让有些章节显得太像论文，因为我觉得严肃的学术著作无法充分展现东坡的音容笑貌。当然我也不愿意把本书写得太"通俗"，尤其不愿有丝毫"戏说"的倾向，因为我想展现在读者面前的是一个真实的东坡，我应该做到言必有据。前面说过，本书中对东坡生平的把握基本上都是依据《苏轼年谱》等书的，但我也有一些自己的发现，有些地方甚至与成说南辕北辙。如果我在这些地方不把自己的考证过程写出来，读者肯定要怀疑我是信口开河，从而影响他们对东坡的接受。为了让读者了解新的说法依据何在，我必须把考证的过程做些简单的交代。至于书中的注释，也是不得已而为之。我自信本书的全部叙述都是建立在坚实的史料基础上的，虽不敢说"无一字无来处"，但基本上能说"无一事无来处"。我当然可能考核欠精或理解有误，但绝对没有向壁虚构。非学术性质的读物本不能容纳太多的注释，况且太多的材料来源也使我注不胜注，但是有些罕见的材料要是不注出处的话，也会使读者心生疑惑。为了让读者消除疑惑，并免去自行寻找那些冷僻材料的麻烦，我只好加上必要的注释。还有一点要说明的情况是，我引述东坡或其他古人所说的话语时采取了两种不同的方式：对于一般的话语就撮其大意迻译成语体文以合全书的行文风格，但对那些特别精警的言语则照录原文以免减损其韵味。这些做法定会产生文风不统一的缺点，我这样做实在是不得已而为之，希望读者能理解我的苦衷。

写作本书是一件吃力不讨好的事情，我肯定不能把它当作学术著作去应付学校的工作量考核，尽管我为它付出的劳动并不少于写一本"学术著作"。另一方面，言必有据的写法肯定会减损本书的可读性，那些习惯于"戏说"类轻松读物的读者也许会掉头而去。但是我并不后悔"自讨苦吃"，因为我想做的就是用通俗读物的形式向大家介绍一位真实的东坡。我衷心希望这本书能使更多的人走近东坡。

·2006 年 10 月 31 日始稿于香港浸会大学穗禾路宿舍·
·2007 年 8 月 25 日完稿于南京大学南秀村寓所·

◆ 补记

　　《漫话东坡》出版十余年以来，有不少读者朋友以各种方式指出书中的错误。在当前这个碎片化阅读已成风气的年头，这本长达 30 余万字，又毫无"戏说"倾向的普及读物竟然还能得到读者的错爱，令我大受鼓舞。几年来我自己也陆续发现了一些错误，既有史料的误用，也有文字的误读。凤凰出版社同意为本书出一个修订版，我乘此机会把全书重读一遍，随手改正，以此报答读者对本书的厚爱。

·2022 年 9 月 15 日于南京东郊美林东苑寓所·

附　录

图版目次